# 経済学はどのように世界を歪めたのか

## 経済ポピュリズムの時代

森田長太郎

ダイヤモンド社

# 経済学はどのように世界を歪めたのか

# 目次

プロローグ 1

第1章 主流派経済学の起源 13

アダム・スミスの分裂——国富論VS道徳感情論 14
現代に蘇るアダム・スミス 23
「合理的経済人」を生んだニュートン物理学 31
「新しい市場」の誕生 40
アシュケナージ系ユダヤ人と東西冷戦下の米国 52

第2章 市場至上主義の時代 67

二つの数学 68
スワップ市場の誕生 76
LIBORという「魔法の杖」 86
平和の配当とグリーンスパンの時代 97
遅れてきた日本の市場信仰 108

第3章 経済学の黄昏 117

主流派経済学の限界 118
高精度の「バーチャル・リアリティ」へ 127
心理学からの挑戦 135
ノーベル賞と「ビジネスとしての経済学」 148
経済学のフロンティアとしての金融政策 157

第4章 金融政策の本質 167
もし中央銀行が存在しなければ 168
現代の経済を決定付ける「貯蓄」の存在 178
リスクプレミアムという概念 187
「金融政策」の本質とは何なのか？ 195
宗教としてのインフレ・ターゲット政策 206

第5章 日本経済という実験場 213
発見されたジパング 214
リフレ派の登場 221
「デフレ」という都合のよいワード 234
「デフレが諸悪の根源」というナラティブ 244
エモーショナルな日銀批判の発生 251
マネタリズムの実験 264

第6章 社会の中の中央銀行 275
「ポピュリズム」の問題 276
サイレント・マジョリティ 285
非多数派機関としての中央銀行 295
欧米に先行した日本の政治構造の変化 302
日本における「右傾化」の意味 310

第7章 経済ポピュリズム 319
ネットとリフレ論 320
経済ポピュリズム 328
歴史の中のQQE 338
マクロ経済政策を経済以外の観点から議論する時代 347

第8章 経済学の未来 359
経済学は将来を予測できるようになるのか？ 360
「新しい市場」を巡るモラル 370
「AI」と「脳科学」への挑戦 382
「データサイエンス」と経済学 395
経済学者の社会的責任 408
エピローグ 414

# プロローグ

1988年、時は日本経済がバブルの高い山の頂に向けていよいよ加速を始めた年、私は慶應義塾大学の経済学部を卒業した。当時はまだ経済学部の必修科目にマルクス経済学が入っていたような時代だったが、慶應の経済学部は、その中では今で言うところの「主流派経済学」を比較的熱心に教えるところだと言われていた（当時は「近代経済学」という言い方が一般的だった）。私は極めて不真面目な学生だったので、当時の慶應の経済学教授の質を云々できる資格などまったくないのだが、世間的に言われていた評価からすると、まあそれなりのものではあったはずである。

しかし、大学で初めて経済学というものを学ぶほとんどの学生が持つと思われる「〝消費者の効用〟って自分には該当するのだろうか？」、「自分は本当に〝合理的期待〟なんて持っているのだろうか？」といった疑問は、その優秀な慶應の教授陣の説明を受けても一向に解消することはなかった。自然科学者であった父親譲りなのか、自身は文科系の学生ではあったが物事を理詰めで考える習癖があり、経済学の考え方というものが何か論理を歪曲しているような印象を持った面もあったかもしれない。

それらの疑問がもたらす「もやもや感」は、「経済学」というものに対して直感的な不信感を持たせるものでもあった。それがゆえに真剣に勉強をしなかったというのは単なる言い訳に過ぎないが、結果的に非常に中途半端な経済学の勉強しか終えないまま、当時の時代の空気でもあったのだが、卒業後は深く考えることもなく金融業界に進んだ。

入社したのは当時四大証券といわれていた大手証券のうちの一社の日興證券で、その調査部門である日興リサーチセンターの事業調査部に配属された。今で言うところの「株式アナリスト」が所属する部署で、私は財務分析や経営分析の専門家になるべく社会人としてのキャリアをスタートさせた。担当業種は自動車部品業界であった。もし、そのまま株式アナリストとしてのキャリアを歩んでいたら、大学時代に経済学に対して感じていたあの「もやもや感」を思い起こすこともなく現在に至っていたかもしれない。

しかし、入社3年目で株式アナリスト稼業からは早々に足を洗うことになった。人事異動で、機関投資家向けの債券売買を行う部署に移ることになったのだ。日経平均株価が3万8915円をピークに下落し始めてからすでに10ヶ月ほどが経過していたが、長期国債の金利は10年物でまだ8％程度あり、金融引き締めの最終局面にあった。後から言われたのは、しばらく日本株市場は厳しく、証券会社もこれからは債券のビジネスを拡大しなくてはならないので、社内で大規模な人材配置の変更が必要になったのだそうである。債券部門への異動を特に希望していたわけでもない一介の若手社員が、会社全体の、というよりは業界全体の大きな転換の流れに乗って債券の世界に足を踏み入れることになったわけである。

債券？　国債？　長期金利？　最初は右も左も分からぬ状態からのスタートだったが、しばらくすると、株式にとってのファンダメンタルズ（＝基礎的条件）が企業収益や財務状況であるのに対し、債券にとってのファンダメンタルズはマクロ経済なのだということが分かってきた。

今の日本の債券市場は当時とはかなり様相が異なるが、1990年代前半の債券市場では、毎月発表される「鉱工業生産指数」、「マネーサプライ」、「機械受注」、「貿易収支」、あるいは四半期に一度発表される「日銀短観」といった経済データに反応して、現物、先物市場ともに日々大きく変動したものである。▼1

これらのデータが発表される朝は、ディーリングフロアには張り詰めた空気が漂い、ディーラーやセールスが端末の画面に代表的な数値（ヘッドライン）が流れてくるのを固唾をのんで見守っていた。経済学部を卒業していたとはいえ、私は債券部門に異動した時点では、「鉱工業生産指数」という名称くらい耳にしたことはあったものの、実際にそれがどういうフォーマットで発表され、市場がその膨大なデータの山の中の一体どこに注目して変動するかなど、詳しく知るよしもなかった。

機関投資家向けの債券営業の仕事に数年間携わった後、私は1994年に調査部門に戻り、今度は債券市場の分析と予測を担当することになった。今で言うところの「ストラテジスト」という仕事である。その部署で、私は初めて本格的に内外のマクロ経済データを自ら分析し、マクロ経済と債券市場の関係についての考察を始めることになった。

当時の日本ではまだ債券市場の分析といっても、それほど精緻で定型的な分析手法が確立されていたわけではなかった。そのため、まずは内外の経済指標の分析から始めて、金融政策、財政政策、政治動向、イールドカーブの変化から投資家動向、種別毎の債券金利のスプレッドの変化まで、債券市場に関連する材料を片っ端から調べては、市場予測の材料として機関投資家向けに提供するというような仕事を行っていた。内外の教科書的なものはもちろん参考にし

▼1　1990年代の日本の債券市場で最も注目度が高かったのは、月次統計では「鉱工業生産指数」、四半期統計では「日銀短観」であった。これら二つの統計に関しては、発表前の情報漏えいが疑われて問題になったことさえある。

たが、「金融政策と長期金利の関係は?」、「財政政策とマクロ経済の関係は?」、「債券需給とイールドカーブの関係は?」といったことを自分の頭で一から考え、理解してゆくことが必要であった。そのため、債券市場にとってのファンダメンタルズであるマクロ経済について、大学生がする勉強のような表面的な理解でなく、実質的かつ本質的な理解を追求していくことにもなった。

1994年といえば、日本経済がバブル崩壊後の深い景気後退からいったん回復し、このまま景気の回復が続けば、すでに問題が指摘され始めていた不良債権問題も自然に解消に向かうのではないかという「楽観論」が一部には聞かれていたような時期であった。

この頃、債券のディーリングフロアで毎月発表される経済指標を誰もが一喜一憂しながら見つめていたのは、この「楽観論」を果たして信じてよいものかどうかということに最大の関心を寄せていたがゆえであった。結論からいえば、この「楽観論」は数年後には完全に否定し去られることになる。1997年、準大手証券の三洋証券、都市銀行の北海道拓殖銀行に続き大手証券の一角であった山一證券が破綻して、日本の金融危機が一気に表面化するのである。

* * *

この頃、いわゆる「翁―岩田論争」と言われる金融政策を巡る大きな論争が起きた。▼2 マクロ経済についての見方を債券市場の現場で学びつつあった私にとっても、これは非常に鮮明な印象を残す論争であった。

大学の経済学部の講義で、「消費者の効用?」、「合理的期待?」といった事柄ほどには疑問

▼2 1992年から1993年にかけて主に「週刊東洋経済」誌上で繰り広げられた。
岩田規久男『週刊東洋経済』1992年9月12日号「日銀理論を放棄せよ」/翁邦雄『週刊東洋経済』1992年10月10日号「〝日銀理論〟は間違っていない」/岩田規久男『経済教室』日本経済新聞1992年12月24日「ベースマネー供給増は可能」/翁邦雄『週刊東洋経済』1992年12月26日号「政策論議を混乱させる実務への誤解」/岩田規久男・翁邦雄『週刊東洋経済』

を持たなかったものの若干理解しにくかった概念の一つに、「ここで中央銀行がMを右にシフトさせれば」というものがあった。いわゆるIS－LM分析などでも出てくるものだが、中央銀行が自由に貨幣供給量（＝M）を増減させるという前提の解説がされており、素人の大学生にしてみれば、「中央銀行はMをどうやって自由に動かすのだろうか？」という素朴な疑問は持ちつつも、「それは何かのやり方で動かすのだろう」という程度に納得したものであった。

しかし、債券市場の現場で、中央銀行（＝日本の場合は日本銀行）が日々資金調節を行い、それに応じて金利の上下動が生じるメカニズムを体感した後に、この「Mを動かすと」という前提を改めて考え直してみると、「消費者の効用？」、「合理的期待？」といったこと以上に大きな疑問符が頭に浮かんできたのである。

「翁－岩田論争」は、当時、日銀スタッフであった翁邦雄と上智大学教授であった経済学者の岩田規久男との間で行われた論争である▼3。この論争において、岩田規久男は、経済学の教科書に書いてある通りに日銀が貨幣供給量を増加させることによって、現下の景気後退やインフレ率の鈍化を反転させることができると主張した。これに対して、翁邦雄は、日銀は狭義においても広義においても貨幣量を完全にはコントロールできないと主張したのである。

日本の経済政策議論において、「経済学者」対「実務家」という対立軸が初めて本格的に浮上したという意味において、この論争は、その後二十数年間にわたって展開する「経済政策と経済学者」に関わる問題の嚆矢《こうし》といってよいものであった（翁邦雄は実務家とはいえ、経済学者としての資質においても岩田規久男に劣っているとはまったく思えなかったのだが）。

そして、第5章で詳しく触れていくことになるが、この論争は、経済政策の中でも特に「金

---

1993年3月13日号「総括・マネーサプライ論争」／翁邦雄『週刊東洋経済』1993年3月13日号「準備市場の金利形成メカニズム」／翁邦雄『金融政策─中央銀行の視点と選択』、東洋経済新報社、1993年

▼3　翁邦雄は当時、日銀の調査統計局に所属。後に日銀金融研究所所長を務める。日銀退職後は中央大学、京都大学などで教職に就いている。岩田規久男は2013年から18年まで日銀副総裁を務めることになる。

融政策」に絞り込んで経済学者が政策批判を行うという意味でも、従来にはなかった論争のパターンを提供することとなった。米国においては、1960年代から70年代にかけての「ケインジアン」と「新しい古典派」との意見対立の主要な部分に金融政策はもちろん含まれていたが、経済学者の政策批判が「金融政策」一点に絞られて行われ始めたということでいえば、世界的な観点からしても、この「翁－岩田論争」は大きな転換点であったといえる。実際、この後、2010年代の現在に至るまでのグローバルな経済政策議論の中心的なテーマは、間違いなく「金融政策」を巡るものになってきているからである。

この論争が始まった時、おそらく日本の債券市場で実務に携わっていた参加者の多くは、翁邦雄の言っていることは当然すぎることであり、岩田規久男という学者は一体何を訳の分からないことを言い始めたのだろうと感じていたのではないだろうか。

日銀が自由に動かせるマネーの量というのは、日々の準備預金の額であり、それも一ヶ月間の「準備預金積み期間」を通してみれば、民間銀行は必要以上の準備預金は保有したがらないので、日銀は準備預金の金額ですら恒常的に増減させることは容易ではない。銀行が必要以上の準備預金を保有することを短期金融市場では「ブタ積み」と言い慣わしていた。

ましてやM2やM3といったより広義の貨幣集計量（＝マネーサプライ）は、銀行の信用創造などのプロセスを経て増減するため日銀がコントロールできる範囲は限定される、というのが金融実務の観点からの常識であった。私自身、この論争に最初に接した時、「経済学者は、ずいぶんと強引なことを言うものだな」というのが最初に持った感想であった。

私を含め、日本の債券市場参加者にとっても、そして日本の経済学者たちにとっても、この「翁－岩田論争」は、その後の日本経済と経済政策の行方を示唆する一つの重要な分岐点であった。そして、この頃から欧米の経済学者たちも、バブル崩壊後の日本経済や日銀の金融政策の動きに対して少しずつ関心を向けていくことになる。

さらに言えば1990年代以降の日本経済や金融政策についての議論は、その後の欧米の経済政策にも間接的に大きな影響を及ぼしていくのである。しかし、欧米の経済学者たちは、「翁－岩田論争」自体は、意図的かそうでなかったかは別にして、ほぼ無視したようである。[▼4]

欧米の経済学者の間では、翁邦雄の主張は「明らか」に間違っており、翁のような考え方こそが日本経済にデフレーションをもたらしている元凶なのだと断じるような傾向もあった。欧米では、翁のような見方を「日銀ビュー」として片付け、それが誤りであることを前提に議論をするようなところがあった。このような認識は、現在でも欧米の経済学者コミュニティおよびその影響下にあるウォールストリートの一部の参加者たちの間では根強く残っており、ある種の定説になっている。

本書では、「翁－岩田論争」以降20年以上にわたって「理論家」と「実務家」との間で延々と続けられてきたいわゆる「リフレ論争」そのものに、今さらまともに組して議論をしようなどというつもりはない。2013年以降に日銀が始めた「量的・質的金融緩和（＝QQE）」は、ある意味で、この長きにわたる論争のかなりの部分に対してすでに結論を出している（否

* * *

▼4 海外の経済学者の中でも金融政策を「専門的」に扱う一部の実証的な研究者は、この問題を巡る議論に関わっている。岩田の主張をサポートする議論としては、「マッカラム・ルール」（ベースマネーを政策目標として採用する金融政策ルール）を提唱したベネット・T・マッカラムによるものがある。実際、「翁－岩田論争」が行われていた1993年には、マッカラムは日銀金融研究所の「金融研究」に寄稿して意見を表明している。
ベネット・T・マッカラム『金融研究』第12巻第4号「金融政策ルールの定式化と分析―日本への応用」、日本銀行金融研究所、1993年

定的な意味で)。この問題に関する本書における主要な関心の一つは、なぜ、ある時期から翁のような考え方あるいは「日銀ビュー」が現実の政治あるいはマクロ経済政策の現場で批判を浴び、「リフレ派」の主張が選択されるようになっていったのかという「プロセス」の問題である。

そこで、まずこの問題の前段ともなっていく経済学史および金融市場史とも言うべき事柄について、主に第1章から第3章で述べていきたいと思う。これらの章では、18世紀の欧州で始まり米国で隆盛を誇ることになった「経済学」という学問をいかに「相対化」して見るのかということをテーマにしている。

「経済学を相対化する」という作業を通じて、バブル崩壊後の30年間近くにわたる日本の「経済」と「経済政策」の流れを理解する上での重要なヒントを得ることができるだろう。

日本は、先進国の中で1930年代以降初めて大きな金融バブルの崩壊と信用危機の状況を体験した国である。日本という国のこの約30年間における変遷は、当然のことのように聞こえるかもしれないが、「経済」と「経済政策」の要素を抜きに語ることはできない。逆に言えば、「経済」と「経済政策」の視点から見てこそ、初めてこの時代における日本という国そのもの、あるいは日本社会全体の姿や変容といったものが見えてくるはずである。本書における最終的な目的意識もむしろそちらのほうにあると言ってよいだろう。その意味で、本書は経済についての「分析もの」、あるいは景気や市場の「予測もの」ではないということを最初に断っておく必要がある。

「翁－岩田論争」なども、経済政策を巡る一論争というよりは、1990年代以降のより大きな日本社会の変動期に向けた序章段階での一幕という位置づけで捉えることができる。政策論争というものは、どのような時代にあっても、単なる技術的な議論というよりは、その時代の社会的な在り方や変化の方向を反映しているものであることが多い。経済政策を巡る論争は専門的でテクニカルな要素をより多く含んではいるが、やはり社会的あるいは政治的な対立関係を反映したものになっているケースが多いのである。

日本においても、この「翁－岩田論争」が行われた時代を境にして、経済学者が象牙の塔にこもる存在ではなく、より積極的に社会と関わり政策にアクティブに影響を及ぼしていこうという存在に変わっていく。

それは、欧米先進諸国全般において1940年代から50年代にかけてジョン・メイナード・ケインズが果たし、1970年代を中心とした時期において米国でミルトン・フリードマンが果たした役割に近いかもしれない。「リフレ派」と言われる経済学者や官僚たちの多くはフリードマンをアイドル視していた。そして、必ずしも「リフレ派」というわけではないが、「新自由主義思想」の布教者とでも言うべき立場の経済学者たちも、同じような時期に続々と世の中の表舞台にあらわれてくる。

日本で遅ればせながらそういう時代が訪れたのが1990年代以降ということになるわけだが、それは同時に、経済学という学問が社会的、政治的な文脈の中でこそ存在し得る特殊な社会科学であるという事実を、日本においてもより鮮明に確認してくる時代であった。

その意味で、経済理論あるいは経済政策は、社会の思潮を反映する鏡のようなものであるとも言えるだろう。「社会と経済学および経済政策の関係」、これがまさに本書を通じた主要テーマである。このテーマについて、「経済ポピュリズム」というキーワードを設定して、本書の後半部分で主に議論を展開している。

＊　＊　＊

本書は、第3章までは、経済学のやや特殊な視点から見た通史のような形になっている。第4章には、1990年代以降の日本の経済政策についての議論のための予備知識という意味で、金融政策の概説を挿入している。

そして、第5〜7章において、具体的に日本における経済政策なかんずく金融政策の変遷について述べている。この三つの章では、経済学や金融政策を中心的な題材として採り上げ、日本社会の「大分岐」、より広く言えば先進国社会の「大分岐」とも言うべき構造変化について述べている。「現代の金融政策を限界まで相対化していくと、このように捉えることができる」という一種の社会論となっているはずである。第7章で使用しているキーワードは「経済ポピュリズム」と「サイレント・マジョリティ」の二つであり、この章が本書における最も重要な結論部分の含まれる章といってもよい。

最後に、第8章では、現在における経済学の限界と新たな経済学には何が求められるのかということについて述べ、エピローグでは、私の専門でもある国債市場についての見方と共に日本の経済政策がどう在るべきかということについて述べている。

「経済学それ自体」についての内容から「社会と経済政策との関わり」といった内容まで、読者は本書が採り上げている議論がかなり拡散しているとの印象を持つかもしれない。しかし、このような拡散のさせ方をしなければ、結論部分にたどり着くことができないという認識のもとであえてそういう手法を採っている。

このように書くと、これから経済学や経済理論についての何か非常に抽象的な議論を始めようとしているのかと思われてしまうかもしれないが、実際に読み進めていただければ、決してそういうことはないことが分かっていただけると思う。本書で最も心がけたのは、金融市場の現場で生の経済や市場の分析を行ってきた人間の視点で、そして何よりもバブル崩壊後の日本社会の激変をリアルタイムで経験してきた一人の日本人としての視点で書こうということである。

その意味で本書は、専門の経済学者の方々からは、「何を訳の分からないことを書いているのだ」という批判も少なからず受けるだろうと覚悟はしている。あるいはメディアや識者の方々から、「債券市場のアナリストがなぜ畑違いのことについて書いているのか」という批判がなされることも同様に甘んじて受けるつもりである。

実際、私自身は専門の経済学者ではないし、あくまでも経済ウォッチャー、金融市場ウォッチャーであるという立場をはっきりさせておきたいとも思う。つまり、専門的な観点からどのような批判や反論があろうとも、少なくとも、「こちら側からはこう見る、あるいは見えている」ということしか書いていないつもりである。ここで「こちら側」と言っているのは、「市場」であり、「経済の現場」であり、さらに言えば、「複雑な現実の社会」である。

なお、最初に断っておかなくてはならない点としては、私自身には政治的な立場は何もなく純粋にノンポリの人間であるということである（この「ノンポリ」という言い方自体、かなり時代がかった表現だが)。所属する金融機関の利害とも一切何の関係もない立場で、この本を書くことになった。金融政策やより広範な経済政策といったものについて自分自身の理解をより正確にしたいという目的でこの本の執筆を始めたという部分もあり、言ってみれば本書は自分の勉強ノートのようなものでもある。このかなり無定形な勉強ノートのようなものに、自由で気楽な気持ちでお付き合いいただければ幸いである。

第1章

# 主流派経済学の起源

「プロローグ」で、大学の経済学部に入学したほとんどの大学生が、「消費者の効用」、「合理的期待」といった概念に「もやもやした感覚」を覚えつつ卒業して社会に出ていくと述べた。そこで学んでいる経済学は、現在ではいわゆる「主流派経済学」と言われているものである。一般的な「経済談義」のレベルでは、今でも「新古典派経済学 vs ケインズ経済学」というような対立軸で語られることも多いが、現在はそれほど単純な図式は存在しない。むしろ、マクロ経済学の分野においては、さまざまな過去の派閥対立を総合する形で、ある種の「共通認識」のようなものができている。

「ケインズ批判」→「新古典派の復興」→「新しい古典派の誕生」→「ケインジアンの復活」という流れを経て、今や「ケインズ経済学」の系譜も「新しい古典派」の中に取り込まれる形で、実質的に両派はほぼ融合してしまっている。

この章では、そこに至るまでの主流派経済学の大きな流れを、普通とは少し違う角度、視点から描写してみたいと思う。キーワードは、「共感」、「市場」、「自由」、「数学」などである。

＊　＊　＊

最初に、「古典派経済学」、「新古典派経済学」、「新しい古典派」といった用語の使い方で誤解されやすい部分もあるので、簡単に説明をしておこう。

まず、「古典派経済学」というのは、18世紀後半から19世紀後半にかけて英国を中心に発展した現在につながる創成期の経済学全般を指して言う。アダム・スミス、デイヴィッド・リカード、ジョン・スチュアート・ミルなどが含まれるが、カール・マルクスもこのグループに入るという解釈もある。アダム・スミスが『国富論』を刊行したのが1776年なので、ここを起源と考えると、今から約240年前のこととなる。「労働価値説」を基盤とした経済学とも説明されるが、別の定義を与えるとすれば、「限界革命」以前の経済学の系譜、ということになる。▼1

そして、19世紀後半に始まる「新古典派経済学」が、まさに「限界革命」以後という意味で現在の主流派経済学につながる系譜である。「財一単位の増加に伴う効用の増加」として定義される「限界効用」の概念を基礎に価格の決定理論を構築するところからこの系譜はスタートする。「限界概念」の研究を推進したウィリアム・スタンレー・ジェヴォンズ、カール・メンガー、レオン・ワルラスの3人が創始者とされる。この「限界概念」がなぜその後の経済学の中心的な素材になったかというと、一つには、これが微積分を中心とする数理的分析手法の導入に直結したからである。この分析の基礎の上に、「一般均衡理論」が構築される。

「古典派経済学」と「新古典派経済学」は、使用する分析ツールにおいては大きく異なるが、「市場の調整機能」の有効性を信じるという意味では、経済学の創成期からの一つの連続的な系譜とも言える。というより、「市場の調整機能」という概念そのものが、経済学を一つの学問体系たらしめるに至る最大のコンセプトであると言ってもよい。▼2

しかし、1930年代の大恐慌を経て、「古典派」以降の経済学が前提としてきたこの「市

▼1 マルクス経済学も労働価値説をその理論的フレームワークの前提としている。単に時代的な区分ではなく、学問体系の大きなカテゴリーとしても、マルクス経済学は後の新古典派経済学と区分されるという意味で古典派経済学に属する。

▼2 この点においては、マルクス経済学は古典派経済学の範疇からはずれていくことになる。

場の調整機能」に疑義が呈されることになる。そこで勃興してきたのがケインズ経済学である。ケインズ経済学の最盛期は1930年代から1960年代にかけて約30年間続くが、1950年代には早くも先鋭的なケインズ経済学批判が始まる。

ミルトン・フリードマンはケインズ批判を大きな旗印として登場するが、その後、より大きな経済学の流れを形成することになったのが、「新古典派経済学」を数学的により精緻化して復興しようとしたグループである。[▼3] この流れは、1970年代にロバート・ルーカス、トーマス・サージェントらが「合理的期待形成」の理論を構築し、「マクロ経済学のミクロ的基礎付け」という作業を行うことで、一時、ケインズ経済学をほぼ完全に駆逐するに至る。現在につながるマクロ経済学の流れは彼らによって構築されたといってよく、「新しい古典派」と呼ばれる。

1930年代以前に隆盛した「新古典派経済学」は英語表記で「Neo Classical」であり、1970年代以降の「新しい古典派」は「New Classical」である。ケインズ経済学を「新しい古典派」の数学的なアプローチで再解釈した「ニュー・ケインジアン」も続いて登場し、現在は「新しい古典派」と「ニュー・ケインジアン」の境界はもはや明確ではない。

＊　＊　＊

それでは、現在の「主流派経済学」に至る経済学の足取りを辿っていくことにしよう。

経済学の始祖といえば、誰もが思いつくのは、アダム・スミスだろう。[▼4] ここでは、オーソドックスにまず、スミスから始めてみたい。そして、現在の経済学の抱える大きな問題、ある

---

▼3 ケインズ経済学と新古典派経済学を統合する試みがポール・サミュエルソンによって行われ、「新古典派総合」と言われた。サミュエルソンの功績としては、ケインズ経済学と新古典派経済学の数学的な定式化を図ったという意味合いもある。1980年代までは日本の大学の経済学部でもサミュエルソンの『経済学』がマクロ経済学の定番教科書だった。

ポール・サミュエルソン『経済学』、都留重人訳、岩波書店、1977年

いは「ボタンの掛け違い」がスミスにまで遡ることを述べたいと思う。

アダム・スミスは、18世紀の英国の学者だが、当時、学問、文化の一大メッカであったスコットランドに生まれ、その学識を高く評価されていた当代随一の文化人であった。しかし、その著作は少なく、生涯にわずか2冊の本しか残していない。その一つが、あの有名な『国富論』である。そして、もう一冊の著作は経済学の書ではなく、『道徳感情論』という道徳哲学の本であった。

アダム・スミスが経済学の始祖であるとされるのは『国富論』の著者だからであるが、道徳哲学の書である『道徳感情論』のほうも、社会思想史的に重要な意味合いを持つ一冊である。そして、スミスが『道徳感情論』の著者であるということは、200年以上後の現代から振り返ってみた時、非常に意義深いことなのである。

スミスを経済学の始祖たらしめた『国富論』の主要コンセプトは、一般には「神の見えざる手」であると思われている。「神の見えざる手」は、より現代的な表現に置き換えていえば、「市場の調整機能」ということに他ならない。現代においては、金融市場に関わる人でなくても、「市場の調整機能」と言われれば、少なくともその意味するところはおよそ理解するだろう。そして、それが現代の人間社会における基本機能の一つであると同時に、経済学という学問の主要コンセプトであるということも、共通の理解としてあるだろう。

しかし、スミスが、現代の「市場万能主義」的な考え方の発明者であると考えるのは大きな間違いである。むしろ、スミス自身の経済、社会あるいは人間そのものに対する理解は、そういう考え方からは非常に距離のあるものであったと言ってよい。ある意味でスミスは、誤解さ

▼4 スミスより30年ほど時代を遡るフランソワ・ケネーも重要である。ケネーは重農主義者とカテゴライズされるが、主著『経済表』は、経済を連続、循環する一つの事象として捉えた分析であり、現代に通じる経済分析の源流と言ってよい。
フランソワ・ケネー『経済表』、平田清明・井上康夫訳、岩波文庫、2013年

れたまま経済学の始祖に祭り上げられているといってもよいだろう。

スミス以前においては、「市場」という概念も、野菜市場や魚市場といった個別の「場」としての概念以上のものにはなっていなかった。「市場」は、人間が、近代に至って、人間社会の在り様や人間の心性といったものに関して発見した極めて重要な概念の一つである。「市場」という言葉が野菜市場や魚市場といった個別の用語から抽象化され、人間社会における一つの機能を表す概念として新たに発見されたことによって、人間社会の発展段階が一つのブレークスルーを経験していくことになったことは確かである。

スミスの考えた「市場」とは、あの有名な「分業」の概念の延長線上にある。スミスは、「分業」と「資本蓄積」による生産性の向上こそが社会の富を増大させると考えた。この整理によって、現代に至る経済成長についての考え方のほぼ8割方は含まれてしまっていると言ってよいだろう。その意味で、スミスは明らかに傑出した経済学者であった。

スミスは「分業」と「市場」を不可分のものだと考えた。「分業」とは自分が消費する以上のものを生産し、不足するものを他人に作ってもらうことだから、これはある意味で自明の結論であり、「分業」による生産性の向上が「市場」の存在によって促されてきたことは疑いないところだ。しかし、ここで重要な点は、スミスは、「市場」があるから成長が達成されるといった短絡的なことは一切言っていないということである。

実は、「市場の調整機能」をスミス流に説明したたとえである「神の見えざる手」という表現は、『国富論』の中ではたった一度しか使われていない。▼5 それは、「資本家は必ずしも公共の利益のために投資を行うわけではないが、『見えざる手』に導かれて自分の意図にはなかった

---

▼5 山岡洋一訳本では、下巻第4章31頁に見られる。
アダム・スミス『国富論』、山岡洋一訳、日本経済新聞出版社、2007年

目的を推進する」というように使われている箇所である。これだけを読むと、確かに、人間が各人好き勝手に利己心に基づいて行動することによって、社会全体の発展がもたらされるという解釈にもなる。しかし、そういった単純化した見方は、後世の経済学者たちによる後づけないし誤読であると言ってもよい。

この「神の見えざる手」という表現は、アダム・スミスが『国富論』より17年前に刊行した『道徳感情論』の中ですでに使用されている。そして、『道徳感情論』の文脈の中で読む時、アダム・スミスが「神の手」という言葉に込めて言おうとしたことの本質が分かるだろう。[▼6]

* * *

アダム・スミスは、経済学者に「なる」前は「道徳哲学者」であった（おそらく彼は自分の職業が経済学者であるという認識は持っていなかったかもしれない）。彼が道徳哲学者として『国富論』と並ぶもう一冊の主著『道徳感情論』を書くにあたって、決定的な影響を受けたのがデイヴィッド・ヒュームである。

ヒュームは、ジョン・ロックに始まる英国経験主義哲学の系譜に連なる哲学の巨人である。そして、スミス、ヒュームとほぼ同時代に生き、ヒュームからその哲学理論形成において大きな影響を受けたといわれるのが、あのイマニュエル・カントである（ちなみにカントはスミスの1歳下で、ヒュームの13歳下）。ヒュームとカント。この18世紀のヨーロッパにおける2人の哲学の巨人の存在は、スミスと、彼に端を発して現代の主流派経済学へとつながる経済学の流れを考える上で、極めて重要な意味合いを持つ。

▼6 『道徳感情論』と『国富論』の関係、比較については、堂目卓生『アダム・スミス』を参考にしている。堂目卓生『アダム・スミス』、中公新書、2008年

スミスは、同じスコットランド出身ということもあって、12歳年長のヒュームとは若い頃から個人的親交を持っていた。『国富論』は、死の床にあったヒュームがどうしても読みたいと要望したために急いで完成させてヒュームの死に間に合わせたというほど2人の関係は親密であった。スミスは『国富論』を書いた経済学の始祖である以前に、英国経験主義哲学の完成期における重要な哲学者の一人でもあったのである。

ここで、スミスの『道徳感情論』の中身について述べる前に、ロックに始まり、ヒュームやスミスにつながる英国経験主義哲学とは何なのかということを簡単に述べておく必要がある。

ロックによって経験主義哲学が始まる以前のヨーロッパの哲学は、ギリシヤ哲学から中世以降のキリスト教神学に至るまで、基本的には世界の「真理」を追究する学問であった。哲学が「真理」を追究するのは当たり前ではないかと言われるかもしれないが、ここでいう「真理」の追究というのは、「世界に存在する物質は本当はどういうものなのだろうか」であるとか、「人間存在とはどういうものなのだろうか」といったことを考えることである。

しかし、「経験主義哲学」では、「物質」や「人間存在」というものは、人間が目や耳で認識することではじめて存在するものであり、元々何かが存在する（＝すなわち「真理」が在る）というようなものではないのだという考え方をとる。ロックは、人間は生まれた時点では白紙のようなもので、その後、いろいろな物や現象を見たり聞いたりしていくことで、その人にとっての世界は形成されていくようになると考えた。つまり、経験によって世界が存在するようになるという意味で、「経験主義哲学」と称されるようになるのである。ロックから始まる経験主義哲学の学者たちは、白紙の人間が世界をどう認識していくのかということを一所懸命考えたのである。そして、白紙の人間が外的な世界に反応していく仕方、すなわち「感情」について深く追究していくことになる。

ヒュームとスミスは、この経験主義哲学を深めていく中で、人間には、他人の喜びや怒りといった感情を自分のものとして感じることができる能力を生まれつき持っていることに気がついた。これをスミスらは「共感」といった。そして、スミスはこの「共感」という人間の能力が「道徳概念」を形成すると考えたのである。『道徳感情論』はこの「共感」が「道徳概念」を生むメカニズムについて書いた本だといってよい。具体的には、こういうことである。

「人間は、喜びや怒りの感情を生まれつき持っている。同時に、人間は他人が同じように喜んだり怒ったりすることに『共感』する能力を持っている。人間は成長するにつれて、他人の感情に『共感』することを通じて、他人に対してすべきこと、してはいけないことを学んでいく。そして、自己のうちに、自分の行為とそれが他人に及ぼす影響を客観的に認識する『公平な観察者』を形成していく。その意味で人間は、元々道徳的な生き物である。それでも、形成された『公平な観察者』に照らして自分の行為を都合よく解釈しようとする心の弱い人間もいるため、すべきこと、してはならないことを社会のルールとして共有するようになる。それが『義務』であり、『正義』である」

これが、『道徳感情論』においてスミスが示した人間観である。そして、『道徳感情論』では、「人間はある程度まで豊かになってしまえば、それ以上の富によって更に幸福になることはないが、弱い人間、愚かな人間は、もっと豊かになろうとして働き続ける。それは、個人としては誤った行為だが、それによってより多くのものが生産され、社会全体が発展すれば、その恩恵は他人にも行き渡る」とも述べている。つまり、スミスは、「人間は元々道徳的な生き物だが、愚かな行動もする。しかし、それが結果的に他人に恩恵をもたらすのであればよいのではないか」というのである。この説明をしている場所で、『道徳感情論』の中でただ一か所、「神の見えざる手」という表現が使われている。▼7

これは、言ってみれば「結果よければ全てよし」ということでもあり、その後、19世紀前半にかけて、ジェレミ・ベンサムやジョン・スチュアート・ミルら英国経験主義の系譜にある「功利主義」の思想につながっていく。しかし、『道徳感情論』の文脈の中でこの「神の見えざる手」という言葉の意味合いを考えてみれば、スミスが言っているのは、あくまでも「個人の誤った行為も、結果オーライであれば、まあ仕方がないので許してやろう」ということなのであって、「結果を求める行為が何より重要だ」というようなことは、少なくともまったく言っていない。

『正義論』を書いたジョン・ロールズは20世紀後半に活躍した法哲学者だが、英国の「功利主義」を批判する中で、スミスもその批判対象者に含めている。「〝結果よければ全てよし〟という考え方は断じてダメ」というのがロールズの主張なのだが、現在の我々から見ると、スミスの考え方は非常にフェアであり、穏健だ。▼8

しかし、スミスの系譜がベンサムらの功利主義を通じて、19世紀後半以降の新古典派経済学の考え方につながっていく流れもまた間違いなく存在している。「動機ではなく結果が重要」という考え方は、いずれ「市場万能主義」という形で結実し、ミルトン・フリードマン以降の「主流派経済学」にも受け継がれていく。スミスという偉大な思想家の人間理解あるいは社

▼7 村井・北川訳本では、第4部第1章401頁にみられる。アダム・スミス『道徳感情論』村井章子・北川知子訳、日経BPクラシックス、2014年

▼8 ジョン・ロールズのこういった主張は主著『正義論』の中に見られる。ジョン・ロールズ『正義論（改訂版）』川本隆史・福間聡・神島裕子訳、紀伊國屋書店、2010年

会・経済についての認識のほんの一部分だけがつまみ食いされて、200年間という時間をかけて、現代の巨大な「主流派経済学」の構築に大きく寄与していくことになる。

経済学のスタートの時点では、スミスによって、「人間は元々利己的ではなく利他的な存在であるが、例外的に利己的な行動がとられたとしても、『神の見えざる手』によって、予定調和的に全体の不利益にならないように調整され得る」というように人間の経済社会の姿が描写されていた。「神の見えざる手」=「市場の調整機能」の発見は、それ自体として非常に重要な出来事であったが、「人間と市場の関係」については、スミスの考え方が、それ以後の経済学の流れの中で大いに歪められた形で理解され、使用されていくことになるのである。

## 現代に蘇るアダム・スミス

ただ、ここでは、歴史を紐解いてスミスの濡れ衣を晴らそうということが趣旨なのではない。ここで強調しておきたいことは二つある。一つは、なぜ、経済学のその後の流れは、スミスが最初に考えた人間観あるいは社会観を無視する形で展開していったのかということである。そしてもう一つは、スミスの考えたことの中に、200年後の現代において、経済学について考える際に参考になる重要な要素が含まれているということである。

ヒュームらの経験論的な考え方は、その後、ベンサムの功利主義を経て新古典派経済学の中心モデルとなる「合理的経済人」という人間像を生み出していく要素でもあった一方で、哲学の系譜としてはカントによって大陸合理主義哲学の流れの中に一部吸収されていった。カントは、18世紀を代表する哲学者であり、西洋近代文明を代表する思想界の巨人である。

現代から振り返ってみて、そのカントの打ち立てた哲学には大きく二つの側面があるが、一つは、心理学から神経科学、さらにはＡＩ（人工知能）研究に至る現代の認知科学の重要な先行研究としての位置付けである。これは、カント哲学の中のいわゆる「認識論」と言われる分野である。[▼9] カントによれば、人間は感性、悟性、理性という三段階で外的な事象を理解しており、感性の領域では空間と時間という二つの枠組みであらゆる事物を認識し、それを悟性によって意味づけていくという。その人間の認識についての詳細な分析は、現在においても認知科学のいくつかの分野で改めて見直しが進むなど、極めて現代的な内容を含んでいる。

一方で、カント哲学のもう一つの重要な側面は、西洋啓蒙主義の到達点に位置する存在としての極めて18世紀的な思想である。そこでは、カントは認識論の分野から道徳論、政治論へと領域を拡げていくのだが、究極的な「人間中心主義」、「絶対的、普遍的な価値の追求」がその大きな特徴となっている。

カント哲学の二つの側面のうち、極めて現代的なテーマを扱った「認識論」の部分は、基本的にはロック、ヒュームらの英国経験主義哲学をベースに構築されたものである。感性や悟性によって人間が外的な事物を認識していくというプロセスの理解は、ロックからヒュームに至る経験主義哲学のコンセプトをほぼ１００％吸収したものだといってよい。しかし、カントは、経験論的な分析から入ったにもかかわらず、その出口の部分では、「人間は元々白紙で、全ては人間の経験によって世界は存在するようになる」という経験主義哲学の考え方とは、ある意味で正反対の結論に至る。

▼9 カントの「認識論」についての中心的著書としては『純粋理性批判』がある。イマヌエル・カント『純粋理性批判』は篠田英雄訳、中山元訳、石川文康訳など訳書多数。イマヌエル・カント『純粋理性批判』(上下)、石川文康訳、筑摩書房、２０１４年／イマヌエル・カント『純粋理性批判』(1〜7)、中山元訳、光文社古典新訳文庫、２０１０〜２０１２年

カントは、人間が認識（＝経験）することによって世界は存在するようになるものの、人間がそのように世界を認識するためには、その前提として本来人間に備わった（＝アプリオリな）構造があるのだと言う。そして、そういった存在である人間が自らの意志でいろいろな選択をしていくことに最上の価値があるのだと主張するのである。結局、カントは17世紀に起こった経験主義哲学の考え方に大きな影響を受けて哲学を構築していったにもかかわらず、最後はぐるっと回って「絶対的、普遍的」な理性を、人間と人間の作り出す社会を理解する根本的な概念に据えるワールドに戻ってくるのである。その「絶対的、普遍的」なワールドの中心に「人間の意志」という概念を据え、ある意味で誇大妄想的な「人間中心主義」あるいは「理性至上主義」を主張していくことになる。[10]

スミスを含む英国経験主義的発想の中に、「合理的経済人」のモデルを生んでいく要素が含まれていたことは確かである。しかし、現代の主流派経済学に通じる「絶対的、普遍的な強固な構造の存在」を信奉する社会理解の仕方が進んでいく中には、デカルトから始まりカントによって総合されていく近代合理主義の大きな流れがあった。そして、19世紀にかけての時代においては、「デカルト的」であり「カント的」であるということの一つの側面として、近代科学の発展を人間あるいは社会に対する理解に直接的に取り入れていくという発想も同時に強まっていくのである。

ロックやヒュームら経験主義哲学の根底にも、元々、人間を自然界における一生物として理解するという近代的な考え方があったわけだが、大陸合理主義哲学は、普遍的な「永久不変の法則」の存在を前提として人間あるいは人間社会を理解するという色彩がより強い。

---

▼10　カントの著作では、『純粋理性批判』の後の『実践理性批判』によって一段とそういった傾向を強める。イマヌエル・カント『実践理性批判』も波多野精一訳、宇都宮芳明訳、中山元訳など訳書多数。イマヌエル・カント『実践理性批判』、宇都宮芳明訳、以文社、2004年／イマヌエル・カント『実践理性批判』（1～2）、中山元訳、光文社古典新訳文庫、2013年

そういった発想の延長線上に、アイザック・ニュートンの構築した古典物理学の世界をそのまま社会分析の手法に転用していこうという動きが生じてくるのである。古典物理学の成立それ自体の過程においても、デカルトの「機械論」的な考え方が影響を及ぼしたといわれる。新古典派経済学は基本的に古典物理学のアナロジーだと言われるが、その萌芽は、すでにスミスの生きていた時代、すなわちカントによって一つの頂点を極めることになる大陸合理主義と啓蒙主義の時代に兆していたと言える。

そして、もう一つ重要な「カント的」なコンセプトが後の経済学の流れに持ち込まれていくことになるのだが、それが「自由」という概念である。カントは、徹底的に「人間の意志」、そして「自由」というものの価値を強調する哲学を打ち立てた。この「自由」という概念が、「カント的」なものも、あるいはそうでないものもないまぜになりながら、時代を下って20世紀に至って経済学のあり方を大きく変えていくことになる。これについては、「カント的」なものとはまた別の要素が結果的に大きな影響力を及ぼしていくことになるのだが、それについてはまた後で詳しく述べたいと思う。

＊　＊　＊

スミスまで含めて英国経験主義から功利主義に至る考え方を批判したロールズは、20世紀後半に、カントの考え方を社会学、法哲学の分野で復活させたとも言える学者である。カントやロールズによれば、世界には普遍的な真理、正義といったものが存在し、スミスが重視した「共感」というような機能は、人間が世界を認識する方法、手段の一つに過ぎないということになる。

　カントやロールズは、「結果オーライはダメ」と言い、特にロールズは、スミスら英国経験主義から功利主義に至る学者たちをひとまとめにして批判した。人間が他の人間に「共感」することの積み重ねで自然に道徳概念というものができていくというスミスのような考え方は、ロールズやカントにしてみれば、いかにも「フワっ」としたものであり、現実主義的、妥協主義的な考え方だということになる。

　しかし、スミスが考えたこの「共感」という「フワっ」としたものの実体が、今からわずか20年ほど前の1990年代後半になって、現実のものとして科学の領域において明らかになるのである。ジャコモ・リゾラッティらイタリア人の脳科学研究者による「ミラーニューロン」の発見によってである。[11]

「ミラーニューロン」は、脳内の下前頭皮質と下頭頂皮質に存在するとされるニューロン（＝脳内の神経細胞）であるが、このニューロンの働きによって、人間は他人の行動を見るだけで、実際に自分がその行動をしているような感覚を持つことができるとされる。

「ミラーニューロン」は人間だけでなくサルのような霊長類の脳にも存在することが分かっており、サルを使った実験が多く行われている（というより、サルの脳を使った実験を行っている中で最初に発見された）。たとえば、他のサルが物を食べているところを見せると、見せられたサルの脳内で、物を食べている時と同じニューロンを発火させるように作用することが分かっている。また、単純に「見えているもの」に反応するというよりは、他人の「行為」を見ることによってミラーニューロンは発火すると言われている。

▼11 ジャコモ・リゾラッティ、コラド・シニガリア『ミラーニューロン』、柴田裕之訳、紀伊國屋書店、2009年／マルコ・イアコボーニ『ミラーニューロンの発見』、塩原通緒訳、ハヤカワノンフィクション文庫、2011年

人間の場合、実際に脳内に電極を差し込んで実験するわけにはいかないので、人間の脳内でのニューロンの働きについてはまだ詳しく分かっていないことが多い。しかし、これまで行われている多くの実験を通じて、このミラーニューロンが、人間の「他者理解」という点において、従来の心理学や精神医学の常識を覆しつつあるのである。▼12

認知科学における従来の中心的な考え方では、人間はさまざまな理論的な推計を行うことによって他者の行動や感情を理解することができるとされていた。しかし、ミラーニューロンの発見は、そういうやり方ではなく、人間がより直接的に他者の行動や感情を理解できることを示唆している。「直感的な他者理解の能力」を人間は元々備えているということの科学的な証明がなされつつあるということである。

これはまさに、ヒュームやスミスが人間理解と道徳の問題の根本に据えた「共感」というコンセプトに他ならない。つまり、「共感」は、カントやロールズが指摘したような「フワっ」としたものなどではなく、人類が進化の過程で獲得してきた重要な形質の一つだということが分かってきたのである。

スミス自身、自分の構築した「道徳哲学」の根本的な原理である「共感」というメカニズムが一体何によってもたらされるのかということについては、実は正確な解答を示せてはいなかった。それは当然のことであるが、脳科学も進化論も存在していなかった18世紀においては、「共感」という人間の能力は自然から与えられた「何か」であり、それを基盤に形成される「道徳概念」も自然に与えられたものだと理解するしかなかったのである。それは、言い方を変えれば、「神」によって与えられたものであり、その場合の「神」の目的は、人間社会が円

▼12 研究の進展に伴い、「共感」のメカニズムがミラーニューロンによって全て説明され得るという考え方には否定的な見解も示されている。しかし、脳には何らかの形で他人の心的状態を感じ取れる機能が備わっているということは間違いないようである。

滑に機能し、各個人ができるだけ怒りや悲しみといったネガティブな感情を持たなくて済むようにするため、ということになる。

カントやロールズが考えたような「万物に共通の普遍的な正義あるいは原理」というものが、西洋的な一つの理想主義思想の中に脈々と受け継がれてきた考え方であることは間違いないだろう。しかし、経済学の始祖であるスミスの根本的な発想はそれとは対照的であり、人間の生物的形質に根差した社会の理解をしようとしていたのである。それは言い方を変えれば、人間社会の極めて「進化論的」な理解の仕方であった。これ自体、後の新古典派経済学から現在の主流派経済学に至る経済学の前提や仮定の置き方とは、根本的に異なっていると言ってよい。

新古典派以降の経済学では、人間は一つの定型的な行動をとる存在であり、しかもその行動の基準は「自由」で「利己的」かつ「合理的」であるというように想定されることになる。人間を生物学的に理解するということ自体も、17世紀以降の西欧において生まれてきた考え方であり、経験主義哲学の根底にあるのはまさにそういった考え方に他ならない。しかし、新古典派以降の経済学は、絶対的、普遍的な「あるべき人間像」を仮定するというところから全ての議論がスタートするのである。

そこには、「カント的」なもの、「プロテスタント的」なものなどヨーロッパ近代のベースにあるいくつかの思想上のコンセプトが流入しており、新古典派経済学が古典物理学をモデルに構築されていく過程で、非常に強固で修正のききにくい理論体系を生んでいくことになるのである。

スミスが重視した「共感」という人間の能力は、もしかしたら、現生人類（＝ホモ・サピエンス・サピエンス）[13]が、他の多くの人類の中で生き残ってきた最大の要素であったかもしれない。「ミラーニューロン」自体はサルの脳にも存在するわけなので、現生人類に通じる道徳概念の原初的なものは、おそらくサルも持っているはずであるし、現生人類以外の人類にもある程度のレベルでは備わっていた形質であるはずだ。しかし、我々現生人類は、誕生から「わずか」20万年ほどの間に、ネアンデルタール人をはじめとする多くの他の人類を駆逐し、地球上に唯一の人類として君臨することに成功した。[14]

他の人類全てが絶滅する中で、なぜ我々だけが生き残ったのか。もちろん、それは一つの理由だけによるものではないだろうが、「効率的な社会、集団の形成」が、他の人類と比べても我々の重要な競争力の源泉であったことはほぼ疑いないところだろう。そして、その「効率的な社会、集団の形成」は、決して必要に迫られて人間が意識的に作り上げたものではなく、元々人間に備わっていた「利他心」という形質によって生み出されたとも考えられるのである。その能力をもたらしているのが「ミラーニューロン」であり、その機能をサルやネアンデルタール人などを遥かに上回るレベルで発達させたのが現生人類であったとするならば、スミスやヒュームの発見は極めて重要なものだったと言えるだろう。

その意味で、スミスは間違いなくカント以上に「現代的」なのである。しかし、スミスを始祖とする経済学のその後の歴史は、「スミス的」な現代性をまったく伴わない、極端に偏重した学問体系として進展していくことになる。

---

[13] 「ホモ・サピエンス」は「種」の分類だが、これには絶滅したネアンデルタール人、デニソワ人なども含まれる。「現生人類」という意味では、「亜種」の分類による「ホモ・サピエンス・サピエンス」という呼称が正式のもの。

[14] ネアンデルタール人の他、2008年に化石が発見されたデニソワ人という人類も、我々の祖先と同時代に生存して交雑、共存もしていたが、最終的に絶滅したことが分かっている。
デイヴィッド・ライク『交雑する人類』、日向やよい訳、NHK出版、2018年／篠田謙一『DNAで語る日本人起源論』、岩波書店、2015年

## 「合理的経済人」を生んだニュートン物理学

アダム・スミスの人間社会についての理解は、「まず、ミラーニューロンによる〝共感〟の能力から自然に形成される道徳概念があり、人間社会はその道徳概念と結び付く〝利他心〟をベースに形成されている。その上で、道徳概念から外れる行為であっても、ある程度事後的に調整を行う機能として〝市場〟の役割も重要だ」というものであった。

そこには、その後、経済学が発展していく中でモデル構築の際の大前提として登場してくる「合理的経済人」（ホモ・エコノミクス）とは、大きくかけ離れた人間像があった。「合理的経済人」というのは、自己の経済的利益を最大化することを目的に行動する存在であり、そこで言う経済的利益とは、〝経済的な効用〟という尺度で均一的に測られるものである。すなわち、「人間の行動は全て〝経済的効用〟という数値によってモデル化できる」というように考えるのである。この「合理的経済人」という均一的な人間の存在を仮定しなければ、新古典派経済学以降の経済学は成立しない。

少なくとも、人間行動のモデルをこのような仮定のもとに構築できると最初に考えたのがスミスでないことは、ここまで述べてきたことからも明らかであろう。スミスは、「共感」の能力によって成立する道徳概念を持つ人間像を基本にしながら、限定的な形で「利己心」が社会にもたらす利益をポジティブに評価した。経済学という学問自体が一つの学問体系として成立し始めたこと自体、社会の在り方の基本的な部分に「経済」が存在していることを多くの人が認識し始めたことの表れであることは確かだ。しかし、経済が社会に占める地位が高まってくるということと、人間の行動原理を「経済的な価値尺度」のみで説明、定義付けしてしまうこととの間には、あまりにも大きなギャップがある。

この「合理的経済人」という極めて均一的な人間モデルを考案したのは、誰か一人の経済学者ということではないが、新古典派経済学の創始者である数人の経済学者たちによる発明だとされる。[15] すなわち、19世紀後半以降のことである。スミスが経済学ないしは古典派経済学を創始した時点での人間理解が、約1世紀を経てこのような形に変質していった大きな背景には、先に述べたようにカント哲学的な「絶対、普遍の真理」の存在を前提に人間の行動原理も特定していこうという発想があったと考えられる。それは、デカルトからカントを通じてさらにヘーゲルへとつながっていく近代合理主義的な考え方が、西洋社会において広く浸透していくプロセスとも合致していた。

同時に、この時代、西洋社会では、「合理主義」への信奉が強まっていく流れの中に、「ニュートン力学」に代表される西洋近代科学への信奉が混入していく。それは、東洋的な観念からはある種かけ離れたものであるが、「神の絶対性」を前提に、この世界のあらゆる現象は「何らかの統一的な原理、法則によって説明可能である」という考え方を生んでいくことになる。

新古典派経済学以降、現代の主流派経済学に至る経済学の大きな特徴は、まさに「経済現象は全て数理的に説明できる」という考え方であり、その手法として「ニュートン力学」から発展した「解析力学」あるいは、より広い括りで言うところの「古典物理学」の体系が最も重要

▼15 荒川章義『思想史のなかの近代経済学』、中公新書、1999年

な教科書の役割を果たすことになるのである。古典物理学を社会分析に適用してゆくためには、古典物理学の分析手法が適用できるような「人間像」が必要になってくる。その必要性から逆算して、「合理的経済人」という一つの「人間モデル」が考案されたと考えることもできる。

なぜ、「合理的経済人」という「人間モデル」を採用すると経済現象を数理的に説明しやすくなるのかというと、人間の購買行動を単純化できるからである。人間は世界に存在する全ての製品やサービスに対して欲しいと思う順番をあらかじめきっちりと決めていて、しかも誰もがそれを同じ順番で決めていると仮定してやる。そうすると、市場での調整機能を通じて社会全体での購買および生産の量、そして価格がある一定の過程を経て自動的に決まってくることを数理的に説明できるのである。▼16

しかし、人間があらゆる製品やサービスに対する欲求の度合いを正確に序列付けできるというのは、あまりにも強い仮定の置き方である。当然、人それぞれ好きなものは異なるし、国によっても人種によっても、あるいは時代によってもその好みは異なるだろう。そもそも、一人の人間でも、年齢によって、あるいはその時の気分によって好みは異なるだろう。合理的経済人という存在は、こういった人間の行動の複雑な要素を全て捨象した極端に強い仮定を置いた人間モデルなのである。

学生が初めて「主流派経済学」を学ぶ時に直感的に違和感を覚えるのが、この「合理的経済人」という人間モデルの存在である。「人間は全て自己の経済的効用を最大化するように行動する」という定義が、少なくとも自分自身には該当しないのではないかというように疑問に感じるのである。しかし、その疑問は当然過ぎる疑問であり、実際に普通の人間は「合理的経済

▼16 「選好の序列」は必ずしも全ての個人が同じものを持っているという前提ではないが、個々人においてはそれがはっきりと存在していることを意味する。「新しい古典派」の言うところの「代表的個人」は、そういったさまざまな個人の選好の集計値として一つの固定的な「選好」が存在するという考え方を採る。

人」などではない。

この近代経済学にとっての一丁目一番地とも言える大きな前提についての検証作業が、スミスが『国富論』を刊行してからほぼ200年を経た1970年代になってようやく本格的に開始されることになる。しかも、それは最初は経済学者によってではなく、心理学者によって始められた。

さらに言えば、その原型とも言える研究は、1940年代に人工知能のパイオニアの一人とも位置付けられるハーバート・サイモンという経済学者によって行われていた。人工知能のパイオニア、あるいは心理学者たちが、そうとは意図せず取り組んだ「合理的経済人」という経済学上の特殊なモデルの修正作業は、その後、行動経済学という一分野の隆盛をもたらすことになる。これについては、第3章においてもう少し詳しく説明することにしよう。

* * *

さて、この「合理的経済人」という架空の人間モデルを作ることで新古典派経済学が目指した「経済あるいは社会を全て数理的に説明する」という試みは、ニュートン以降の古典物理学を教科書にしたと述べた。ここで、ニュートンが完成させた古典力学について少し触れておきたい。

ニュートンの「運動の3法則」、すなわち「慣性の法則」、「運動方程式」、「作用反作用の法則」は、その発見の前段階として、「ケプラーの法則」という天体運行に関する法則があった。ケプラーは、この天体運行の法則を、膨大な天体観測のデータから「経験的」な手法によって導いた。いわば、ケプラーは「神の声」を数式に書き取る作業を行ったと言ってもよい。

ニュートンは、この「神の声」を書き取ったものを、より普遍的な力学法則によって説明することに成功した。その結果、天体の運行に留まらず、宇宙のあらゆる物体、物質の運動は一つの共通原理によって説明が可能であることを証明したのである。その共通原理を一言で言うと、「合理性」ということになる。

17世紀以降の合理主義哲学の発展が一方ではあり、そこに、あらゆる世界の現象を説明し得る共通原理としての古典物理学が完成されつつあった。人間社会の解明にも、古典物理学の解析的手法を適用できるのではないかと考えた当時の経済学者たちの発想は、ニュートンの時代からすでに200年という時間が経過していた19世紀後半にあって、さほど突飛なものではなかった。

しかし、そのように経済学が展開し始めていった時代、当の物理学の世界においては、すでにニュートンの古典力学の否定につながるような新たな物理学の展開が生じつつあった。19世紀半ばにはその材料となる研究がいくつか出始め、新古典派経済学の開始からわずか20年ほどした1900年代の初頭には、アルベルト・アインシュタインの特殊相対性理論の発表により決定的な展開がもたらされることになる。そして、それから10年後の一般相対性理論の完成によって、ニュートンの古典力学法則は、世界の普遍的な共通原理の地位から、ある特殊な条件のもとでの運動法則という位置付けに格下げされることになるのである。

ちなみに、相対性理論と量子力学以降の物理学を現代物理学というわけだが、経済学がモデルとした物理学は、新古典派経済学が黎明期から発展期にさしかかる20世紀初めの時期にはすでに大きな展開を見せ始めていたのである。[17]

実際のところ、木から落ちるリンゴの速度を計算するに当たって、古典力学の法則を使用することには今でも何の問題もないだろう。しかし、たとえば、はるか彼方の恒星から届く光が、なぜ太陽の近くを通る時に歪まなくてはならないのかということを、ニュートン力学によって説明することはできない。今では、ニュートン力学は、慣性系という特殊な想定の下でのみ成立する限定的な物理法則であると説明されている。

ニュートンが唱えた重要な概念に、「絶対時間、絶対空間」というものがあるが、まさに、これは大陸合理主義哲学、啓蒙思想などの中に深く埋め込まれた「絶対性、普遍性」という概念に対応する概念だと言える。世界には誰にとっても共通の絶対的な時間や空間が存在し、あらゆる物理現象が生じる際のいわば絶対的な背景を構成するのだというものである。これは、人間の直感としては決して違和感のある概念ではないが、相対性理論によれば否定されるのである。

＊　＊　＊

ただ、根本的な修正を迫られた古典力学の解析的手法を適用して新古典派経済学が形成されているという事実をもってして、新古典派経済学の理論体系に根本的な欠陥があるとまで単純化して言うことはできない。たとえニュートン力学が「絶対、普遍」の共通原理などではなく、ある特殊な前提の下における限定的なモデルであるからといって、現代においてもニュートン力学はさまざまな技術体系のベースになっている。古典力学の「実用的価値」は今なお十分に

▼17 量子力学以降を「現代物理学」とするのは明確な定義となるが、相対性理論は「現代物理学」、「古典物理学」のどちらに含める分類もあり、確定した厳密な用法はない。

健在である。

むしろ、合理的経済人を仮定して展開していく新古典派経済学以降の経済学は、そのこと以外にもっと別の深刻な問題を抱えていたのである。このことを、やはり自然科学との対比で見てみよう。

ニュートンやケプラーどころか、物理学の歴史が始まったギリシャやメソポタミアの時代から、物理学的思考の根底にあったのは、地球や宇宙の根本を解明し、「神の領域」に少しでも近づきたいという人間の本能的な意欲であった。

そして、人間の飽くなき追究の歴史は、20世紀になっていよいよ本当に「神の領域」へと近づいていくのである。アインシュタインの相対性理論の登場によって急速に発展していく宇宙論における一つの大きな成果として、まさに宇宙の根本、すなわち宇宙の起源を解き明かす「ビッグバン理論」が生まれた。

「ビッグバン理論」は、1920年代にベルギーの司祭かつ物理学者であったジョルジュ・ルメートルによって提唱され、その後多くの天文学者たちの実験によって、1960年代にほぼ定説化した理論である。この現代的な宇宙論によれば、今から138億年前に起こったビッグバンによって宇宙の膨張が始まり、それ以降、宇宙は急速に冷却されながら膨張を続けているとされる。宇宙論においては、現在この宇宙に存在する元素量はビッグバン数分後から数十分後までに確定したと考えられている。

138億年後の現在、地球上に生きている我々人類の存在も、ビッグバン以降の宇宙の連続的な歴史の中で捉えれば、完全に数学的な記述が可能な「現象」の一部であることは疑いないだろう。そこには一切の偶然も介在する余地のない「将来に対する完璧な予測」も成立し得るように思えてくる。[18]

しかし、実際には、我々が見るところでは、太陽と地球、月と火星はそれぞれまったく異なる星であり、太陽とまったく同じ構造を持った恒星は宇宙には他に一つも存在しないように思える。地球という存在を一つの数式によって表すことなど到底できそうにはないし、地球はその表面の形態だけを見ても、統一性がなく、非常に不均質である。

もっとミクロな見方をすれば、私とあなたの外見は、同じ人間であってもまったく異なっている。つまり、私たちの実感からすれば、世界は「特殊性と偶然性の塊」であり、まったく同じ形状、性質のものなどはこの世界には存在していないように思えるのである。「完全に数学的な記述が可能な宇宙」と「極めて偶発的で特殊性に満ちた宇宙」。これら2つは、どちらも正しい見方のように思えるのだが、ここで重要なのは「時間軸」である。

新古典派以降の経済学が採用してきたモデルは、この138億年にわたる宇宙の全歴史を説明し得る物理学の手法を模したものである。合理的経済人という仮定は、人間を原子や分子になぞらえることで、極端なことを言えば原子や分子の138億年における変遷として人間社会あるいは経済の変化を表現しようとすることに近い。

実際、経済学で使用するモデルは、「無限期間」という時間軸を設定した上でさまざまな経済事象の均衡解を求めるという手法をとることが多い。確かに経済事象を完全に数学的に記述することも、「無限期間」の前提を置くならば可能になるかもしれない。しかし、実際に我々が得たいと思っている経済的な分析の結果は、138億年の時間経過によって得られるような

---

▼18 ただし、「マルチバース理論（多元宇宙論）」によれば、138億年前のビッグバンによって誕生した我々の住む宇宙の他にも無数の別な宇宙が存在するとされる。ここで「完全に数学的な記述が可能な世界」と言っているのは、あくまでも比喩的な説明に過ぎない。

ものではない。

応用物理学や応用化学においては、１３８億年の時間軸において生じる均一的で数学的な事象を「実験室」の中で再現するということを、基本的な作業として行っている。物理や化学の純粋理論において１３８億年間の歴史を数学的に記述するということと、それを現実社会になぞらえるということとの間には、１３８億年間における数学的事象の一部を「実験」によって再現するというプロセスが必ず介在するのである。すなわち、「実験」によって「偶然性と特殊性」を極力排除することを行うのである。経済学の抱える最も決定的な問題は、応用物理学や応用化学が当然のごとく行っている「実験」という手段を持たないことである。

統計学という学問は、「実験」が不可能なさまざまな事象（＝経済学が扱いたいと思うほぼ全ての事象がそうである）において、そういった偶然性や特殊性をいかに排除できるかを考える学問である。

しかし、経済事象に関して言えば、その適用可能な範囲は極めて限られる。近年の経済学の一分野で、もっぱらこの「実験」をその研究の中心に据える分野があり、これについては、第8章においても述べることになる。この分野の発展は逆に、経済学が現実的に適用可能な領域がいかに狭く限定的なものであるかを証明しつつある。

ただし、近年のそういった新しい経済学より以前に、従来から統計学が扱おうと試み、かつ現実に適用が可能と思える非常に限定された分野の一つとして誰もが知っている分野がある。それが、「市場」である。それならアダム・スミスの時代から経済学が中心テーマとして扱ってきた対象そのものではないかと思うかもしれない。しかし、ここで言っている「市場」とは、かなり限定的な意味での「市場」、すなわち「金融市場」のことである。経済学にも密接な関わりを持っていくことになるこの「市場」（あるいは「金融市場」）というものの意味合いについて、次に述べておくことにしよう。

## 「新しい市場」の誕生

経済学の歴史を考える時、「合理主義」、「啓蒙主義」、それに「ニュートン物理学」といった、いわゆる「西洋近代」を体現する時代思潮を抜きにはできないということを述べた。むしろ、社会を分析する試みの中で、こういった要素を最も適用しやすい学問分野として19世紀の学者たちは「経済学に目を付けた」と言ってもよいのかもしれない。

特にニュートンの「古典物理学」の適用ということが、新古典派経済学以降の経済学においては最大の重要課題となった。そして、「古典物理学」が適用可能になるように、いくつかの「非現実的な仮定」をいとも安易に置いてしまったのである。

同様なことは、経済学ほど極端ではないものの、その他の社会科学分野においてもある程度は生じた。しかし、経済学の特殊性としてもう一つ忘れてはならないのは、他の社会科学では扱うことのない人間社会のある一分野に、「古典物理学」が用いる解析力学の手法を適用したことである。その分野が「市場」である。

20世紀半ばに文化人類学が興ってきた時にも、やはりこの「市場」という分野が重要な分析対象となるのだが、それに先鞭をつけたのが経済学であった。

経済学が「市場」を扱うのは当然のことではないかと思うかもしれない。先にも述べたように、「市場」というものを経済成長における重要なツールとして明示的に取り上げたのは、古典派経済学の創始者であるアダム・スミスに他ならなかった。スミスは、「生産性の向上」と「資本蓄積」こそが経済成長をもたらすと整理した上で、「生産性の向上」の基盤としての「分業」と、それを促す存在としての「市場」に注目した。スミスの論理構成は揺るぎないものであり、現代に至る経済分析における最もベーシックな枠組みを提供しているわけである。

しかし、単に「分業」の前提となる一つの抽象概念としての「市場」というだけではなく、スミスの生きた18世紀には、より具体的な存在として現れてきつつあった「新しい市場」の概念があった。それは、それまでの時代とは大きく変わりつつあった当時のもう一つの時代特質である「貨幣経済の発展」によってもたらされた。

世界最古の証券取引所は、17世紀初めに作られたアムステルダム証券取引所だと言われるが、英国でも、コーヒーハウスと言われた商人たちのサロンで株式が活発に取引され始めたのが、スミスの生まれる20年ほど前の17世紀末であった。▼19 そして、それとほぼ同時期に、日本においても大坂堂島に米会所が開かれ、世界最初の先物取引が開始されていた。

ユーラシア大陸を挟む両端で、ほぼ同じようなコースを辿って経済システムの革新が行われ、同じような形で「新しい市場」が誕生していたのである。堂島の米会所の開設は、スミスが生まれた7年後の１７３０年のことであり、世界最古のチャート分析として知られる「酒田五法」を開発した酒田の豪商、本間宗久が生まれたのが１７２４年のことであった。スミスと本間宗久はわずか１歳違いである。

▼19 「新しい市場」が最も早く勃興したオランダでは、17世紀から商品、債券、株式などあらゆる市場で投機が活発化した。追随した英国でも同様であったが18世紀の英国では公債の大量発行が証券取引の活発化を促したと言われる。E・ビクター・モーガン『貨幣金融史』、小竹豊治監訳、慶應通信、１９８９年

貨幣経済の歴史自体は、もちろんメソポタミアや黄河文明など古代文明発祥の時にまで遡る。「市場」の原型は、それよりもはるかに古く、農業革命以前に人類が狩猟採集で生きていた時代から存在していた。しかし、狩猟採集の時代から純粋に財の交換の場として発生していた市場が、貨幣を介在させる交換の場へと発展し、さらには「貨幣による投機」をもその目的の一つに加え始めたのが、まさに17世紀から18世紀に入る頃であった。

オランダや英国といった西欧諸国では、「貨幣投機」の場としての「新しい市場」は、商品取引から始まり、その後、国債、株式取引を中心に発展していくが、日本においては米取引市場としてほぼ同時並行で発展していくことになる。

この時代にユーラシア大陸の両端において発生しつつあった「新しい市場」の特徴を挙げると、「集中」、「透明性」、「システム化」といったことになるだろう。この「新しい市場」は、それまで人類社会に存在していた市場と本質的な面で異なっているわけではなかったが、これら新たに加わってきたいくつかの特徴がもたらす違いは、ある面においては非常に大きなものであった。企業の所有権である株式や、何千人分もの食糧として供されるような量の米を、一瞬のうちに交換すると同時に、誰にもはっきりと見える形で交換価格を明示するシステムをこの「新しい市場」は備えていた。

＊　＊　＊

本間宗久が世界最古のチャート分析手法を開発することができたのも、この「新しい市場」の存在があったからである。堂島の米会所は、世界で最初の先物取引を行ったことが重要なのではなく、西欧でほぼ同時に始まりつつあったこの「新しい市場」の要件を備えていたことこそが重要なのであると言える。[20]

本間宗久が世界に先駆けて開発したこのチャート分析というのは、一体どういうものだろうか？

金融市場にまったく関わりのない読者のために簡単な説明をしておくと、チャートというのは、毎日、毎時あるいは毎秒ごとに成立する株式や為替の取引価格を時系列でグラフ化したものである。その表記の方法には非常に多くのバリエーションがあり、堂島の米会所で米が活発に取引されるようになる中で、その代表的な手法であるいわゆる「ローソク足」という表記方法が開発された。

これは、現在においても、最も基本的なチャートの一つとなっている。この「ローソク足」の開発自体、本間宗久によるものともいわれるが、本間宗久は少なくとも「酒田五法」という「ローソク足」に基づく市場の分析手法を開発し、これを使って実際に米相場で大きな利益をあげたと言われる。[21]

本間宗久が「酒田五法」を開発した目的は、当然、米相場の先行きを「予測」することであった。正しく将来を「予測」することで、ある時点において保有している貨幣を増やそうとしたわけである。

数万年前に人類が始めた最も原初的な交換の場においても、人々は、自身の生産物がより多くのものに交換されることを期待して、いろいろな工夫をしたはずである。自身の生産物を磨いて綺麗にするというようなことから始めて、何か別の装飾品で飾ってみたり、市場において

▼20 堂島米市場においては、米現物市場から派生し、差金決済が行われる米先物相場が生まれていた。現物の受け渡しを行わない純粋な投機市場が成立していたという意味で、堂島米市場の先進性は世界的にも特筆すべきものである。
高槻泰郎『大坂堂島米市場』、講談社現代新書、2018年

▼21 本間宗久が実際に米相場で大きな利益を上げた豪商であったことは史実であるが、ローソク足や酒田五法などが実際に全て彼の考案になるものかについては諸説ある。

陳列する場所を工夫してみたりといったことも行われただろう。

しかし、もしその生産物が保存のきくものであった場合、生産してすぐに交換するのが良いのか、一定の時間をおいてから交換するのが良いのかということも、人々は考え始めたに違いない。その「時間を超えた判断」を行う際に、多かれ少なかれ「予測」という作業を人々は行うようになったはずである。

モノの価値が将来どのように変わるのかを「予測」するという目的において、狩猟採集時代の人々も、ローソク足を使った「酒田五法」を開発した本間宗久も、本質的には変わらない。しかし、モノの価値をいったん、時系列のデータに置き換え（＝ローソク足チャート）、それに一定の統計的処理を加えて（＝酒田五法）、何らかの予測結果を導くという「プロセス」は、太古以来の長い「市場の歴史」の中においても非常に新しいことであった。18世紀という時代において、将来のモノの価値を「予測」することに関して世界で最も先進的な手法を開発していたのが、本間宗久だったというわけである。

そして、この新しい形での「予測」のプロセスが、物理学や化学の理論分野と応用分野とを分ける最も重要な要素である「実験」のプロセスに、実は極めて近い構造を持っていたのである。それは具体的に言うと次のようなことである。

まず、アムステルダムの株式取引所であれ、堂島の米先物市場であれ、取引されるものが「規格化」されているというところが大きな特徴である。取引されている株式の法的な価値が1時間後には別の法的な取り扱いに変わってしまっていては、取引所での売買には使用できない。株式の売買単位や取引方法についても同様である。また、米の取引も、厳密に言えばそれぞれの産地ごと、あるいは俵ごとで品質や粒の大きさなどに微妙な違いはあるにしても、概ね品質と量が均質であることを前提に、一度に何百俵といった単位の取引が成立する。[22]

これは、物理や化学の「実験」において、取り扱う物質から不純物を取り除き、現れる現象がその物質の性質以外のものに一切影響を受けないように整えていく作業と類似している。これは、「新しい市場」の特徴のうち、「集中」の要素に該当する。取引を集中するためには、「規格化」が前提となる。

そして、「新しい市場」では、取引がどのような価格でいつ成立したかが、その市場に参加している全ての人にガラス張りで見えるような方式が取られている。これは、科学者が「実験」を行う際に、その現象を観察者が誤って計測することのないよう、観察する対象と観察者の間で、伝達される情報の妨げになるものが何もないよう事前に綿密に準備されていなくてはならないのと同様である。これが、「透明性」である。

もう一つ、物理や化学などの「実験」と対置され得る特徴は、株式や米の取引所において、取引された価格や量が規則的、継続的に記録されていくようになったことである。「実験」においても、何か反応が観測された時にだけ数値を記録しておくのでは意味がない。市場取引においても、高い値段がついた時だけその価格を記録しておくのではなく、価格の上下動を一定のルールで継続的に記録していくことが行われるようになっていく。これが「システム化」に他ならない。

このように、17世紀から18世紀にかけてユーラシア大陸を挟む両端で奇しくも同時期に開始された「新しい市場」は、西欧でその少し前の時代から急速に進展し始めていた「近代科学」

▼22 堂島の先物市場では、年に3期間ごとに一つの銘柄（産地）を決めて取引対象としていた。中心的な銘柄は、廻送される米の量や品質などを基準に決められた。
注20の高槻泰郎『大坂堂島米市場』による。

の要件を備えた分析対象を、経済の領域において提供することになったのである。それは、社会や経済といった本来「近代科学の対象」にはなり得ないと考えられていた領域に、あたかも物理や化学の「実験室」と類似のものが現れたことを意味する。

アダム・スミスが「分業」の基盤と考えた「市場」は、必ずしもこの「新しい市場」を想定していたわけではない。むしろ、「分業」ということで言うならば、「財の交換」という比較的古い形式での「市場」を前提にしたものであった。

しかし、19世紀後半以降の新古典派経済学が前提とした「市場」は、ここで述べたような「新しい市場」の登場に一定の影響を受けたものであったように思われるのである。そこでは、物理や化学における「実験室」と類似したものとしての「市場」を前提として、数理モデルの構築が比較的安易に開始されることになるのである。

現実の経済において、物理や化学における「実験室」が存在するのであれば、ニュートン力学の解析的手法をそのまま適用することも、ある程度は妥当性を持つだろう。しかし、ここでまた新古典派以降の経済学者たちは、「合理的経済人」の仮定と同じ誤りを犯してしまった可能性がある。

すなわち、ニュートン力学の解析手法を比較的そのまま適用することが可能になるこの「新しい市場」の持つ「力学的法則に基づく実験室空間に近い形式」を、経済の全分野にまたがる「標準形式」として結果的に選択してしまうことになるのである。株式取引所や米先物市場のような「新しい市場」は、実際にニュートン力学の解析手法が適用しやすい形式である。しかし、それ以外のほとんどの市場、たとえば消費市場や不動産市場、機械設備の市場や輸出入市場といった市場は、この「新しい市場」のような「実験室」に類似した構造を十分には備えていないし、まったく異なっているケースすらある。

この問題は、新古典派経済学以降のほとんどの数理モデルに根本的な欠陥をもたらすことになる。そして、より現代的なテーマとして、コンピューターによる市場分析のような分野においても、この「市場の形式」は大きな問題を提起することになるのだが、これは第8章において触れることにする。

＊　＊　＊

「新しい市場」は、ユーラシア大陸の両端でほぼ同時に発生したわけだが、その共通する背景としては、稠密《ちょうみつ》な人口、高い生産性とそれに伴う潤沢な余剰生産物の発生、高度に発達した貨幣経済といった経済の発展段階があった。産業革命前夜の時期においては、英国、オランダなどの西欧の一部地域と、日本および中国揚子江流域など東アジアの一部地域が、経済の発展段階という意味では世界の最先端地域であった。[▼23]

しかし、18世紀の時点でほぼ同時に「新しい市場」を生み出していた西欧と日本の間に、その後わずか1世紀ほどで商業システム、貨幣経済という点で大きな格差が生じることになる。その最大の要因は、17世紀から18世紀にかけて西欧で起こってくる「科学革命」であることが今では分かっている。

マルクス主義が日本の経済論壇で命脈を保っていた1970～80年代までは、18世紀以降に西欧と日本との間に生じた経済の格差の要因として、両地域の経済や社会構造の歴史的な発展

▼23　「ユーラシア大陸両端における市場経済発展の同時性について はK・ポメランツの『大分岐』が重要な視点を提供している。少なくとも17世紀から18世紀という時期において、日本とオランダ、英国の間で経済的な成熟度あるいは発展度に違いがなかったことが述べられている。「大分岐」はその後の時代に訪れるのである。
K・ポメランツ『大分岐』、川北稔訳、名古屋大学出版会、2015年

段階の違いに着目する議論が盛んに行われていた。しかし、現在では、日本の生産、商業システムの成熟度は、江戸中期頃の時点で西欧の経済先進地域とほとんど同水準であったという見方が通説になっている。

つまり、ニュートン物理学と数学の急速な発展が先導した「科学革命」の大きなうねりこそが、18世紀以降、日本と西欧の生産、商業システムの辿るコースを大きく分ける最大の要因だったということである。これが、現代における西欧と日本の経済史解釈における本流の見方だと言える。

しかし、「新しい市場」の歴史という観点を中心に置いてみると、西欧と日本の格差が拡大した背景として、実はもう一つの傍流的なストーリーを提起することができる。それは、18世紀から19世紀にかけての西欧経済社会における「ユダヤ人勢力の勃興」に着目したストーリーである。その点を理解するために、「貨幣」、「商業」といったものの彼我の歴史的な経緯を比べてみたい。

日本においても、中世以前から商業賤視の歴史があり、これは世界的にみても、古代文明の時代から存在していた人間社会の一つの特質である。すなわち、人間社会において「金を扱う」ことは「俗」であり「賤」であるという感覚は、ごく一般的なものだったということである。「聖」であり「貴」であるものは、「武」、「政治」、「宗教」、「学問」といったものであり、それは、言ってみれば社会の「表の世界」であった。「金」を扱う行為は、社会の「裏の世界」で行われるべきことだとの感覚があり、それが社会の秩序であった。

日本では、1970年代から80年代にかけてブームとなった網野善彦の論考が、この問題にフォーカスしていた。そこでは、非農業民のうち商業民などが社会において果たしていた役割と、社会の周縁部に形成される市場の存在などについて斬新な議論が展開されていた。[▼24] 網野史学と言われた一連の研究自体は、その後、非農業民の存在を過大視しているとの批判にも晒されることになるのだが、「市場」という存在の意味合いを考える上では、非常に参考になる視点を提供している。

市場が市場たる所以は、固定化された社会の外で、全ての価値をいったん貨幣的なものに変換することで、「所有するということにおいて社会のあらゆる階層の人間が自由になれる」ことだと言える。もっと簡単に言ってしまえば、市場とは、「金さえあれば何でも手に入る」世界なのだということである。

現代において、これは当たり前のことのように思えるかもしれない。しかし、西欧でも日本でも、近代以前はモノにはそれを持てる資格といったものが存在しており、人間はそれぞれの階層に相応しいモノしか持てなかったのである。職業が固定化され、所得水準も固定化され、さらにはそれに応じて所有できるモノも固定化されていたのが、近代以前の社会システムであった。

そういった「固定化された所有」の構造を流動化させる特殊な場であるという意味において、古代文明の時代から、「市場」は社会におけるマージナル（周縁的）な存在だったわけである。そして、そのような存在である「市場」を中心に生きる人々も、時としてマージナルで特殊な集団であるケースがあった（それは特定の民族であることもあった）。市場が、社会階層を超えて「所有の自由」を提供する場であったということと、そこで活動する一部の人々が「自

▼24 網野の著作は多数に及ぶが、周縁と市場ということでは『無縁・公界・楽』などが有名。網野善彦『無縁・公界・楽』、平凡社選書、1978年

由」であることに非常に大きな価値を見出すようになっていくこととの間には、大きな関連があった。

16世紀頃から西欧と日本で生産性が上昇し、余剰生産物が増大してくると、社会における貨幣経済のウェイトが急速に上昇してくる。その結果として、社会の周縁部に存在していた「市場」が、徐々に社会の中心部の中に食い込んでくるようになる。

日本では、商業賎視の観念はあったとはいえ、江戸時代に商人階級とその他の階級との間には人種的、宗教的な相違があったわけではない。しかし、西欧においては中世の頃より、商業部門、特に金融部門においては、ユダヤ系の人々がかなりのウェイトを占めていたことが知られている。[▼25]

ユダヤ人は、日本における商人階級とは異なり、ヨーロッパにおいては当然、人種的な意味での異民族であると同時に、ユダヤ教を奉じる「異教徒」であった。[▼26]

ユダヤ人がヨーロッパの商業部門あるいは金融部門で重要な役割を果たしてきた理由はいくつかある。一つは、ユダヤ人が元々、中東地域における商業民としてのルーツを持つということである。二つ目は、ヨーロッパ社会において長く差別を受けてきた歴史から、各地に広がるユダヤ社会の間でネットワークを構築する必要があり、それが商業や金融の基盤になったということである。そして、三つ目により大きな理由としてあったのは、ユダヤ教がそもそも現世利益を積極的に容認する性質の宗教であり、それが商業、金融を生業にすることへの抵抗を相対的に低くしていたことである。

ヨーロッパに大量にユダヤ人が移住してきたのは、ローマ帝国がエルサレムを完全に破壊し

▼25 ユダヤ通史としては、『ユダヤ人の歴史』が有名。著者のポール・ジョンソンは専門の歴史研究者ではないが、本書でも同書に依拠している部分は多い。ポグロム（集団迫害）やホロコーストについては、ソ連崩壊後に旧ソ連の公文書の公開が進んだこともあり、ティモシー・スナイダーの『ブラッドランド』をはじめ、多くの書籍が出版されている。ポール・ジョンソン『ユダヤ人の歴史』、石田友雄監修、阿川尚之・池田潤・山田恵子訳、徳間書店、1999年

▼26 ヨーロッパでは、アラブ地域出身のセム系民族であるユダヤ人は、オリエントあるいはアジア系民族とみなされている。

た紀元1世紀の頃からである。当初は、ローマ帝国の中心地であるイタリアなどに一部は奴隷として連れてこられたが、やがて、スペインがヨーロッパ・ユダヤ人の最大の居住地となっていく。地中海沿岸、特にスペインなどに住んでいたユダヤ人をスファラディと言うが、この言葉は元々、スペインを表す言葉であった。

しかし、パレスチナからの離散後1000年以上が経っても、ヨーロッパがユダヤ人たちにとって完全に安住の地となることはなかった。中世以降も、十字軍の通過地における虐殺、宗教裁判での犠牲、そして最大の居住地であったスペインからの追放、宗教改革の混乱に伴う圧迫など、ユダヤ人の受難は続いた。

そういった民族的苦難の歴史の中で、ユダヤ人たちは、蓄積した富を分散し、いつ突然弾圧が始まってもすぐに安全な場所に移動させられる方法を真剣に考えていくようになる。ユダヤ人が世界的な金（ゴールド）取引の中心的役割を担っていったことも、もちろんその目的と関連する。そして、時代が降《くだ》るに連れて、その関心は金融資産の有価証券化や為替技術の高度化といったことにも及ぶようになっていく。そういった金融技術の発展は、実際、ユダヤ人が自らの「生存」のために行った工夫と彫琢が寄与した部分が大きい。

西欧におけるスファラディ系ユダヤ人たちの中でも、英国やオランダのユダヤ人は、相対的に迫害を受ける機会が少なかったとされる。15世紀にスペインやポルトガルでユダヤ人が追放された時にも、東欧地域と並んで、英国やオランダがその逃避地の一つになったのである。そして、17世紀にアムステルダムで世界最初の株式取引所が創立された時、中心的な役割を果たしたのは、安全を求めてオランダに集住していたユダヤ系商人たちであった。ロンドンのコーヒーハウスで株式仲買人たちが株式売買を活発に行うようになった時にも、ユダヤ系商人たちが重要な役割を果たしたとみられている。

ユダヤ人たちにとって、彼らが「生存のための技術」として蓄積してきた金融や為替の技術をより効率的に使用していくためにも、「新しい市場」を創出していくことに強いインセンティブがあったのである。そして、「市場」という存在が、「全ての価値をいったん貨幣的なものに変換することで、所有において社会のあらゆる階層の人間が自由になれる」場なのだとすれば、ユダヤ人にとっては、理念的な側面においても「市場」は非常に重要な意味合いを持っていた。ユダヤ人が、異国の地において求め得る最も安全で快適な場所こそが「市場」だったとも言えるのである。

## アシュケナージ系ユダヤ人と東西冷戦下の米国

オランダや英国で「新しい市場」の創設に関わったのは、主にスファラディ系のユダヤ人たちであった。しかし、ヨーロッパには、もう一つの大きなユダヤ人グループがあった。ドイツ以東、ロシアにまで広がるユダヤ人たちのことをまとめてアシュケナージという。

一般的に、スファラディ系のユダヤ人が、古くから西欧の都市で商業に従事し、伝統的なヨーロッパ社会にも比較的溶け込んできたのに対し、アシュケナージ系のユダヤ人は、農業地域に住んでいたり、都市に居住していてもより厳しい差別を受けていた。

ある時期までは、同じユダヤ人の中でさえ、スファラディ系はアシュケナージ系を一段低くみる傾向があったとされる。特に、黒死病の流行時にユダヤ人が迫害を受けて難民化し、東方への移動が進む過程で、ドイツの辺境地域からポーランドを中心とする東欧地域では、一部のアシュケナージ系のユダヤ人集団の構成人口が極端に縮小する悲惨な事態も起きた（そういった集団の中には、スファラディ系で西から逃げてきた人々も含まれていた）。この東方のユダヤ人たちの子孫が、数百年の間に急激に人口を増大させた後、20世紀になり、あの忌まわしいヒトラーによる大量虐殺の犠牲になるのである。

ヒトラーによるホロコーストは、ヨーロッパ・ユダヤ人の長い受難の歴史において最も悲惨な事例となるわけだが、その前史においても、特にアシュケナージ系ユダヤ人たちは、相対的に厳しい環境の中での生存を何世紀にもわたって強いられていた。しかし、そのアシュケナージ系ユダヤ人たちの苦難の歴史が、偶然に一つの副産物を生むことになる。

現在、米国には約600万人のユダヤ人が居住するが、その大半は19世紀以降にヨーロッパから迫害を逃れて移住してきたアシュケナージ系ユダヤ人である。そして、このアシュケナージ系ユダヤ人の知能指数を計測すると、その平均水準がその他の人種より15～20％も高いという研究がある。[27] 平均値がそれだけ違うということは、正規分布を仮定すると、そのテール部分は非常に大きな違いになる。つまり、他の人種よりもはるかに高い比率で天才的な能力を持つ人間を輩出し得るということである。

実際、現在、米国の金融やIT分野といった最も高い知的水準を求められる産業には多くのユダヤ人が働いているが、そういった知的産業においてもユダヤ人は白人やアジア人と比べて優秀だというのが一般的な認識だろう。いわゆるWASPのような米国育ちの白人の中には、

▼27 Gregory Cochran, Jason Hardy, Henry Harpending『Natural History of Ashkenazi Intelligence』, Journal of Biosocial Science, 2006 Sep

プレゼンテーション能力で頭の良さを演出してみせようとする人たちも多いが、ユダヤ人の頭の回転の速さは、そういった外面的なものではない。文字通り、知能指数が高いことを感じさせる人間が非常に多いのである（私自身も欧州系の投資銀行に勤務していた時に周囲にユダヤ人が多くいたが、頭の回転の速さは彼らに共通する特徴であった）。

このユダヤ人の知能指数を調べた研究に対しては、比較的最近のものであるにもかかわらず、人種差別につながるとして一部批判も出ている。1930年代を中心に盛んになった優生学の忌まわしい記憶がホロコーストの記憶と共にまだ残っており、たとえそれがユダヤ人の優秀さを示す結果であっても、遺伝子による人種間の能力比較には拒否反応が強いのである。そのため、アシュケナージ系ユダヤ人の知能指数が平均より15～20％も高い理由について、大掛かりな調査を行うことは、今後も現実的には困難だろう。

ただし、いくつかの仮説が提示されている。ユダヤ人が古くから商業を生業にしていたことから、商業に必要な計算能力に優れた人間が集団の中で成功しやすく、そういった能力に長けた人間の比率が増加したという「適応的進化」で説明する見方もある。しかし、それでは、ユダヤ人の中でも、欧州東部の農業地域に住んでいたアシュケナージ系の知能指数が特に高いことが説明できない。最も可能性が高そうに思える理由は、アシュケナージ系ユダヤ人のうちの一部の集団が、ある時期において人口規模を極端に縮小させながらも、宗教的、文化的な理由から周囲の異民族と混血せず、遺伝的な隔離状況が何世代にもわたって続いたことである。

進化生物学における重要な理論に「遺伝子浮動」という考え方があるが、これは、「適応的進化」とは別に、たまたま変異した遺伝子が隔離された小規模集団の中で急速に広まる現象を説明する。実際、アシュケナージ系ユダヤ人に多いある種の遺伝病を発現させる遺伝子が、脳のニューロンを通常よりも発達させることが知られている。

こういった遺伝的形質が、中世のある時期に、東方の小規模なユダヤ人集団の中で固定化され、後の時代になってアシュケナージ系ユダヤ人の知能指数分布をその他の人種と大きく異なるものにしたという仮説には説得力がある。▼28

19世紀後半は、そういったアシュケナージ系ユダヤ人が、ヨーロッパ社会の中で突出した能力を示し始めた時代であった。代表的な存在が言うまでもなくアインシュタインであり、文学者ではハインリヒ・ハイネ、音楽家ではグスタフ・マーラー、アーノルト・シェーンベルクなどが有名である。

この時代を境に、ヨーロッパのユダヤ人、特にアシュケナージ系ユダヤ人は、ただ歴史的に商業と金融に長けた民族であるというだけでなく、あらゆる知的分野において傑出した天才を供給する人的集団となっていくのである。

経済学の歴史においては、19世紀後半に新古典派経済学を創出した主要な学者たちはユダヤ系ではなかった。しかし、20世紀半ばから後半にかけて経済学の数理化が加速し、ケインズ経済学の否定から「新しい古典派」の形成へと向かう過程で活躍した経済学者の中に占めるユダヤ人の比率は驚くほど高い。

ケインジアンであったが経済学の数理モデル化を推し進めた功労者であるポール・サミュエルソン、シカゴ学派の総帥と言われたミルトン・フリードマン、数理経済学の発展に最も貢献の大きかったケネス・アロー、新古典派の経済理論をあらゆる社会現象に適用してミクロ経済

▼28 アシュケナージ系ユダヤ人の高い知能指数についての遺伝学的な検証は不十分だとの反論もある。遺伝学者デイヴィッド・ライクなども注14で挙げた著書の中でこの仮説を批判している。実際、DNA解析によって特定できることにはまだ大きな限界があることも客観的に理解しておく必要はあるだろう。

学の発展に寄与したゲーリー・ベッカー、オプション理論を構築したマイロン・ショールズ等々、ケインズ経済学否定以降の経済学は、綺羅星のような天才ユダヤ系経済学者たちの一群によって創出されたと言っても過言ではない。

20世紀後半に入り、経済学の数理モデル化を進めていった一連の経済学者群にアシュケナージ系ユダヤ人が多かったのは、彼らの先天的な数学的能力が高かったことが寄与したのは間違いないところであろう。歴史的にユダヤ人が専門職（この場合は経済学者）につく傾向があることを強調する見方もあるが、医者や弁護士といった一般的な記憶能力がある程度優れていればなれるというレベルの能力と、世界最先端の研究成果をあげるようなレベルの能力には当然大きな違いがある。知能指数の平均値が15〜20％高いことで発生する正規分布のテール部分の天才を、米国に大量移住したアシュケナージ系ユダヤ人コミュニティが経済学の世界に多く供給したことの意味合いは大きい。

しかし、その一方で、20世紀後半以降に隆盛を極めた「主流派経済学」は、ユダヤ人が中心的な役割を果たしたがゆえに生じた別の大きな特徴も備えるようになっていった。それは、アシュケナージ系ユダヤ人の先天的な能力の高さとは別に、彼らがヨーロッパ大陸から持ち込んだ後天的かつ文化的なものに根差しているもののようである。

＊　＊　＊

第二次世界大戦を挟んで「新古典派」から「新しい古典派」へと展開していく経済学体系の大きな特徴は、一つは徹底した「数理モデル化」であった。そして、もう一つは「限界概念」

を基礎においた「均衡モデル」の構築である。

この学問体系においては、19世紀における「合理的経済人」の極端な仮定や、「新しい市場」の標準形式としての採用など、ニュートン力学を模して人間社会を数理モデル化しようとする際に最も使いやすい前提を逆算して導入してきた。しかし、20世紀半ば以降、米国のユダヤ系経済学者たちが主導する経済学の展開において一段と先鋭化する形で適用が進んだのが、アダム・スミスが発明したとされる、あの「神の見えざる手」の概念である。

19世紀後半に新古典派経済学の登場によって生まれた均衡理論においては、全ての人間が自己の経済的効用を最大化するために行動し、全ての企業が利潤を最大化するために行動する時、価格調整メカニズムの働きにより、最終的にあらゆる需要と供給の不均衡は調整され均衡状態に至ることを説明するものである。

1950年代に、ジェラール・ドブリューとケネス・アローが、全ての財において最終的にこの均衡が成立することを数学的に証明した。そこで置かれた前提があまりにも強すぎる仮定なのではないかという批判は、すでに当時からあった。この一般均衡理論という分析枠組みは、全ての価格情報がガラス張りであり、全ての市場参加者が必要な情報を入手し得ると仮定した上で、瞬時に全ての財の均衡価格を一意的に決めるというモデルである。これが成立する市場があるとすれば、それは、ユダヤ人が中心となって創設し発展させたあの「新しい市場」をおいて他にないだろう。▼29

ドブリューはフランス人で、数学オタクといってもよい人物だったが、ここで引っ張り出されてきた前提としての「市場の形式」は、消費市場や設備機械市場、貿易市場などには該当し

▼29 アロー、ドブリューが前提においた財取引の形態は「大域的オークション」と言われるものだが（〝大域的〟は数学用語）、これが現実経済とはあまりにもかけ離れた仮定であることは明らかであろう。しかし、「新しい市場」も一見すると「大域的オークション」の概念に近いようにみえて、本質的にはまったく異なるものである。

ない「特殊な形式」の市場、すなわち実質的には株式取引所や米先物市場といった「新しい市場」が持つ「形式」に近いものなのである。この一般均衡理論は、一つの美しく完結した数学的世界であり、これを何か現実的な経済事象に当てはめて説明していこうというような代物ではない。ある意味で、人畜無害な純粋理論と言ってよいものであった。

しかし、その後、ユダヤ系の経済学者が中心になって発展させていく「新しい古典派」の経済学の中には、全ての参加者が全ての財の価格情報を持っているという「新しい市場」の形式を前提とするだけにとどまらず、「経済的効用を高める自由」、あるいは「利潤を増加させる自由」を、より強力な前提、仮定として重視していくようになっていく。

それは、本来、アダム・スミスが想定した人間社会のモデルとは異質の想定である。なぜなら、スミスは、「共感」をベースに構築される「道徳概念」が支配する社会においては人間は本質的に「利他的」な存在だと考えたわけであり、それをあくまでも前提とした上で「利己心」がもたらす社会的な利益にも着目したのである。人間が「利己的」であることの「自由」を完全に容認するような理念は、スミスの時代においても、たとえばバーナード・マンデヴィルの『蜂の寓話』が有名になったように、その原型はあった。▼30 しかし、少なくとも、スミスが示していた道徳哲学の概念がそういった考え方を積極的に取り入れていたわけではない。

この「自由」の概念は、先に述べたように、カント哲学と、その背景ともなった啓蒙主義、そして、カトリック教会の支配を脱して神に個々人が自由に向き合う理想を掲げたプロテスタントの考え方が合流し、ヨーロッパの近代思想における一つの潮流となったものである。

しかし、20世紀半ば以降隆盛を極める「新しい古典派」などの主流派経済学の中心的なコン

---

▼30 スミスより約半世紀前に活動した思想家マンデヴィルが著した本のタイトルである。「蜂がそれぞれの私欲によって活動しつつも巣全体としては豊かになる」という考え方を示し、後にケインズによっても引用されることになる。
バーナード・マンデヴィル『蜂の寓話』、泉谷治訳、法政大学出版局、2015年

セプトには、もう一つ別の意味での「自由」の概念が混入したように思われてならない。それは、端的に言えば、「利己的であることの自由」を、「新しい市場」にとどまらず、消費市場など他の全ての市場形式にも適用できるような「普遍原理」として取り扱おうという考え方である。仮説ではあるが、このような極端な解釈が出てきた大きな理由の一つは、ヨーロッパ大陸から米国に移住したユダヤ人たちが、彼らの生存を保障する「絶対自由」の理念を打ち立てようとしたことにあるのではないだろうか。

ヨーロッパのユダヤ人たちは、安住の地と思えた土地を突然追われ、別の安住の地を探して彷徨うという経験を2000年もの間、何度となく繰り返してきた。

米国は、元々が移民国家であり、ヨーロッパから移住してきた白人たちが作った国である。17世紀に宗教の自由を求めて米国に渡ってきた初期の白人移住者たちにとって、米国はまず第一に「思想の自由」を保障してくれる国であってもらう必要があった。ただ、彼らにとっては、「生存の自由」は所与のものであり、ヨーロッパの祖国においても確保されていたはずのものである。

その後、富を求めて英国、イタリア、ドイツなどから移住してきた白人の低所得者層、相続にあずかれなかった次男三男たち、あるいは大飢饉によって移住を余儀なくされたアイルランドからの移民たちにとっての米国は、「働いて所得を得る自由」さえあればよかったのである。しかし、19世紀後半から20世紀前半にかけてヨーロッパの東部から移住してきたユダヤ人にとって、米国はより基本的な人間としての権利、すなわち「生存の自由」が保障されることを望める「地上の楽園」であったのである。

西欧のユダヤ人にとって比較的安全な居住地であった英国でさえ、19世紀後半にロシアでユダヤ人排斥が過激化して「ポグロム（＝集団迫害）」が頻発し始めた時、アシュケナージ系ユダヤ人難民の流入に対しては一定の社会的反発が生じた。同時期の米国においても、すでに居住していたスファラディ系ユダヤ人が白人社会に溶け込んでいたのに対して、ロシア、東欧からの難民ユダヤ人に対しては排斥運動が起きた。

こういった19世紀後半から20世紀前半にかけてユダヤ人に生じていた「生存の危機」は、米国に渡ったアシュケナージ系ユダヤ人たちに、非常に特殊な形での「絶対自由」の確立を希求させることになったとしても不思議ではない[31]。

ケインズ経済学に対してフリードマンや「新しい古典派」の経済学者が示した「嫌悪」といってもよい感情には、「政府が社会に介入する」ことに対する「本能的な拒否」の感覚が潜在的に含まれていたように思える。そこには、ユダヤ人の本能的な「国家による圧迫」に対する拒否感覚が含まれているように思えるのである。そして、ヨーロッパのユダヤ人が歴史的に「市場」という社会の周縁部でのみ獲得してきた「自由」を、より恒久的、普遍的な形で確保するために、最も特殊な形式であるあの「新しい市場」の形式を他の全ての「市場」における普遍的なモデルとして当てはめていこうと考えたとしても不思議ではないだろう。

これは、誤解なきように言っておけば、通俗的なユダヤ陰謀論の類とはまったく次元の異なる話である。なぜなら、19世紀後半以降に米国へ渡った東部ヨーロッパのアシュケナージ系ユダヤ人たちにとって、「絶対的自由」の理念を拡散し浸透させることは、あくまでも彼ら個々人の生存本能に根差すものであったからである。

---

▼31 ティモシー・スナイダーはアシュケナージ系ユダヤ人が東欧地域で受けた凄絶な迫害の経緯を網羅的にまとめている。ヒトラーによって行われたこの地域での激しいユダヤ人迫害の歴史を振り返ると、この民族が「生存の危機」を意識することは当然であると感じられる。ティモシー・スナイダー『ブラッドランド』、布施由紀子訳、筑摩書房、2015年

19世紀後半に、社会あるいは経済の分析ツールとして「ニュートン力学」を模倣することを考え、「合理的経済人」という強力で非現実的な仮定を導入し、証券取引所などの「新しい市場」の形式を前提としたモデル化を行ったのが新古典派経済学であったと述べた。

そのモデル化の際には、西欧近代の思潮であったカント哲学、啓蒙主義、プロテスタンティズムにおいて重要なコンセプトとなった「自由」の概念が持ち込まれた。そして、ケインズ否定の潮流が出てくる20世紀後半に入ってくると、経済学の中心は米国に移り、そこで徹底した数理モデル化を進めたのが、東方ヨーロッパに数百年間集住する中で平均を大きく上回る知能水準を獲得するに至ったアシュケナージ系ユダヤ人たちであった。その天才的な数学的能力に加えて、前例のない受難を経験したアシュケナージ系ユダヤ人たちの「生存本能」によって希求された「絶対自由」の概念が、ある種のイデオロギーとして「主流派経済学」の中には混入してくる。その代表選手とも言える経済学者が、ミルトン・フリードマンであった。[32]

フリードマンは、1950年代に、先鋭的なケインズ批判者として颯爽と経済論壇に登場してくる。彼の経済思想の根本は、政府による経済に対する徹底した非干渉であり、財政政策による景気刺激のようなマクロ政策の発動を極端なまでに否定した。「マネタリズム」も彼の経済学的主張として有名だが、これも、ケインズ流の恣意的な総需要コントロールの無効性を強調しようとした結果、出てきたコンセプトとも言える。財政政策のみならず金融政策も公的部門による経済への関与の一つであるとして、フリードマンはマネーサプライを一定にコントロールし、緩和、引き締めの判断を中央銀行が行うことも不要だとした。

---

▼32 代表的著作『資本主義と自由』の中で、フリードマンは「競争的な資本主義が維持され強化されたとき最も恩恵を受けるのは黒人、ユダヤ人、外国人など少数集団である」と述べている。ここで必要とされている「自由」の意味は明確であろう。これは網野善彦が日本の中世において「非農業民の自由」と言ったところとも共通する部分である。
ミルトン・フリードマン『資本主義と自由』、村井章子訳、日経BP社、2015年

このような徹底的な自由放任思想は、経済理論というよりは、文字通り「経済思想」と呼ぶのが相応しかった。実際、フリードマンは「新自由主義」という、２０１０年代の現在に至るまで広く使われる用語を世界中に拡散させることに大きく貢献するのである。

この新自由主義思想の根本を単純化して言えば、まさに17世紀以降、ヨーロッパのユダヤ人を中心に形作られていく「新しい市場」という特殊かつ実験室的な形式を、消費市場や機械設備市場、貿易市場など他の全ての経済部門にも適用していくことに他ならない。そこでは、人間の社会生活において、財の消費から貯蓄、企業の投資、雇用から資金調達に至るまで、全ての取引は政府の関与なく自由に行われることが理想とされる。社会全体が貨幣を媒介にした完全な自由市場になることが新自由主義思想の究極の目的となる。これを政治哲学の用語でいえば、リバタリアニズムとほぼ同義であり、この思想を究極まで推し進めるとアナキズム（＝無政府主義）に至る。

ミルトン・フリードマンが、１９７０年代にチリに誕生した軍事独裁政権（＝ピノチェト政権）の経済政策をサポートしたことは有名である。ピノチェト政権下のチリは、当時、ケインズ主義の対立軸として脚光を浴びつつあった新自由主義政策のいわば実験場となるわけだが、他方で左翼勢力の徹底的な弾圧と人権侵害を行っていた。

政府の経済への関与が１００％に達した状態が共産主義であるとすると、逆に、政府が経済コントロール政策を完全に放棄し、経済取引を全て自由化するという新自由主義の主張は、その対極の政治主張である。通常、独裁政権は国民の政治行動を規制するのと同様に、経済政策も規制しようとするものだろう。ピノチェト政権は、典型的な独裁政権の行動として徹底的な人権の弾圧を行い、数千人規模の人間を殺害したとされる。その一方で、経済政策においてはフリードマンの新自由主義思想を導入するという矛盾した政権であった。[33]

「政治的な自由」と「経済的な自由」を一致させることは、本来、難しい問題を孕んでいる。たとえば、「経済的な自由」を完全に容認するということは、社会内において「分配システム」を完全に廃することを意味する。しかし、「政治的な自由」が求める最大の権利は、社会内における「分配システム」の在り方の決定プロセスに個々人が参加することであろう。これは、国と国の間においても同様なことが言える。たとえば、「経済的強国」と「政治的強国（＝軍事的強国）」がそれぞれの主張を、共通のルールがない中で貫徹させようとすれば何が起こるかということを考えてみればよい。

こういった問題を議論に含めずに、一方的に「絶対自由」の思想を世界に普及させようとしたフリードマンの考えの中には、実は、この思想が「米国の国益」に強力に合致するという認識があったのではないだろうか。米国という国は常に、「自由」を至高の政治的理念として高く掲げ、他国にも強要しようとする国である。しかし、米国に対立し、米国の国益を損なう国の「自由」については、明らかに自国民の「自由」とは異なる扱いをする。

これは、米国に限らずどの国でも程度の差はあれ同じような面はあるのだが、ある意味で米国ほど、本音としての「自由」と建前としての「自由」を冷徹に使い分ける国も少ない。ピノチェト政権が弾圧していたのは共産主義者であり、冷戦下の米国にとっては敵であった。敵の「自由」は、自国民の「自由」とはまったく異なっていてもおかしくないと考えるのが米国という国であり、フリードマンはそのことをおそらく明確に認識していたのではないだろうか。

▼33 1973年に経済学者の宇沢弘文はシカゴ大学で、ピノチェトのクーデターによるアジェンデ大統領虐殺のニュースにフリードマンらのグループが歓声を上げるのを目撃したと述べている。月刊「世界」での内橋克人との対談。
宇沢弘文、内橋克人『月刊世界』2009年4月号～「新しい経済学は可能か」、岩波書店、2009年

ユダヤ人の「生存本能」は、自分たちの「生存保障」をしてくれる政府に対しては徹底的に奉仕するという考え方を当たり前のごとく受け入れる。それは、おそらく2000年間の迫害と弾圧に苦しんできた民族の「本能」と言えるのかもしれない。「本能」という言葉で表してしまうと、ある種、遺伝的なものであるかのように聞こえるが、そうではなく、「生存」のための究極的な「合理的判断」である。

「生存保障」を与えてくれる国への絶対的な奉仕を厭わない一方で、自国内においては、政府の個人に対する絶対的な非干渉を是とする考え方。この極めて合理的、打算的な考え方は、フリードマンのみにとどまらず、現在に至るまで広くユダヤ系経済学者たちの間にも共通して見られる傾向かもしれない。[34]

ここまで、アダム・スミス以来、現在の「主流派経済学」が形成されてくるに至る歴史の根底にあるものが一体何なのかということを述べてきた。これが教科書的な経済学説史の通史などではなく、もちろん経済学の理論書で書かれているような内容とも大きく異なる理解であることは分かっていただけると思う。しかし、現代においても、経済学という一つの学問体系が内包している多くの問題点あるいは欠陥は、ここで述べたようないくつかの歴史的な経緯に根差すものが少なくない。そして、こういった歴史的な認識なしに、純粋な数学的理論体系として経済学を理解あるいは批判しようとしても、実はあまり意味がないと思われるのである。

次章では、主流派経済学の歴史において重要な意味を持つ「新しい市場」が、この章で述べたようなその特殊な成立の事情を踏まえて、どのような発展を辿って現在に至っているのかについて述べていく。この議論を通じて、主流派経済学が大きな挫折を迎えることになるリーマ

---

▼34 現代社会において、「少数者の権利保護」が重要であることは言うまでもない。しかし、一国内での少数者保護が等しく全人類の権利保護という観点から矛盾を生じないかどうかという点が問題である。つまり、「誰のための自由か」ということである。

ン危機の遠因を探るとともに、現代における主流派経済学と金融政策との関わりの端緒について述べたいと思う。

第2章

# 市場至上主義の時代

## 二つの数学

17世紀にユーラシア大陸の両端で出現した株式市場や米先物市場のような「新しい市場」の形態は、それまで人類が持っていた市場のそれとは、いくつかの点で大きく異なる特徴を備えていた。第1章では、その特徴を、「集中」、「透明性」、「システム化」という3点に要約した。新古典派以降の経済学は、その「新しい市場」の特徴を他のあらゆる市場も備えているという前提で、ニュートン物理学の手法を適用してさまざまなモデリングを行うようになっていった。しかし、「新しい市場」以外の消費、企業投資といった市場においては、そういった前提でのモデルは現実との乖離が大きく、「空想的」、「理念的」なものに過ぎないという指摘も、かなり古い時代からなされていた。

そういった中、消費市場や企業投資を対象にひたすら抽象化を推し進めて現実世界から乖離していく保守本流の経済学とは別の路線で、「新しい市場」そのものにフォーカスする数理的な分析が、二つの異なった方面から登場してくることになる。一つは、いわゆる「金融工学」の分野であり、もう一つは「債券数学」の分野である。▼1

これら新しい分野は、徹底的に現実世界への適用可能性を追求していくことになる。そのこと自体は、理論分野から応用分野へという自然科学であればごく当たり前の流れを辿ったものだとも言える。しかし、経済学においては、それが「新しい市場」をターゲットに展開していくことの一つの帰結として、最後は学問としての理念を完全に失い、一種の「高等詐欺」とで

▼1 一般的に、研究分野としてこの二つの分野を明確に区分して見る見方は特に存在しない。あくまでも本書における概念整理である。

もいうべき領域にまで入っていってしまうことになるのである。２００8年に発生した「リーマン危機」を全てその要因で説明することは誤りだが、一つの重要な背景となったことは間違いないだろう。

さらに言えば、「リーマン危機」の後にさまざまな形で金融規制の強化が欧米諸国を中心に行われていくことになるのだが、それでも「新しい市場」を舞台とする「高等詐欺」に類する流れは完全に途絶えてはいない。この分野における数理分析の手法は、今の時代においても現在進行形で、問題のある方向に進化していく流れが止んでいないのである。この問題については、最後にまとめて第8章においても触れることにする。

この章では、17世紀に起源を持つ「新しい市場」が、保守本流経済学から派生した「金融工学」を一つの基礎技術として、21世紀にかけて想像を超えた巨大な空間に発展していく過程を俯瞰してみたいと思う。その過程では、保守本流経済学が備えていた「新自由主義」、「市場至上主義」といった独自の「政治思想」も重要な役割を果たしていくと同時に、第4章以降で詳しく述べることになる「金融政策」が経済政策の中心に位置していくことになる端緒の部分も垣間見えてくるはずである。

＊　＊　＊

さて、この「金融工学」と「債券数学」という二つの数理分析の分野は、時に交わり、時に別個に発展していくことになるのだが、その出自は異なっている。まずは、この両分野の出自がそれぞれどういったところにあるのかを説明するところから始めよう。

まず、「金融工学」だが、この学問分野は、隆盛を極めつつあったシカゴ学派など米国の経済学におけるメインストリームの中の一つの「傍流」として生まれてきた。この分野が当初「傍流」だったというのは、ハリー・マーコヴィッツが、1950年代に博士論文としてポートフォリオ理論の基礎となる研究を提出したところ、フリードマンに「これは経済学の論文とは言えない」と手厳しく批判されたというようなエピソードからも伺える。[2] ちなみにマーコヴィッツは、金融工学分野の創始に貢献した功績を評価されて1990年にノーベル賞を受賞している。1970年代にかけて主流派経済学を形成していくことになるシカゴ学派の中から派生しながらも、1950〜60年代という時代においてはまだ、「金融工学」は異端の扱いだったのである。

一方、「債券数学」のほうはというと、純粋なアカデミズムの世界ではなく、ウォールストリートの「現場」から生まれてきた数理分析手法の体系である。そして、それは、「金融工学」が当初、保守本流の経済学者たちに異端扱いされたのとやや似て、当時のウォールストリートにおける「傍流」の金融機関の中から誕生してきた。その金融機関の名前を「ソロモン・ブラザーズ」という。[3]

今でも米国（あるいは日本も）の資本市場に残る一般的な認識ではあるが、当時のウォールストリートにおける証券会社の序列としては、フォードやゼネラル・エレクトリックといった優良大企業の株式や社債の発行を引き受ける業務こそが最も格の高い仕事だとみなされていた。モルガン・スタンレーやファースト・ボストンといった、いわゆるWASP系で歴史のある証券会社がその業務においては高いシェアを持っていた。

▼2 根井雅弘編著『ノーベル経済学賞』、講談社選書メチエ、2016年

▼3 ソロモン・ブラザーズは1990年代後半にトラベラーズ・グループ、後にシティグループの傘下に入り、現在は企業の名称としては残っていない。

彼らが、証券会社やブローカーではなく、あえて投資銀行という呼称を自ら好んで使っていたのは、企業の資本調達を担うプライマリー・ビジネスが最も社会的な価値の高い業務だという意識があったからである。そこでは、アイビーリーグを卒業した家柄のよいＷＡＳＰたちが、同じような出自の大企業幹部たちとの間で秘密のディールを行う一種のインナーサークル的な趣を色濃く残していた。

一方で、そういったハイエンドの証券会社とは別に、企業が短期の資金繰りを行うための手形の仲介や割引を行ったり、富裕層などが債券や株式の売買を行う際に仲介するような仕事を主業務とする二流どころの証券会社が、当時のウォールストリートにはひしめき合っていた。そういった有象無象《うぞうむぞう》の格下金融機関の中にあって、手形や債券の売買仲介にほぼ特化した大手の証券会社として活動していたのが、ソロモン・ブラザーズである。

ソロモン・ブラザーズはその名前の通りユダヤ人が作った会社であり、当然、社員の多くがユダヤ系であった。当時のソロモンで債券や手形を売買するトレーダーたちは、学歴も低く、度胸と勘だけで勝負するような比較的下層のユダヤ人たちが中心であった。▼4 しかし、ソロモンは債券ブローカーとしてはウォールストリートで大手だったこともあり、１９７０年代に入る頃から業界では最も早く、博士号を保有するような人材を雇って債券のリサーチ業務に従事させるようになっていた。

その代表的な人物が、マーチン・リーボヴィッツである。彼は、ニューヨーク大学で数学の博士号を取り、１９７０年代にソロモンの調査部門を率いることになった。現在においても、大学のファイナンスの教科書などで債券市場分析について書かれている内容の多くは、リーボ

▼4 経済ノンフィクションの作家として有名なマイケル・ルイスのデビュー作である『ライアーズ・ポーカー』は、古い時代の粗野な趣を残していた頃のソロモンを舞台に書かれたもの。ルイス自身がソロモンの出身である。マイケル・ルイス『ライアーズ・ポーカー』、東江一紀訳、角川書店、１９９０年

ヴィッツがいた頃のソロモンの調査部門において開発された分析手法に基づくものだと言ってよい。経済学や数学を専門的に学んだエリートのユダヤ人がこの時代にソロモン・ブラザーズに集まり、債券数学と称される分野を発展させていくことになるのである。

彼らが最初に手をつけた仕事は、年限やクーポン（利子）の異なる債券の価値を厳密に評価する手法を確立することであった。同じフォードの社債であっても、満期5年で4％クーポンの債券と、満期7年で5％クーポンの債券とがあった場合、投資家がどちらを買いたがるのかをそれまではトレーダーがかなり感覚的に判断して売買していた。需給に応じて債券の価格は上下するものであり、投資家の選好さえ熟知していれば、売買で利益をあげることができると考えられていた時代であった。

一方で経済学の世界では、「消費者は、現金と債券のどちらかを選択する」というような極めて大雑把な仮定でモデルが組み立てられていた時代である。そもそも当時の経済学の世界では、債券市場の構造やディテールについての正確な知識を持っている経済学者などほとんどいなかった。しかし、ソロモンに入ってきた博士たちは、債券トレーディングのフロアに席を置き、目の前で取引されている膨大な種類の債券の正確な価値を計測することに取り組んだのである。▼5

今では大学の経済学部でファイナンスの授業などを選択すると誰もが勉強することになるレベルのものだが、ソロモンの博士たちは、債券の平均償還年数の概念であるデュレーションの計算方法を考え、複利利回りの概念を導入し、それらを使って「イールドカーブ」を描いたのである。

---

▼5 債券数学の定番教科書を最も早い段階で書いたのは、シドニー・ホーマー、マーチン・L・リーボヴィッツの2人であった。いずれもソロモン・ブラザーズの調査部に所属していた。日本でも訳書が出版されており、最も古い「債券の教科書」であった。
シドニー・ホーマー、マーチン・L・リーボヴィッツ『債券投資分析の基礎』、野村総合研究所訳、日本経済新聞社、1976年

イールドカーブとは、横軸に債券の満期年数もしくはデュレーションを取り、縦軸に利回りを取り、それぞれの点を線で結んだものだが、その線は金融市場における資金需給や先行きの経済成長やインフレ率の見通しなどの変化を反映して、一定の傾斜や水準を示すはずだとソロモンの博士たちは考えた。しかし、実際に個別の債券の年限と利回りの対応する点をプロットしてみると、それほどスムーズな線にはならず、むしろかなりバラついていることが分かった。

そこで博士たちは、集計した債券の価格データから「あるべきイールドカーブ」というものを統計的な手法で引いてみた上で、そのカーブから大きく上下にずれている債券があれば、その債券は正当な価値から乖離していると考えたのである。そして、正当な価値に対して割高になっている債券を売却し、割安になっている債券を買い入れることで利益をあげるという売買の手法を考え出した。実際には割高な債券を売却するためには空売りが必要になるわけだが、個別債券の売りと買いを組み合わせたこういった取引手法を「アービトラージ（＝裁定取引）」という。

現在に至るまで、厳密な意味でのアービトラージ取引が行われるのは、基本的には債券や金利の市場においてであり、株式市場ではない。株式市場でも、ある銘柄を購入してある銘柄を空売りするような取引は一般的な手法として行われるが、そういった取引のベースにある収益機会は、主として株価とファンダメンタルズの乖離から来るものである。類似の銘柄同士の買いと売りであっても、株式の場合、株価形成の根本にあるそれぞれの企業あるいは企業財務はまったくといってよいほど別個のものであり、数理的に裁定関係を厳密に定義できるわけではない。

本質的には、債券市場でのアービトラージのツールとなる「債券数学」は株式市場に導入され得るものではなかった。株式市場における数理的な分析の流れは、むしろ主流派経済学に源流を持つ「金融工学」のほうから発展していくことになる。

ソロモンに所属したリサーチャーたちは、彼らが開発した債券の価値評価の手法を次々と精緻化していき、これがある種のマニュアルのようになっていく。80年代を通じて、このマニュアル化された「債券数学」のノウハウはソロモン・ブラザーズの専売特許のようなものであり、周囲からは、ソロモンが債券トレーディングで利益を生み出す魔法の杖のように見られていた。また、そのトレーディングにおけるスタイルが、数理的な分析に基づく非常に機械的なものであったため（ある意味でそれは当然のことだったが）、他社のトレーダーたちの間では、ユダヤ教の秘術のようなものになぞらえて「あれは『ソロモン教』だ」などと囁かれていたものである。

一方、シカゴ学派など経済学の保守本流から分派した「金融工学」の分野は、その大もとを辿れば、株式市場のデータをもとにした19世紀末頃の初期的な研究にまで遡る。

19世紀から20世紀に切り替わるちょうどその頃、フランスの数学者のルイ・バシュリエは、確率論を株式市場の予測に応用できるのではないかと考えた。▼6 彼は、株価の変動はコインの裏表を出すゲームと同じで、まったくランダムに決まっているというように考えた。いわゆるランダム・ウォークといわれる概念で、株価の変動は多くのサンプルを集めれば正規分布を形成すると考えたのである。

この研究は、アインシュタインによるブラウン運動の分子論的な解明に実に数年間先行して

▼6 バシュリエに関わるエピソードは、主にジェイムズ・オーウェン・ウェザーオールの『ウォール街の物理学者』による。

ジェイムズ・オーウェン・ウェザーオール『ウォール街の物理学者』、高橋璃子訳、ハヤカワ・ノンフィクション文庫、2015年

いたという意味でも、画期的な研究であった。常に物理学の模倣を試みてきた新古典派以降の経済学の歴史を考えると、金融市場の分析が物理学研究に先行したという極めて稀な事例であった。しかし、バシュリエの研究はあまりにも先進的すぎて、経済学の分野においては、この業績が認知されるようになるのは、それから数十年を経てからのこととなる。

あのポール・サミュエルソンがバシュリエの論文を読んで、その先進性に驚愕したというエピソードが残っている。当然、彼の学説を直接発展させる継承者はいなかったが、20世紀も後半に入った頃、物理学者のモーリー・オズボーンがこのバシュリエの考案したアイディアを整備、精緻化して、現代のオプション理論に直接つながる基礎的な研究を行った。その延長線上で、1970年代を迎える頃、オプション価格の評価モデルであるブラック・ショールズ方程式が確立されるのである。

バシュリエの時代から、確率論を現実に適用する場として株式市場が選ばれたのは、価格の透明性が高く、時系列データの取得が容易だという、あの「新しい市場」の要件を最も備えていたことが大きい。加えて株式市場が、債券市場など他の金融市場よりも投機的な市場だという認識が一般的にはあったことも大きかった。ギャンブルの一種として確率論に基づく分析手法の恰好の適用対象と看做された面が間違いなくあるわけだが、これは、今世紀に入って、金融工学の発展形としてさまざまな問題含みの金融取引が行われるようになることにも一部関係してくる部分ではある。

これに対して債券市場では、ソロモン・ブラザーズの博士たちが、確率論の世界ではなく「需給による歪み」を正確に測定し、それを収益機会と捉えてアービトラージを行う手法を確立していく中で、数理的な手法が駆使されていくことになるわけである。ある時期までは、これら二つの分野はほぼ別個のコースを辿って発展していくことになる。そして、それぞれを担った人々のタイプもまた異なっていた。その多くがユダヤ系米国人であったということを除いては。

## スワップ市場の誕生

ソロモン・ブラザーズは、1980年代になって、債券のいわゆる自己勘定トレーディングのフロンティアとしてウォールストリートで圧倒的なプレゼンスを持つに至った。その基本ノウハウが、あの「債券数学」であった。しかし、この時代にソロモンがトレーディングの対象にしていたのは、国債や社債、国債先物市場といった、現在の我々からしてみると非常にシンプルな金融商品が中心であった。それらのシンプルな金融商品を使ってのアービトラージ（＝裁定取引）を行っていただけなのだが、「債券数学」のノウハウをほぼ独占していたソロモンは、それでも十分な利益をあげることができたのである。

80年代後半には、ソロモンを追いかけてウォールストリートの他の金融機関も「債券数学」を学び始めていた。それまで証券の仲介や販売を主業務としていた他の証券会社も、少しずつ自己勘定での債券トレーディング業務に参入していくことになる。しかし、ゴールドマン・サックスやモルガン・スタンレーといった有力投資銀行も、この分野においては、80年代を通じてソロモンの後塵を拝する存在に過ぎなかった。圧倒的に先行していたソロモンは、そういった後発組をさらに引き離すために技術開発を進めた。

ソロモンが開発した代表的な金融技術として、住宅ローンの証券化がある。小口の住宅ローンを束ねて機関投資家向けに販売する、いわゆるモーゲージ証券の誕生である。

住宅ローンは、一般的に非常に長い期間の固定金利の融資であることが多い。住宅保有者は、資金的余裕ができると利払い負担を減らすためにローンの途中返済をすることもあれば、市場金利が低下した場合に借り換えを行うこともある。そのため、住宅ローンは貸し手である銀行にとっては償還期限が実質的に変動するローンである。そういった小口のローンを集めた投資商品であるモーゲージ証券も、同様に実質的な償還期限が変動する商品となるため、その価格評価にはオプション理論を応用する必要があった。その価格評価の手法を開発して、実際に活発にトレーディングを行ったのがソロモンであった。

先に述べたように、オプション理論は、1970年代から「新しい市場」にフォーカスした二つの流れのうちのもう一方の流れ、すなわち経済学から派生したあの「金融工学」の学者たちによって構築されたものである。コイン投げやトランプのようなゲームを想定すればよいのだが、何回もゲームを繰り返していく時に、どの程度の儲けを得られるかを確率的な手法で計算するのがオプション理論である。

金融市場では、未知の将来における株式や債券の価格をあらかじめ想定して、将来時点で決まった価格で売買できる「権利」を売買する市場としてオプション市場が誕生した。そのオプションの価格評価モデルを確立したのが、フィッシャー・ブラック、マイロン・ショールズ、ロバート・マートンの3人の経済学者であった。このうち、早くに亡くなったブラックを除く

2人が1997年にノーベル賞を受賞している。

いわゆるブラック・ショールズ方程式として知られるオプション価格導出の方程式の解法には、日本人数学者の伊藤清が発見した「伊藤のレンマ」と言われる確率微分方程式の定理が使用されている。数学者である伊藤が第二次世界大戦中に発見した定理が、二十数年後に米国の経済学者たちに活用され、半世紀後には米国を中心とするグローバル金融市場での大投機を引き起こす基本ツールになっていくとは、伊藤自身、想像もしなかったことだろう。[7]

それはともかくとして、ソロモンが開発した「債券数学」と保守本流経済学の傍流としての「金融工学」は、この時点ですでに大きくクロスし始める。そして、ここが21世紀の米国を中心とした金融産業の隆盛に向けての実質的なスタート地点だったと言ってよいかもしれない。[8]

しかし、そこから最終的にリーマン危機を引き起こすに至る「新しい市場」の劇的な変貌には、もう一つの重要なツールの誕生を必要とした。それが、現代のデリバティブ市場の根幹とも言ってよい「スワップ市場」である。

「スワップ取引」とは、二つの経済主体どうしが、ある一定の期間、金利なり通貨なりを交換する取引のことである。交換するからには等価値のものである必要があるが、逆に等しい価値でさえあれば、なんでもスワップの対象にはなる。スワップ取引が債券や株式の売買と異なるのは、あくまでも一定期間中の交換であって、資産の所有権をある一時点をもって完全に移転してしまうものではないことである。

スワップ取引の種類は多岐にわたるが、中心となっているカテゴリーは「通貨スワップ」と「金利スワップ」である。異なる通貨（ドルと円、ユーロとドルなど）を交換し、契約期間中

---

▼7 伊藤は、後年、経済学への貢献を祝う会議に出席した際、あまりの騒ぎに困惑して、そもそもそんな定理を導いた記憶はないと言い張ったというエピソードが残っている。

▼8 モーゲージ証券市場以外にも、債券先物市場において先物終了日における現物債券の受け渡しに関連してオプション理論の活用が必要だった。確率理論をその中核として発展した金融工学と、債券価格の正確な計測から発展した債券数学は、幾つかの場面でクロスしていた。

ニコラス・ダンバー『LTCM伝説』、寺澤芳男監訳、東洋経済新報社、2001年

は異なる通貨建てで金利を交換し、契約満了時に通貨を再度交換するというのが通貨スワップである。通貨スワップは、スワップ取引のさまざまなタイプのものの中で、最も早くから実用化された取引である。ドルが希少であった1970年代に、ドル以外の通貨で資金調達をした企業がドルを供給してくれる企業と取引したところから始まったとされる。[9]

一方、金利スワップは、企業が銀行から3ヶ月や6ヶ月ごとに短期金利を受け取る見合いに、5年とか10年間の固定金利を銀行に支払うというような取引のことである。企業が変動金利で資金を借り入れているとしたら、この金利スワップを行うことによって、実質的に長期固定の利払いに切り替えたことになる。金利スワップは、短期かつ変動金利で資金調達を行っている企業が、利払い費用の増減による収益変動を安定させたいというようなニーズから始まった。金利スワップは、変動金利と固定金利を交換するタイプのものだけでなく、変動金利でも期間が微妙に異なるもの同士で交換するタイプなど、いくつかのバリエーションがある。

スワップ取引は、企業が利益の安定化あるいは最大化を図る機動的な財務戦略の一環として始まったものであり、その草創期においては、一部の先進的な企業や国際機関が採用した非常に合理的な財務マネジメント手法の一つであった。現在においても、このようなニーズから多くの企業と銀行の間で幅広くスワップ取引は行われている。

しかし、市場が始まった頃と現在とで大きく異なるのは、本来の目的以外の目的で行われるスワップ取引の量がはるかに巨大な規模に達していることである。たとえば、投資家のためにさまざまな金融商品を供給するためのツールとして、膨大な量のスワップ取引が行われるようになっている。取引の種類としても、シンプルな金利スワップ、通貨スワップにとどまらず、

▼9 S・K・ヘンダーソン、J・A・M・プライス『スワップ金融の実務』、日本債券信用銀行調査部訳、東洋経済新報社、1985年

さまざまな形態のスワップ取引が生まれている。

ソロモン・ブラザーズという証券会社を舞台にクロスしてきた二つの数理的研究の流れに、スワップ取引は一体何を付け加えることになったのだろうか？ そして、最終的にリーマン危機を引き起こすに至る道のりの中で、どれほど重要な役割を果たすことになったのだろうか？ スワップ取引における最大の特徴を一言でいうと、「標準化」である。この「標準化」というキーワードが、その答えを提供することになる。

＊　＊　＊

スワップ市場の拡大について詳しく述べる前に、ソロモン・ブラザーズが市場の中心に座っていた時代に、市場の実態あるいは本質がどのようなものであったかということについて述べておきたい。

前章から「新しい市場」と称してきたものの実体は、すでに20世紀後半のある時期以降、当初の形態からは変化しつつあった。「新しい市場」と命名した対象は、オランダや英国の証券取引所、あるいは大坂堂島の米先物市場などに代表される17世紀以降に出現した市場の一形態であったわけだが、その特徴は「集中」、「透明性」、「システム化」だと述べた。

しかし、そもそも、ソロモンの博士たちが数理的な分析手法を適用した債券市場は、実はこの三つのうち「集中」と「透明性」についてはあまり当てはまらない。「金融工学」が分析対象としたのが主に株式市場であって債券市場でなかったのは、このことも大きな理由の一つであった。

先に、株式市場では厳密な意味での裁定取引は成立しないと述べたが、それは、株式にとってのファンダメンタルズである企業というものが、そもそも極めて個別性の強いものだからである。裁定取引とは、本質的な価値が同等であるにもかかわらず、何らかの理由で異なったプライシングがされている資産どうしの間で成立するものである。

債券にとってのファンダメンタルズは、一つはインフレ率や経済成長率といったマクロ経済であり、一つは債券の発行体の財務状況である。債券の発行体は、政府である場合もあれば企業である場合もあり、企業が発行体の場合、すなわち社債の場合には株式と同様に企業の個別性が債券の価値に大きく影響を及ぼす。しかし、政府が発行体である場合、すなわち国債の場合は、インフレ率や経済成長率などのマクロ経済の面においても、発行体である国の信用力の面においても、個別性は一切存在しない。

個別性がない国債の取引においては、「集中」という性格を持たせることは難しい。できないわけではないが、少なくとも株式ほど容易ではない。たとえば、「満期5年3ヶ月、クーポン3％」の国債Aと「満期5年6ヶ月、クーポン3・2％」の国債Bがあって、投資家が国債Aを買おうとしたが、国債Aの売り物が市場になかった場合に代わりに国債Bを購入するというのは、ごく当たり前の投資行動である。しかし、そうなると、国債Aに対する需要は、結果的に国債Aの売買ブースには100％集中しないことになる（実際に債券市場にブースなど存在しないが）。

これが株式だった場合、トヨタ株を買おうとした投資家が、売り物がないので日産株を買うかと言えば、一部はそうするかもしれないが、一般的にはそうはならないだろう。トヨタ株への需要は、基本的にはトヨタ株のブースに集中するのである（日本の株式取引所でも今はもうブースはないが）。

債券の個別性の乏しさゆえに取引の「集中」が起こりにくいということは、結果的に「透明性」も株式より低くなることを意味する。なぜなら、債券売買は「集中」することが難しいために、伝統的に店頭取引（＝取引所ではなく、証券会社を相手に売買すること）が主流であり、その結果として、価格の「透明性」は大幅に低下せざるを得ないのである。現在は電子取引の技術改良が進み、以前とはだいぶ異なってきたが、株式取引とまったく同じ形態で売買されるまでには至っていない。

このような債券市場の特徴は、一方で「債券数学」を用いた裁定取引の機会を潤沢に提供してきたわけだが、同時に、比較的閉じた世界の中で限られたプレイヤーのみによって構成されるインナーサークル的な色彩を長く残すことにもなった。株式市場よりも論理的で、数理分析による裁定取引も活発に行われる市場であったにもかかわらず、ある意味で非常に「前近代的」な構造も残していたのが債券市場であった。

スワップ取引は、前述したように、通貨取引に関連した企業の財務戦略の一環として誕生してきたという経緯もあり、証券会社あるいは投資銀行というよりも、当初は主として商業銀行が扱う領域であった。一方、債券取引の主体は基本的に証券会社であり、1980年代から1990年代のある時期までは、かなり明確に棲み分けが行われていた。▼10

しかし、スワップ取引を組み合わせることによって、「集中」と「透明性」の要素を欠いている債券という商品の特性を逆に活かして自由自在に金融商品を組成できることに、証券会社

---

▼10 米国では1930年代以降、グラス・スティーガル法によって投資銀行（＝証券会社）と商業銀行の業務領域が明確に区分されていた。しかし、1980年代以降、段階的な規制緩和によって同法自体は形骸化が進み、1990年代末には法律自体が廃止されている。

が徐々に気づいていくことになる。債券は株式のように個別企業のファンダメンタルズに紐付けされていないため、キャッシュフロー（＝利子や償還金）をバラバラに分解してまったく別の債券を作り上げることが比較的簡単にできるのだが、スワップ取引を組み合わせることによって、元々債券としては存在していない金利商品をゼロから組成することさえ可能になってきたのである。

債券は、株式のような「集中性」を持たない特性上、膨大な銘柄数が市場には存在している。イールドカーブを描くにしても、実際には個別の債券の位置はかなりバラついており、そこに強引にそれらしい曲線を引いてみるしかない（だからこそ裁定取引も可能になる）。しかし、金利スワップの利回りは、たとえば、5年物、7年物、20年物など、年限ごとに一つずつしか存在しない。自ずとイールドカーブも一本に統一される。すなわち、イールドカーブが「標準化」されるということである。

スワップ金利と債券金利との相違は、このような方法で説明すると、かなりテクニカルなもののように思えるかもしれない。しかし、スワップ金利のイールドカーブが常に一意的に決まり、将来時点での金利水準もやはり一意的に決まるということは、あらゆる資産の「現在価値」を一意的に評価することが可能になるということを意味し、これは金融市場の歴史的な発展段階においては極めて重要な意味を持つことになった。

たとえば、10年後に1億円の価値が保証されている資産を現在の価値に引き直すには、10年間分の金利で割り引いて「現在価値」に換算することが必要になる。スワップ金利のイールドカーブを使うと、これが簡単に行える。▼11

▼11 「現在価値に割り引く」というのは、100万円借金をして1年後に5%利子をつけて105万円にして返済することを考えてみると、逆に1年後に105万円返済する契約があった時、その借金を1年前倒しで返済するなら100万円返せばよいことになる。これを1年後の105万円を5%の金利で割り引いて現在価値を算出するという。その場合の現在価値は100万円ということである。

スワップ市場が整備されることによって、あらゆる資産、あらゆる将来にわたるキャッシュフローを、全て一つの値段の現在価値に置き換えることができるようになったのである（キャッシュフローを生むものであれば、債券だけでなく不動産でも民営化された高速道路でも何でもよい）。

たとえば、シンプルな10年間固定金利のキャッシュフローと、最初の3年間に集中的に金利を受け取った後はほとんど金利がなくなるようなキャッシュフローとを等価値とみなして簡単に交換ができる。あるいは、20年後の10年物の金利を計算して、それにオプションを組み合わせることで、将来の金利変動が予想通りであった場合に一定の金利収入を得られるようなオーダーメイドの金融商品を、ほぼ無制約でいくらでも組成できるようになる。その際、誰かがそういった特殊な債券や金融商品を新たに発行する必要もなく、証券会社や銀行がスワップ市場を使って、既存の債券であれ新規の発行であれ通常の債券から、需要のあるオーダーメイド型金融商品を自由自在に作り出すことができるようになったのである。[12]

「金融工学」＝「オプション理論」、「債券数学」＝「イールドカーブ理論」という二つの数理研究が合流したところに、この「スワップ市場」という最強のツールが投入されたことで、リーマン危機に至る主要な道具立てがほぼ出揃ったことになる。あらゆる投資、資産を一つの共通価値によって判断できるという、ある種の幻想がこの時を境に膨れ上がっていくことになる。

ただ、これをあえて「ある種の幻想」と言わざるを得ないのは、ソロモンの博士たちが開発したイールドカーブという概念ですら、それが本当に実在するものなのかどうかを突き詰めて

▼12　いわゆる「仕組債」と言われる金融商品。

いくと、実はかなり難しい問題を孕んでいるからである。

イールドカーブという概念の根底には、現在生きている我々が、5年や10年、あるいはもっと先の時間における金利水準を一定の確率分布のもとに予想している状況がある。しかし、現実には、将来に対する確信などまったく持てない場合でも、現時点での運用先として、より高い金利が得られるのならばと考えて長期固定債券に投資している投資家も実際には多い。存在している債券の価格（その裏返しが金利水準）を全て正しいと認識した上で、ある意味でそこに架空の構造物を作り上げているというのが、イールドカーブの本質とも言えるのである。

特にスワップ市場の場合、イールドカーブからフォワード金利を簡単に計算できる。フォワード金利というのは、将来のある時点におけるそのさらに先の金利のことである。たとえば、10年後の10年物金利というものを、イールドカーブから逆算して推計し、それがあたかも実在のものであるかのように扱うわけである。主流派経済学が抽象化を極端なまでに推し進めていった先に突き当たった現実乖離の空想的な世界と、スワップのイールドカーブを絶対視して全ての資産を値付けしていく世界とは、ある意味で類似した世界であるとも言える。

ありとあらゆる資産の価値判断に「横串」を刺すが如き、極めて便利な「標準化ツール」としてスワップ市場は登場してきた。それがいかに抽象的で空想上の構造物であったとしても、その便利さに欧米の投資銀行は魅入られていくのである。そして、実際に欧米の投資銀行は、伝統的なブローカーとしての性質を徐々に薄め、この強力な「標準化ツール」を自在に駆使して、それまでこの世には存在していなかった実にさまざまな金融商品を製造して供給する工場のような性格を強めていく。

ただし、これらの道具立てが１９８０年代に出揃ったといっても、実際にそこから金融市場の劇的な変化と拡大が加速し始めるには、もうしばらくの時間を要した。それは、スワップ市場がその最も重要な要素である「標準化」という特徴を完備していくために、まだいくつかの環境整備が必要だったからである。

後から振り返ってみると、80年代から90年代にかけて、その当時としてはばらばらに進捗したようにみえて、結果的にスワップ市場の劇的な拡大に資する環境面でのいくつかの変化が一斉に起こりつつあった。ミクロ的なものもマクロ的なものも、それぞれはあまり関係がない要素が偶然に揃ってきたことで、一気にスワップ市場の変化、拡大の加速が促されることになったのである。そのいくつかの要素とは、①「ＬＩＢＯＲ」、②「金融機関の資本充実」、③「金利低下のセキュラー・トレンド」、そして④「コンピューター技術の進歩」という四つである。

## ＬＩＢＯＲという「魔法の杖」

これらの要素のうち、まず、①のＬＩＢＯＲ（＝ロンドン銀行間取引金利）についてみてみよう。▼13

世界で最初のスワップ取引は、１９７６年に行われた通貨スワップであったとされる。スワップ市場草創期の主なニーズは、ドル以外の資金調達手段しか持たない投資家や事業会社が、いかに低コストのドル資金を調達するかというところにあった。そのため、取引においては米国の金融機関が中心的な役割を担うこととなった。しかし、１９８０年代初頭に金利スワップ

▼13　このＬＩＢＯＲやスワップ市場発展の歴史的経緯については、通史的なまとまった文献が存在するわけではない。そのため、一部は筆者が長年金利市場に身を置いてきた中で伝聞によって得てきた知識に基づいている。

取引が始まると、米国の金融機関が中心的な役割を果たしていくこと自体は変わらなかったものの、取引の主な舞台はロンドンとなっていく。その大きな理由の一つとして、ＬＩＢＯＲがスワップ取引に利用されるようになったことがあった。

現在に至るまで、スワップ取引の代表的なものが金利スワップであり、さらにその中心となっているのが、固定金利と変動金利を交換する金利スワップである。固定金利と変動金利を交換する金利スワップは、長期金利が上昇すれば損失が発生し、低下すれば利益が出るといった基本的な性質は債券売買と同じである。しかし、債券売買は決済が終了してしまえば買い手と売り手は一切の関わりを持たないが、金利スワップ取引は契約が満了するまで金利と金利を3ヶ月ごとや6ヶ月ごとに交換し続ける義務がある。

そのため、受払いが行われる変動金利をどういう基準で決めるかによって、実質的に契約の内容が変わってきてしまう。少なくとも、受払いする変動金利の水準について契約者同士で異なった認識を持っていると、金利を交換する時にトラブルが発生してしまうため、第三者の提供する何らかの短期金利指標を、あらかじめ交換する変動金利として指定しておく必要がある。

しかし、短期金利には長期国債市場のように年限ごとに決まった銘柄が存在するわけではないため、市場で個別に取引されているさまざまな短期金利の平均的な何らかの指標が必要となる。そこでＬＩＢＯＲにスポットライトが当たるのである。短期金利の平均指標としてのＬＩＢＯＲ自体は、国際的な協調ローンの基準金利指標としてその原型はすでに１９６０年代から存在していたが、１９８０年代半ばに英国銀行協会とイングランド銀行がスワップ取引の使用に供する目的で整備した結果、一気に利用が拡大した。

そもそも、その前史として、1970年代を中心にロンドンではオフショアのドル資金取引（米国本土外でのドル資金の貸借）が活発化していたという経緯があった。このロンドンにおけるオフショアのドル取引には二つの大きなソースがあったと言われており、一つは、オイルマネーである。原油が高騰した1970年代から80年代前半にかけて、ドルで支払われた原油代金の運用拠点としてロンドンが主に利用されていたのである。中東産油国と旧大英帝国の首都ロンドンとの植民地時代からの深い結びつきが、その起源にはあった。

そして、もう一つのソースは、東西冷戦下におけるソ連を中心とする共産圏諸国のアングラマネーである。もちろん英国も西側陣営の一角ではあったが、東側諸国も、東西対立の中核である米国に輸出代金として受け取ったドル資金をプールすることは、資産凍結の懸念もあってさすがに避けていたのである。

そういったドル取引の蓄積があった中で、折しも英国ではビッグバン（金融市場規制の大改革）の開始に向けて、規制緩和で金融市場を拡大しようという流れが1980年代半ばにはすでに始まっていた。ドル取引における金利指標であるLIBORは、スワップ市場拡大という新たな目的の出現もあって、英国当局がいわば国策の一環として積極的に売り込みを図った指標であったのである。そして、実際に英国当局の目論見通り、LIBORをスワップ取引における変動金利の参照指標にすることが一般的になっていく。

LIBORがスワップ取引の基準短期金利になったことは、その後の市場拡大にとって決定的なことであった。どの国でもそうだが、中央銀行による資金調節は1日やせいぜい1週間程度の短い期間で行うのが一般的である。そのため、翌日物などの資金取引は銀行間でも日常的に大量に行われているが、3ヶ月、6ヶ月という期間になると、取引の頻度はかなり落ちるのが普通である。しかし、金利スワップ取引において、翌日物の金利などを使って固定金利と変動金利の交換を行うとなると、あまりにも事務手続きが煩雑でとても一般的な商品としてスワップ取引を行うことは困難である。3ヶ月、6ヶ月といった期間の「標準化」された短期金利の存在は、スワップ取引の拡大には必須だったのである。▼14

しかし、「スワップ市場の拡大」を目的に整備されたこのLIBORという人造的な短期金利は、潜在的に大きな問題を孕んでいた。それが誰の目にも明らかになるのが、あのリーマン危機である。

そもそも、翌日物の資金取引は頻繁に行われているのに、3ヶ月や6ヶ月となるとそこまで頻繁に行われないことの理由の一つは、銀行同士といえども、そういった期間になってくると、相手の信用状況もある程度考慮して資金のやり取りを行う必要が出てくるからである。

「銀行同士といえども」と言うのは、事業会社などと異なって銀行は金融監督当局や中央銀行によって常にモニターされている一種の規制業種であり、ごく短期間の資金融通であれば通常はお互いの信用状況を細かく審査し合ったりはしないのがいわば慣習でもあった。それでも融資の額が大きくなってきた場合や、3ヶ月や6ヶ月以上の取引となると、一定程度は取引に慎重にならざるを得ない。

そういう事情もあって、たとえ銀行間であっても、頻繁に行われる取引としては翌日物などの期間の短いものが中心になってくるわけである。LIBORは、ある意味でそういった銀行間取引における微妙なリスク感覚を、極めて単純化して丸めてしまうような性質のものであっ

▼14 LIBORにも翌日物から12ヶ月物などさまざまな年限が存在するが、スワップ取引で多く使用されるのは3ヶ月ものと6ヶ月物である。

た。本来は翌日物の取引などに比べて相手の信用状況を反映して慎重に行う必要のある3ヶ月や6ヶ月といった貸出の金利を、あたかも実際に頻繁に行っている翌日物取引と同じであるかのような「イージー」な取引対象にしてしまったのである。

これは、ロンドンをスワップ取引の中心地にしたいという英国当局の確信犯的な行動の結果という側面ももちろんある。使いやすくするために、細かいリスクはあえて気にならないように作られているということである。規制緩和というのは、多かれ少なかれそういう副作用を持つものである。

それ以外にもスワップ市場が拡大していった背景として、1980年代から90年代にかけて実際に銀行同士が相手の信用状況をあまり気にしなくても済むような環境に変わっていったという面もあった。1990年代前半の不況期を終えると、米国を中心に世界経済が長期的な好況期に入り、欧米金融機関はその規模、収益ともに急速な拡大を見せ、金融機関の財務内容が劇的に改善し始めたのである。

LIBORをベースにしたスワップ取引の拡大は、90年代からさらに2000年代に入って一段と加速していくのだが、それは、グローバルな金融業界の繁栄と完全に軌を一にするものであった。スワップ市場の拡大、加速を促した四つの要素のうち、これが2番目の要素として挙げた「金融機関の資本充実」である。

LIBORを計算する際に使用する各銀行の資金調達金利は、その後もある程度の格差は残していくのではあるが、銀行の資本が充実してくるにつれて、それは財務状況ではなく、単に各行ごとの資金調達需要の違いを反映するだけのものになっていく。スワップ市場においても、次第に、ＬＩＢＯＲを使ってどこの銀行とどこの銀行との間で取引を実行しようとも、お互い財務状況に応じた信用リスクなど気にしなくなっていくのである。それは同時に、スワップ取引の「標準化」が加速度的に進むことを意味した。

実際には債券売買と異なり、スワップ取引は契約開始から契約終了までの間、お互いの契約が履行され続けるかどうかという点において明らかに信用リスクが存在するのだが、そういったリスクなどまったく存在しないかのように、極めてお手軽に世界中の金融機関がスワップ市場に参加するようになっていく。そして、そのイージーな世界の広がりが市場の流動性を増し、参加者もその巨額な取引規模に対するリスクの感覚を徐々に失っていく。その結果、金融機関がさらに野放図に取引規模を拡大していくというようなスパイラルに入っていったのである。

そういう意味では、ＬＩＢＯＲをベースにしたスワップ市場の劇的な拡大は、１９９０年代から２０００年代にかけての金融機関の繁栄を反映しているというような生易しい表現では足りず、欧米を中心とした「投資銀行バブル」の膨張と完全に表裏一体の事象であったと言ってよいだろう。

そして、そのバブル的なスワップ市場の劇的な拡大が10年近く続いた後に、サブプライム危機とリーマン危機が発生したわけである。スワップ市場の参加者は、突然、財務状況の異なる全ての銀行が等しくＬＩＢＯＲをベースにスワップなどのデリバティブ取引を行うことはできないはずだという原初的な考えに立ち返ることになる。それは、各銀行の資金調達金利の平均値として算出されるＬＩＢＯＲが、中央銀行と民間銀行、あるいは相対的に優良な銀行どうしの取引金利とは完全にかけ離れた水準に跳ね上がるという形で顕在化した。

１９９０年代以降進展してきたＬＩＢＯＲを通じたスワップ市場の「標準化」に対する信仰も、同時に一気に崩れ去るのである。そして、世界中に散布されたスワップ取引を介在した膨大な額のオーダーメイド型の金融商品の取引、あるいはスワップ取引それ自体がリーマン破綻を機に一斉にフリーズする結果を招いたのである。この事態に際して、各国政府は銀行への資本注入を行い、中央銀行はとてつもない額の流動性を金融システムに投入し続けるしか対処の方法がなかった。

そして、このバブル崩壊過程において、ＬＩＢＯＲを意図的に操作することによって金利スワップ取引で不正な利益をあげるという金融犯罪までもが明るみに出ることになる。２００９年以降欧米メディアを騒がすことになる、いわゆる「ＬＩＢＯＲスキャンダル」である。メディアは、強欲な銀行のトレーダーがチャットで同業のトレーダーと談合しながら、住宅ローンを借りている何の罪もない一般庶民の貸出金利を不当に引き上げて巨額のボーナスを手にしたというような描き方で銀行を責め立てたが、これはまったく本質をはずした議論である。「ＬＩＢＯＲスキャンダル」の起点は１９８０年代の英国当局による規制緩和にまで遡り、スワップ市場を中心とする巨大なデリバティブ市場の根幹の部分に直接関わる事象であった。ＬＩＢＯＲという金利は元々実在しないバーチャルな金利だということを誰もが知っていながら知らないふりをして、その上に巨大な仮構の投資空間を作り上げていたことにこそ問題の本質は潜んでいたのである。▼15

▼15 リーマン危機でＬＩＢＯＲの短期金利指標としての構造的な問題が露呈したことを踏まえて、英国の規制当局は、２０２１年までにＬＩＢＯＲが短期金利指標としての中心的な役割を終えることをすでに公表している。しかし、その後のデリバティブ市場における短期金利指標がどうなっていくかについては、現時点でもまだ流動的な状況である。

スワップ市場あるいはそれと表裏一体での「投資銀行バブル」の加速を生んだのは、LIBOR、銀行資本といった制度面での環境変化だけではなかった。1990年代以降、マクロ経済環境の変化もスワップ市場の拡大を大きく促していくことになる。「金利低下のセキュラー・トレンド（＝長期的トレンド）」の出現である。

1980年代は、70年代の第一次石油ショックに続く第二次石油ショックが起き、特に米国では消費者物価指数（CPI）の伸び率が一時15％近い水準にまで達した「インフレの時代」であった。しかし、このインフレ率が80年代後半に入ると徐々に低下し始め、90年代、2000年代を通じて段階的に水準を切り下げていくことになる。

それに伴い、中央銀行もインフレ警戒の高金利維持の時代から成長を促す低金利の時代に移っていき、長期金利の水準も大きく切り下がっていくことになった。1981年には15％超まで上昇した米国債10年物金利は、10年後の1991年には7％まで低下し、これがさらに10年後の2001年には4％台まで低下した。そして、欧州債務危機が深刻化しつつあった10年後の2011年には、ついに2％を割り込むところまで低下した。

この「金利低下のセキュラー・トレンド」は、そのかなりの部分はインフレの鎮静化によってもたらされたものである。しかし、資金フローの面においても、米国の双子の赤字が改善して財政状況が好転していき、同時に世界的な金融資産の積み上がりによる「運用難」の時代に入っていく中で、長期の債券に膨大な資金が流入していった結果でもあった。

「金利低下のセキュラー・トレンド」は、世界中の余剰資金を「少しでも高いリターン」を求めてさまざまな市場に向かわせる結果となった。そして、既存の国債や社債の利回りには満足しない世界中の機関投資家（一部には富裕層など）が、スワップを使ったさまざまなオーダーメイド商品への投資を活発化させていくことになるのである。

「ＬＩＢＯＲの使用」や「銀行資本の充実」といった要素は、スワップ取引の活性化をある意味で供給者側からサポートするものであった。「標準化」の進展がスワップ市場を使い勝手のよい市場に仕立てていくプロセスにおいては、この二つの要素が大いに寄与した。それに対して、「金利低下のセキュラー・トレンド」は、スワップ取引を使用した新しい金融技術によって開発された運用商品を求める「需要サイド」に大きく働き掛ける形で、市場の急拡大をもたらす重要な契機となった。なぜ、「金利低下のセキュラー・トレンド」が発生したのかという点については、後でもう少し掘り下げて述べることにしよう。

その前に、スワップ市場の急拡大を促した最後の要素について述べておこう。それが「コンピューター技術の進歩」である。

スワップを使ったさまざまなタイプのオーダーメイド商品は、投資家の需要を満たすアイディアを具体的に商品に組成していくプロセスで複雑な計算を必要とする。特に、スワップ取引とオプション取引を組み合わせたオーダーメイド商品の価格を計算するには、膨大な計算量が必要になる。しかも、そういった商品を販売する投資銀行は、さまざまなリスクヘッジを行いつつ商品組成を行う必要があり、リスク管理の面でもやはり膨大な計算が必要となった。その計算をこなせるだけのコンピューターが安価で供給されるようになってきたのが、１９９０年代後半以降のことであった。スワップ市場を舞台にしたさまざまな金融技術の開発が、ちょうどその頃から２０００年代前半の時期にかけて、劇的なスピードで進展していくことになるのである。[16]

その先頭を走ったのは、80年代に債券数学をベースに金融技術革新の先頭を走っていたソロモン・ブラザーズではなく、ゴールドマン・サックスやドイツ銀行といった債券トレーディングの分野では後発グループの金融機関であった。

ドイツ銀行などはそれまで証券市場ではほとんどプレゼンスのない商業銀行であったが、早くからデリバティブ市場に注力していたバンカース・トラストという米国の投資銀行を買収することで、一気にその先頭グループに躍り出た。彼らは、ソロモンから学んだ債券数学と金融工学のハイブリッドの金融技術をベースにしつつ、商品開発のために膨大な資金をコンピューター投資に注ぎ込んでいくことで、この分野での最先端に立った。[17]

リーマン危機発生前の10年間ほどで急成長を遂げた「グローバル・トップ10」と言われる欧米投資銀行は（そこにはドイツ銀行の他にも、JPモルガン・チェースやバークレイズといった商業銀行も入っている）、先発、後発の程度の差はあれ、いずれもゴールドマンやドイツ銀行のモデルを模倣していった。収益が拡大して資本が充実すれば、その資本をこの分野の人的あるいはシステムのリソースに積極的に投じていき、それがまたさらなる収益と資本の拡大をもたらすという順回転の10年間になっていくのである。

リーマン危機を引き起こす直接的な契機となったサブプライムローンを組み込んだいわゆるCDO（Collateralized Debt Obligation ＝債務担保証券）も、こういった金融機関によって開発され販売されていった金融商品である。１９６０〜70年代に端を発する「二つの数学」が合流し、スワップ市場という強力なツールを得ることで90年代から２０００年代にかけて加

[16] １９８０年代から90年代前半頃まではデリバティブ関連のさまざまな計算には巨大なホストコンピューターを使用していたが、ある時期から一部でアップルのマッキントッシュが使用されるようになり、最終的にはマイクロソフトのPCによる分散化されたシステム構築がなされるようになった。

[17] １９９０年代後半以降、世界的には商業銀行の投資銀行業務への積極的な参入の流れがあり、一方で欧州系金融機関による米国型金融ビジネスへの積極的な取り組みの流れも並行して起こっていた。その頃、ドイツ銀行は欧州系金融機関の成功モデルとみなされていた。

速した金融市場拡大の一つの終着点とも言える金融商品であった。それは、数世紀も前から存在していた債券というトラディショナルな金融資産を、完全にバラバラに分解、加工した上で仮想のリスクとリターンを持つ商品に組み上げ直した極めて人工的な性質を持つ金融商品であった。

この市場が崩壊してリーマン危機で世界的な大惨事を引き起こすに至る背景には、ファンダメンタルな事象としての「米国住宅バブルの崩壊」があったことは確かである。しかし、この金融商品には、17世紀に始まった「新しい市場」が数世紀の時を経て行き着くところまで行った「究極の姿」とでも言うべき形が凝縮していた。

それは、この「新しい市場」の西欧における創設に深く関わったユダヤ系金融の一つの大きな特徴にも関わる部分であり、米国のアシュケナージ系ユダヤ人という数学の天才たちが加速させた経済学の一つの到達点でもあった。数学的な発想で物事を極端なまでに「抽象化」する技術、そして、国や地域性を躊躇なく超越していく極端なまでの「コスモポリタニズム」。こういった特質が、1990年代から2000年代にかけて現れた低インフレ下における未曾有の世界的な好況の下でまるで水を得た魚のように躍動し、巨大なグローバル金融バブルの醸成と崩壊を引き起こすのである。

## 平和の配当とグリーンスパンの時代

さて、債券市場に強力な「標準化」のツールをもたらし、２０００年代以降の金融市場の根幹をなすことになるスワップ市場の急拡大を後押しした環境整備の4要素、「ＬＩＢＯＲ」、「金融機関の資本充実」、「金利低下のセキュラー・トレンド」、「コンピューター技術の進歩」、それぞれについて説明をした。

このうち、「金利低下のセキュラー・トレンド」だけは、純粋にマクロ的な要素であると述べた。他の3要素に比べて人的あるいは意図的なものが加わっていない偶然の要素であるように見え、その影響の仕方も単純には説明しにくい面がある。しかし、より長い時間軸で捉えてみると、これは、偶然というよりむしろ歴史的な必然とも言える要素を少なからず含んでいたことが分かる。

経済学の傍流としての「金融工学」と、ウォールストリートの中から生まれてきた「債券数学」が合流しつつあった１９８０年代。世界は、現在に至る政治的な大きな分岐点に差し掛かっていた。言うまでもなく、80年代は、米ソ冷戦の最終局面に当たっていた。ウォールストリートのトレーディングフロアや米国各地の経済学部の研究現場で起こっていた金融技術の革新なども、この劇的な変化に比べればおよそ取るに足らないと言ってもよいほどの巨大な地殻変動が起きていたのである。

１９８９年にいわゆる「ベルリンの壁」が崩壊して東西冷戦に幕が引かれることになるわけ

だが、このことがその後数十年間にわたって世界経済にもたらす長期的なインプリケーションについて、その時点で正確に理解できていた人間がどれほどいただろうか。そして、これも後から振り返ってみればという話ではあるが、世界経済へのインパクトという意味では、「東西冷戦の終了」と同列に置いて理解しておかなければならなかったのが、1980年代から始まっていた中国の「改革開放」である。

ベルリンの壁が崩壊した同じ年の1989年に中国では天安門事件が起き、民主化運動が封殺された。政治的な結末はベルリンと北京では正反対に終わったわけだが、経済的なインプリケーションとしてはまったく同じ方向を示すこととなった。

すなわち、旧ソ連圏は民主化することで、政治、経済ともに西欧システムの中に組み込まれていき、その過程で、一定水準の教育を受けた膨大かつ低廉な労働力を資本主義経済圏に供給していくことになる。

それに対して中国では、共産党一党独裁体制を維持することで、上からの経済革命とも言うべき実質的な資本主義的経済システムの構築に向かっていく。1992年に最高指導者である鄧小平が行った南巡講話を契機に、その動きは一気に加速していく。中国も、旧ソ連圏以上の規模感で、資本主義経済圏に「実質的」な低価格労働力を供給していくことになる。「実質的」というのは、旧ソ連圏のように移民や出稼ぎの形をとった低廉な労働力の供給だけではなく、国家で国内の低廉な労働力を管理しつつ、中国という国を丸ごと「世界の工場化」するという形態をとったからである。

冷戦終了と中国の改革開放がもたらした最大の経済的なインパクトは、世界的なインフレ率の低下という形で１９９０年代から２０００年代にかけて長期間にわたって表れた。これこそが、本質的な意味での「平和の配当」だったと言えるだろう。「平和の配当」というと、直接的には西側諸国の軍事的、財政的負担の軽減だとみなされがちだが、経済的事象としては、その後30年近くにわたる世界的な長期的なインフレ低下となって最も顕著に表れることになるのである。

実際、単純に財政面においては、冷戦終了から30年近くを経て、当時の西側と言われた主要先進国の中でGDP対比での政府債務残高が低下した国は一つもなく、財政収支の比率が顕著に改善した国はドイツとイタリアだけである。先進国経済は、インフレ低下を通じて、当初期待された財政状況の改善とは別の形で大きな恩恵を受けていくことになるのである。

世界のインフレのトレンドは、米国のみならず、第二次石油ショックの起きた１９８０年代初頭にはピークをつけ、すでに低下は始まっていた。しかし、米国では、80年代の時点ではまだＦＲＢ（連邦準備制度＝米国の中央銀行）による強力な金融引き締めと、それによって引き起こされた景気後退のインパクトによってインフレ率を強制的に押し下げている状況にあった。90年代以降、そのトレンドに持続性を持たせることになったのが、東西冷戦終了と中国の実質的な資本主義化という大きな政治的な転換の影響であったことは疑いない。▼18

長期金利は、一般的にはインフレ率（あるいはインフレ期待）と財政赤字などの影響を受ける「実質金利」とに分解できる。90年代の米国ではクリントン政権が財政再建に取り組み、「実質金利」が低下したことによって長期金利の低下が進んだとも指摘される。しかし、それ以上に大きかったのが、90年代を通じて進展した長期的なインフレ率の低下であり、それがも

---

▼18 19世紀後半から今世紀初めにかけて、ドイツ、米国などの新興工業国が勃興すると同時に、当時の最先進国である英国でインフレ率の長期的な低下が進んだ局面があった。こういった産業面における変化がいずれ軍事的、政治的な覇権対立に立ち至るという意味でも、20世紀初頭の状況と現在の状況には類似点がある。

たらした長期金利の安定による恩恵であった（ここについては、第4章でもう少し厳密な話をする）。

このダイナミックな経済構造の変化を敏感に感じ取り、金融政策に反映させていったのが、19年の長きにわたりＦＲＢを率いたアラン・グリーンスパンであった。

グリーンスパンがＦＲＢ議長に就任したのは１９８７年のことである。就任時のインフレ率は前年比で約４％とまだ現在の水準からするとかなり高く、実際、彼が最初にとった政策は、政策金利を６・75％から７・25％へと引き上げる利上げであった。しかし、この政策決定が、それから21年後のリーマン危機発生に至る長く大きな潮流の起点になるとは、当のグリーンスパンでさえも想像できなかったことだろう。

グリーンスパンの最初の利上げが遠因となり、その翌月の１９８７年10月19日にニューヨーク株式市場でいわゆる「ブラック・マンデー」と言われる大暴落が発生する（直接的には金利上昇による中小金融機関の破綻があった）。グリーンスパンは、突然の株式市場の暴落に際し、積極的な資金供給をもって対応し、市場や経済に大きな傷痕を残さずに終息させることに成功する（当時、世界第2位の経済大国にのし上がっていた日本の株式市場の早期反転も大きなサポート要因になったのだが）。就任直後の利上げはインフレ率上昇への対応であったが、結局、ブラック・マンデーでの一時的な中断の後、１９８９年まで続けられた断続的な利上げの効果もあって、米国のインフレ率は徐々に鈍化に向かう。株式市場救済のための金融緩和がインフレを再燃させることはその後もなかった。

グリーンスパンは、１９９８年にも類似した局面に直面する。前年に発生したアジア通貨危機の余波がロシアにも及ぶ中、ロシア国債で巨大なリスクテイクをしていたヘッジファンドのLTCMが破綻する。グリーンスパンは、1年間以上固定していた5・5％の政策金利を即座に引き下げて再び混乱の収束に成功する。

グリーンスパンは、こういったいくつかのイベントを通じて、次第に金融市場のカリスマともいうべき存在になってゆく。2000年に発生したいわゆるNASDAQバブル（ITバブルともドットコム・バブルとも言われた）の崩壊に際しても同様な手法を用いたのは言うまでもない。この時は、2001年初めから利下げを開始し、最後は2003年についに政策金利を1％という当時としては歴史的な低水準まで引き下げていく。2002年を底に始まった米国の景気回復は、米国内では住宅バブル、海外では中国など新興国の空前の好況を伴いつつ、リーマン危機発生までの6年間、未曾有の景気拡大を世界経済にもたらすことになるのである。

金融市場のクラッシュが起きる度に大胆な金融緩和で市場を急回復させる手腕に多くの市場参加者は酔い、これを「グリーンスパン・マジック」、あるいはオプション用語になぞらえて「グリーンスパン・プット」などと囃し立てた。市場のグリーンスパンへの信認は絶大なものになっていった。

グリーンスパンは、20年近くにわたってなぜ同じ手法で成功を収め続けることができたのだろうか？　グリーンスパンの「信者」たちは、それをグリーンスパンの類まれな市場や経済に対する予測能力によるものだと信じて疑わなかった。しかし、グリーンスパンがFRB議長を務めた19年間の歴史を冷静に振り返ってみれば、冷戦終了と中国の改革開放政策が生み出した「インフレ低下のセキュラー・トレンド」がその強力な追い風になっていたことは明らかである。金融政策を常に緩和的に運営しても、1970年代から80年代にかけて先進各国で猛威を振っていたインフレが再び頭をもたげることはなかったのである。

グリーンスパン自身がリアルタイムで、そういった大きな経済的な潮流を直感的に認識していた面もないわけではないだろう。彼の経済についての卓越した直感力を示す事例として、1990代半ばの時点で、コンピューター技術の発達がもたらす生産性革命によって「低インフレと高成長」の経済が訪れていると主張したことは有名である。これは、2010年代の現在においてはそれほど違和感のない議論だが、当時としては、データの裏付けのない「やや怪しい議論」であった。

これをグリーンスパンの慧眼《けいがん》と評価する見方もあながち間違いではない。しかし、彼が、冷戦終了と中国の改革開放が資本主義社会に「インフレ低下のセキュラー・トレンド」をもたらしているという見方を表明したことは一度もない。グリーンスパンの自伝は、中国などからの低価格製品流入によるディスインフレ構造についてすでに一般的に議論されていた2007年という時期に書かれたにもかかわらず、冷戦終了と改革開放の長期的なインプリケーションについてはまったく触れていない。[19]

むしろ、グリーンスパンは、そういった長期的な経済構造についての理解といったこととは異なる理由から常に緩和的な金融政策を行ない、結果的にそれがマクロ環境面での大きなサポートを受けて成功を収めてきた面もあった。その理由の一つは単純に「自らの立場を強化すること」であり、もう一つは「市場至上主義への信奉」だった。

FRB議長時代のグリーンスパンが、議長ポストの維持とFRB内での権力掌握に卓越した

▼19 アラン・グリーンスパン『波乱の時代』、山岡洋一・高遠裕子訳、日本経済新聞出版社、2007年

政治力を発揮していたことはよく知られている。ボブ・ウッドワードによる評伝（『グリーンスパン』原題：『MAESTRO』）には、議長2期目の再任指名をホワイトハウスから勝ち取るためにFOMC（連邦公開市場委員会＝金融政策の決定機関）の中での異論を押し切る形で利下げ決定に誘導していった経緯などが生々しく描かれている。[20] グリーンスパンには、明らかに政治的な理由から「ハト派（＝緩和志向）」の政策スタンスを採っていた側面があった。そういった極めて強い政治バイアスを持った政策判断を行なっていたにもかかわらず、強力な「低インフレのセキュラー・トレンド」の中にあって「結果オーライ」の大成功を収めることができたというのが、グリーンスパン神話の一面の真実であった。

ただ、グリーンスパンが「ハト派」のスタンスを採り続けたもう一つの大きな理由は、彼が極端なまでの「市場至上主義者」であったことである。グリーンスパンは、可能である時にはできる限り金融市場にとってフレンドリーな政策を採ることが「善」であるという信念に基づいて行動していたように見える。たとえば、ビル・クリントンが大統領に就任した1993年以降、大統領に財政再建を強く勧めると同時に、相対的に緩和的な金融政策でサポートするということを意図的に行なっていった。政府の市場圧迫を排除し、市場機能を活発にすることによって経済を成長させていくという思想が、その根底にはあったように思われる。

財政政策を緊縮的に運営し、金融政策を緩和的に運営するというのは、グリーンスパン以降、マクロ・ポリシー・ミックスの観点からは一つの典型的なモデルとなった。これは、債券、株式、不動産、全ての市場参加者がハッピーになる政策ミックスであったと同時に、何よりも、「小さな政府」が金融市場や経済にとっては大きな恩恵をもたらすという、あのミルトン・フ

---

[20] グリーンスパン自身が1990年代以降の世界経済の状況をどう認識していたのかといった点は、自伝の方に詳しく述べられているが、彼を巡る生々しい政治ゲームの顛末についてはウッドワードの評伝を見るべきであろう。ボブ・ウッドワード『グリーンスパン』、山岡洋一・高遠裕子訳、日本経済新聞社、2001年

リードマンの新自由主義の考え方を現実的な政策として実践する一つの手法ともなったのである。

フリードマンがなぜ原理主義的なまでに政府による経済コントロールの否定を主張していたのかという点について、第1章では、アシュケナージ系米国ユダヤ人のメンタリティに起因する部分もあったのではないかと述べた。つまり、米国における生存権の確保に対するユダヤ人の強烈な希求が、対外的には米国至上主義の精神を生むと同時に、米国内では無政府主義にも通じるような徹底的な政府コントロールの否定という思想をもたらしたという見方である。

グリーンスパン自身もユダヤ人であるが、その出自だけでなく、彼が思想的に最も強い影響を受けたのがリバタリアニズム信奉者（＝自由至上主義者）のアイドルだったアイン・ランドであったということも、その政策スタンスの由来を考える上では無視できない点であろう。実際に彼は、若い頃にランドのサロンに出入りして直接議論を交わしていたというのだから筋金入りである。

ランドはユダヤ系ロシア人で、成人してから米国に移住したという経歴の持ち主である。彼女は、『肩をすくめるアトラス』、『水源』[21]といった著作を通じて個人主義、自由至上主義の理想を説き、米国におけるリバタリアニズム思想の系譜の中で象徴的な存在であった。

ランドの主張した政府による介入を徹底的に否定する思想、フリードマンが巧みな言説で流《る》布《ふ》に務めた経済的な自由放任思想、そして、それらをイデオロギーのレベルから経済政策の技術マニュアルのようなものに置き換えていったグリーンスパンの実践思想とは一つの共有空間を形成していた。

▼21 アイン・ランド『肩をすくめるアトラス』、脇坂あゆみ訳、ビジネス社、2004年／同『水源』、藤森かよこ訳、ビジネス社、2004年

グリーンスパンの「市場至上主義」の考え方が別の形で表れたのが、「規制緩和」への積極的なコミットである。銀行の監督権限を持つFRBのトップとして実際に行政的な権限を行使する形での金融規制緩和もあったし、議会や金融規制当局にアドバイスするような形で規制緩和を誘導していった事例もあった。グリーンスパンが間接的ながら積極的に推奨して実現に至った金融規制緩和はいくつかあるが、デリバティブ市場の規制緩和あるいは規制成立の阻止は、最も大きなインパクトを持ったものの一つであった。

1990年代の終わり頃、スワップ市場がいよいよ急拡大を始めていた時期に、金融先進国である米国においてさえまだ、「デリバティブ=先物=市場の攪乱要因」というような古めかしい議論が行われていた。日本では、1990年前後のバブル崩壊時の株式市場で「先物悪玉論」が盛んに言われたことがあったが、その後、英国の名門証券会社であったベアリングズの破綻、大和銀行のニューヨーク支店での巨額損失(いずれも1995年)など、欧米市場でも先物取引に関連した大きなトラブルがいくつか発生していた。

その延長線上で、デリバティブ取引全般を規制すべしとの政治家からの声もあった訳だが、その多くは、スワップ市場やオプション市場の実態をよく理解しない論者による本質からかなりはずれた議論であった。グリーンスパンによるデリバティブ規制強化反対論も、むしろ当時としては正確な認識を示していた部分があったことは確かである。

しかし、グリーンスパンが関与した90年代後半以降の金融規制の緩和(もしくは強化の回避)の事例のうちいくつかは、間違いなくリーマン危機の遠因となった。デリバティブ規制に関していえば、その後10年も経たない間に劇的な進化を遂げたスワップ、オプション、クレジット・デリバティブなどを中心としたデリバティブ市場の実態を、規制当局がまったくフォローし切れなくなる結果を招いた。規制当局による監督能力の欠如が、その後の金融危機を起こした最大の要因であったと言っても過言ではない。

実際、2007年にサブプライム危機が発生した時、欧米の金融規制当局は、グローバルな投資銀行や主要金融機関のバランスシート上に発生した問題をリアルタイムで把握することに完全に失敗してしまうのである。問題の本質を誰よりも先に認識しているべき立場にあった当時のバーナンキFRB議長が、サブプラム危機の発生直前まで、この問題について極めて楽観的な見通しを述べていたのは象徴的であった。▼22

グリーンスパンの19年間という長期にわたるFRB議長としての仕事が、2000年代後半の金融危機の発生とその後の深刻な世界経済の後退をもたらした一つの重要な要因となったことは疑いない。しかも、これは単なる偶然ということではなく、ある意味でグリーンスパンは、時代の生んだ一つの必然であったと言ってよいのかもしれない。

経済事象としては、「インフレ鈍化と金利低下のセキュラー・トレンド」がグリーンスパンの成功をもたらした大きな背景としてはあり、その前提となったのは東西冷戦終了後の世界経済の大きな構造転換であった。そして、フリードマン、ランド流の新自由主義あるいはリバタリアニズムから導き出される「市場至上主義」の思想が、経済政策において大きな位置を占めるようになっていた。

その意味では、もし、この19年間にグリーンスパン以外の誰か他の人物がFRB議長を務めていたとしても、それによって米国を中心とした世界経済の成長軌道が大きく変わり、金融危

▼22 リーマン危機発生後にバーナンキは、「われわれは当初、サブプライム危機が収まると言っていたが、それは間違いだった」と、判断の誤りを率直に認めている。
『The New Yorker』Dec 1, 2008

機も発生していなかったのかといえば、恐らくそうではなかっただろう。この時代に「平和の配当」が広く先進諸国の人々を金融市場へと向かわせ、程度の差こそあれ「市場至上主義」的な要素が頭をもたげていた可能性はやはり高かっただろう。

グリーンスパンのFRB議長退任後2年と経たぬうちにリーマン危機が発生したため、現在ではグリーンスパンが危機を招いた張本人として指弾されることもあるが、実際には、彼はより大きな時代潮流の中での一種のシンボルに過ぎなかったというのが、最もフェアな評価なのではないだろうか。

経済学史的、あるいは思想史的な流れの中で整理をするならば、フリードマン－ランド－グリーンスパンという一つの系譜が意味するものは、「アンチ共産主義」、「アンチ国家管理」、そしてアシュケナージ系ユダヤ人による「米国での生存圏確保の行動」といったことに集約されるだろう。リーマン危機の傷痕を克服しつつあるかに見える2010年代末の現在においては、こういった流れに対するアンチテーゼがさまざまな角度から呈示されている。「金融規制強化」、「格差是正」というような政治的、社会的なアジェンダが先進国諸国において広く支持を集め、実際に経済政策もそういった志向を強めている。

しかし、今なお、フリードマン－ランド－グリーンスパンという系譜が残した影響力は、その重要性を失っているわけではない。彼らが追い求めた「自由放任主義による成長志向」は、リーマン危機以降の反動的な潮流に対する、さらにそのまたアンチテーゼとして盛り上がりを見せる場面もしばしばある。「グリーンスパン前、グリーンスパン後」という区分は、まだ完全に定着している区分とは言えないのである。

## 遅れてきた日本の市場信仰

米国や西欧諸国においては、リーマン危機とその後の深刻な景気後退をもたらした大きな要因の一つとして、１９９０年代以降に加速度的な広がりをみせた「新自由主義」的な考え方を糾弾する論調は盛んである。危機を引き起こした張本人である投資銀行の幹部職員たちが、何事もなかったかのように再び高額のボーナスを手にするようになり、マンハッタンの高級ペントハウスやロングアイランドの高級別荘で贅沢な暮らしをエンジョイしている様子がメディアでも冷ややかなトーンでとりあげられる。欧州においても、金融業界に対して一般大衆が持つネガティブなイメージは払拭されておらず、ＬＩＢＯＲスキャンダルに代表されるような投資銀行職員の個人的犯罪を法廷で問う動きもまだ続いている。

２０１６年の米大統領選挙におけるトランプ政権誕生の背景には、過去20年以上に及ぶ「新自由主義」の隆盛が経済格差を生み、金融危機の後も貧しい者は一層貧しく、豊かな者は一層豊かになっているという現状に対する不満があると言われる。欧州の右傾化も、移民、難民への不満があることは確かだが、白人層の中での格差の問題など米国と同様な背景はやはりあるだろう。こういった現代の時代思潮において、欧米と日本とでは共通する部分ももちろんあるのだが、一方では相違する部分も小さくないように見える。

ここでは、前段までの部分で辿ってきた米国を中心とした「市場至上主義」の歴史、あるいは２０００年代の巨大な金融バブル醸成に至る「金融工学」や「債券数学」など経済学の派生分野が発展してきた流れと、日本経済の同じ時期における流れとの相違について述べてみたい。

1980年代以降の日本経済の流れは、同じ時代に「市場と経済学の通史」として描くことのできた米国経済の流れとは大きく異なる時間軸で推移をしてきた。この時間軸の違いを正確に認識することで、第5章以降で詳述することになる日本における「金融政策」の位置付けを理解する一つの前提を提供することにもなる。

*　*　*

日本において、新自由主義的な経済政策が本格的に採用されるようになったのは、1990年代も後半に入ってからのことである。民営化というテーマでは、1980年代の中曽根内閣による国鉄改革などの施策はあったが、スタグフレーション（インフレと不況の同時発生）の危機を克服するために米国でレーガノミクス、英国でサッチャリズムの実験が開始された経緯と比べると、中曽根内閣の施策は平時の行政改革の範囲を超えるものではなかった。日本は1980年代においては、先進国の中で真っ先にスタグフレーション的な状況を脱して高成長軌道に回帰した優等生であった。

日本で新自由主義的発想に基づく経済改革が最初に具体化したのは、1995年に村山内閣が「規制緩和推進計画」を閣議決定したあたりからである。政治的な宣伝のレベルでは、1993年に当時自民党の幹部だった小沢一郎が執筆した『日本改造計画』に新自由主義的な経済政策の志向が盛り込まれている。[23] ここには、自由放任、マネタリズム、規制緩和、小さな政府といった新自由主義のエッセンスはまだ充分に整理された形では表れてはいないものの、

---

▼23 小沢自身は、新自由主義的な政策理念とはある意味で対極にあった自民党経世会（派閥）に属していた。この本の実際の執筆には、小沢本人以外の多くの学者や官僚が関わったと言われている。
小沢一郎『日本改造計画』、講談社、1993年

「自由」という言葉をキーワードに「個人の自立」というコンセプトを中心に置いているあたりは、米国のリバタリアニズムの影響も一部みられる。

ちなみに、この本の経済政策部分を実質的に執筆したのは経済学者の伊藤元重と竹中平蔵であり、この両名は、その後も日本の新自由主義的政策の先導者的な役割を果たしていく。[▼24]

米国では、レーガノミクスの実験が始まる少し前、ポール・ボルカーがFRB議長の時に、いわゆる「マネタリズムの実験」が行われている。ボルカー自身は官僚出身であり、この実験は、ピノチェト軍政下のチリでフリードマンの指導を受けた経済学者たちが政策を推進したようなケースとは異なる。ボルカーはフリードマンのマネタリズムを単に一種のシンボルとして利用して、インフレ終息を目指した強力な金融引き締めを実施したに過ぎなかったと言われる。しかし、マネタリズムの実験は政策手段としては典型的な新自由主義の実験となっていたのは確かであり、レーガノミクスやサッチャリズムは、1970年代に隆盛を極めた「新しい古典派」を含めた経済学上の新自由主義の教義に直接的に誘発されたものであったことも間違いないところであった。

日本で新自由主義的な政策が本格的に実行に移され始めたのは、米国でレーガノミクス、英国でサッチャリズムの実験が行われていた時代とはまったく重ならない。そして、時期的なずれもさることながら、根本的な構図としても、1980年代のレーガノミクス、サッチャリズムとは大きく異なっていた。

そもそも、フリードマンが経済学上の一つの理論として主張し、政治思想あるいは社会思想としてアイン・ランドらが一般向けに啓蒙したこの「新自由主義」の思想がなぜ1970年代

▼24 御厨貴、芹川洋一『日本政治ひざ打ち問答』日経プレミアシリーズ（2014年）に記載がある。

から80年代にかけての米国において一大ブームとなったかというと、何よりも1970年代に入って米国の経済状況が極めて悪化していたということがある。

米国においても、1960年代まではケインズ政策が経済政策の中心的な考え方としてはあり、実際に経済パフォーマンスは非常に良く、所得格差もその前後の時期よりも小さかった。それが、ベトナム戦争や第一次石油ショックを経る中で、悪性のスタグフレーションの状況に陥り、その処方箋が求められていたところに脚光を浴びたのがフリードマンの掲げた新自由主義であった。

フリードマンの主張は基本的にケインズ経済学に対するアンチテーゼであり、「反インフレ」、「反財政赤字」、「反規制」、「市場重視」ということになる。実際には、レーガノミクスにおいては、冷戦終了を最大の政治課題として掲げていたことから軍事支出は膨張し、「反財政赤字」というコンセプトからは大きく乖離していた。その点、公共インフラの積極的な民営化による財源捻出と社会保障予算の削減を試みたサッチャリズムのほうが、新自由主義の原則を貫徹しようとした試みだったと言える。

いずれにせよ、新自由主義的な経済思想が米英で支持を受けるに至った前段階での経済状況と、日本で新自由主義の実験が始まった1990年代後半時点での経済状況との間には、共通項は乏しかった。日本は、言うまでもなく90年代初頭のバブル経済崩壊によって、スタグフレーションではなくデフレ的な不況に陥っていたのである。

経済格差の問題も、バブル崩壊による失業問題が深刻化しつつあったとはいえ、むしろ高度成長期の残滓ともいえる共同体的な企業ガバナンスの下で、潜在的な失業者を民間企業が抱え込んでいる状況のほうが問題視されていたくらいである。１９７０年代の米国や英国において前時代の経済政策の否定という発想から出てきた新自由主義の政策を日本でその通りに実施するような前提は、90年代後半の時点ではまったくなかったと言ってよい。

しかし、そういった前提の違いを無視する形で、90年代後半の日本における新自由主義の実験が橋本内閣の下で本格的に開始されることになる。「日本版金融ビッグバン」や「中央省庁再編」、「歳出削減プログラム」、そして、後に小泉内閣の代表的政策とみなされることになる「派遣労働の規制緩和」の第一段階の改革がこの時期実行に移された。

経済状況の前提を無視して行われた実験は、ある意味で当然の帰結として、試みのいくつかは完全に失敗に終わった。そして、別のいくつかは非常に不完全な形で継続することになった。

橋本内閣による試みの後、新自由主義的な経済政策は紆余曲折を経つつも継続されていき、２００１～06年の小泉内閣はその成功事例であったと一般的には認識されている。

しかし、橋本内閣時代と小泉内閣時代とを比べた際、前提となる経済環境と実行された経済政策との間に大きなギャップが存在する状況自体に大きな違いはなかった。新自由主義的な経済政策は、それ自体はデフレを促進する効果を持つものであり、小泉政権の試みが比較的成功裏に終わったとみなされるのも、リーマン危機前の２０００年代中葉という世界経済の未曾有の好況期にたまたま当たっていたことが大きい。公共投資や社会保障費の削減による成長減速要因が世界経済の好況によって相殺されていたという面が大きいのである。

そのことを端的に示すのは、小泉政権の頃ですら「新自由主義」という用語自体は政治的に忌避され、「構造改革」という言い方が一般的になっていったことである。この後、「構造改革」という用語は、「新自由主義的政策」を代替するキーワードとして使用されていくことになる。

日本における新自由主義の実験は、2000年代中葉までの時点では、1980年代に米英で行われた実験と比べると、あまりにも経済実体から乖離した上滑りしたものだったと言えるだろう。その分、一般社会からの新自由主義的な政策への批判も、ある意味で非常に表層的なものにとどまっていた印象が強い。

リーマン危機発生前の約10年間は、日本の金融市場においては欧米の金融機関がプレミアム感をもってプレゼンスを高めていた時代でもあり、東大や京大のトップレベルの学生が当たり前のように外資系金融機関の門を叩き、ナイーブな新自由主義の信奉者になっていく流れがあった。

その一方では、外資系金融を日本の伝統社会の破壊者として極めてシンプルな構図で「ヒール役」に仕立て上げてしまうようなムードが、一般社会どころか金融市場の中においてさえあった。不良債権処理の修羅場を描いた真山仁の小説『ハゲタカ』が出版されたのが2004年のことであり、テレビドラマ化されて大ヒットしたのが2007年のことであった。この小説には、日本企業を食い物にするあまりにもステレオタイプな外資系ファンドが登場するが、これがこの時代における「新自由主義」への一般社会の認識の程度であった。[25]

90年代後半から2000年代にかけての時代は、新自由主義の推進役でもある欧米金融機関（ザ・外資系）への憧れ（あるいはコンプレックス）が「反規制」、「市場重視」のコンセプトを日本社会に定着させていく役割を果たした面があるのも確かである。しかし、日本において

---

▼25 米国でアクティビスト・ファンドと総称される投資家の中には、日本企業の改革を真剣に推進して投資の成果をあげようと考えているファンドも少なくない。しかし、2000年代には、メディアや企業の間ではそういった投資家を全て「ハゲタカ・ファンド」であるかのように捉える風潮があった。
真山仁『ハゲタカ』、ダイヤモンド社、2004年

は、アイン・ランドが主張したような徹底した個人主義や自由を絶対的な価値として信奉するようなメンタリティは元々乏しかった。

そのため「反規制」や「市場重視」の掛け声は、プロ・ビジネス（＝ビジネス志向）というよりは、むしろ「官僚支配打破」という政治アジェンダに向かいやすかった。いわゆるポピュリズム的な「官僚バッシング」である（この点は、第6章、第7章において詳述する）。これは、日本社会の「新自由主義」受容の過程における一つの特徴的な形であったと言ってもよいだろう。

日本における「構造改革（＝新自由主義的政策）」を「官僚支配打破」と結び付ける風潮は、経済学者の野口悠紀雄が1995年に出版した本のタイトルである『1940年体制』という言い方が象徴していた。[26]

欧米では、隆盛を極めていた1980年代当時の日本経済を、通産省や大蔵省が指導する「日本株式会社」の成功と捉える見方が少なくなかった。その成功は、第二次世界大戦で敗北した日本が官民一体となって、経済分野において戦勝国である米国を打ち破るストーリーとしても語られてきた。1990年代初頭にバブル経済が崩壊した後、その戦犯を探す議論の中で、野口が日本の成功ストーリーは実は戦時下の「国家総動員体制」を起点にしていたのだと整理し直したわけである。そのことによって、日本人自身が心置きなく80年代までの自らの成功譚《たん》を否定し切るメンタリティが備わったということができるだろう。

その結果として、欧米において「新自由主義」→「格差拡大」→「最下層（＝移民）の切り捨て」という形で次第にポピュリズム思潮が強まってきたのに対し、日本においては「新自由

▼26 野口悠紀雄『1940年体制』、東洋経済新報社、1995年

主義（＝構造改革）」→「官僚支配の否定」→「マクロ経済政策依存」という形でのポピュリズムの構図が生じてきたとも言える。

こういった日本における特殊な新自由主義受容の在り方は、第5章以降で金融政策を巡る1990年代から現在に至るまでのさまざまな議論について述べる際にも一つの重要な視点を提供することになるだろう。

ただし、第4章以降で本格的に日本の金融政策についての議論に進む前に、もう一度、保守本流経済学の話に戻り、1980年代頃までの経済学の辿り着いた位置を俯瞰してみる必要がある。そこを一つの起点にして、日本の金融政策を巡るロングストーリーへと議論を進めていきたいと思う。次章では、再度日本の話題から離れて、アダム・スミス以降の経済学の歴史が1980年代頃までにどのような形で行き詰まりを見せ、どのような転換を遂げようとしたのかについて述べていこう。

第3章

# 経済学の黄昏

## 主流派経済学の限界

17世紀に西欧の一部と日本で始まった「新しい市場」は、保守本流の経済学から派生した金融工学と米国におけるユダヤ系金融の展開とが合流する形で、1980年代の終わり頃から2000年代中葉にかけて劇的な発展を見せることとなった。その「新しい市場」に直接的かつ技術的なブレークスルーをもたらした金融工学が隆盛の一途を辿る一方で、1990年代になると保守本流の経済学のほうは、社会でのプレゼンスという意味では、以前のような輝きを徐々に失いつつあった。

1990年代半ば頃からリーマン危機が発生する2008年頃までの十数年間は、表面的には世界のあらゆる地域で「新自由主義思想」が高らかに勝利宣言をしていた時代であり、同時に主流派経済学はモデルとしての精緻化を着々と進めていた。

しかし、フリードマンらの「新自由主義」が現実の経済政策面で大きな影響力を持ったのは主に1980年代のことであり、いわゆるレーガノミクス、サッチャリズムの時代であった。それに続く時代における保守本流の経済学は一見するとその立場を盤石なものとしつつあるように見えて、社会思想としての影響力という意味では、後から振り返ってみれば、すでにそのピークを越えつつあったと言ってよいだろう。

フリードマンによる徹底したケインズ経済学批判を起点とする現在につながる「主流派経済学」の系譜は、ルーカスの合理的期待形成理論の導入を経て、「新古典派」から「新しい古典派」へと形態を変えた。

この主流派経済学の理論的な系譜としては、1980年代の「リアル・ビジネス・サイクル（＝RBC）理論」をもって一つの極に達したと言ってよく、それは同時に、「新古典派経済学」以降の経済学理論の一つの限界点を示すこととなった。RBC理論は、現在に至る各種のマクロ経済モデルの根幹の一部をなすものではあるが、フリードマン、ルーカスらの推し進めた経済学の方向の延長線上にあって、最も「原理主義的」で、「純化路線」を志向したモデルと言える。

何をもってこのモデルを最も「原理主義的」で「純化路線」と言うのか。そして、それが一つの極に達し、限界点を示すことになったというのはどういうことを指しているのか。さらには、そこで見えてきた限界が、1990年代以降の日本の金融政策を大きく左右することになっていく経緯といったことについて、この章以降で述べていこう。「新古典派」から「新しい古典派」、さらには「ニュー・ケインジアン」、「DSGE（＝動学的確率的一般均衡）モデル」へとつながる経済学の基本コンセプトを整理しながら見ていきたいと思う。

＊　＊　＊

フリードマンやルーカス、あるいはそれに続く「新しい古典派」の経済学者たちは、そもそもどのような観点からケインズ経済学を批判していたのだろうか？

彼らの批判の内容は必ずしも共通している訳ではないのだが、一つのポイントとしては、ケインズ経済学が現実のマクロ的な経済事象として観察される事実から「価格や賃金の硬直性」といった経済メカニズムを導出し、それを前提に理論構築を行っていったという点である。価格や賃金が「硬直的」であるということは、すなわち「市場機能」の否定であり、アダム・スミス以来、経済学が信奉してきた「神の見えざる手」の否定であるという点ももちろん問題ではあった。このことに対する「本能的な拒否感覚」というものが初めにあったという面も否定はできないだろう。

しかし、それだけではなく、ケインズ経済学のいくつかのコンセプトが導出される「思考方法」それ自体に対する批判も大きかった。

ケインズ自身は、大恐慌の経験も踏まえて、「賃金には下方硬直性があり、それがゆえに市場機能に任せるだけでは不況からの脱出が困難になる」という考え方を呈示したわけだが、それは、実際に生じた経済事象から「帰納法的」に導き出された一つの理論体系であった。「帰納法」とは、すでに在る事実を認識するところから始まり、そこに内在する論理を推測していく思考方法である。▼1 つまり、「デフレに陥った経済は自律的に回復できない」という現実に観測された事実から、「従来の経済学が考えてきたように価格や賃金は柔軟ではなく硬直的なので、経済の自律的な調整機能が失われている」と「帰納的」に考える。そこから、「不況脱出のためには有効需要を人工的に創出する必要があるだろう」というように予測を展開していくわけである。

後に批判の対象になるように、ケインズ経済学において、「そもそも賃金が硬直的であるのはなぜか」、「それは確定的な事実なのか」ということに関する検証が必ずしも十分でなかった

▼1 帰納的推論の中には「枚挙的帰納法」と「仮説演繹《えんえき》法」の2種類がある。可能な限りの事実を列挙し、そこから普遍的な論理なり推測を導くのが「枚挙的帰納法」。一定の仮説を置き、それが事実によって証明されればその仮説が正しいと考えるのが「仮説演繹法」。ケインズ経済学の発想を明確にこのどちらかに切り分けることはできないが、仮説の厳密な検証過程を含まないということで言えば「枚挙的帰納法」に近い。しかし、「枚挙的帰納法」を社会科学で用いるとなると、推論の正しさを確保するために必要なだけの十分な事実を列挙することはなかなか難しい。

面があることは確かであろう。

その他にも、ケインズ自身の分析ではないが、ケインズ経済学の分析において頻繁に登場する「フィリップス曲線」なども、「帰納的」な分析の一つである。「失業率が低下すればインフレ率が上昇し、失業率が上昇すればインフレ率が低下する」という関係（＝これを図に表したものがフィリップス曲線）は、現実の経済事象から帰納されたものである。

しかし、「新しい古典派」的な考え方からすると、「何らかの理由で総需要の増減が生じても、市場機能が働いてすぐに供給が調整されるので失業やインフレ率がそれに応じて増減することはない」というような理解になる。「市場機能の完全さ」を経済分析の大前提あるいは起点に置く「新しい古典派」の立場からは、傾きを持った「フィリップス曲線」の存在はあくまでも短期的なものであり、長期的には失業率はどんなインフレ率の水準においても一定（すなわち垂直）になるのである。

ルーカスらは、ケインズ経済学あるいはそれに近い立場を採る経済学者の学問的態度を、「ミクロ的な裏付けのない経済学（＝構造的論理がないとルーカスらは言った）」だと批判した。[▼2] これがいわゆる「ルーカス批判」と言われるものであり、その後、現在に至るまでの主流派経済学においては経済モデルの真贋を問う一つの重要な基準ともなっている。マクロ的な経済事象も、人間の合理的な意思決定や行動と整合的に説明ができて初めて意味がある経済モデルの構築に至ると主張したのである。

一見すると現実の経済事象から説明できるように見えても、実際にはそれは何かを誤解して見ていたり、一時的な現象を捉えているだけかもしれない。[▼3] 消費や投資における人間のミクロ

▼2 類似の考え方はすでにルーカス以前から存在していたが、1976年のルーカスによるエッセイが決定的な影響を及ぼしたとされる。
Robert E. Lucas, Jr.『Econometric Policy Evaluation: A Critique』Carnegie-Rochester Conference Series on Public Policy vol.1, Elsevier, 1976

▼3 ケインズ経済学あるいはそれに基づく伝統的なマクロ計量モデルは「構造的なパラメータ」の特定ができないため、何らかの構造変化が起きれば予測能力を失うとして批判される。

的な行動と結びつけて説明できていなければ、マクロ経済の事象を理論的に説明したことにはならないというわけである。これは端的に言えば、ケインズ経済学の「帰納法的」な論理体系を全面的に否定する主張であった。

19世紀後半以降の新古典派経済学は、その理論構築の手法あるいは思考方法といった点においてケインズ経済学とはスタイルが異なっていた。すなわち、具体的な経済事象から「帰納的」に理論構築を行うというよりは、「人間行動は物理現象と同様に説明できる」という「前提」あるいは「仮定」を置いた上で、そこから理論展開を行っていく「演繹《えんえき》的」な思考方法を好んだ。

人間の行動を分子や原子の振る舞いのようなものだと考えて、人間の行動を最初に「こういうものだ」と仮定してしまえば、そこからの「演繹的」な論理展開によって、社会全体、経済全体の動きを全て説明できるというように考えるのである。むしろ、ケインズ経済学が、こういった新古典派経済学の理論構築に修正を加えていく形で確立されていったと言うこともできるだろう。

自然科学の研究においては、純粋に理論的な分野（代表的なものが数学）を除けば、理論構築のプロセスには、「帰納的」な部分と「演繹的」な部分とが混在しているのが普通である。たとえば、古代より多くの学者が天体観測を行い、天体運行に関わる数多の事実を収集してきた蓄積の上に、ニュートンは「全ての物体の運動に共通する法則」を発見したのである。ニュートン力学は、まさに「帰納的」な方法に多くを拠って確立された理論だと言える。

一方で、その後の物理学においては、観測された事実から「帰納的」に導き出された法則を使いながらも、そこに一定の仮定を置いた上で「演繹的」に理論を展開していき、まだ観測されていないさまざまな物体の運動を予測する作業を行っていく。「相対性理論」は、全ての部分とは言えないが、そういった「演繹的」な手法によって確立されたものであると言えよう。「相対性理論」が予測するさまざまな事象の多くは、後の時代になり、「実験」や「観測」によって「事実」として確認されることになる。2016年に初めて観測された「重力波」や、2019年に初めて撮影された「ブラックホール」など、相対性理論によって予測されていた事象の検証は現在でも続いている。▼4

＊　＊　＊

「新しい古典派」の経済学が採った手法についてはこの後で述べるが、その前に、フリードマンやルーカスらのケインズ経済学批判が、何故そこまで容赦のない批判になったのかについて考えてみよう。

フリードマンらのケインズ経済学批判は、ややもすると「本能的拒否」ではないかと思われるほど容赦のないものであった。おそらく、フリードマンにおいては、何よりもケインズ経済学の持つ「市場機能の部分否定」という性格が容認されざるものだったのだろう。

一方、ルーカスらの「新しい古典派」によるケインズ経済学批判は、それに加えてケインズ経済学の「帰納法的な理論構築」に対する批判という色彩をはっきりと帯びてくるようになる。ルーカスのケインズ経済学批判における最大の主張は、「経済モデルにはミクロ的な裏付けが必要だ」というものだったわけだが、そこには、論理的な正しさを追求する「究極の合理主

▼4 一般相対性理論が、実験による検証が一切行われなかったとしても理論体系としての正当性を持つと考えるのであれば、「演繹的」な理論体系だと言える。しかし、実際には理論が構築されてから何十年を経て幾つもの検証実験が成功しており、このプロセス自体は「帰納法」における仮説演繹法による推論になっているとも言える。科学としての精度と厳密さを追求する際には「帰納的」な検証が必要であるとされる。

義」とでも言うべき分析・研究のアプローチ方法があった。これには、「社会科学の自然科学化」とでも言うべき1970年代から80年代にかけての大きな時代的特徴が影響していたことも間違いないところだろう。それは、後の時代から振り返ってみれば、ある意味で非常に「ナイーブ」な学問的態度でもあった。

しかし、「フリードマン」的なケインズ経済学批判は、そういった分析・研究のアプローチ方法を巡る部分以上に、思想的な対立の側面を併せ持っていた面も否めない。

第1章においても述べたような米国のユダヤ系知識人のあるグループがはっきりと持っていた「地上の楽園としての米国における生存圏確保」という本能的希求も、その背景にはあったように思われる。

「徹底的な自由の希求」というフリードマンらの「思想」は、ケインズ経済学の「国家管理」的な発想を容認することができなかった。この思想的な血脈は、必ずしも、その後の「新しい古典派」の系譜の経済学者たち全てに等しく継承されていったわけではない。むしろ、後の経済学者たちの中には、思想的な意味合いを持つ「自由」という概念には深入りすることを避けるタイプの経済学者も多かったのである。そういうタイプの経済学者は、経済政策に直結するマクロ経済学を敬遠し、ミクロ経済学の分野に閉じこもっていった。[5]

ただし、ルーカスらの「徹底的なまでに演繹的な理論構築」のほうも、米国のユダヤ系知識人たちの一つの伝統的なスタイルだったように思われる（ただし、ルーカス自身はユダヤ系ではない）。

前章で述べたように、イールドカーブを発見した「抽象化能力」は、ユダヤ人独特の能力で

---

▼5 フリードマンはその言説の巧みさから多くの信奉者を得たが、経済学者である以上に「思想家」であったと言ってもよい。実際、後進の経済学者たち以上に、「無政府資本主義」を唱えた息子のデヴィッドや、シーステッド構想という海上自由都市の建設を提案した孫のパトリという直系の親族によってその思想はより強く継承されているようだ。デヴィッド、パトリは共に、現代のリバタリアニズムにおいても重要人物に数えられている。デイヴィド・フリードマン『自由のためのメカニズム』、森村進・関良徳・高津融男・橋本裕子訳、勁草書房、2003年

もあった。この「抽象化能力」というのは、「観測された事実からそこに内在する論理を推測していく」という「帰納法」的な思考においても重要な能力ではある。

しかし、「事実」の観測とは別に、「人間行動は物理現象に等しい」というような公理、仮定を最初に置いた上で、そこから社会の在り方を推測していくという「演繹的」な手法にこそ、この「抽象化能力」は最も本領を発するものだと言える。あらゆる事物を分子や原子のように無機質な存在にまで分解し、そこを起点に世界を理解していくような思考方法においては、ユダヤ人の高度な「抽象化能力」が極めて有用であった。これは、別の言い方をすれば、「還元主義的」な分析アプローチということにもなるだろう。

＊　＊　＊

ここでやや横道にそれるが、「抽象化能力」ということで言えば、ユダヤ人がその発展に大きく貢献した芸術分野として、音楽における「十二音技法」と美術における「抽象表現絵画」の世界がある。これらは、ユダヤ人の「抽象化能力」が遺憾なく発揮された分野と言ってよいだろう。

西洋音楽の歴史における調性の破壊は、19世紀後半からリヒャルト・ワーグナーやグスタフ・マーラーらによって段階的に進み始めていたが、１９２０年代になってオーストリアの作曲家アルノルト・シェーンベルクが、意図して調性を完全に排した無調音楽を創出するに至る。マーラー、シェーンベルクはいずれもユダヤ人であった。現在に至るまで、西洋音楽の系譜における前衛音楽（いわゆる現代音楽）の一般的な書法は、基本的にシェーンベルクが創始した十二音技法に基づいている。

十二音技法は、半音階による十二音を全て旋律に使用することで、意図的に「音階」を消滅させる技法である。人間が直観として感じとる音楽には基本的には音階が存在するものだが、それを均一な半音階にいったん分割し、それを再構成するという極めて「演繹的」な手法が十二音技法においては採られるのである。音階というものが、時代、民族性、地域といった「特殊性」に満ちたものであることを考えると、「調性の破壊」は、そういった「特殊性」を音楽から排除することにもなった。

これは、シェーンベルク以降の無調音楽が「演繹的」な手法を用いるということだけでなく、極めて「コスモポリタン」な芸術を目指したということにもつながる。この点においても、シェーンベルク以降の現代音楽にはユダヤ人的な性質が色濃く反映されていると言える。

一方、1930年代前後に発展した抽象表現絵画については、ワシリー・カンディンスキー、ピエト・モンドリアン、カジミール・マレーヴィチらが創始者とされるが、彼らはユダヤ系ではない。しかし、彼らの影響を受けたマーク・ロスコ、バーネット・ニューマンといったユダヤ人芸術家らが、米国においてその系譜を大きく発展させていくことになる。[▼6]

第二次世界大戦後、米国が世界の政治的、経済的な圧倒的パワーになってくると、抽象表現絵画を米国独自の「売り物」として世界的にその影響力を広げていくことになる。その際、芸術家だけでなく、そこに関わる画商、キュレーター、批評家などの大半をユダヤ人が占めていくことになるのである。この分野における圧倒的なユダヤ系社会の影響力は、第二次世界大戦後の経済学の中心が米国にシフトし、そのスタンダードを作っていくグループの中心をユダヤ

---

▼6 シェーンベルクの調性破壊によって生み出された現代音楽がコスモポリタンなものであったことは確かだが、現代アートの世界のように米国の圧倒的な支配をもたらしている訳ではない。これには、現代音楽のマーケットが現代アートほどには拡大しなかったということも理由としてはあるだろう。

人経済学者が占めていった構図と非常に似ている。

ユダヤ人が抽象表現絵画から現代アートに至る美術史において中心的な役割を果たしたことについては、ユダヤ教が偶像崇拝を禁じているために具象美術より抽象美術を得意にしたからだとも言われるが、単に宗教上の要因であるならば、プロテスタントもイスラム教も偶像崇拝は禁じている。むしろ、マーラーやシェーンベルクらユダヤ系作曲家が無調音楽を作り上げていったこととの共通点を考えると、ユダヤ人の能力的資質の中にある高度な「抽象化能力」がそこには大きく影響しているように思われるのである。▼7

それは、アシュケナージ系ユダヤ人に見られる、特異なほどの「数学的能力の高さ」と共通する部分でもある。抽象的な公理、前提、仮定から出発して巨大な理論体系を構築していくユダヤ人特有の演繹能力が、無調音楽、抽象表現美術、そして現代の経済学にも等しく影響を及ぼしたと考えられるのである。

## 高精度の「バーチャル・リアリティ」へ

経済学に話を戻そう。

フリードマンの「ケインズ経済学」に対する批判は、それ自体に時代思潮、あるいは政治思想的な要素が入っていたことは間違いないだろう。しかし、ルーカスら「新しい古典派」の「ケインズ経済学」批判は、より理論的な対立に根差したものであり、そこにユダヤ人的な極端に「演繹的」な理論構築と「抽象化」の技術が盛り込まれることで、ある意味で現実社会か

---

▼7 19世紀末のウィーンでは作家の実に6〜7割をユダヤ系が占めていた。音楽家はもっと少なかったが、画家はほとんど皆無と言ってよかった。音楽においてマーラーやシェーンベルクのような天才をすでに輩出していたことを考えると、元々、美術は必ずしもユダヤ人の得意分野ではなかった。米国でユダヤ人が現代アートの主役に躍り出たのは、ユダヤ人の「抽象化能力」が最大限生かされる分野であったからだろう。圀府寺司『ユダヤ人と近代美術』、光文社新書、2016年

ら大きく乖離した極端に空想的な理論体系ができあがっていくことになるのである。リアル・ビジネス・サイクル（＝ＲＢＣ）理論は、その一つの帰結だと言ってよい。

ＲＢＣ理論の構築に最も大きな貢献を果たしたのはエドワード・プレスコットだが、彼をはじめとする１９７０年代から80年代にかけての「新しい古典派」の経済学者たちは、「マクロ経済学のミクロ的基礎付け」という、極端に「還元主義的」な方法論を標榜した。

すなわち、ケインズ経済学が採ったような「現実経済から観測される事実」を出発点とするのではなく、あらゆるマクロ経済モデルの起点を、「個人の合理的な行動」という極めて抽象的で無機質なものに定めたのである。そこでは、人間のモデルは分子や原子のように完全に均質なものと想定されているので、世界中でたった一人の人間の行動を仮定することを起点に、マクロ的な経済全体の動きまで演繹していくことになる。

個人の行動が社会全体の行動を完全に代替するという考え方は、19世紀の新古典派経済学が設定した仮定をはるかに上回る強力な仮定である（＝これがいわゆる現代の主流派経済学における基本コンセプトの一つである「代表的個人」という考え方につながってゆく）。この方式を採ることによって、経済社会の姿をまったく矛盾なく、ある意味で完璧に描写することが可能になる。しかし、それはあくまでも「合理的期待」を持つ「合理的経済人」という個人のモデルを社会における消費や投資のパターンに全て適用できるという「強力な仮定」を置くがゆえのことであり、「現実」の経済データがそのモデルの導く結果と一致しているケースのほうがむしろ少ない。

実際、ＲＢＣ理論のモデル構築においては、そういった「強力な仮定」からスタートして演繹的に導き出された経済の予測がいかに現実の経済をよく説明できているかということを、何とか証明しようと努めていくことになる。しかし、実際にはRBC理論のモデルでは現実経済の動きを上手く説明することは簡単にはできなかった。

RBC理論が導き出した最も重要な結論の一つは、「財政政策や金融政策は経済の変動には一切影響を及ぼさず、景気変動は全て技術的なショック（新たな技術の開発や革新）によってのみもたらされる」という、現実にはあり得ないような空想的なものであった。RBC理論の世界は、ある意味で「バーチャル・リアリティ」の世界における経済モデルであった。

実地で経済や市場の予測を行う仕事に従事したことのある人間であれば、「企業収益と個人消費の関係はこうであるはずだ」とか「長期金利は設備投資にこのように影響するはずだ」というような仮定をダイレクトにモデル化して、実際の経済データの動きを完璧に説明できるケースなどほとんどないことを知っているはずである。それよりも、実際の経済データを丁寧に観察していく中からモデルの形状を示唆されることのほうが実際には圧倒的に多いのである。その意味では、実地の経済分析は基本的に「帰納法」的な手法に多くを負うものだとも言えるだろう。

最も著名な日本人の理論経済学者の1人と言ってよい岩井克人が自伝的な著書の中で、「自分は経済理論の追求に明け暮れていて、実際の日本経済について講義してくれと言われて困ったことがある」と明かしている。▼8 理論経済学者は、実際の経済データなど一切知らなくても務まるということを如実に示す逸話である。岩井は、「新古典派」や「新しい古典派」の経済学を厳しく批判してきた経済学者であるが、その批判の根本にある理論ですらも、やはり「バー

▼8 岩井克人『経済学の宇宙』、日本経済新聞出版社、2015年

チャル」なものであったということは否めない。

それでも、「新しい古典派」のような「演繹的」手法による理論構築が、「経済変動というものはこうあるべきだ」という「べき論」の中にとどまっているだけであれば、ある意味で「バーチャル・リアリティ」の中で完結したゲームのような世界である。そこで構築された理論体系が、一つの抽象概念として社会科学全体の進展に何がしか寄与できるようなものであるならば、その「オタク」的な世界にも一定の意味はあると思われる。自然科学においても、理論と応用の間には大きな距離があるのが常であるが、だからと言って基礎理論の構築に価値がないということはまったく言えないわけである。

しかし、RBC理論を支持した経済学者たちは、その「バーチャル」な世界だけにとどまっていくことを良しとはせず、何とか「バーチャル」であることの限界を打破しようと考えた。

経済学という学問は、現実の社会、特に「消費」や「富」といった究極的にリアルなものを扱う「実学」であるがゆえに、現実からの乖離が進みすぎると、その存在意義を問われてしまうような側面がある。そうなってしまうと、社会科学のキングと称される経済学の地位を失いかねないという強迫観念も、経済学者たちの間では潜在的にあったと思われる。つまり、自分たちの理論は、現実社会に貢献でき、役に立つものなのだということを、どこかで主張していなければならないのである。

そういった問題意識に対するテクニカルな対応として、たとえば「キャリブレーション」といった分析手法が、RBC理論以降の経済モデル構築においては多用されていく。これは、演繹的に構築されたバーチャルなモデルを現実の経済データに当てはまるように調節していく手法である。

キャリブレーションは、基本的なケースであれば、非常に単純なことを言っているに過ぎない。たとえば、最も基本的な経済モデルの概念にコブ・ダグラス型生産関数というものがある。マクロ経済学の初歩的な教科書には必ず登場するものだが、

$$Y=K^{\alpha}L^{(1-\alpha)}$$

という式で表現される生産関数で、生産量（$Y$）は資本投入量（$K$）と労働投入量（$L$）によって決まり、その配分である資本分配率（$\alpha$）と労働分配率（$1-\alpha$）が経済において一意的に決まると仮定されている。この$\alpha$は、経済モデルを構築する際のいわゆる構造的なパラメータと考えられ、現実の経済データの中から推計してくる他はない。

$Y=K^{\alpha}L^{(1-\alpha)}$という式によって、ある国、ある経済における生産量が決定されるというのは、言ってみれば、仮定から演繹された人間の観念上の理論である。

この式によって、現実の経済データが「説明されなくてはいけない」と主流派経済学においては考えるわけだが、そのためには、$\alpha$というパラメータが「一意的に決まらなくてはいけない」と考える。たまたま、経済学者が収集した経済データを使ってこの$\alpha$という数値が一意的に導き出せた場合には、キャリブレーションを行ったということになる。

すなわち、演繹的に導き出された理論モデルは仮定さえ正しければ絶対に正しく、現実の経済データもそれに基づいて説明ができると考える。そして、実際に$\alpha$が一意的に算出できたということは、理論と現実が整合的に説明できたことを示す一種の証明にもなるという訳である。

キャリブレーションという言葉自体は元々「測定」といった意味であり、理論を現実に適用

する際の「目盛を設定する」というような意味合いで使われる。金融工学などでも、モデルを実際の市場データにアジャストさせる手法として使用されるので、必ずしも主流派経済学に限定される手法ではない。「合理的経済人」と「合理的期待形成」の強力な仮定から演繹的に導き出される経済モデルは、このプロセスを経ることで理論と現実の整合性が確認できたと解釈され、想定された経済モデルは「正しく」現実の経済を説明できているとみなされる。

実際、こういった研究が積み重ねられていった結果として、現実の経済データを理論的に解釈するということが、多くの経済事象あるいは分野において可能になった面はある。しかし、こういった経済学的な手法の根本的な問題として、いくら理論と現実の整合性を取ったつもりであっても、自然科学と異なり「再現実験」を行うプロセスを含んでいないということがある。自然科学における再現実験の代替的手法として、経済学ではキャリブレーションと言われるようなパラメータの特定方法を採るわけである。そして、ここで検出されたパラメータを「構造的」と称するわけだが、実際にこれが本当に構造的なパラメータとして一意的に決まっていると考えてよいのかは曖昧である。

結局のところは、モデル構築において仮定から理論が演繹されていくプロセスにおいて、「そこに含まれていないが本来含まれているべき重要な要素」を確認する手段は曖昧なままなのである。実際に、多くの重要な要素が見過ごされたまま、モデルの妥当性が保障されていると主張してしまっているケースが多い。

自然科学においては、再現実験を試みることでその要素を徹底的に特定する作業を行っているのだが、経済モデルの場合は、新しい経済事象が起きてきた時に、常に事後的に新たな要素をモデルに加えて修正していくことの繰り返しになる。つまり、科学に求められる基本的態度としてのカール・ポパーが言うところの「反証可能性」を満たすことは、主流派経済学がいくらその分析手法を数学的に精緻化させていっても、厳密にはできていないのである。▼9

主流派経済学も、その演繹的な理論構築手法が抱える強い「空想性」の弊害と、それによる現実経済への適用の難しさを解消する方法については、さまざまな検討を試みていた。そういった頃に、フリードマンやルーカスらによって徹底的に攻撃されて葬り去られたかに見えたケインズ経済学のほうからも、静かに新たなアプローチが始まっていた。

ケインズ経済学は、彼らの学派の創始者たちが「帰納法」的に現実の経済データや事象から厳密な検証を加えずに導き出した「価格や賃金の硬直性」などの前提を、「合理的経済人」の仮定を援用し、微修正を加えることで厳密に数理モデル化できないかという試行錯誤を始めていた。現実経済から観測されるケインズ経済学的な事象を「ミクロ的に基礎付ける」という試みが始められていたのである。

これは、「新しい古典派」の攻勢に対して防戦一方になっていたケインズ経済学が、「新しい古典派」の分析手法を取り入れて反撃に出たということであった。

他方で、反対側の「新しい古典派」あるいはＲＢＣ理論などのサイドでも、「合理的経済人」という空想的で強力な仮定を現実の経済全体の動きにそのまま当てはめて説明することを試みて、その限界に当たりつつあった。「新しい古典派」の経済学者たちのほうでも、ＲＢＣ理論の現実経済への適用可能性を議論する中で、ケインズ経済学的な「価格や賃金の硬直性」などの要素を組み込むことでそれが可能になると考えるようになっていった。

▼9 ポパーは、仮説が反証されることによって推論の頑健性が高まっていくと考え、「反証可能性」を持たない仮説をいくら証明しても科学としての厳密性を持たないと考えた。ケインズ経済学の帰納推論的なロジックを批判する「新しい古典派」も、その空想性を回避するために使用した中途半端な帰納的推論がやはり「反証可能性」の条件を満たさなくなるのである。ポパーの理論は古典的なものであり、多くの批判にも晒されているが、経済学が一般的に用いる推論方法の妥当性を自然科学の側から批判する際の一つのシンプルな論法となっている。

結果的に、限界に当たりつつあった「新しい古典派」と、いったん葬り去られたケインズ経済学は、激しい罵倒の応酬を何十年も繰り返した挙句、静かに融合へと向かっていくことになるのである。「新しい古典派」の分析手法を崩さずにケインズ経済学のコンセプトを組み込む新しい流れは「ニュー・ケインジアン」と呼ばれ、現在に至るまでこの学派が主流派経済学を構成する一つの柱となっていくことになる。[10]

この融合の過程と並行して、経済モデルの動学化や計量経済学の知見の深まりなどもあり、経済学が一つの完成域に近づいたというようなユーフォリックな見方もされるようになっていった。実際、自然科学でも「帰納的」アプローチと「演繹的」アプローチが併用されるのは常態であり、ニュー・ケインジアンの経済モデルはより自然科学に近づいたという評価もまったく誤りではない。

そして、2000年代以降は、主流派経済学におけるマクロ経済学のモデルはDSGE（＝動学的確率的一般均衡）モデルという形に徐々に収斂《しゅうれん》していく。しかし、1990年代に経済学の主流派となったニュー・ケインジアン、あるいはその後のDSGEモデルにおいては、新しい古典派の「演繹的」な手法とケインズ経済学の「帰納的」な手法との無定見な融合という側面もないわけではなかった。「合理的経済人」の仮定から出発するという「演繹的」な手法を崩さずに、現実経済への適合性を確保する部分にだけ「帰納的」な手法で調整していくというニュー・ケインジアンの方法論は、どうしても「恣意的」な性格を帯びざるを得なかった。

それがまさに、キャリブレーションのような分析手法によって生じ得る事態、すなわち新しい経済事象が発生するたびに仮定や前提を微修正して、「このモデルなら全て説明できていた」

---

▼10 現在、ニュー・ケインジアン・モデルは、「金融政策を中心とする成長とインフレのコントロール」という経済政策の理論的根拠を提供している。そして、各国の中央銀行の当局者として加わっている経済学者の大半がこの考え方を支持している。ただし、財政政策についての考え方は、このモデルを支持する経済学者の間でもさまざまである。

と主張し続けるような方法に他ならない。

ある意味で、ニュー・ケインジアンからＤＳＧＥモデルに至る「現代」の経済モデルは、当初のＲＢＣ理論のレベルからすると、「バーチャル・リアリティ」としての「精度」あるいは「画像の鮮明度」を格段に引き上げたとは言えるかもしれない。しかし、19世紀末の「新古典派経済学」から「新しい古典派」、「ニュー・ケインジアン」、「ＤＳＧＥモデル」へとつながる経済学が「三種の神器」の如く篤く奉り堅持してきた「合理的経済人」の想定を根本的に問い直すことなしには、結局、「バーチャル・リアリティ」の世界を脱することはできない宿命にもあった（問い直すことによって、実際に脱することができるかどうかは別にしても）。

そういう意味において、主流派経済学の流れはすでに１９８０年代頃から、確実にその限界を露呈しつつあったのである。そして、表面的には隆盛を極め、さらには完成域に近づくとさえ自画自賛し始めるような時代に、主流派経済学の限界に関わるより本質的な部分を厳しく糾弾する動きが徐々に強まり始めることになる。

## 心理学からの挑戦

経済思想的にはフリードマンの新自由主義が高らかに勝利宣言を行い、「新しい古典派」が「純化路線」を推し進めていた１９７０年代から80年代にかけて、標準的な経済学の根本概念を覆すその大きな転換の動きは始まりつつあった。すなわち、「合理的経済人」という、新古典派経済学にとって「三種の神器」と言ってもよい神聖なる大前提に、正面から疑義を呈する動きが生じてきたのである。

それは、経済学の内外双方から出てきた動きであったが、内部から出てきたものとしては、ハーバート・サイモンの「限定合理性」という概念がある。サイモンはフリードマンより4歳若いだけであり、フリードマンらが1950年代頃から推し進めていくことになるケインズ経済学批判とはむしろ同時代的な動きであった。▼11

単純に言えば、「人間は合理的であろうとしても、その能力的な限界から十分に合理的ではあり得ない」という考え方である。サイモンは主に企業組織内における意思決定理論として、この「限定合理性」に着目した。企業内の意思決定は常に不確実で限定された情報に基づいてなされており、一見すると合理的なプロセスには見えないことが多いにもかかわらず、実際には企業は適切な行動を採ることが可能なのだと主張した。

言い方を換えれば、現実社会においては、新古典派経済学が想定した「合理的経済人」による合理的な意思決定モデルとは異なった形で行動が決定され、実際に採られているということを言ったわけである。当然、これは標準的な経済学のモデルの抜本的な否定にもつながりかねない議論であった。

しかし、1950年代の時点では、サイモンの提示した議論は企業組織論としての一定の影響力はあったものの（サイモンは組織論と意思決定理論の研究に対する功績で1978年にノーベル賞を受賞している）、一般的な人間行動の分析手法として経済学のメインストリームを揺るがすような位置付けのものにはならなかった。

より体系だったものとして主流派経済学の根本的な土台を覆すようなムーブメントは、

▼11 サイモンのこの分野での主著は『Administrative Behavior』（邦題『経営行動』）であり、1947年に出版されている。後に行動経済学の研究者たちが彼を先駆者として評したのはその30年以上も後のことである。
ハーバート・A・サイモン『経営行動』（新版）、二村敏子他訳、ダイヤモンド社、2009年

１９７０年代終わり頃、「行動経済学」の登場によって本格的に始まることになる。

経済学者のレベルでなくとも、「合理的経済人」という強力な仮定を起点に構築されていった「新古典派」あるいは「新しい古典派」という巨大な「バーチャル・リアリティ」の世界が、実際の経済を説明し得るようなものでないと直感的に感じる人間は少なくなくなかったはずである。大学生が初めて経済学を学ぶ時に感じる違和感は、多くの場合、まさにそれであったとも言える。

「新しい古典派」の経済学が時代を席巻していた１９７０年代に、メインストリートの経済学者のほとんど誰もがまだ口を噤《つぐ》んで何も言わない中で、「王様は裸だ！」と最初に叫んだのは、経済学者ではなく心理学者であった。

２０１７年にリチャード・セイラーがノーベル賞を受賞したことで、最近、一段とまた一般メディアなどでも脚光を浴びている行動経済学だが、その創始者は、ダニエル・カーネマン、エイモス・トヴェルスキーという２人のイスラエル人心理学者であった。彼らが最初に共同研究を発表したのは１９７０年代のことである。

セイラーは、彼が若手の経済学者として研究に取り組んでいた１９８０年代には、行動経済学はまだ「新しい古典派」などの主流派経済学の学者たちから露骨に敵視されていたと述べている。▼12 いつの時代にも、目新しい考え方が登場してくると、本能的にそれを潰そうとする動きが出てくるものである。経済学者にしても、すでに然るべき地位を得て高い報酬を得るに至った礎である自らの研究を否定されることに対して恐怖心を持つことは、いわば本能であろう。ましてや、長きにわたって学界の主流に位置する学派に属し、学部の中においてもスター扱い

▼12 セイラーは自伝的な行動経済学に関するエッセイで、主流派経済学との対立の歴史について詳しく書いている。
リチャード・セイラー『行動経済学の逆襲』、遠藤真実訳、早川書房、２０１６年

されるような学者であれば、出る杭を打とうとする行為は、愚かではあるが根本的に悪質とまでは言えないかもしれない。

そういった起こるべくして起きた批判や敵視をはねのけて、行動経済学がようやく市民権を得るようになったのは1990年代になってからのことである。

1985年に、「合理的経済人」の仮定を三種の神器のように信奉する保守本流経済学の総本山であったシカゴ大学で、行動経済学を巡る大規模な公開討論会が開かれている。[13] 行動経済学の研究者としては、サイモン、カーネマンにセイラーも入り、2000年代の米国におけるITブームやその後の住宅ブームをバブルと指摘し、後にノーベル経済学賞を受けることになるロバート・シラーもいた。対する保守本流経済学サイドからはルーカスを筆頭にマートン・ミラー、ジョージ・スティグラー、ユージン・ファーマといったこの学派を代表する錚々たるメンバーが揃っていた。

保守本流経済学の経済学者たちは、行動経済学は従来からの経済学の理論の枠内でも十分に説明可能なことを述べているに過ぎないと主張した。つまり、彼らが学界の中心から退く必要はまったくないのだということを強く主張して行動経済学を批判した。これが1980年代半ばの出来事であった。

その後も、1990年代に入ってしばらくの間は、米国においてさえまだ行動経済学の専門講座を置く大学はないような状況であった。

行動経済学がようやく経済学における重要な一体系として認められるようになったのは、1990年代も後半になってからのことである。行動経済学の創始者の一人であるカーネマン

[13] この公開討論会についても、セイラーは『行動経済学の逆襲』の中で詳しく言及している。

は心理学者であったが、2002年にノーベル経済学賞が与えられた。早くに亡くなったトヴェルスキーが生きていれば90年代のうちにノーベル賞を受賞していた可能性もあったと言われるが、彼は1996年に59歳の若さで病死している。

＊　＊　＊

さて、ここで、行動経済学が「王様は裸だ！」と指摘したその具体的な内容についても簡単に触れておきたいが、現在においては、行動経済学の基本的な内容はすでにかなり一般にも知られるようになっている。

日本においても行動経済学の考え方がかなり一般的に普及しつつある一つの例証としては、2012年からNHKのEテレで「オイコノミア」という番組が放送されたことを挙げることができる。この番組は、経済学者を登場させて、「経済学ではこんな面白いことが説明できる」という話をタレント・小説家の又吉直樹が聞くというエンターテインメント番組だが、内容的には、かなりの比率で「行動経済学」に基づく解説が行われていた。実際、頻繁にゲストとして登場した大竹文雄は行動経済学者である。

「オイコノミア」がなぜエンターテインメント番組に成り得ているのかというと、要は、人間が当たり前だと思って行っている経済的行為がいかに思い込みや勘違いに満ちたものであるかを「暴く」という構成になっているからである。「真実はそうだったのか！」という一種の「クイズ番組」のような内容となっているので、エンターテインメント番組になっているのである（製作者の意図は教養番組であるかもしれないが）。

行動経済学の基本コンセプトというべきものはいくつかあるが、「限定合理性」は、その代表的なものである。サイモンが最初に定義づけた「限定合理性」は、意思決定に関するものであった。[14]

たとえば、ある主体（個人でも組織でも）は、何かの行動を決定する際に、その行動がもたらす結果を完全に予測することはできないし、ある結果を得るためにどういう行動が選択肢として存在しているのかも、事前に全てを想定することはできない。そもそも、その行動によって期待した結果を得ることができたとして、その結果によってどういう効用を得られるのかを事前に完全に理解していることも困難である。つまり、人間は何らかの行動をとることを決める際に、自分では「合理的に」意思決定をしていると思っていても、実際にはかなり「適当に」決めているのだということを言っているのである。

ただ、サイモンは、人間や組織が必ずしも合理的ではないと考えられる意思決定を行っていたとしても、結果的にそれほど見当違いなことにはならないように工夫をして決定を行っているのだとも言っている。企業であれば、いろいろなルール作りや役割分担などを行うことによって、不完全な情報しか得られない中でも、企業としての目的を果たすべく意思決定を行っているのだと。

そういった「限定合理性」の中での意思決定の方法についてのサイモンの分析が企業組織論となり、その業績に対してノーベル賞が授与されたというわけである。

カーネマンとトヴェルスキーが発見した「ヒューリスティクスとバイアス」という概念も、サイモンの「限定合理性」に対する人間の対処方法の一つというように理解ができる。

---

▼14 限定合理性については、『Administrative behavior（邦訳：『経営行動』）』の第5章に簡潔にまとめられているが、この章のタイトルはまさに「The Psychology of Administrative Decisions＝経営決定の心理学」であり、30年後に心理学者たちが切り拓いていく行動経済学の先行研究となっていることを示す。

「ヒューリスティクス（＝経験則）」とは、「人間は限定的な情報の中で将来を予測して行動に移さなくてはならないので、物事をある特定のやり方で単純化して認識している」という考え方である。▼15

たとえば、人間は、ある他人と知り合いになった時、その人間の持つ多くの属性の全てを正確に認識し、それぞれの属性を完全に整合的に把握することは難しい。そこで、ある代表的な属性のみを無意識のうちに取り出して、それをその人間のキャラクターとして認識してしまうことが多い。結果的に、実際のその人間本来の属性からややずれたところで分類、認識してしまうというようなことも起こり得る。これを「代表性のヒューリスティクス」という。

この「代表性のヒューリスティクス」は、有名な「リンダ問題」という実験で見てみると分かりやすい。「ある女性は独身で社交的な性格の持ち主で、大学では哲学を専攻し、差別や社会正義について関心を持っていた」という説明をした上で、現在の彼女について、(1)銀行の窓口係、(2)銀行の窓口係でフェミニズム運動家、のどちらである可能性が高いかを質問すると、多くの人は、(2)のほうを選んでしまう。しかし、実際には、「銀行の窓口係でフェミニズム運動家」は、「銀行の窓口係」の部分集合なので、確率的には、(2)は(1)と同じか、(1)よりも低くなければおかしい。

つまり、回答者は合理的な確率計算とは異なった思考回路に基づいて回答していることになる。このケースでは、「哲学を勉強していた」、「差別や社会正義に関心がある」という情報から、質問される人はこの女性について「レッテル張り」をしてしまっている結果、「合理的でない」判断をしてしまうのである。これを「代表性のヒューリスティクス」というわけだが、

---

▼15 カーネマンとトヴェルスキーが行動経済学を確立していく過程については、マイケル・ルイスが彼らの評伝を書いている。研究成果については、共同あるいは単独の論文の他、カーネマンが一般読者向けの本も出版している。マイケル・ルイス『かくて行動経済学は生まれり』、渡会圭子訳、文藝春秋、2017年／ダニエル・カーネマン『ファスト＆スロー』、村井章子訳、ハヤカワノンフィクション文庫、2014年

他にもいくつかの「ヒューリスティクス」が実験によって発見されている。

こういった、人間に備わった特殊な認識処理方法に基づいてさまざまな意思決定がなされていく場合、実際の人間の行動には必ずしも合理的とは言えないような「バイアス（＝偏り）」が発生する。ヒューリスティクスは、人間は標準的な経済学で仮定してきた「合理的経済人」とは異なる方法で意思決定を行っているとする行動経済学の基本的なコンセプトの一つである。カーネマンやトヴェルスキーは、こういった人間の「合理的でない」意思決定を、実際に学生などを使った実験によって次々と明らかにしていった。

当然、こういった人間の特性を明らかにするということだけを取ってみれば、この研究は、明らかに心理学の領域であり、実際、カーネマンとトヴェルスキーは心理学者だったわけである。しかし、人間の「限定合理性」は、それが実証されていけばいくほど、「新古典派」から「新しい古典派」に至る主流派経済学の根本的な前提である「合理的経済人」の否定につながることが明らかになっていく。

カーネマンやトヴェルスキーは、必ずしも主流派経済学を否定することを目的にこの分野の研究を始めたわけではないかもしれないが、研究成果が積み重なってくるにつれて、必然的に主流派経済学にとって大きな脅威となっていったのである。

行動経済学が次々と新しい発見を行っていくようになると、主流派経済学のほうからも、単なる敵視ということではなく、より本質的な行動経済学への反論、批判も行われるようになっていく。

たとえば、「行動経済学の言うように人間は十分に合理的でないとしても、それはいったい何故なのか？」という問いかけである。この問いに対する答えは現在においてもまだ明確には得られていないが、サイモンが1940年代から提唱したオリジナルな「限定合理性」は、どちらかというと人間の情報処理能力の限界にその要因を求めた。サイモン自身、コンピューター技術、情報科学の専門家でもあり、「本来合理的である人間の認知能力が技術的な要因で制限されている」と考えたのは自然であった。

一方、カーネマンやトヴェルスキーは、彼らのアイディアを理論化していく過程で、人間が「合理的に認識、行動しない」ことの理由を究明することにそれほど多くのエネルギーは注がなかった。実際のところ、彼らが用いた心理学や経済学の分析ツールの範囲内においては、それを解明する手掛かりを得ることは困難でもあった。

そうこうしているうちに、主流派経済学のサイドからは、ニュー・ケインジアンが登場してきた時とやや似ているが、「合理的でない」人間の行動であってもそれを一つの事実として受け入れ、それを前提に従来からの経済モデルを修正していくという考え方も生まれてきた。「新しい古典派」とケインズ経済学が自然に融合して対立点が消滅していったように、次第に行動経済学と主流派経済学の間の対立構造も曖昧になっていったのである。▼16

ちなみに、「なぜ、人間は合理的ではないのか？」という問いに対しては、まだ十分な解明は進んでいないと言ったが、現在では仮説として主に二つの考え方がある。

一つはサイモンのように、単に「処理能力の問題」だという考え方である。もう一つは、進化生物学の発想に基づくもので、「人類が進化の過程で獲得したものの、現在は不要になった形質が残っている」という考え方である。たとえば、「株価が下落している時に人はすぐにで

---

▼16 ルイスの著作にも描かれているところだが、数学的な能力に長けたトヴェルスキーが行動経済学のコンセプトを数理モデル化していったことで、主流派経済学からの評価が次第に高まっていった。「彼らの言語」で話す「仲間」という認定を受け始めたという訳である。

も売却して損を確定したくなり、株価が上昇している時には売り惜しみをする」という非合理的な行動が採られがちである。これは、人間がまだ狩猟採集で生活していた時代の、「食糧は不足にも余剰にもなるが、不足したら餓死してしまい、余剰になっても困らない」という非対称的なリスクに対応する能力に起因すると考えるわけである。

このような人間行動の特質については、カーネマンとトヴェルスキーによるプロスペクト理論という考え方によって説明がされるのだが、なぜそうなのかという点については進化生物学による説明に説得力があるように思われる。

第1章で述べたアダム・スミスの「共感」の本能なども、同じような考え方で解釈され得る。狩猟採集時代に、人間が集団で食糧を確保、分配するためには利己的な人間は集団から排除される必要があり、「共感」する能力が人間の遺伝的形質として生まれたというわけである。

要するに人間の非合理的な性質は、現代の飼い犬が散歩に行けば電柱にマーキングをするのと同じだというわけである（マーキングは、犬が元々縄張りを確保して生存競争を行っていた習慣の名残りと考えられる）。こういった進化生物学的な考え方は、その説明を聞くと「なるほど」と納得してしまう部分が多いが、実際に厳密な検証を行おうと思うと、現在の科学技術のレベルではまだ難しい面が多い。

将来、ＤＮＡ解析の技術が大幅に進歩し、人間の遺伝的形質と実際の人間行動との関係をより正確に説明できるようになれば、もう少し厳密な検証は可能になるかもしれない。しかし、その技術が得られていない現在においては、進化生物学的な説明もあくまでも推測、仮説の域を出ないし、もしかしたらこの仮説は間違っているかもしれない。

とはいえ、検証を試みることもなしに「合理的経済人」という極端な仮定を最初に設定した上で理論構築を進めていった標準的な経済学の方法論と比べれば、「人間が合理的でない」ことについて行動経済学が行った実証的、自然科学的なアプローチは革新的なものであったし、はるかにリアルな社会分析であった。▼17

人間の非合理的な性質を解明する学問分野に対する評価については、第8章において改めて述べることにする。

＊　＊　＊

1990年代以降、行動経済学の実験的な手法に刺激を受けたことを一つの契機として（必ずしもそれだけではないが）、主流派経済学は徐々に拡散し始め、そのいくつかの分野は、明らかに「実験的」、「実証的」な方向性を志向し始めるようになる。「合理的経済人」の強力な仮定を置いて「演繹的」に理論を構築するだけでなく、「帰納法的」な分析手法に傾斜した、より「事実追求」を目指すような方向性が出てきたのである。

「バーチャル・リアリティ」の世界に入り込んで、実質的に行き詰まりつつあった主流派経済学にとっては、行動経済学がもたらした新たなアプローチが目覚まし時計のような役割をもたらしたことは確かである。

アロー、ドブリューの一般均衡理論、ルーカスの合理的期待形成理論、プレスコットらのRBC理論などを経て「新しい古典派」が隆盛していく過程は、経済学の数理モデル化が究極まで推し進められていく過程でもあった。

▼17 人間の行動が合理的であるかどうかという判定は多層的である。経済的利益という観点からの「合理性」の判断は経済学が伝統的に扱ってきたものだが、行動経済学が指摘した「非合理性」も進化論の観点からは合理的な説明が可能になる。さらに言えば、進化論の観点による「過去においては合理的だったが、現在は非合理的」という人間の形質についても、「適応進化」以外の「進化」の説明からは合理的な説明も実は可能になる。

新古典派の経済学はニュートン力学を模して始まったわけだが、アインシュタインの相対性理論を目指すとでもいうような勢いで、経済学者たちは数理モデルの精緻化を競っていく。しかし、残念ながら、相対性理論のように、構築された先進的な理論が実証と観測によって次々と証明されていくような幸せな道を経済学が辿ることは結局なかった。

ある段階では、主流派経済学は現実経済を十分に説明できるまでに精緻化され完成に近づいたと自画自賛するような時代もあったのだが、結局は、一種のバーチャル・リアリティの領域を出ていないということが確認されてくることにもなる。リーマン危機が、そういった確認の機会となったことも確かである。19世紀から始まった新古典派経済学が物理学を模して進めてきた理論構築のプロセスは、2000年代においていったん明確な挫折に至ったといってもよいかもしれない。

一方、理論的な面にとどまらず、行動経済学がもたらした実証研究的なアプローチそれ自体が経済学の内容に徐々に変化をもたらすようになったのも、1990年代以降の一つの流れである。経済学においては、実証的な分析自体が長らく一歩低いレベルのものに見られていた傾向もあり、金融工学が当初から経済学ではないというような批判を浴びたのも、この分野の研究が金融市場を対象とする実証的な分析手法に元々傾斜していたという面もあろう。

実証的な経済分析は、1990年代以降、二つの方向で大きく展開をしていくことになる。一つは、行動経済学が実験を導入したことに刺激されて発展していくことになる実験経済学などの分野である。もう一つは、産業や地域経済などのレベルでの主にセミマクロ的な領域における実証分析手法の深化の動きである。こういった現代の経済学における先端分野の可能性については第8章でも述べるが、「実験」、「実証」という分野は、現在の経済学研究における一つの中心的な存在になりつつある。

物理学に憧れて、物理学を模して発展してきた「新古典派」以降の経済学も、ある時期までは、実証的な分析を完全に無視した学問ではなかった。少なくともケインズ経済学は、現実経済から観測された事実を踏まえた「帰納法」的な分析という側面を強く持っていたわけである。

そういう意味では、フリードマンも大恐慌の実証的な研究を通じて理論構築を行っていった経済学者である。フリードマンの経済分析のスタイルは、必ずしも後の「新しい古典派」ほど極端に「演繹的」な手法に偏ったものではなかった。

このように経済学がより「実証的」であろうとしたことは過去にあったのだが、これが「実験」とまでなると、長らくほとんど手がつかない分野として残されていた。RBC理論以降のマクロ経済学分析においては、「合理的経済人」の仮定から「代表的個人」という存在を演繹し、それを強引に「帰納法的」な手法を交えつつ、現実経済に「適用」していくという手法が基本的なスタイルになった。こういった経済学の発展経路に対しては、「実験」による十分な検証がないがゆえに、経済学がどんなに物理学を模して数学的な精緻化に努めても、自然科学者たちからは常に「うさん臭い似非《えせ》科学」という陰口を叩かれていたのも事実である。[18]

カーネマンやトヴェルスキーは心理学者であったので、人間行動における「限定合理性」の具体的な検証のためには、当然のごとく「実験」を行った。心理学は元々、社会科学分野の中では、「実験」に重きを置く学問である。行動経済学は、標準的な経済学の考え方に根底から疑義を差し挟むものであったのにとどまらず、「実験」という手法を持ち込んだという意味で、

▼18 「似非科学」という用語自体は、科学哲学の研究対象として「宗教的な立場からの進化論否定の研究」や「超常現象の研究」などを指して言うことがある。さすがに、経済学に対してそこまで否定的な見解を直接的に示している科学哲学の研究はない。
伊勢田哲治『疑似科学と科学の哲学』、名古屋大学出版会、2003年

経済学のその後の展開に大きな意味合いを持つことになるのである。

行動経済学に加えて、1980年代に経済学分野から直接的に発展していた「ゲーム理論」が急速に注目を浴び始めていたことも、「実験」が経済学に取り込まれていく大きなきっかけとなった。「ゲーム理論」自体は、純粋に数学的な試みから始まったものであるが、「実験」によって、数学的に予想された結果とは異なる結果が度々発生することが分かってきた。その発見がなされてきた時点で、まったく別のソースから発展しつつあった行動経済学ともクロスオーバーしていくことになる。行動経済学の出現を契機に分派していったさまざまなスタイルの経済学についても、第8章においてまとめて言及することにする。

## ノーベル賞と「ビジネスとしての経済学」

「新古典派」、「新しい古典派」という保守本流、主流派の経済学が、その表面的な輝きとは裏腹に、1980年代には「バーチャル・リアリティ」の世界に入り込み、実質的な限界に直面しつつあったところで、行動経済学のような大きな対抗分野が登場してきた。主流派経済学の経済学者たちの一部には、変化を迫られつつあることの自覚も少なからずあったものと思われる。

「新しい古典派」から「ニュー・ケインジアン」、「DSGEモデル」へといった発展経路、あるいは行動経済学を積極的に取り込んでいく動き、そして、それに関連したさまざまな実験的手法の試み等々、保守本流の経済学が進化を続けていく系譜を、2010年代の現在に至るまで漫然と綴っていくことも可能である。しかし、この系譜なりプロセスは、少なくとも、一方向での整然とした発展経路などではなかった。

1970年代から1980年代にかけての時期は、経済学という学問が数多くある社会科学分野の学問の中で、ある種の特権的な扱いを受けるようになり、著名な経済学者がスター扱いされるような特殊な時代でもあった（経済学は社会科学の「華」と言われた）。経済学が、山の頂に向けて全力で駆け上がっているようにさえ見えていた時代である。

そういった時代を一度経験した後に、主流派経済学が徐々に限界に当たり始めてさまざまな方向に拡散し始める姿を経済学者が不安を持ちつつ眺めるようになっていく状況が、1990年代に差し掛かる頃には一方で見え隠れしつつあったのである。その実態をよそに、経済学の権威を着々と高める方向で推進されていった国際的な事業があった。それがノーベル経済学賞である。

経済学の特権的地位ということでいえば、社会科学分野において経済学にだけノーベル賞が授与されているという事実が何といっても象徴的である。ノーベル賞は、ダイナマイトを発明して巨万の富を築いたアルフレッド・ノーベルが、死後に「死の商人」との評価が残ることを恐れて遺言によって創設したということは誰でも知っていることだろう。そのため、ノーベルはこの賞の創設にあたって、「人類の進歩に大きな貢献をした学者に授与する」という高邁な理想を掲げた。ノーベル自身が技術者であったことから、物理学賞、化学賞、医学・生理学賞の3部門が中核的なものとなったわけだが、それに文学賞、平和賞を加えた5部門の授与が1901年から開始された。

しかし、その時点では、経済学賞は存在していなかった。というのも、ノーベル経済学賞は、ノーベル賞創設から半世紀以上も経った1968年に、世界最古の中央銀行であるスウェーデン国立銀行が創立300周年の記念行事としてノーベル財団に働きかけて創設したものだからである。

ノーベル経済学賞と言っている賞の正式名称は、「アルフレッド・ノーベル記念経済学スウェーデン国立銀行賞」である。ただ、選定機関は物理学賞などと同じくスウェーデン王立科学アカデミーであり、同じような形式で授与されるので、通例的に「ノーベル経済学賞」と称されているのである。そういった発足の経緯もあって、スウェーデンの政治家や海外も含めた学者などからは、ノーベル経済学賞の存在自体に否定的な意見が過去に何度も表明されてきた。▼19

ノーベル経済学賞はノーベル賞ではないと考える人たちが少なからずいるのは、特殊な発足の経緯だけでなく、数多ある社会科学や人文系の学問の中でなぜ経済学にだけ特別な賞を与えるのかという当然の疑問にも関係していると思われる。経済学以外にも有力な社会科学としては政治学、法学、社会学などがあるし、人文系の学問にまで広げてみれば、哲学、歴史学、考古学、心理学、文学など数限りない分野の学問がある（ここでの文学は、作品ではなく学問としての文学)。ノーベル賞の目的が「人類の進歩に貢献した学者を称える」ことなのであれば、経済学者のみが社会科学、人文系学問の分野において人類に貢献しているというのは誰が考えても理屈が通らない。

もちろんそれを言うならば、自然科学分野においても数学賞がないのはおかしいであるとか、平和賞は客観的な選考基準をそもそも持ちえないであるとか、ノーベル賞については他にも疑

▼19 共同通信ロンドン支局取材班編『ノーベル賞の舞台裏』、ちくま新書、2017年

問視される点も少なくはない。しかし、ノーベル経済学賞の授与が始まった1969年というタイミングは、たまたまスウェーデン国立銀行の設立300周年というタイミングであったとはいえ、まさに「新古典派」から「新しい古典派」へと衣替えが進み、現在に至る主流派経済学が圧倒的な地位を占めつつあった時代と一致している。

そして、フリードマンの新自由主義がケインズ経済学に対するアンチテーゼとして、実際の経済政策遂行に大きな影響を及ぼしていく時代とも完全に一致していた。フリードマンがニクソン政権の経済顧問を務め、チリのピノチェト軍事政権による経済政策に影響を与えていたのは1960年代後半から1970年代前半の時代であった。

フリードマンは1976年にノーベル経済学賞を受賞しているが、その数年後には、新自由主義政策の実験と言われる米国のレーガノミクスと、英国のサッチャリズムがスタートしている。ノーベル経済学賞の創設は、経済学者を、社会科学分野における一学者という立場から、一国の政策を左右するほどの巨大な影響力を持つ社会のリーダー層へと押し上げていく道筋を付けたと言ってもよいのである。

もちろん、それ以前の時代においても、ケインズのように主要国の経済政策に少なからぬ影響力を及ぼした経済学者はいたわけだが、それはあくまでもケインズ個人の才覚に対して与えられた地位であったという色彩が強い。しかし、ノーベル経済学賞が始まった1970年前後を境にして、経済学者という一つの職業集団が、単なる社会科学者という立場から「国家の政策顧問集団」としての特権的な地位を確立していくようになっていったのである。

＊　＊　＊

これは日本のデータであるが、大学教育における経済学の占める地位がいつの時代に最も高くなっていたのかということを単純に学生数の比率で見てみると、実は１９６０年代が約30％でピークであった（経営・商学系なども含む）。その後はじわじわと低下し、２０００年代以降は大幅に低下して直近では20％を割り込んでいる。[20] スウェーデンの大学事情までは分からないが、世界的な流れもおよそ同じようなものだとすると、ノーベル経済学賞が創設されたタイミングは、まさに経済学が大学教育の場において「社会科学のキング」に上り詰めた時期に当たっていたことになる。

１９６０年代は第二次世界大戦後の先進諸国の経済においては「黄金時代」と言ってよい時代であり、日本では高度成長期のさなかにあった。経済、経営を学ぶことが、若者にとってもより良い生活への道であると素朴に信じられていた頃でもあったのだろう。一方で、社会の側からしても、経済、経営の知識を身につけた若者を求めていたということもあったと思われる。

そういった時代背景の中で、経済学者の社会における地位も大きく上昇していったのが１９６０年代から70年代にかけてのことであったのだが、逆に、経済学を学ぶ学生の比率は、それ以降は低下の一途を辿っていくという現実もあった。１９８０年代に経済学者が国家の政策顧問の役割を担うようになり（特に米国のケースだが）、経済学者の権威が頂点に達しつつあった時代に、保守本流の経済学が学問的には一つの限界に達しつつあったという先に述べたようなことも重ね合わせて見ると、また一つ別の視点が現れてくる。

[20] 文部科学省「学校基本調査」のデータより計算。

主流派経済学者たちは、1980年代には、経済学内部でも行動経済学などの挑戦を受け始めていた。そして、若者が大学で経済学を学ぶという第二次世界大戦後の西側諸国の経済的繁栄を象徴する一つのファッションとも言うべき流れが、すでに足元ではピークアウトしつつあった。そういった時代にあって経済学者たちが、本能的に自分たちの確保した巨大な権益をどのように維持できるかということを考え始めたとしても不思議なことではないだろう。

経済学者が「国家の政策顧問集団」の位置付けに昇格していったとはいえ、その「国家」というのは、当初においてはやはり米国であった。ここで、ノーベル経済学賞受賞者の出身国を見てみると、1969年に第1回のノーベル経済学賞を受賞したラグナル・フリッシュ、ヤン・ティンバーゲンは2人とも欧州人であった（それぞれノルウェー人、オランダ人）。続く1970年代にノーベル賞を受賞したサミュエルソン、アロー、そしてもちろんフリードマンら超メジャー級の経済学者の多くは米国人であったが、1970年代の受賞者のうち米国籍保有者の比率は、全体ではまだ40%程度にとどまっていた。[21] 続く80年代も受賞者のうち米国籍保有者はわずか35%に過ぎなかった。しかし、この比率は90年代になるといきなり65%に跳ね上がり、2000年代には何と90%に達してしまう。2010年代も2018年までのところでは80%超が米国籍の経済学者である。

自然科学3賞（物理学賞、化学賞、医学・生理学賞）の受賞者に占める米国籍保有者の比率は、70年代52%→80年代58%→90年代65%→00年代59%→10年代51%と50〜60%程度で概ね安定しており、2000年代以降はむしろ低下傾向にある。自然科学3賞において、東西冷戦が終了して「米国一極化」が言われていた1990年代に米国籍保有者比率が65%でピークを迎

▼21 ノーベル賞公式サイトの情報に一部Wikipediaのノーベル賞の項目が提供している情報を加えて算出した。

えているのは、米国の国力ないし経済力を反映したものとの解釈も成り立つが、前後の時期の数字の振れ幅からすると、これすらも単なる偶然である可能性がある。

この自然科学3賞における受賞者の国籍分布と比べた時、1990年代以降急速に進んだノーベル経済学者受賞者の米国一極集中は異常である。ノーベル経済学賞の選定を行っているのはスウェーデン王立科学アカデミーなので、少なくとも物理学賞、化学賞とは同じであり、経済学賞においてだけ米国を特別扱いする理由も考えられない。となると、実際に経済学は、90年代頃から米国一極集中が進んでいると言わざるを得ないのである。日本人がこれまでに一人もノーベル賞を受賞していないのは経済学賞だけであるが、この受賞国分布を見る限り、致し方ないところではあろう。

日本においては、経済学のスタンダードは常に米国において作られるというイメージが強いが、実際、このようなノーベル経済学賞の受賞国分布を見れば、その見方はあながち間違いではない。しかし、自然科学分野でのノーベル賞受賞国分布は必ずしもそうなっていないということを客観的な事実として認識する必要がある。

一般的には、自然科学の研究は非常にコストの掛かるものであり、経済規模の小さい国で世界最先端の研究を行うことは容易ではない。その点、経済学はむしろ研究費用という意味では自然科学に比べればはるかに安価で済む学問であり、経済規模が大きいことが米国への一極集中が進む理由だという解釈は説得力を持たないだろう。自然科学3賞の米国人受賞者の比率がほぼこの数十年間一定しているということだけを見ても、経済学の米国一極集中の理由は経済規模とはまったく別のところにあると考えざるを得ないのである。

考えられる理由の最も大きなものは、経済学がある時期から米国の国益に直結する学問に変質し、いわば米国の「国家学問」とでも言うべき性質のものになってしまっているのではないかということである。「国家学問」というのは大げさな言い方に過ぎるとすれば、米国の国家的産業と言ってもよい「金融産業」の下請け分野として経済学が位置付けられるようになったという言い方になるのかもしれない。

ウォールストリートが必要とする人材の育成コースとしての経済学、あるいはウォールストリートのビジネスにおける理論的サポート拠点としての経済学、さらに言えば、米国の金融産業をインフラとして支える金融政策の理論研究としての経済学。それが90年代以降の経済学の本質であるとするならば、経済学者の米国一極集中が進んでいることも、比較的自然に理解することができるのではないだろうか。

その意味では、第二次世界大戦後のある時代まで世界最大の製造業大国であった米国が日本やドイツといった第二次世界大戦の敗戦国である新興工業国の挑戦を受けることになったということも、経済学の在り方に大きく影響を及ぼした可能性がある。挑戦を受けた時代は1970年代から80年代にかけてであったが、続く1990年代以降は、冷戦終了後の平和の配当を享受する中で、米国は金融とITを産業の軸に据えていくことになる。経済学はまさにこの「金融」という米国にとっての国家的産業あるいは戦略的産業の分野に最大のフォーカスを合わせていくことになるのである。

であるとすれば、そのような米国一国の国益に直結する学問となりつつある経済学に対して国際的な権威を付与し続けるノーベル経済学賞の存在は、いよいよ不可思議なものになりつつあると言えよう。その設立時点から大きな批判に晒されていたノーベル経済学賞は、1990年代以降は、むしろ経済学の不要な延命に手を貸すある種の利権誘導装置のようなものに成り果てているとさえ言ってもよいかもしれない。

特に、第2章で詳述したような金融工学分野の急速な展開が2000年代の金融バブル膨張の素地を作ることになったことを考える時、ノーベル経済学賞という一種の利権誘導装置の存在には、いよいよ厳しい目が向けられて然るべきであろう。[22]

しかし、ノーベル経済学賞のような利権誘導装置のサポート以外に、保守本流経済学の方でも、1970年代から80年代にかけて手にした米国内における特権的地位を維持するべく、本能的な自己防衛本能を強力に働かせつつ行動するようになっていった。

その一つの方向性が、「金融政策」へのフォーカスである。それがどの程度、経済学あるいは経済学者たちによる自覚的行動であったのかは、はっきりとは特定できない。しかし、1990年代以降、現在に至るまでの経済学者、特にマクロ経済学者たちの国家、政府への関わり方を見るにつけ、結果としてその行動は大きな成功を収めたと言えるだろう。金融政策にフォーカスした一部の経済学と経済学者たちは、予想外の大きな成功を収めることになっていくのである。

このことが、結果として、現在に至るまで非常に多くの複雑な問題を世界中、その中でも特に先進国の社会に引き起こすことになるのである。これは、ある意味で本書における最大のテーマであり、問題意識でもある。この点については第4章以降で詳しく述べていくことになるが、その前段階とも言うべき部分について、この章の最後の部分で簡単に触れておきたい。

---

▼22 1990年代に、オプションの評価モデルを開発したロバート・マートンとマイロン・ショールズへのノーベル経済学賞授与が大きな批判を浴びることになる。この2人を幹部に迎えたヘッジファンドLTCMが受賞の翌年1998年に破綻し、金融市場に大きな混乱をもたらしたからである。1998年の経済学賞に非米国人でリベラルな研究者のアマルティア・センが選ばれたのは、前年の受賞者とのバランスを取る意図があったのではないかとも疑われた。

## 経済学のフロンティアとしての金融政策

「金融政策」あるいは「貨幣論」を巡る経済学の立ち位置は、時代と共に変転を繰り返してきた。金融政策を司る中央銀行の設立は、ノーベル経済学賞の設立にも関わるスウェーデン国立銀行と、それに次いで設立されたイングランド銀行が最も古い事例と言われており、17世紀後半のことである。「金融政策」に関する経済学における議論の起点は、概ねこの時期にまで遡る。

そして、21世紀の現在に至るまで、金融政策理論における最大のテーマの一つであり続けている「貨幣量と物価の関係」にフォーカスした最初の経済学的な議論は、アダム・スミスの盟友であったデイヴィッド・ヒュームおよびその先行者であるジョン・ロックらの議論に端を発している。それは、18世紀前半の頃から本格的に始まった。

もちろん、それ以前にも「貨幣改鋳（＝改悪）の結果、物価が上昇する」というような事象については、洋の東西を問わず経験的にある程度認識されていたと考えられる。すなわち、「貨幣」が、何らかの形で物価変動を含めた経済現象に影響を及ぼす経路の存在は知られていた。特に、16世紀における南米大陸からスペインへの大量の銀流入と物価上昇との関係は、リアルタイムで同時代の学者らの考察の対象にもなっており、その後、18世紀の英国における経済学の草創期にも議論の材料となった。▼23 16世紀スペインの事例は、後に「貨幣数量説」の考え方が誕生する大きなきっかけとなったのである。

▼23 平山健二郎『貨幣と金融政策』、東洋経済新報社、2015年

そして、19世紀に古典派経済学が成熟段階に達した時期には、「貨幣」を巡る議論は、経済変数を「実質変数（＝生産など量的な変数）」と「名目変数（＝金額で表示された変数）」とに完全に分けて考えるべきだという「古典派の二分法」の考え方に収斂していくことになる。

すなわち、貨幣の増減は物価を上下させるだけで、生産の量（＝すなわち景気変動）などには影響を及ぼさないという意味で、「貨幣ヴェール説」あるいは「貨幣中立説」とも言われる考え方である。これは、16世紀スペインの事例の分析から始まり、その頃の限られた経済データを観察することを通じて経済学者が辿り着いた一つの結論であった。16世紀スペインの貨幣とインフレとの関係については、後世になって異論も生じてくるのではあるが、19世紀の古典派経済学が得た一つの結論が、後の「マネタリズム」の一つのプロトモデルともなっていく。そして、現代に至るまで、経済学における無視することのできない一つのシンボル的な学問的立場になっているのである。

しかし、1930年代に世界経済を襲った「大恐慌」によって、この「貨幣中立説」は大きな挑戦を受けることになる。「大恐慌」の一つの側面は、広い意味での金融の急激な収縮であり、狭い意味で言えば「貨幣量」の急激な減少であった。このドラスティックな金融収縮と未曾有の不況が経済学に及ぼしたインパクトは極めて大きかった。これをきっかけに、19世紀の古典派経済学がいったん辿り着いた結論は大きく覆されることになり、「貨幣の増減は物価を上下させるだけでなく景気変動にも大きな影響を及ぼす」という考え方が強まることになる。ケインズ経済学は、その代表的な立場だと言える。

ケインズ経済学は、金融の変動によって名目変数（＝物価）のみならず実質変数（＝景気）

の変動も引き起こされるという、古典派経済学とは正反対の結論を導き出した。ケインズ経済学は、有効需要と財政政策の経済学であると一般的には認識されがちだが、19世紀的な「貨幣中立説」を否定したという点もその大きな特徴であった。そして、ケインズ経済学の「貨幣論」が第二次世界大戦を挟んでしばらくの間、欧米の経済学における定説の地位を確立した時期を経て、フリードマンがケインズ経済学批判と共に「貨幣中立説」を「マネタリズム」という名前で復活させることになるのである。

しかし、フリードマンの「マネタリズム」も、19世紀の古典派経済学で想定されていた「貨幣中立説」とまったく同じものではなかった。最も大きな違いは時間軸である。「マネタリズム」の考え方によれば、「長期的」には貨幣量の変動は物価を変動させるだけで景気に影響を及ぼさないものの、「短期的」には貨幣量の変動が景気に一定の影響を及ぼすという。その点では、フリードマンの「マネタリズム」は、古典派経済学が考えたようなシンプルな「貨幣中立」を想定しているわけではなかった。16世紀のスペインの銀問題を起点にした「貨幣中立説」を、大恐慌の経験も踏まえて20世紀的にアレンジした体系が「マネタリズム」であったと言える。

このように「金融政策」あるいは「貨幣論」は経済学の歴史の中で揺れ動いてきたわけだが、古典派経済学の頃の「貨幣論」は、あくまでも経済学の中の一つのパートに過ぎなかったという面には留意しておく必要がある。19世紀の段階では、生産量の変動のような「実質変数」を分析する際に、「分析の面倒な貨幣要因をいかに無視してよいか」ということの理屈付けとして「貨幣中立説」が持ち出されていたという側面もあった。19世紀以前の経済学者たちにとっては、「金融政策」というもの自体、まだ理論的にも技術的にも正確に理解できているものではなかったし、インフレあるいはデフレといった現象自体、まだそれほど頻繁に観測される事象ではなかったのである。

これが決定的に変わったのが、1930年代の「大恐慌」だったわけである。「大恐慌」がケインズ経済学を生んだと同時に、フリードマンも「大恐慌」の研究から自らの学説を形成するに至ったわけだが、さらに時代が下って、リーマン危機の際のFRB議長で量的金融緩和の積極的な推進者であったベン・バーナンキもまた「大恐慌」の研究をライフワークとする学者であった。▼24

株式市場の暴落が引き金となって膨大な数の失業者が巷に溢れ、社会構造まで変質してしまうほどの衝撃的な事態を目撃してしまえば、経済学者も、面倒だからという理由で「貨幣」と「金融」を経済分析の中心からはずしてしまうことはもはや不可能になった。さらにいえば、この「大恐慌」が起こっていなければ、ヒトラーがドイツで政権を取ることもなかったし、日本で2・26事件が起こることもおそらくなかった。すなわち、第二次世界大戦もホロコーストも発生しなかった可能性が極めて高いのである。

欧州の変質を目撃したケインズが「金融」を巡るまったく新しい経済理論を打ち立てたのも、あるいは、ユダヤ人であるフリードマンが戦後の米国で「マネタリズム」を創始したのも、ある意味で経済学の領域を超えた人類史的な流れの中での一つの出来事だったと言ってもよいのかもしれない。

しかし、「金融」の在り方を巡って、ケインズとフリードマンではその結論が大きく異なる

▼24『Essays on the Great Depression』(邦題：『大恐慌論』)という本を学者時代の2000年に出版している。ベン・S・バーナンキ『大恐慌論』、栗原潤・中村亨・三宅敦史訳、日本経済新聞出版社、2013年

ものとなったことは改めて言うまでもないだろう。ケインズは、「流動性の罠」に陥る状況を想定した上で、金融政策よりも財政政策の有効性を主張した。

一方、フリードマンは、貨幣の成長率を安定的にコントロールすることが最上の経済政策であると主張した。そして、経済学が実質的にその限界点に到達しつつあったと考えられる1980年代においては、米国において圧倒的に優勢を誇っていたのが、フリードマンの流れを汲む主流派経済学の方であった。第二次世界大戦終了から半世紀を経ようとしていた1980年代から90年代にかけての時代、経済学の中心に位置していたフリードマンの系譜を引く「新しい古典派」の経済学には、「マネタリズム」のコンセプトがしっかりとその中に埋め込まれていた。[25]

フリードマンが「マネタリズム」を主張し、その政策が主要な先進国で具体的な金融政策にも取り込まれていったのは、1970年代を中心とした「高インフレ下での不況（＝いわゆるスタグフレーション）」の時代であった。フリードマンの「マネタリズム」が脚光を浴びたのは、1970年代の経済状況をよく説明できるということだったのである。逆にケインズ経済学の立場がその時代に急速に悪化していったのは、スタグフレーションの状況をもたらした誤った経済学だとの認識が広まったことが大きい。

しかし、経済学者たちが、フリードマンらが築き上げた米国における経済学の特権的地位を何とか維持しようと考え始めていた1980年代以降の時代は、スタグフレーションの時代が終息し、冷戦終了による「平和の配当」によって「低インフレ下の好況」の時代に転換しようとしていたタイミングに当たっていた。そういった時代にあって「新しい古典派」の経済学は、

▼25 キドランド&プレスコットの「リアル・ビジネス・サイクル理論」は、貨幣の中立性を前提としたモデルである。ここでは貨幣や期待が持つ不安定性を前提から排除する形で理論が組み立てられている。

徐々に「ニュー・ケインジアン」という形でケインズ経済学との融合が進み始めていた。そこでは、主流派経済学の中心的な考え方は、原理主義的な「新しい古典派」（たとえばＲＢＣ理論）のような立場から政府による経済政策の効果を一定程度認める立場へと微妙に修正されつつあった。

とはいえ、フリードマンらの新自由主義思想が徹底的に批判してきた「財政政策による景気操作」に関しては、主流派の経済学者たちもさすがに全面的に容認することはできなかった。ケインズ経済学的な意味での「財政政策の使用」が経済活動の「自由」を損なうという拒否反応は依然として根強く残っており、フリードマンが固執した「自由の思想」は、政治的アジェンダとして、１９８０年代から90年代にかけても強力に維持されていたのである。[26] 同時に、金融産業の下請け的色彩を強めつつあった米国の経済学が、ウォールストリートの権益をサポートすることを一つの使命としていたという意味においても、「自由」を標榜することは引き続き重要であった。金融ビジネスは、常に「規制緩和」と国境を越えた資金移動の「自由」を求めていたのである。

その結果として、主流派経済学の中からは、「金融政策」により大きくフォーカスするような動きが徐々に出てくることになる。ケインズが「金融政策は不況下では無効になる」とし、フリードマンが「貨幣量の成長を一定に維持することが最上の金融政策」としていたにもかかわらず、ニュー・ケインジアンの経済学者たちは、「金融政策で実質変数（＝景気変動）を動かす」という方向へと徐々に議論を進めていくのである。これは、ケインズ経済学の立場からも一種の亜流であると同時に、フリードマンに対する反乱でもあった。

▼26　米国の現実における経済政策議論としても、レーガノミクス時代の１９８０年代は、インフレはピークアウトしたものの、「双子の赤字」と言われた財政赤字と経常収支の同時拡大が大きな問題となっていた。１９９０年代も半ば頃までは、拡張的な財政運営は政治的にも容認されにくかった。

しかし、その方向性が、結果的に2000年代以降、経済学者たちに大きな成果をもたらすことになる。「経済政策の中心に金融政策が座る時代」が徐々に訪れ、そこでは、経済学者たちによる「理論」の導入が積極的に行われるようになっていく。「経済学者たちによる中央銀行支配」ともいうべき潮流が生まれてくることになるのである。

米国においてその動きに最後まで抵抗したのは、徹底的な「自由」の信奉者でありリバタリアンであった、あのアラン・グリーンスパン元FRB議長である。彼は最後まで、金融政策を「実務家」あるいは「職人」による「アートの世界」にとどめようとした。[27] しかし、彼がFRB議長を退任する2000年代の半ば以降になると、経済学者たちは堂々と世界各国の中央銀行を占拠していくことになる。1980年代から始まった経済学者たちによる「金融政策」への「先行投資」が、経済学の権益維持という観点からは、この2000年代半ば以降に大きく実を結ぶことになるのである。

「先行投資」ということで言うならば、1980年代以前の経済学における金融政策分析の内容は、今の時代からしてみるとまだかなり初歩的、原初的なレベルにとどまっていた。中央銀行が行っているオペレーションの実務などまったく知らない経済学者たちが、米国の短期金利変動とマネーの量あるいは市場オペレーションとの相関といったことを、極めて粗雑なやり方で調べて論文にしているような時代であった。当然、金利市場の実務者にとっては常識とも言えるような結論しか導き出すことができず、第2章で述べたようなソロモン・ブラザーズで行われていた水準の金利分析などからすると、およそ素人とも言えるレベルにとどまる内容だったと言ってよい。

▼27 ウッドワードの評伝には、グリーンスパンがマクロ、ミクロのさまざまなデータを駆使した独特の経済予測を披瀝して、理論的な経済モデルの操作に習熟したFRBスタッフをしばしば当惑させる様が描かれている。(第2章注20)

その意味では、フリードマンのマネタリズムの理論なども、とても金融政策の現場においてそのまま実用、応用が可能な代物ではなかった。1980年代初頭に、「マネタリズムの実験」とも言われたポール・ボルカーFRB議長による強力な金融引き締め政策が行われたということは第2章でも触れた（マネーサプライをターゲットとして劇的な金利引き上げを行った）。ただ、これも実際のところは、マネタリズムというキャッチーな用語を、政策実行のために便宜的に拝借したに過ぎなかったのである。

経済学者たちが「金融政策の分析」に本格的に力を注ぎ始めた1980年代から90年代にかけての時代は、先に述べたように、フリードマンがスターになった1970年代のインフレの時代のように分かりやすい経済環境ではなくなりつつあった。そういった大きな環境変化の中で、実際に政策への応用が可能な水準にまで理論を精緻化していくことには大きなハードルがあった。主流派経済学の学者たちが、そのために多大なエネルギーを費やしたことは確かである。実際、それが後々、経済学にとって大きな成果となって帰ってくることにもなるのである。

そういった難しい環境の中にあって、経済学者たちにとって一つの恰好な分析材料が目の前に提供されてくることになる。1990年代の始まりとともに訪れた「日本のバブル崩壊」である。主流派経済学の系譜は、その時点ですでにさまざまな方向に拡散し始めており、このままいけば、将来的に「キング・オブ・社会科学」の地位を維持し続けることが難しくなっていきかねないような状況に向かいつつあった。フリードマンらを「国家の政策顧問」の地位に押し上げた経済学の「黄金の時代」は、表面的な華やかさの裏ですでに翳りを見せ始めていた。日本と日銀を舞台にした20年以上にわたる「経済学の実験」は、そういった伏線の上に始まったのである。

その「経済学の実験」は、ちょうど20世紀から21世紀への変わり目の時代を挟み、日本の社会が大きく変質していく時代に行われることになる。その舞台がたまたま日本であったに過ぎないとも言える一方で、ある意味でそれは世界的な意味合いを持つ実験ともなっていった。その大きな時代潮流の中で、経済学者は何がしかの意図をもって日本の経済政策に関わったという面もある一方で、「不作為の罪」とも言うべき消極的な意図をもって関わった面と両方の側面がある。

その点については第5～7章で順を追って詳述していくが、次章ではまず、そこで展開されていく話の大きな舞台である「金融政策」について、読者に理解しておいてもらいたい基本的な部分を説明しておきたいと思う。これは、ある意味で本講義の前に行う予備授業のようなものであり、この知識がなければ本講義の内容をまったく理解できないということではない。ただ、より正確に理解できるようになるためには、あったほうがよいというような位置づけのものである。

そのため読者は、第4章ではやや教科書のような内容を読まされていると感じることになるかもしれないが、むしろ実際には、いわゆる「教科書的」な内容からははずれたことも多く書いている。ここで書いていることは、過去20年から30年近くにわたって実際に日本の債券あるいは金利市場に参加してきたことを通じて私自身が実体験として得てきた知識の集積である。その点を理解した上で読んでいただければと思う。

第4章

# 金融政策の本質

## もし中央銀行が存在しなければ

なぜ、2000年代のQE（量的緩和）に続き、2010年代の日本においてQQE（量的・質的金融緩和）と言われる巨大な「金融政策の実験」あるいは「マネタリズムの実験」が行われるようになったのか、その経緯については第5〜7章で詳述していくことになる。しかし、そもそもこの実験が成否のまだ明らかになっていない「現在進行形」の実験である以上は、個別にその政策の是非を採り上げて述べるだけでは、読者もその議論が正当であるのかどうかを判断することはできないだろう。▼1

第5〜7章において、この巨大な実験を「歴史的」に捉えることを試みるが、この章ではその予備段階として、実験の内容を正確に理解するために金融政策というものを「包括的」かつ「分析的」に捉えるということを試みてみたい。「包括的」という意味は、2013年以降に日本銀行が行っているQQEなどの金融政策の中身を具体的に詳述するのではなく、より鳥瞰、俯瞰する形で理解するということである。そのため、ここで行う議論は、他の多くの国々で行われている「現代的」な金融政策の全てに共通する基本コンセプトについてカバーすることになる。

また、「分析的」に捉えるという意味は、金融政策という経済政策の本質的な部分について議論するということである。これは、前章までのさまざまな経済学的な議論を踏まえたものではあるが、たとえば「長期金利」とは何かといった経済学者が時に苦手にしている分野、別の

▼1 「金融政策の実験」ということで言うならば、1999年の日銀による「ゼロ金利政策」がその端緒であると言ってよいだろう。その後、2001年の「量的緩和政策の導入」など、現在に至る主要中央銀行による「非伝統的政策」と言われる政策の多くが、日銀によってまず最初に試みられることになる。2010年代のQQEはその歴史的な経緯の延長線上にある。

言い方をすれば、よりリアルな経済と市場のメカニズムに根差した解釈を試みたいと思う。

金融政策の中身についてはさほど興味がなく、より歴史的な文脈の中での経済学、経済政策、金融市場といったことにのみ興味があるという読者は、この章を読まずに第5章以降へと進むことも可能である。ただ、第5章以降も、この章で述べる重要な結論部分を踏まえたものとはなっている。それは一言で言ってしまえば、金融政策も財政政策と同様に「無から有が生じる」という性質のものではなく、むしろ「ゼロサム」に近いものだということである。この部分を正確に理解することで、誤解を伴わずに第5〜7章を読み進んでもらうことが可能になるとは思う。

なお、本書を執筆している最中に、白川方明前日銀総裁が著した『中央銀行』という本が出版された。この本の中で示されている金融政策についての理解、認識は、この第4章で述べる内容と類似している部分が少なくない。その一つの共通項がまさに、金融政策の経済的なインパクトは本質的には「ゼロサム」に近いものだという理解である。この本は、中央銀行の内部者の視点と経験による認識を示しているものだが、私のほうはあくまでも債券市場という現場から中央銀行という存在を客観視する立場で金融政策を見てきた結果として類似の結論に達している。▼2

実は、債券市場の参加者は、株式市場など他の金融市場に比べて、2013年のQQE開始前の「古い日銀」にシンパシーを持っているという指摘をしばしば受ける。しかし、債券市場の参加者がいつの時代も日銀の考え方を無条件に受け入れてきたわけではない。「金利」というものを金融政策あるいはより広く金融市場の根幹にあるものとして捉えるということにおい

▼2 白川氏は日銀総裁就任前に『現代の金融政策』という本を著しているが、前著はかなり理論的、実務的な本であるのに対し、近著のほうはより俯瞰的に現代の金融政策に関わる議論を展開しているという意味でも、本書の問題意識と共通する部分は少なくない。
白川方明『現代の金融政策』、日本経済新聞出版社、2008年／同『中央銀行』、東洋経済新報社、2018年

て、債券市場の参加者は中央銀行と共通の視点を常に持ってきたということはもちろんあるだろう。その共通の視点ゆえに、結果的にかなり類似した見解に辿り着いているのであると思う。

しかし、「古い日銀」の見解や認識とは、いくつかのポイントにおいては大きく異なっている部分もある。本書における理解、解釈ということで言うと、たとえば「財政政策と金融政策との関わり」についての考え方などは異なっている部分も大きい。いずれにせよ、債券市場参加者が「古い日銀」を自らの市場の「庇護者」あるいは「権益の擁護者」として支持してきたというような批判は、まったくいわれのないものであり、的外れな中傷であると言わざるを得ない。

＊　＊　＊

債券市場の参加者と中央銀行が「金利」という概念について多くの点で認識を共有しているのに対して、経済学あるいは経済学者の考える「金利」は、それとはやや異なるものが少なくない。経済学において「金利」の影響や意味合いについて採られている考え方と、現実の経済や市場において「金利」というものが影響を及ぼしていく経路との間には、少なからぬギャップがある。近年は、中央銀行という金融政策の実務を行う組織の中にさまざまな考え方を持った経済学者たちが内部者として入ってくるようになり、経済学あるいは経済学者も、かなり「現実を知る」こととはなった。▼3

しかし、それでも「貨幣」という、非常に捉えどころがなく神秘的なイメージも持たれがちな存在を所管する公的組織である中央銀行に対しては、まだ少なからぬ誤解と議論の混乱が存

---

▼3 現在、中央銀行の実務に関わっている経済学者は、ニュー・ケインジアンのカテゴリーに属する経済学者が中心である。一世代古い金融政策当局者というところでは、BOE（イングランド銀行）の前総裁のマーヴィン・キングなどはオールド・ケインジアンの経済学者であった。

在していることも確かである。「貨幣を所管する」というような言い方自体が、すでに誤解を招きやすい表現になっているとも言えるだろう。「貨幣」は金融政策のみが扱う存在ではないというようなことも、実務的な観点、経済学的な観点の双方から説明をしていきたい。

そういった説明に辿り着くために、まず、「そもそも金融政策とは何なのか？」というところに立ち戻って始める必要があるだろう。

言うまでもなく「金融政策」とは、金融あるいは貨幣に関わる政策であり、国家の機能として実行されるがゆえに、それを「政策」と称するわけである。この政策を運営するのは、多くの国では、政府と別個の組織ではあるが実質的に国家としての権能を有する「中央銀行」である。

現代において、中央銀行というファンクションの存在は自明であり、日本人であれば誰でも内閣や国会の存在を知っているように、日本銀行の存在を知っている。しかし、日本銀行が設立されたのは1882年のことであり、2019年の時点から遡って140年弱ほど前の出来事にすぎない。

世界で最古の中央銀行とされるスウェーデンのリクスバンク（スウェーデン国立銀行）でも、その歴史は300年余りにすぎない。人類社会において、貨幣や金融の歴史はそれよりもはるか古くまで遡るわけであり、当然のことではあるが、「中央銀行のない社会」のほうが、人類社会の歴史においては一般的だったわけである。

ここでは、2019年という現代から見た視点として、「もし中央銀行が存在していなかったら？」と仮定するところから議論を説き起こしていきたい。と言っても、紙幣の歴史や、銀行制度の成り立ちといった歴史的な事実について述べようというわけではない。ここでの最大の関心事は、中央銀行が現代の経済社会においてどのような機能を果たしていて、その最も重要な政策波及チャネルとしての「金利」、特に「長期金利」が金融政策との関連で一体どういう意味を持っているのかということである。そこで、さらにその根本の根本に立ち戻って、「金利とは何か?」という原初的な問いをまず発したい。

＊　＊　＊

「もし中央銀行が存在していなかったら、現在の金利市場はどうなっていただろうか?」と問われれば、当然、「普通に機能していた」という答えになるはずである。少なくとも日本において百数十年以上前、ヨーロッパでは300年より前までは、そうだったからである。しかし、中央銀行による「非伝統的な金融緩和政策」がスタンダードであるような状況となっている現在の金利市場においては、もはや「もし中央銀行が存在しなければ」という仮定の世界を想像することは、実際のところすでにかなり困難である。

それでも、無理やり「中央銀行が存在しない経済社会」を想像してみた時、果たして長期金利というものは本来どのように決まっているものなのだろうか?

ここで、確認のために、定義付けとしての短期金利と長期金利の区別について述べておこう。

リーマン危機が起きた後、各国で「非伝統的な金融緩和政策」が行われるようになる前は、世界の中央銀行は基本的に短期金融市場の住民であった。すなわち、短期金利を変化させることで市場と経済に影響を及ぼすことを主たる政策手段としてきたのである。

短期金利とは、一般的な定義としては期間1年未満の債権債務の利回りを指すが、金融市場での取引頻度ということで言えば、3ヶ月以内あるいは数日間といった期間が圧倒的に多い。一方、期間1年以上の金利を長期金利というわけだが、定義の面では、1年以下か1年以上かという以外に短期金利と長期金利の間に区別はない。

ただ、金融市場の実務家は、短期金利取引は主に銀行などの「資金繰り」のための取引であり、長期金利取引は「投資」の世界に属するものだという大雑把な捉え方をしている。なぜなら、長期金利は複数年にわたる固定金利取引を行う際の金利水準であり、そこには「将来予測」の要素がより強く含まれているからである。▼4

中央銀行は民間の主体、すなわち企業や家計、そしてそれらの資金を預かって運用する機関投資家などによる「投資」の世界には直接関わるべきではないという考え方が従来からあった。公的機関は市場介入を極力避けるべきだという考え方でもあり、「新自由主義」的な発想ではなおさらそういう考え方になる。

そういった「投資」の世界、あるいは「将来予測」の世界に属する長期金利というものは、一体、どういうメカニズムで決まっているのだろうか？

結論から言ってしまうと、長期金利は、(1)「インフレ率」、(2)「実質経済成長率」、(3)借り手の「信用力」、(4)これら三つの「振れ幅」（＝ボラティリティ）、(5)「貯蓄水準」、という五つの要素によって決定される。ただ、こういっただけではあまりにも抽象的に過ぎるので、以下、これらについて詳しく述べていこう。

まず、(1)の「インフレ率」であるが、金利がインフレ率を反映するというのは、自明のこと

---

▼4 短期金利と長期金利の区別が、期間1年以下か以上かの違いしかないということは、逆に、短期金利であるから「無リスク」で、長期金利にのみ「リスク」がある訳ではないことを意味している。資金取引相手の信用度が低ければ、翌日物の金利取引にも相応の「返済リスク」がある。また、極端な例では、1920年代のドイツのようにハイパー・インフレーションが起きている経済では、たった1日の資金取引でもインフレによる融資資金の実質的な価値毀損が起こり得る。長期金利は「投資」の世界に属していて短期金利はそうでないという説明は厳密なものではない。

であろう。債権者は自己の資金を貸し出す時に、どれほど短い期間であっても資金が返済された時にその資金による財やサービスの購買力が低下していることのないよう、貸し出している間のインフレ分を金利に上乗せして受け取ろうとするはずである。長期金利の場合、3年間あるいは10年間といった期間の後に返済される資金に対して、その期間中に想定されるインフレの将来予想を反映して決めることになる。

一方、金利が(2)の「実質経済成長率」を反映するメカニズムは、インフレ率ほどシンプルではない（実質経済成長率は名目経済成長率からインフレ率を控除したもので、第3章でも出てきたように、数量ベースでの経済拡大ペースを意味する）。一般的に、景気のよい時（＝経済成長の高い時）には、債務者側は資金の借り入れを増やそうとするだろうから金利が上昇するはずだというのは直観的に理解できる。

より厳密に言えば、実質経済成長率は投資の果実（＝リターン）の大きさを決める水準と考えられるため、資金需要の強さによる金利の上昇は、その期待されるリターンに見合った水準まで上昇してどこかで均衡するというメカニズムになる。ただし、債務者が債権者に支払う金利は、厳密に言えば投資によって得られる利益から労働者に支払う賃金などのコストを除いた分配の部分であり、さらには、資金調達の方法も株式から債券までさまざまあるので、金利が機械的に実質成長率の水準に連動するとも言えない。そういった点以外にも、金利と実質成長率との間には複雑な要素が介在する。しかし、金利が実質成長率を何がしか反映して変動することは確かである。インフレ率と実質経済成長率の合計が名目経済成長率になるが、実証的にも、主要な先進国において名目成長率と長期金利の間には一定の相関関係が観測される。▼5

▼5 この関係が明らかに崩れ始めたのは、日本では日銀がQQE（＝量的・質的緩和）を開始した2013年前後からである。同時に、欧米においてもこの頃から従来の関係が崩れ始める。

(3)の借り手の「信用力」が金利水準に反映されることも、(1)のインフレ率と同様に自明のことだろう。近代化以前の社会における金利決定の要素のうち、この「信用力」の部分は現在よりも大きな部分を占めていたはずである。現代においても、個人や中小企業などの借り手については、融資の金利設定においてこの「信用力」が何よりも大きな要素を占める。

(1)～(3)までのところで重要な点は、インフレ率にしても実質成長率にしても、そして信用力に関しても、資金を貸し出す時点あるいは借り入れる時点ではっきりと分かっているのは、あくまでも過去の実績のみであるということである。つまり、借り入れが行われた後、資金の返済が行われるまでの間（＝すなわち将来）にインフレ率や実質経済成長率、そして信用力がどのように推移するのかは、貸し手、借り手ともに貸出が実行された時点では正確に分からない。あくまでも一定の予想のもとに金利の水準は決定されているのである。しかし、実際にはこの予想が簡単ではない。

インフレ率や実質成長率、そして信用力の変動の大きさは国によって異なり、時代によっても異なる。

戦争や異常気象が続くような時代には、インフレ率、実質成長率、信用力は、そうでない時代に比べて変動が大きくなりやすい。そうなると、資金の貸し手は余裕をもってあらかじめ高めの金利設定を求めてくることになるだろう。

これが長期金利を決定する要素(4)の「振れ幅」（＝ボラティリティ）に関係する部分であり、「リスクプレミアム」と言われるものである。「リスクプレミアム」は、「予想の不確かさ」に起因するものであり、それを取引の当事者どうしがどう評価して決めるかは、基本的にはさまざまな金利決定の要素がどの程度「振れているか」に応じたものになると考えられる。この「リスクプレミアム」が金融政策の一つのキーポイントであり、金利と実体経済との関係を結び付ける最も重要な要素である。

これも直感的に理解できるところだが、資金を貸し出す期間が長くなればなるほど先行きの予測は難しくなるので、要求されるリスクプレミアムはより高くなってくるはずである。したがって、もし仮にインフレ率、実質成長率、信用力が将来にわたって現在とあまり変わらないという予想が一般的であったとしても、その「振れ幅」が大きければ結果的に予想は外れやすくなり、しかも、期間が長ければ長いほどより外れやすくなる。そのため、長期金利のリスクプレミアムは通常、短期金利よりも高く設定されることになる。

リスクプレミアムとは、単純化して言えば、インフレ率、実質成長率、信用力といった経済や産業、そして企業の実体面を数値化したものに対してさらに上乗せされる金利ということになる。固定金利で資金を貸し出した側にしてみれば、「当ての外れ方」の大小は大きなリスクとなるため、借り手に一定のプレミアムを要求することになる。

しかし、ここで素朴な疑問を発すると、なぜこの「リスクプレミアム」は資金の貸し手が一方的に資金の借り手に要求することができるのだろうか？

信用力の部分は借り手の個別的な要素なので少し別だが、インフレ率がもし当初予想されたよりも高くなった場合、貸し手にとっては資金の返済時に、その資金による購買力が損なわれることになる。しかし、逆に資金の借り手のほうは、返済時に購買力との対比では返済負担が減ることになる。また、成長率が予想より高くなった場合には、貸し手は正確に予想していたら得られるはずだった利益の配分を受け取り損ねることになるが、逆に資金の借り手は実質的に多くの利益を得られることになり、得をしていることになる。インフレ率や実質成長率が予想より下振れた時には、貸し手と借り手の損得は逆転するわけである。

つまり、インフレ率や実質成長率が予想から外れる時には、貸し手と借り手のどちらかが得をすればどちらかが損をするという関係にあり、そのリスクを貸し手が一方的に借り手に負わせようとするのは、本来フェアではない。

ただ、この疑問は一般的にはあまり持たれるものではないかもしれない。というのも、お金は借りるほうが貸すほうに頭を下げて借りるのが普通であり、貸すほうは「貸してあげる」という立場になるのが当たり前だと誰もが思っているからである。古今東西、金貸しの立場は強いのである。そうであれば、貸し手が損をしないように、あらかじめ金利に上乗せをするというのは自然な考え方のようにも思える。

しかし、もし、世の中で資金がものすごく余っていて、貸し手としてもこのまま資金を置いておいては無駄になってしまうというような状況があったらどうだろうか？　その場合、貸し手のほうが借り手に頭を下げて「借りてもらう」ということも、理屈の上からはあり得るわけである。その場合は、借り手が金利をディスカウントして借りられるということになってもおかしくはない。実際、最近の日本の貸出市場ではそういった事象が観測されるのである。

このように考えてみると、(4)に関係する「リスクプレミアム」という金利の決定要素は、単に「振れ幅」の問題だけではなく、長期金利の決定要素のうち最後の要素、すなわち(5)の「貯蓄水準」という要素と一体で考えるべきものだということが分かる。

「貯蓄水準」、すなわち「金の余り方」次第で、貸し手の優位性は高くも低くもなり、貸し手と借り手で相対的にどちらの立場が優位であるかによって、金利市場におけるリスクプレミアムも左右されるのである。そして、この「貯蓄」のダイナミズムが、現代の金融政策ひいては経済全体の変動においても非常に大きな役割を果たしているという点を把握しなければ、現在行われている金融政策とその将来にわたる影響について正確に理解することはできない。

## 現代の経済を決定付ける「貯蓄」の存在

「貯蓄」が金利のリスクプレミアムに影響を及ぼすと述べたが、資金を使う側の「投資」の増減（＝すなわち資金需要）も、資金の貸し手と借り手の優位性を変化させ得るのではないか？そうであれば、そのことを通じて「貯蓄」と同様に「投資」の動向も、リスクプレミアムになにがしかの影響を及ぼすはずである。

しかし、「投資」の需要が変動する要因は、基本的に長期金利を決定する五つの要素のうち(1)インフレ率と(2)実質経済成長率の要素が大半を占めると考えられる。たとえば、経済成長の高まりによって「投資」のリターンが拡大すると予想されれば「投資」の需要は増大し、成長が鈍化すると予想されれば投資の需要は縮小するだろう。

つまり、「投資」の需要が増減することで金利のリスクプレミアムに影響が及ぶというよりは、インフレ率や実質成長率の変動が「投資」の需要変動を通じて直接的に金利水準を変動させるのである。「投資」の需要の増減は、基本的にインフレ率と実質成長率の変動という要素によって代替され得るものである。

それに対して、「貯蓄」が変動する際には、インフレ率や実質経済成長率の変動によってもたらされる影響はその一部に過ぎず、「貯蓄」独自の要因による変動が大きい。古い経済学のモデルでは、インフレ率や成長率が「貯蓄」水準に及ぼす影響を重視するが、これは現実的な経済の描写にはそぐわない。因果関係はむしろ逆であると言ってよいだろう。では、「貯蓄」の最大の決定要因は何だろうか？

人間は、さまざまな「貯蓄」の動機を持つ。たとえば、(1)他人の所有物と交換を行う際の準備、(2)生活物資の獲得量（＝収入）が不安定な場合の備え、(3)高齢となり生活物資が獲得できなくなる時のための備え、という三つがまず挙げられるが、これらのうち(2)、(3)はいわゆる「予備的な動機による貯蓄」というものである。[6]

それ以外にも、(4)今より豊かになる目的での「貯蓄」もあるだろう。これは、豊かになるための「投資」の需要が存在し（道具や機械などの開発により）、そのために「貯蓄」をするという意味で、「生産性向上のための貯蓄」である。それから最後の(5)のケースとして、「使い切れない」ことによって発生する「貯蓄」、あるいは意図的に後世代に残す「貯蓄」がある。これは、(1)～(4)の動機を満たしてなお消費しないで生産物が「貯蓄」として残るケースである。

「貯蓄」はこのようにいくつかの動機によって行われるのだが、(1)の「交換」のための貯蓄と(2)の「収入変動」に備える「貯蓄」は、経済システムが高度に成熟した日本など現代の先進国においては、貯蓄全体に占める比率はかなり低くなっていると考えられる。現代社会においては、在庫を持つのは販売者だけであり、基本的に消費者にその必要はない（ネットオークショ

▼6 ケインズが流動性選好（要するに貯蓄）の類型として、取引動機、予備的動機、投機的動機の三つを定式化した。ここでの(1)は取引動機に当たる。

ンなど新たな仕組みも登場しているが）。また、自営業者は今でも収入の急減に備えた「貯蓄」は必要だろうが、サラリーマンにとって「収入変動」に備える「貯蓄」の必要性は明らかに低下している。

その意味で、最も現代的であり、かつ重要な「貯蓄」の要素は、疑いなく(3)の「老後に備える」ための「貯蓄」である。そして、この「老後に備えるための貯蓄」が、現在の金融市場における金利決定のメカニズムにおいて非常に大きな役割を果たしているのである。

(4)の「今より豊かになる目的」での「貯蓄」を行う動機の一部も、現代においては(3)の要素に含まれる部分が大きいかもしれない。なぜなら、「老後への備え」を増やすために、より高い投資のリターンを求める動機が強くなると考えられるからである。また、(5)の要素、すなわち「人間が生涯に使い切れない」ことによって生じる「貯蓄」も、長生きに備えて過剰な「貯蓄」をしてしまっている結果である場合も多く、そういったケースでは、やはり(3)の一類型と言えるだろう。

つまり、現代社会において「貯蓄」の水準を決定する要因は、何といっても「老後の備え」の部分が圧倒的に大きいのである。

「人間は生涯に得られる所得と生涯に行う消費を一致させるように行動する」という考え方があるが、これを「ライフサイクル仮説」という。▼7 つまり、青年期から壮年期にかけては「貯蓄」に励み、老齢期にはそれを取り崩して生涯の収支をゼロにするという仮定である。

実際には、人間はさまざまな理由によって生涯の収支をゼロにはしないし、「貯蓄」というよりは保険的な機能を使って「老後の備え」を行っている部分も大きい。国によってあるいは

▼7 「モディリアーニ・ミラーの定理」で有名なフランコ・モディリアーニが考案した。

時代によっては、「貯蓄」によるのではなく、老後は子供や孫の扶養に頼るような家族形態が一般的な場合もある。

しかし、現代の先進国においては、程度の差こそあれ個人主義的な生活スタイルが定着しており、ライフサイクル仮説は基本的に成立する。ライフサイクル仮説によって、「貯蓄」のダイナミズムの根本的な部分はほぼ説明し得るだろう。▼8

ライフサイクル仮説に基づけば、「高齢化」が進む局面では「貯蓄」を取り崩す人間が増大することになるので、経済全体でみた貯蓄率は低下する。一方、「少子化」が進む時には、その親世代は子供にかかる費用負担が減少して貯蓄を増やせるので貯蓄率は上昇すると考えられる。そして、日本をはじめ多くの先進国では、この「高齢化」と「少子化」という現象が、過去数十年の間に顕著に進展したのである。

特に、1990年代以降の日本では、この二つの事象が同時かつ急激に進行してきた。「高齢化」は貯蓄率を引き下げるので貯蓄が急速に減少していくのではないかという懸念もあったが、「少子化」による貯蓄増加も一つの要因となって、貯蓄率は想定されたよりも緩やかな低下コースを辿った。

さらに2000年代に入ると、生産年齢人口の減少が本格化すると共に女性と高齢者の労働力化が進んだことも、貯蓄率の押し上げ要因になったと考えられる。特に高齢者が労働市場に参加して収入を得ることによる「貯蓄」の増加効果は大きい。これは、高齢者が消費の全額を貯蓄と年金を取り崩して賄う場合と、50歳代までの半分の給与であっても稼いで消費する場合とを比べてみれば明らかだろう。

▼8 ライフサイクル仮説が成立するとしても、実際には生涯所得については当然、不確実性を伴う。将来への期待と貯蓄行動との関係は複雑である。

「高齢化」が貯蓄率を低下させることは間違いないが、過去20〜30年間の日本においては、以上のようないくつかの理由から、当初に予期されたよりもかなり緩やかにしか貯蓄率の低下は進まなかった。そして、急激な高齢化が始まる前段階に当たる1980年代頃までは、むしろ生産労働人口の増加と経済成長の高まりによって、急激なペースで貯蓄の積み上がりが進んでいた。それに続く90年代以降の時代に、想定された貯蓄率の低下が思いのほか緩やかであったために、急増した貯蓄が予想以上に高水準のまま維持されることになったのである。

国全体としての貯蓄を表す経常収支は、家計の貯蓄と同様、日本では高齢化の影響で赤字化するとの指摘が以前からあったのだが、東日本大震災以降の原発停止に伴う原油輸入の増大で一時期赤字化ぎりぎりになったのを除けば、依然として黒字を維持している。それも、名目GDP比で4%近くという非常に高い水準を2018年の時点では維持しているのである。国全体の貯蓄水準の高さは、企業の貯蓄（＝内部留保）による影響もあるのだが、家計の貯蓄率が予想以上に長く黒字を維持している影響もやはり大きい。

さらに言うと、老後への備えとしての「貯蓄」が経済にもたらす影響を考える際に、その水準と同じくらいに重要性を持つのが「貯蓄」の期間である。

前述した五つの「貯蓄」の動機ごとに、それぞれの貯蓄期間を比較してみると、はじめの三つについては、(1)「交換のための貯蓄」→(2)「収入変動に備える貯蓄」→(3)「老後に備える貯蓄」という順に、その期間は長くなっていく。

特に、(1)、(2)と比べて(3)の「老後に備える貯蓄」の期間が圧倒的に長くなることは自明だろう。(4)の「生産性向上のための貯蓄」については、それを振り向ける投資の回収期間次第でもあり、一定の決まった期間というものはない。また、期待される投資のリターンにも影響を受けると考えられる。そして、(5)の「後世代に遺すことになる貯蓄」に至っては、特定の期間はまったく存在しないとも言える。(5)には、(3)の「老後の備え」とも関連した「貯蓄」が含まれると述べたが、その場合の期間は、(3)における平均的な想定貯蓄期間を上回る長さとなるはずである。

「老後に備えるための貯蓄」は、古来よりその想定貯蓄期間が他の動機による貯蓄よりも大幅に長かったはずである。しかし、現代においては、「長寿化」と「サラリーマン化」という二つの構造変化が生じたことによって、それがさらに一段と長期化している。

「長寿化」が「貯蓄」の平均的な想定期間を延ばすことになるのは、容易に想像が付くところだろう。日本人の40歳時点での平均余命を２０１７年と50年前の１９６７年とで比較してみると、男性が32・６年（寿命で68・９歳）から42・１年（同81・１歳）へ、女性が36・８年（同74・２歳）から47・９年（同87・３歳）へと、男女ともちょうど10歳前後延びている。[9] 平均寿命が延びている分は、平均的な「貯蓄の想定期間」もそれにある程度連動して延びていると考えられる。

最近では、「人生１００年」などという言い方もよくされているような状況もあり、事前に想定する貯蓄の期間はさらに長くなる傾向にあるかもしれない。一方で結婚年齢と出産年齢の上昇に伴って、老後の備えのために「貯蓄」を本格的に始める年齢が遅くなっている面はあるが、その分、結婚前の若年齢の頃から「貯蓄」を行う傾向も強くなっている。

それら全ての要素を合わせても、想定貯蓄期間はやはりかなりのびているはずなのである。

[9] 厚生労働省の簡易生命表による。

最近、若者の貯蓄指向の強さがしばしば指摘されるが、実はこれは正常な行動なのである。日本人の長寿化がすでにメディアでも盛んに採り上げられていた1980年代の頃までの若者が消費に熱心で貯蓄に不熱心であったことの方が、ある意味で不可思議な現象であったと言えるだろう。

また、日本のような工業化の進んだ先進国においては、20世紀の半ば以降急激に進んだ労働者の「サラリーマン化」によって、農業労働者や個人事業者の比率が高かった時代と比べて、人間は「働かない長い余生」を送るのが一般的となっている。日本で就業者数に占める「雇用者数（＝サラリーマンの数）」の比率は、50年前の約60％から約90％へと大きく上昇している。▼10 つまり、現代の日本においては、労働者はほとんどがサラリーマンなのである。引退後の余生が長くなれば、人生のある程度早い段階に「貯蓄」を完了させておく必要に迫られるわけであり、その時点における「貯蓄」の想定期間は必然的に長くなる。

「長寿化」という、全ての人に共通して生じる貯蓄期間の長期化だけで約10年。それに、「サラリーマン化」という産業構造変化の要因が加わる形で、「貯蓄」の平均的な想定期間は半世紀前に比べて10年を大きく上回る幅で長期化していると考えられるのである。

では、なぜ「貯蓄」の期間が長期化していることが経済に大きな影響を及ぼしているのかと言うと、「貯蓄」の期間次第で、それに見合った「投資」に対する許容度あるいは期待値が大きく変わってくるからである。これは、現代の金融市場の構造を理解する上で非常に大きなポイントである。

ボリュームとしての貯蓄の急激な積み上がりと並行して進んだ「貯蓄期間の長期化」によって

▼10 総務省「労働力調査」から計算。

て、金融市場においては実際にどういう変化が生じてきたのだろうか？

最もシンプルな影響としては、過去に比べて、期間が長い債券への需要が増してきていることが挙げられる。「貯蓄期間の長期化」は、短期的な経済の振れ（とそれに伴う資産価格の変動）を許容できるようになるということであり、期間が長くリスクプレミアムの高い資産への投資需要を増大させることになったと考えられる。

前述したように、一般的に期間の長い資金の貸出（債券投資でもよい）に際して金利に上乗せされるリスクプレミアムは期間の短いものより高くなる。しかし、過去30年間において、短期金利水準の趨勢《すうせい》的な低下と共に10年程度の長期金利の低下も大きく進んだ。さらに、20年、30年といったより長い年限の金利水準の低下も大幅に進んだ。短期金利と20年、30年といった超長期の金利との格差が縮小する、いわゆる「イールドカーブのフラット化（平坦化）」が生じてきたのである。その大きな要因の一つが、「貯蓄」の構造的な変化（＝量の増大＋期間の長期化）であったと言ってよいだろう。▼11

日本が十数年間先行した形ではあるが、他の多くの先進国においても、21世紀に入る頃から段階的に「貯蓄の構造変化」が生じてきた。日本が他の先進国に先行したのは、日本の人口動態が先進国の中でも最も急速に「少子高齢化」の動きを示していたことが大きい。

そして、そういった先進国に共通する人口動態に起因する貯蓄構造の変化とは異なるもう一つの要因も、巨大なインパクトを伴って世界の「貯蓄」の急増をもたらしてくることになるのだが、それが中国経済の台頭である。

改革開放政策の成果によって1990年代後半から中国経済の成長が加速段階に入ってくる

---

▼11 実際には、家計の貯蓄の運用は外部機関に委託されている部分も多く、その外部機関が必ずしも個人レベルでの想定貯蓄期間通りに投資を行っているわけではない。そこには金融規制も含めて非常に複雑な運用期間の転換プロセスがある。

わけだが、中国は経済が高度成長段階にあるにもかかわらず、「一人っ子政策」の影響によって「少子高齢化」の波が早い段階から訪れることになった。しかも、社会保障制度が先進国と比べて未整備だったために国民の貯蓄指向は強く、国全体として膨大な「貯蓄」を生み出すことになっていくのである。急激に積み上がった「貯蓄」が、国内で増大する設備投資や公共インフラに振り向けられてもなお使い残される結果、2000年代に入ると経常収支の黒字（＝国全体としての貯蓄超過）として累積し始める。

中国の高度経済成長と急速な少子高齢化を背景に積み上がった「貯蓄」は、米国を中心とした先進国に余剰資金として流入し、先進国において長期金利の低下とイールドカーブのフラット化を一段と加速させることになる。[12] 本来であれば、経済成長が高く、金利水準が相対的に高い新興国に先進国から資金が流入するわけだが、新興国（＝中国）から先進国へと資金が逆流することになったのである。2005年にFRB元議長のベン・バーナンキは、この現象を指して「Saving glut（＝過剰貯蓄）」と命名した。

ここで、第2章で述べたことを思い起こしてほしい。第2章では、冷戦終了と中国の改革開放が世界的なインフレの趨勢的な低下をもたらしたと述べた。「インフレ率」は五つの長期金利決定要因の一つとして先に挙げた通りであり、1990年代以降、その趨勢的な低下は長期金利の低下を決定的に促した。

五つの決定要因のうちそれ以外についても、「実質経済成長率」は、先進国の労働人口の伸び率鈍化などによって趨勢的に低下した。インフレ率と成長率の「変動幅」も、インフレ率と成長率の低下によって経済の安定化が進む中で縮小した。経済の安定化は同時に、企業の「信

---

▼12 長期金利は短期金利よりも通常かなり高いが、余剰資金の流入によって長期金利が押し下げられることで、イールドカーブのフラット化（＝平坦化）が起きる。同じ短期金利の水準であれば、長期金利が相対的に低ければ低いほど、景気刺激的である。

用力」も改善させることになった。そして、先進国と中国で加速し始めた貯蓄の構造変化によって「貯蓄水準」が上昇した。結局、過去20〜30年間にわたって、五つの長期金利低下要因の全てが揃って長期金利の低下とイールドカーブのフラット化を促す方向に働いてきたのである。

つまり、世界的に長期金利は過去30年間近くにわたって低下し、イールドカーブはフラット化し続けてきたわけだが、その理由は必ずしも一つだけのものではなく、複合的なものだったということである。冷戦終了や中国の改革開放によるインフレ率の低下は、ある意味で政治的な偶然の産物であったが、それ以外に「人口動態」、「産業構造の変化」、「雇用形態の変化」といった構造的な事象が関連して長期金利の低下とイールドカーブのフラット化を促してきたのである。

これらの非常に強力で構造的な変化は、この30年間における世界経済の動向に決定的な影響をもたらしてきた。過去30年間における長期金利の低下ないしイールドカーブのフラット化は、世界経済のこの間における変動のほぼ大半を説明し得るほど根源的なものであったと言っても過言ではない。

## リスクプレミアムという概念

世界的に長期金利の五つの決定要因全てが低下方向に作用してきたのが過去30年間であったが、そのうちどの要因が最も有力であったかによって、実は経済への影響度合いは異なると考えられる。一つ目と二つ目の要因、すなわちインフレ率と実質経済成長率の変動による長期金利の変化は、経済へのインパクト自体は相対的に小さいと考えられる。なぜなら、インフレ率が低下して実質成長率が低下すれば投資や消費の需要もそれに応じて弱まるため、それに連動した長期金利の低下だけでは、投資や消費を刺激する度合いはある程度限定されると考えられるからである。「信用力」の上昇によって金利が低下する場合も、安定的な大企業は資金の借り入れや投資に対して保守的になると考えれば、ほぼ同様な結論となるかもしれない。

極論をすれば、インフレ率や実質成長率あるいは信用力に見合った水準で長期金利の低下が促されている限りにおいては、その水準での金利は経済に対して中立的であるとさえ言える（実際には、長期金利水準の変化それ自体が経済に影響を及ぼす面はある）。

しかし、これがインフレ率、実質成長率、信用力以外の要因の変化によるものであった場合、すなわちリスクプレミアムの縮小が起きることによる長期金利の低下であれば、経済に対してはより刺激的な環境を金融面で提供することになる。

たとえば、リスクプレミアムが何らかの理由で縮小する形で長期金利が低下したとしよう。一部の企業はインフレや経済成長、信用力の伸びに比べて資金調達のコストが相対的に安くなったと感じ、投資を活発化させるだろう。つまり、インフレや経済成長といった投資のパフォーマンスを決定するファクターが一定であるにもかかわらずリスクプレミアムの縮小を伴って長期金利の低下が進むと、経済全体の需要が刺激されるわけである。

フィッシャー方程式に代表される一般的な経済学の考え方においては、長期金利をインフレ率（厳密にはインフレ率の予想値）とそれ以外に分割して、インフレ率以外の部分を実質金利として区分し、リスクプレミアムもその中に含まれると考える。[13] そして、この実質金利が経済成長と一定の関係を持つと考えるのだが、本来、金利の分割方法は、「インフレ率＋実質成長率（あるいは＋信用力）」と「それ以外」とされるべきであり、経済を刺激も抑制もするのは、「それ以外」の部分の影響が大きいと考えられる。「それ以外」の部分こそが、厳密な意味でのリスクプレミアムの部分である（＝すなわち「インフレや成長の変動幅」と「貯蓄水準」の二つ）。

ただし、リスクプレミアムの縮小が投資や消費を刺激する効果については、状況によってさまざまであるということにも留意すべきである。「投資」は、本質的には将来の成長に対する期待で行われるものであり、リスクプレミアムが縮小すれば活性化されるとはいっても、新規の投資ではなく元々計画していた投資や消費を前倒しして行うだけのケースも多いはずである。

そして、実際に資金調達コストの低下によって各企業が将来に準備していた投資案件を一斉に前倒しして実施すれば、その市場では一時的に供給過剰が起きて利益率の縮小が起きるような事態も考えられる。これは一種の合成の誤謬《ごびゅう》である。各企業はコストの低下によって収益を拡大するチャンスと認識したとしても、全ての企業が同時に同じ行動をとることで、期待される収益拡大が実現しなくなるわけである。その場合でも、リスクプレミアムの縮小による資金調達コストの低下が寄与して利益水準をある程度維持することはできるかもしれないが、そういった経済環境はデフレ的だと言わざるを得ない。

日本政策投資銀行が調査している『投資動機』というデータを見てみると、「能力増強」のために設備投資を行うと回答した企業は、製造業の場合、2007年度の42・8％がピークで、

▼13 インフレ連動債はインフレ率の実績に応じて償還額が変動する債券だが、この債券の利回りはここで言う「実質金利」に該当し、同じ年限の通常債券との利回り格差は「期待インフレ率」に該当する。各国の中央銀行も、市場の期待インフレを測る指標としてこの数値を参考にしている。

2017年度にはこれが24・2%まで低下している。

2007年と言えば、リーマン危機が発生する前年であり、世界経済の好況期が数年間続いていた最後の局面であった。日本においては、過去十数年間において唯一日銀が連続的に金利を引き上げていた時期であり、長期金利のリスクプレミアムは拡大期(=金利上昇→景気抑制的)に当たっていたと考えられる。

一方、それから10年後の2017年は、日銀による強力な長期国債の買い入れ政策と世界的な金融緩和環境によって、日本の長期金利のリスクプレミアムは2007年と比べて格段に縮小している(=金利低下→景気刺激的)。にもかかわらず、2007年の時点では積極的に生産能力を拡大させようとしていた日本企業が、2017年の時点では能力拡大の意欲を大幅に低下させたままなのである。[14]

企業の生産拡大のための投資は、リスクプレミアムの縮小(=長期金利の低下)によって資金調達コストが低下したからといって急激に高まることはないということが、この間の日本企業の投資行動を通じて示されていると言ってよいだろう。少なくともある程度成熟した先進国においては、資金調達コストの低下が生じた場合、従来設備の更新や合理化に投資資金は投じられても、「能力増強」を伴う投資についてはあくまでも「成長期待」の大小が決定的な要素になると考えられる。リーマン危機を経た日本企業は、国内だけでなく世界経済の将来見通しについてもある程度慎重化させているようであり、そういった「期待」が投資決定の最大の要素になっているのである。

金利のリスクプレミアムが経済主体の支出動向にどのような影響を及ぼすかということにつ

▼14 非製造業においては2007年度の54・0%から2017年度は57・7%と小幅上昇しており、製造業の能力増強投資の減少はこの間の製造業における海外生産比率の拡大の影響もあるとは考えられる。しかし、非製造業においても、この間のリスクプレミアムの大幅な縮小が企業に積極的な能力拡大投資を促したとまでは言えない数値である。データは、日本政策投資銀行の「全国設備投資計画調査(大企業)」による。

いては、家計の消費動向についてのほうがより分かりやすいかもしれない。たとえば、金利が低下すると、家計はローンを組んで家を購入したり、自動車を購入すると想定される。

しかし、ごく普通のサラリーマンのケースを考えれば、一人の人が一生に何軒も家を買うことはない。金利が低下したので、35歳で買おうと思っていた家を30歳に前倒しして買うということはあるだろうが、5歳早く家を買った分、死ぬまでにもう一軒余分に家を買うことはない。せいぜい、比較的豊かな家計が自宅の他に別荘を買うとか、老後の住居をどこかに手当てしておくというような理由で2軒目を買う人がいるという程度であろう。

自動車は一生に何度も乗り換えるのが普通だろうが、かといって、毎年乗り換えるのはよほどの車マニアぐらいだろう。

つまり、金利低下が促す投資は、多くの場合、「将来の支出の先食い」であるという点が重要で、必ずしもまったく新規の支出の需要が発生するわけではないのである。

毎日晩酌で飲むビールは、多少金利が低下したからといって明日買う分を今日買うということはしない。ただし、消費増税のように、今日でなく明日買えば支払いが3％増えるというほど大きな変化であれば、前倒しでビールを買いだめする行動が採られる。

増税や値上げは、極端な金利の低下、たとえばマイナス金利と類似している。預金にマイナス金利が課されるようなことになれば、お金を使わずに取っておくと金利を支払わないといけなくなるので、なるべく早く使ってしまおうということになるだろう。マイナスにはならないまでも金利が低下すると、お金を使わずに貯金していることのメリットが低下するので、将来行おうとしていた消費を前倒しで行うことを促す効果がある。

しかし、日本の消費増税の際に毎回起こったことを考えてみてほしい。1989年、1997年、2014年の3回の消費増税のうち、特に1997年と2014年に顕著に起きた事象が「買いだめの反動」である。増税前の3月にビールの売上が急増し、増税後の4月には反動でビールの売上が急減する。これと同じように、リスクプレミアムの縮小によって金利が低下すると、家計が将来の支出を前倒しすることでその時点での支出が増大する効果を持つと同時に、そこで需要を先食いした分は将来のいずれかの時点で必ず反動が生じて支出が落ちる時が来る。▼15

それでは、金利の低下によって消費支出が反動を伴わずに増加するということは絶対にないのだろうか？

たとえば、たまたま家を買おうと計画していた人がいた場合、急にローン金利が下がって支払い負担が減った場合、その分で外壁や屋根を高級なものに替えたり、良い家具を買うなどして実質的に支出を増やす効果もある程度はあるかもしれない。また、たまたま自動車を購入しようとしていた人が、自動車ディーラーに特別割引のローン金利を提供されて月々の返済額が予想より小さくなれば、その分、何か新しいオプション製品を追加するかもしれない。そういった支出増には反動減は生じないはずである。

しかし、こういった事象だけを見てしまうのも公平な見方ではない。先に述べたように、リスクプレミアムは、資金の借り手が貸し手に必ず払わなければならないものではなく、経済全体での「貯蓄水準」という「金の余り方」によって決定される。別の言い方をすれば、リスクプレミアムが縮小して金利が低下した状況は、資金を借り入れる債務者側にメリットがある反

▼15 消費税導入の1989年は、買いだめの反動はそれほど大きくなかった。将来の所得増加への期待が高ければ、目先の価格変化や金利変化で消費や投資の行動は変化しにくいと考えられる。

面、貯蓄する側にはデメリットが生じるということである。

たまたま住宅ローンを組もうと考えていた人が、金利のリスクプレミアム縮小のメリットを使って外壁を高級にするようなことが起こる一方で、金利低下による貯蓄へのデメリットが影響して支出を減らす人がいるかもしれないということである。たとえば、貯蓄の金利を当てにしていた高齢者が消費を絞るというようなケースである。

金利のリスクプレミアムの拡大縮小は、時間を超えて将来の需要を前倒ししたり先送りさせたりする効果を持つと同時に、同時代、同時期においても、メリットを享受する人とデメリットを蒙る人を生むことになるのである。

これは、先に述べた長期金利の五つの決定要因を正確に理解していれば、まったく違和感なく受け入れられる結論であろう。「貯蓄」を行う側と「貯蓄」を利用する側との優位性の違いが生むリスクプレミアムの拡大縮小が、ここでは決定的な意味合いを持つのである。

このように将来の需要を前倒ししたり現在の需要を先送りさせたりすること、すなわち「時間を超えた需要のやり取り」は、それがある一人の一生の中で完結されることなのであれば、必ずしも損得の発生するものではない。しかし、実際には、金利のリスクプレミアムの拡大縮小は経済全体に影響を及ぼすため、不特定多数の人間にとってのメリット、不特定多数にとってのデメリットとならざるを得ない。リスクプレミアムを意図的に縮小させて金利水準を低下させる金融緩和という経済政策は、「時間を超えた需要のやり取り」を強制的に発生させることによって経済全体として「将来への負担の先送り」を行うということに他ならない。

さて、ここまでで、金利あるいは長期金利の決定要因と、それらが経済において持っている意味合いについての主要な部分は述べたことになる。中央銀行の役割を含めずに、そのメカニズムを説明することができた。つまり、「中央銀行がなかった場合」でも、このような形で金利ないし長期金利水準は決定され、それが経済に影響を及ぼしていくということである。逆に言えば、中央銀行の政策とは、このメカニズムを強制的、意図的に歪めることであると理解できる。

実際、過去20〜30年間にわたる世界的な長期にわたる経済的繁栄のほとんどの部分は、中央銀行の存在なしにも達成されていた可能性がある。1990年代から2000年代にかけて信じられていた「グリーンスパン元議長率いるFRBが、この時代における米国経済（および世界経済全体）の繁栄の基礎を築いた」という見方は、実はまったくの事実誤認かもしれない（このことは、すでに第2章でも指摘している）。

同時に、「リーマン危機後のバーナンキ元議長率いるFRBが世界経済を恐慌の淵から救ったことによって、1990年代から2010年代までの30年間が米国経済および世界経済にとって繁栄の30年間となった」という説明も、相当な事実誤認を含んでいる可能性がある。ただ、グリーンスパンもバーナンキも、中央銀行の力が巨大であり、かつ重要であると信じていたがゆえに、彼らの管掌する金融政策というツールを作動させたという点は疑いようのない事実であろう。

とするならば、まったく逆の見方として、中央銀行という強力な機関が存在していたがゆえに、この間（＝1990年代以降）の世界経済の基調がむしろ撹乱された可能性もあるのではないだろうか？[16]

これはあくまでも「if」の話であり、どのような経済的分析によっても、「if」の世界を完全に解明することはできない。ただ、ある時期から中央銀行は、長期金利というものを、極めて恣意的に変動させる行動を取り始めたことは事実である。その影響が、「反動」や「攪乱」をまったくもたらしていないとは言えないように思われる。少なくとも今後、未来永劫にわたってその影響が生じないとは言えないだろう。

そういった意味で、中央銀行あるいは金融政策の位置づけというものを、真剣に再考すべき時期に差し掛かっているように思えるのである。

## 「金融政策」の本質とは何なのか？

では、いよいよ「金融政策の本質とは何なのか？」という本題に入っていきたいと思う。

まず、その重要な結論の一つをはじめに述べておこう。それは、すでに前節までで述べていることに他ならないのだが、「金融政策とは市場のリスクプレミアムを強制的に変動させること」である。日銀をはじめ主要国の中央銀行が「非伝統的な金融緩和政策」を開始して以降、金融政策の手法を巡る議論は、ある意味で混乱気味であった。しかし、突き詰めて言えば、「非伝統的な金融緩和政策」と言われるさまざまな種類の金融緩和政策も、全てこのまとめ方に含めてみることが可能である。「金融政策とはリスクプレミアムを強制的に変動させること」という整理をしないまま議論を開始すると、「金融緩和の程度は量で測られる」というような

▼16 経済に対して中立的な金利水準（＝自然利子率）が存在するとあらゆる推計で、リーマン危機後に自然利子率は大きく低下したとされる。自然利子率が大きく変動するものならば、金融政策が成長、インフレ、金融、市場等全ての経済事象に対して中立的であることが果たして可能なのかどうかが問われるべきである。

誤解が堂々とまかり通ることにもなるのである。

そういったことを述べておいた上で、まず最初に、金融政策を巡る議論においてしばしば混乱をもたらすお金の「量」の問題について整理して述べておく必要があるだろう。

＊　＊　＊

ここでは、人類の歴史を数千年あるいは数万年の単位でさかのぼり、人間社会全体で貯蓄ゼロの状態というものを想像してみよう。そこを起点に、人間が1年間何らかの生産活動を行い、消費をした後に小麦など生産物の残余があれば、それが翌年の開始時点における貯蓄ということになる。これを翌年のうちに全て消費してしまえば、その1年後には再び貯蓄はゼロに戻るが、畑を耕して小麦を蒔けば、生産量が増加し、2年目には1年目に行えた以上の貯蓄をすることが可能になるかもしれない。一回行われた貯蓄は、それが消費されずに適切に投資されれば（ちゃんと畑を耕して小麦を蒔く）、減少することなく累増していく。この累増していく貯蓄の所有権のことを資本と言う。

人類が貯蓄を始めてから現在に至るまで何万年にもわたって延々と蓄積され累増してきた結果が、現代に生きる我々人類が所有している「貯蓄の総額」であり、そこには何らかの形で「資本」という名の「所有権」が明示されているのである。

ただし、いざこの貯蓄の総額を正確に計測しようと思うと、その所有権を示す形態はさまざまであり、それが非常に困難な作業であることが分かる。株式のような有価証券や不動産の所有権、預金なども含む金銭債権などはまだ分かりやすい。しかし、車や家具のような財であっても、長く資産として価値が減らないものであれば、一部は貯蓄としての性格を持つ。

また、株式や金銭債権などの場合、「AがBに資金を提供して、BがCに資金を提供する」というような形になると、AのBへの債権は貯蓄かもしれないが、BのCへの債権は貯蓄ではない。BのCへの債権まで含めて貯蓄の総額としてしまうと、ダブルカウントになってしまうからである。

さらに言えば、保有している株式が上昇した場合、キャピタルゲインをどこまで貯蓄とみなすかという問題もある。ちなみに、中央銀行に対する債権である銀行券も貯蓄の一形態ということになる。

ここで、家計が貯蓄を銀行に預金として保有し、銀行がその資金を貸し出した場合を考えてみよう。銀行から資金を借り入れた債務者は、債務の増加と同時に自分の銀行口座の預金額が増加していることを確認するはずである。この瞬間、経済全体における預金の量は増加することになるわけだが、このプロセスを信用創造と言う。しかし、信用創造によって増加した預金量を貯蓄の総額と見てしまうと、ダブルカウントになってしまうわけである（前記のBを銀行、Cを債務者と考えればよい）。

繰り返して言うが、信用創造によって増加する預金は貯蓄ではない。一般に、銀行券と銀行預金の集計量をマネーサプライと言うが、この集計量には信用創造によって生み出された預金が含まれるため、「マネーサプライ」＝「貯蓄の総額」ということではない。

しかし、マネーサプライはそれが信用創造によって増加したものであれ、貯蓄として増加したものであれ、経済全体で投資に振り向けることのできる資金規模を概ね示している。その意味で、マネーサプライの多寡は経済活動の強弱と関係がある。といっても、経済全体として生産したもの以上に消費できないのと同様に、経済全体で生産したもの以上に投資はできない。

より正確に言えば、生産して消費した残り以上のものを投資に回すことはできない（＝食べて残った小麦以上に、翌年畑に蒔けるものはない）。それを行うためには、他の経済圏から債務として借りてこなくてはならない。すなわち輸入であり、投資が貯蓄を上回る量は一国の経常赤字になるのである。それゆえ、経常赤字は他国を相手にした借り入れ、すなわち信用創造の一部だということになる。

ここでいったん整理しておこう。人間社会には延々と累増してきた貯蓄が存在するが、さまざまな形で所有されている貯蓄の総額を正確に把握することは難しい。マネーサプライのような貨幣の集計量は計測が比較的容易だが、そのうち信用創造によって生み出された分と貯蓄の部分とを区別することは難しい。通常、国内および海外での信用創造（＝借り入れ）によって貯蓄を上回る投資を行うことができるので、投資と貯蓄は一致しないのが一般的である。

では、ここに中央銀行、あるいは貨幣という存在をどう位置付けられるのだろうか？

最も狭義の貨幣としての銀行券（日本では日本銀行券）は、そのほとんどが貯蓄の一部として保有されている。しかし、一般的な経済学の定義としての貨幣である「ベースマネー（＝マネタリーベースとも言う）」は、これに「銀行の準備預金」を加えたものである。銀行の準備預金とは、家計などが民間銀行に保有している預金のうち一定額を民間銀行が中央銀行に預けているものだが、貯蓄との関連性は銀行券よりもはるかに薄い。

このベースマネーという概念がなぜ経済学において重要視されてきたかと言うと、一つには、これが信用創造に直結すると考えられていたからである。教科書的によく説明されるのは、ベースマネーと預金準備率（民間銀行の預金のうち中央銀行に強制的に預け入れをさせられる比率）とを使用した簡単な式から、信用創造によって生み出される貸出の総額や預金の総額（＝すなわちマネーサプライ）を計算することができるといったことである。少なくとも過去のある時期においては、そういう計算が成立することもあった。

しかし、ベースマネーは、二つの意味でもはや「現代的な概念」ではなくなりつつある。一つには、銀行の準備預金が重要視された理由でもあった信用創造との関連性が、現在ではほぼなくなりつつあることである。もう一つは、貯蓄との関連性が薄いことである。先に述べたように、現代の経済あるいは金融においては貯蓄の持つ意味合いは極めて大きく、貯蓄との関連性の薄い準備預金を重視する意味合いは乏しい。

しかし、金融政策を巡る議論において、このベースマネーを重視する見方はつい最近までそれなりの力を保っていた。ベースマネーはハイパワードマネーという言い方もされるが、言葉の伝えるニュアンスからしても、中央銀行が準備預金を操作することによる経済成長とインフレに対する影響力の大きさを示す用語となっている。

ただし、2001年から2006年までの間、日本銀行が世界に先駆けて行った量的緩和の実験によって、ベースマネーの量と経済成長あるいはインフレ率との間に明白な関係はほとんどないことがすでに実証されている。日銀による量的緩和の実験より前には、マッカラム・ルールというベースマネーとインフレ率を関連付ける研究が存在したが、これがどんな経済環境においても成立するような安定的な関係でないことも明らかになった。

では、現代において、貨幣とはそもそもどのように定義付けられるべきものなのだろうか？狭義の貨幣である「日銀券」は、「貯蓄」と「投資」のダイナミズムの中にあってほとんどそれ自体に意味がある概念とは思えないが、多少範囲を広げた「ベースマネー」でさえ、あまり具体的な意味合いを持つ概念とは言えなかったわけである。より広義の貨幣であるマネーサプライも、「貯蓄」と「信用創造」の複合物であり、これを一つの概念として「投資」あるいは「消費」と結びつけて考えることは、かなり大雑把な思考と言える。

百歩譲って、「貯蓄」と「信用創造」の複合物であるマネーサプライの増減が、何らかの形で「投資」と「消費」の水準に影響を及ぼしているとして、それを変動させる方法は中央銀行が銀行券やベースマネーを増減させることなのかと言えば、単純にそうとは言えない。マネーサプライのうち信用創造の部分に中央銀行が何らかの影響を持ち得ることは確かであるが（金利の引き下げなどによって、中央銀行が銀行の信用創造を促すことはある程度できる）、「貯蓄」への働きかけは中央銀行にとっても容易なことではない。

先に「貯蓄」の動機については述べたが、「高齢化」の備えとしての「貯蓄」が中心を占める現代においては、中央銀行が金利を引き下げることが「貯蓄」を減らすどころか、将来への不安からむしろより多くの「貯蓄」が必要だと考えてしまう人を増加させ、結果として「貯蓄」を増やしてしまうこともあり得るのである。▼17

1970年代から80年代にかけての米国を中心としたマネタリズムの隆盛と、遅れてそのブームを引き継いだ日本のリフレ派の登場、そして、それが政治的に受容されていった2000年代以降の日本の社会動向。このプロセスの中で、経済のダイナミズムを説明する方

▼17 中央銀行の金利引き下げによってもし「貯蓄」が減ったとすれば、それが最終的にマネーサプライを減らすのか増やすのかという問題も複雑である。

法として、貨幣の量が重要であるということを声高に主張することが、ある種のファッション化した面がある。

たとえば、「ベースマネー」を重視する見方としては、1990年代以降、国ごとのベースマネーの伸びの違いが為替レートに影響するとの仮説が立てられ、ある時期までかなり有力な理論であるとみなされていた（この関係を示す図が、作成者の名にちなんでソロス・チャートと言われた）。しかし、2000年代末以降、各国で量的緩和を含む非伝統的金融緩和政策が積極的に行われるようになると、一時は広く信じられるようになっていたベースマネーと為替レートの関係は雲散霧消してしまった。▼18

この仮説がそもそも他の事象を誤って説明していたものなのか、それとも、全員がその仮説を信じたことで関係性が事後的に生じたのか、おそらくその両方であったのだろう。しかし、少なくとも、「貨幣とは何なのか？」ということをもっと慎重に議論していたならば、こういった誤解も生じなかったはずである。

では、中央銀行が司るとされる「貨幣」というものが、それほど捉えどころがなく、経済のダイナミズムとの関係性が曖昧であるとしたら、中央銀行の金融政策というものは果たして、具体的にどのような経路で経済に働きかけているのだろうか？　これに対する答えこそが、先に述べた「金融政策とは市場のリスクプレミアムを強制的に変動させること」ということなのである。

非常に単純な例として、中央銀行が市場で資金を供給して銀行の準備預金を増加させるとした場合（＝ベースマネーを増加させることになる）、期間1日の契約で資金の貸出を行う場合

▼18　短期的な関係は何がしか存在すると主張する向きは現在でもまだいる。

と、30年物の国債を市場参加者から買い取ってその見合いに資金を供給する場合とで、市場へのインパクトは同じだろうか？　もちろん同じではない。実際に何が違うのかと言えば、この二つのオペレーションでは、中央銀行が市場から吸収する「リスク量」が違うのである。

市場のリスクプレミアムとは、インフレや経済成長などの将来の「変動幅」に応じて要求される安全マージンと、その安全マージンを資金の出し手と借り手のどちらがより負担するかを左右する「貯蓄水準」によって決まるということを先に述べた。

30年物の債券利回りが市場で決定されるということは、30年という長期間にわたっての資金貸借を行う際に適用する金利を、ある時点での予想に基づくたった一つの数字で固定するということに他ならない。そこでは、30年間にわたるインフレ率や実質経済成長率、信用力の予想、その変動幅、さらには貯蓄水準に応じた資金の出し手と借り手の優位度合いという金利決定の5要素全てを織り込んで決定されるわけである。

そして、中央銀行が30年物の国債を市場で購入するということは、五つの決定要因のうちインフレ率と経済成長率、そして信用力の要素を除いた部分、すなわちリスクプレミアムを中央銀行が変化させるということを意味する。そこでは、中央銀行が資金の出し手になることで（＝すなわち貯蓄を人為的に増加させていることに等しい）、市場が30年という長期間にわたる資金貸出に対して付与しているリスクプレミアムを強制的に縮小させているわけである。

期間の長い金利契約では、環境の変動に対して要求されるリスクプレミアムはより大きくなるはずだが、中央銀行は、市場に存在するその高いリスクをより多く吸収してしまっていることになるのである。そうすることによって金利契約が「借り手優位」に傾き（＝すなわち金利低下）、投資を促進することが期待されることになる。

これは非常に単純化した例であり、期間が長くリスクの大きい債券を中央銀行が市場から購入した結果がどの程度投資の活性化につながるのか、あるいは、中央銀行が購入する債券の期間が短い場合と長い場合とで金融政策の波及していく経路が異なるのではないかなど、複雑な議論が存在する。[▼19] しかし、中央銀行が行う一切の資金供給オペレーションは、その所期の目的としては、何らかのリスクを市場から吸収することによって市場のリスクプレミアムを縮小させることなのである。

そのように理解するならば、金融緩和の効果を単に貨幣などの「量」で測ろうとすることが根本的に間違いであることは明らかであろう。リスクが非常に低く、元々リスクプレミアムがあまり含まれていないような資産（たとえば非常に期間の短い国債など）を中央銀行が市場から大量に買い入れたとしても、その経済への波及効果は限定的なものにとどまるはずである。2008年のリーマン危機以降のFRBやその他の主要中央銀行が行った「量」を決めて資産購入を行う政策にしても、その中味は、長期固定債券や住宅証券化商品といったリスクの高い資産の購入が中心となっていた。つまり、実態としては、「量」で金融緩和の程度を測るという政策にはなっていなかったのである。

その意味では、中央銀行が行う金融政策の程度を測る一つの手段として、市場から買い入れる資産の「総リスク量」を見るというのは一つの考え方にはなり得るだろう。つまり、中央銀行が市場に供給する「マネーの量」に、そのうちどのくらいがリスクの高い資産の購入に充てられているかを掛目《かけめ》として計算した「リスクの実質的な総量」を測るということである。

▼19 2016年9月に日銀は「総括的検証」を行い、超長期（10年超）の金利低下による経済へのプラス効果はむしろ小さいとしている。もしそうならば、日銀が市場から吸収したリスクプレミアムはどのように作用しているのだろうか？

ただし、主要な中央銀行でこういった数値を公表しているところは、少なくとも今のところはない。その一つの理由は、技術的に困難だということもあるだろう。「リスク量」の計算は、民間銀行に適用される金融規制における最も重要なパートを占めているのだが、過去においてその計算方法の構造的な欠陥が市場の大混乱を引き起こしたことがあるほど、現実の適用には現在でもさまざまな難しい問題を孕んでいる。中央銀行といえども、そういった技術的な困難さを免れることはできない。

とはいえ、少なくとも現時点で国際的な銀行規制において定式化されて民間銀行に適用されている手法を使い、各国中央銀行のバランスシートが保有するリスク量の総額を概算することは可能だろう。しかし、おそらく各国中央銀行はその作業に乗り気でないだろうと推測されるのは、そういったデータを公表することで、金融政策が持ち得るインパクトを外部から正確に認識されてしまうと同時に、その「負の影響」についても指摘を受けてしまう可能性があるからだ。特に、日本銀行の保有するリスク量は、今や各国中央銀行と比べても圧倒的な水準に達しているはずであり、他の中央銀行と比べても試算の公表はより望まないと考えられる。[20]

なお、仮に中央銀行のバランスシートのリスク量を計算するとした場合に、ある種の神学論争が起こり得るポイントが一つあることも指摘しておく必要があるだろう。それは、負債のリスク量をどう計算するのかという問題である。

中央銀行の負債は基本的に全て通貨なので、一定期限後に返済を迫られる民間における通常の債務とは違うと考えてしまえば、負債の期間は永久だと言えないわけではない。であれば、中央銀行が市場から期間30年の債券を購入して資産として保有するとしても、負債側と相殺す

▼20 もし中央銀行が市場に存在するリスクを全て吸収してしまったらどうなるだろうか？実質的に市場は消失して完全公的管理となり、半共産主義国家となる。

ればリスクは一切なしとみなすことができるという訳である。

ただ、これを神学論争と言ったのは、現在、日本銀行の負債の大半を占める「銀行券」と「銀行の準備預金」の合計金額（≒ベースマネー）は、これまで世界各国の中央銀行が保有してきた負債の規模と比較しても未曾有の水準に達しているからである。そして、全負債のうち「銀行券」の比率は急速に低下しており（2018年の時点では全負債の5分の1程度）、「銀行の準備預金」（≒日銀当座預金）の比率が圧倒的に高くなっている。日銀券の発行規模は今後も大幅に減少することはないかもしれないが、民間銀行の資産である「準備預金」がこの規模から未来永劫縮小しないという前提で議論をするのは現実的ではない。

民間銀行は、日銀に預けている準備預金をいつかは引き出して貸出に回したり有価証券投資に回すことのできる資金だと認識しているはずである。これを中央銀行の負債として未来永劫固定化させておくというような想定を民間銀行側でしているとは到底思えないのである。

日銀券ですら、電子マネーの普及など金融取引慣行の変化次第では、将来は発行残高が大きく減少する可能性もある。理屈の上では、負債の期間を永久と考えれば中央銀行のバランスシートが抱えるリスク量は「ゼロ」とも言えるが（少なくとも長期固定債券の保有に関しては）、現実的な判断を交えて言えば、中央銀行の抱えるリスク量の計算にはさまざまなアプローチがあり得る。

## 宗教としてのインフレ・ターゲット政策

さて、ここまでのところで、金融政策が経済に働きかける「具体的」な経路については概ねカバーされていることになる。

何だそれだけのことかと言われそうではあるが、要するに、金融政策が行っていることの基本は「市場におけるリスクプレミアムを変動させる」ということであり、「非伝統的な金融緩和政策」と言われるさまざまな政策手法もそのバリエーションに過ぎない。ここでは長期固定債の例で述べたが、中央銀行が株式を購入すれば株式価格に含まれるリスクプレミアム、不動産関連の金融商品を購入すれば不動産価格に含まれるリスクプレミアムを縮小させることで、経済に対して金融政策は波及していく。少なくとも、単純な「貨幣の量」などによって説明できる金融政策の波及効果は全体のほんの一部分に過ぎないことは理解していただけると思う。

しかし、現代の金融政策における重要な手法と見做されているもので、まだ説明していないものが一つある。それは、「インフレ・ターゲット政策」である。

これは、元々は金融政策における「政策目標」として想定されていた概念であるが、1990年代以降、これを金融緩和のための一つの「政策ツール」として利用できるのではないかという議論がされるようになった。[21] 「インフレ目標値を中央銀行が掲げると、実際に市場なり経済全体のインフレ予想が変化し、それ自体が何らかの経済効果を持つ」、というようにである。すなわち、これに従って金融政策を運営するというガイダンスの意味合いから変質し

▼21 最初の導入国はニュージーランド（1988年）で、その後、カナダ（91年）、英国（92年）、スウェーデン（93年）と続いたが、それぞれの国の導入前年のインフレ率（消費者物価上昇率）は16%、5%、8%、4%とかなり高率だった。それに対して設定された目標は2%（あるいは1～3%）であった。つまり、導入の目的はインフレ予想を引き下げることにあった。

て、それ自体が金融政策としての効果を持つ政策ツールであるというように内容が変質してきたのである。

長期金利は、将来にわたるインフレ率や経済成長率などの予想と、その予想が不確かな部分や貯蓄と投資の需給バランスによって生じるリスクプレミアムとで決定されるということは繰り返し述べたところである。その上で、金融緩和は中央銀行が市場から債券などを購入してリスクプレミアムを強制的に縮小させる政策だと要約した。しかし、金利がすでに十分に低下してしまい、これ以上は下げられないという状況になった時に、もし市場や各経済主体が持つ「インフレの将来的な予想」を引き上げることができれば、表面上の金利水準はそれ以上低下しなくても金利に含まれるリスクプレミアム分（＝実質金利）が自動的に縮小することになる。なお、ここで言っているリスクプレミアムは実質金利のことを指すのだが、先に定義付けた厳密な意味でのリスクプレミアムは、長期金利に含まれるインフレ率と実質経済成長率、そして信用力に該当する部分を除いた部分である。

インフレ予想の議論をする時には、厳密な意味でのリスクプレミアムではなく、一般的にここでの用法における実質金利（＝長期金利－インフレ予想）の変動が持つ経済刺激効果を議論する。「インフレ予想の上昇が起きて実質金利が低下すると、それが投資や消費を刺激して成長とインフレを上昇させていくことが期待される」という具合にである。高いインフレ目標を中央銀行が掲げれば人々のインフレ予想が変化し、それが実質金利の変化を通じて実際のインフレや経済成長に影響を及ぼして最終的に当初掲げた高いインフレ目標が達成されると一部の経済学者たちは考えたわけである。これが、いわゆるインフレ・ターゲット論である。

しかし、よく考えてみると、人々のインフレ予想が上昇した場合には、当然、その時点では将来のインフレを織り込んで長期金利は上昇すると考えられる。この段階では、リスクプレミアムはまだ何も変化していない。いったん金利が上昇したところで中央銀行が市場からの債券買い入れを増やして金利を押し下げるという通常の金融緩和政策を採ることによって、はじめてリスクプレミアムの縮小を図るというプロセスになる。

つまり、インフレ・ターゲット政策は、それ自体が何か具体的に経済に働きかける政策なのではなく、あくまでも中央銀行が市場からの債券買い入れ額を増加させて市場からのリスク吸収量を増大させることがその前提となっている。実際の政策波及経路は、あくまでも中央銀行による「リスクプレミアムの縮小」であるという点においては、金融政策の基本的な概念の領域の外にあるものではない。

さらに言えば、この政策が目的を達成するためには、ある一つのことが必要になる。それは、「リスクプレミアムの縮小」（＝インフレ予想の上昇と中央銀行の債券買い入れの組み合わせによってもたらされる）が、その程度を増せば増すほど経済成長を刺激し続けて実際のインフレ率も上昇させると人々が額面通りに信じることである。つまり、中央銀行の政策が自由に成長やインフレを押し上げられるという「中央銀行万能論」を人々が信じることが、その前提として必要なのである。まず、最初に人々のインフレ予想が上昇しなければ始まらないのである。

しかし、実際には、先に述べた2007年と2017年の比較からも分かるように、すでに一般的な事業の利益率対比で十分に低い金利水準が提供されている環境下では、リスクプレミアムの多少の追加的な縮小が起こっても企業が投資意欲をどんどん高めていくことにはならない。とすると、中央銀行がいくら高いインフレ目標を掲げても、すでに十分に低い金利環境が提供されている状況では、実際に金融緩和の効果によって成長とインフレが高まっていく経路を人々が容易に想定できず、結局、インフレ予想も上昇しない可能性がある。

つまるところ、この政策の含意は「信じる者は救われる」ということなのであり、人々が金融政策の波及経路の有無やその程度は一切問わずに、まず最初にインフレ率が上昇することを「盲信」することを求めているわけである。インフレ・ターゲット政策は、その意味で、経済理論というよりは一種の「宗教」に類するものだと言ってよいだろう。

世界的に望ましいと考えられている2%程度のインフレ率と現実のインフレ率との乖離が大きかった日本に対して、1990年代から米国の経済学者の一部がこのインフレ・ターゲット政策の明示的な導入を推奨していた。[22]

元々、インフレ・ターゲット政策は、高インフレの国で2%という低いインフレ率を目標に置くところから始まった政策であり、低インフレだった日本で2%のインフレを目標に置くというのは、当時としてはある種の逆転の発想だったと言える。しかし、2010年代以降の日本で実際に2%のインフレ目標が導入されたことによって、皮肉にもインフレ・ターゲット政策の効果の有無が実証されることになってしまった。少なくとも、インフレ率を押し上げる目的でのインフレ・ターゲット政策は、押し下げる目的でのインフレ・ターゲット政策と同じようには効果を発揮しないことが確認されたのである。[23]

QQE（量的・質的金融緩和）が導入された2013年以降の日本において、日本銀行が期待したほどのインフレ率の上昇は起きなかったし、インフレ予想にも大きな変化は生じなかっ

---

▼22 「著名経済学者」ということで言えば、ポール・クルーグマンとベン・バーナンキの2人の名がまず挙がるが、金融政策を専門的に研究する経済学者の中にも多くの支持者がいた。

▼23 高インフレ時においても、ダイレクトに人々の予想を変化させることに成功しているのか、それとも中央銀行への政治的圧力を抑制するという経路を通じて効果を発揮したのかははっきりしない。

た。日銀は、2014年から2015年にかけて起きた原油価格の急落（1バレル約100ドルから一時約30ドルまで下落した）によって、人々のインフレ率上昇への期待が後退したのだと説明しているが、その説明が正しいかどうかはおよそ証明のできることではない。

その後の日銀は、「適合的な期待形成」という言い方で、インフレ率に対する人々の期待は過去のインフレ率の実績に基づいて形成されるという説明をするようになった[24]。要するに、インフレ率上昇の過去の実績がなければ、高い目標を掲げるだけでは人々のインフレ予想を高めることはできないということを、はっきりと認めてしまったのである。

しかし、ある意味でこれは初めから自明のことであったように思われる。そもそも、中央銀行が市場においてリスクプレミアムを縮小させることがもたらす成長やインフレの押し上げの効果を正確に把握できている人は、日本中を探してもおそらくほとんど存在しないはずである。専門家と言われる人々（経済学者や市場のアナリスト）でも、現在のように金利水準がすでに極めて低くなってしまっている状況において、それを（＝リスクプレミアムを）さらに縮小させることの経済的な効果が実際にどの程度残っているのかはよく分からないのである。

経済学者たちが、一般国民は専門家でないので（＝つまり、素人だから）、中央銀行がインフレ目標を掲げるだけで宗教を信じるが如く「高いインフレ率の実現」を信じてくれると考えていたのだとすれば、随分と上からの目線であり、一種の傲慢と言ってもよいだろう。そして、経済学者たちだけではなく中央銀行という政策当局も同様に考えたのであったとすれば、やはり同様な批判は免れないだろう。

一般国民がこの政策を単純に信じることができなかったのは、2013年以降のインフレ・

[24] 2016年9月に公表した『「量的・質的金融緩和」導入以降の経済・物価動向と政策効果についての総括的な検証』（通称「総括検証」）というペーパーにおいて、日銀は日本のインフレ予想がなかなか上昇しない理由として「適合的な期待形成」を挙げた。日銀はここで、インフレ予想は中央銀行の「インフレ目標」と、現実の（あるいは過去の）物価上昇率の影響を受ける「適合的な期待形成」の二つの要素によって形成されると説明し、日本は「適合的な期待形成」の影響が大きいと結論付けている。

ターゲット政策の遂行過程において、実感として経済がターゲット実現に向けて劇的に変化していると実感できなかったことが大きいのかもしれない。それは、「空を飛べ」と命じられた雛鳥が、親鳥以上に冷静に「自分はまだ飛べない」のだということを認識していたというようなことでもある。▼25

結局のところ、インフレ・ターゲット政策は、「家計や企業が持つ期待や予想は、実際に生じた経済の実績を通じて形成される」という常識的な発想を持てなかった経済学者たちの考え出した「トンデモ理論」の一種であると言ってよいだろう。人々は、自らが体感する経済の状況（それは立場や年齢によってもさまざまに異なって見えているはずである）に応じて、各人、将来への期待を形成するのである。それを画一的にコントロールしようという発想には、ある種、かつての計画経済あるいは全体主義的なにおいすら感じるところである。

＊　＊　＊

ここまで、中央銀行の行う金融政策について「包括的」かつ「本質的」な説明をしてきた。金融政策の本質は市場に存在する資産の「リスクプレミアム」を人工的に増減させることであり、それによって「現在と将来の間での需要のやり取り」あるいは「現在世代と将来世代との負担の押し付け合い」が起こるのだと述べた。そして、この点において金融政策は財政政策と何らその本質的な意味合いは変わらない。

2010年代も終わりに近づきつつある日本における現実はどうだろうか。長いスパンで見れば1990年代以降、より限定的に言えばリーマン危機以降、財政政策に加えて金融政策が

▼25 2015年6月に日銀の黒田総裁が講演でピーターパンの物語を引き合いに出し、「飛べるかどうかを疑った瞬間に永遠に飛べなくなってしまう」と述べて話題になった。この講演での文脈からすると、これは「インフレ期待」の話というよりはむしろ「中央銀行の能力」についての説明ではあるが、「飛ぶ」という言葉を使用したのは非常に印象的であった。

もたらす「将来への負担の先送り」(＝需要の先食い) の影響は急速に累積していっているように思われる。特に日本は、第二次世界大戦の後、先進国の中では最も早くバブル崩壊とその後の金融危機に直面した。その分、財政政策、金融政策の双方において、「将来への負担の先送り」を他の先進国に比べて10年あるいはそれ以上も長い期間にわたって継続してきた国である。

先進国において現在大きなトレンドとなっている「将来への負担の先送り」という潮流が始まる起点に位置したのが1990年代の日本であり、その現在に至る経緯を俯瞰することの重要さはいくら強調してもし足りないほどである。第5〜7章においては、この問題を掘り下げていきたいと思う。

日本はこの10年間、他の先進国においてようやく認識されるようになってきた新たな潮流(＝そこには経済的なものにとどまらず政治的、社会的、文化的、多様な文脈があるが、「ポピュリズム」という政治潮流も含まれる) の中にあって、明らかにフロントランナーである。なぜそう見るべきなのか、そして、なぜそうなってきたのか。この問題に関連して次章ではまず、日本における金融政策の歴史的展開に焦点を当てる。

第5章

# 日本経済という実験場

## 発見されたジパング

1929年10月24日にニューヨーク株式市場で大きな暴落が発生し、それをきっかけに米国の金融システムが大きく揺れ動き、深刻な景気後退が始まった。「大恐慌」である。

19世紀においても、金融が国家の中心的な産業となっていた英国においてはたびたび「信用恐慌」が発生しており、経済学者にとっても「信用恐慌」は分析の重要な対象の一つであった。しかし、1929年以降に米国で発生した「信用恐慌」は、それまでに起こっていた「信用恐慌」をはるかに超える規模であっただけでなく、3年間でピークから工業生産がほぼ半減、物価が約4割下落、さらには危機がグローバルに連鎖したことなど、いずれも欧米先進国の人々が初めて目にする経済現象であった。

第3章でも述べた通り、この一大経済変動を機に、経済学は大きな変化を迫られることになったわけである。極論をすれば、「大恐慌」を二度と引き起こさないこと、「大恐慌」が発生する経済のメカニズムを解明すること、これが「大恐慌」以降の経済学者に与えられた大きな使命となる。

実際、「大恐慌」にインスパイアされた経済学者はジョン・メイナード・ケインズだけでなく、ミルトン・フリードマンも、自身の「マネタリズム」の考え方を形成するに至った大きな契機が「大恐慌」の研究であったということは第3章で述べた通りである。「中央銀行（FRB）が貨幣の収縮を容認した、あるいは一時的に促したことが大恐慌の真の要因」というのがフリードマンの至った結論であった。1970年代以降の「新しい古典派」を核とする「主流派経済学」においても、このフリードマンの提起したマネタリズムのコンセプトは、理論のフレームワークの中にしっかりと埋め込まれていくことになる。▼1

フリードマンは、「大恐慌」で発生した深刻な「デフレ」を回避するためには「貨幣の安定供給」が必要であったと論じたわけだが、1970年代以降の「高インフレ」あるいは「スタグフレーション」の時代にあっても同じ処方箋が有効であると主張した。

FRB議長であったポール・ボルカーは、自身は必ずしも「マネタリズム」の信奉者ではなかったにもかかわらず、「マネタリズム」の理論を援用する形で、1980年代に強力な金融引き締め政策を実施した。そして、その1980年代に、フリードマンらマネタリズムの考え方をベースに持つ主流派経済学者たちの「国家の政策顧問」としてのプレゼンスは、米国において頂点に達していくことになるのである。

しかし、その「頂点」の時代において、現実の経済はといえば、1970年代に米国だけでなく世界的な規模で広まった「高インフレ」が、1980年代、そして1990年代と時間を経るにつれ、段階的に鎮静化に向かっていくのである。それが「マネタリズム」の理論を政策に採り入れた成果だと喧伝することは、フリードマンら「主流派経済学」の学者たちの社会的地位を押し上げることに貢献はしたものの、一方で、彼ら経済学者たちにとって、開拓すべき「新たな仕事」の対象が着実に失われていくことも意味した。

インフレでもデフレでもない時代に、第2章で述べたような「金融工学」の利用価値は急速に高まりつつあった一方で、「保守本流経済学」の用途は明らかになくなりつつあったのであ

▼1 後に採り上げる日本のリフレ派も、この時代の「昭和金融恐慌」を先行事例と見なして、1990年代以降の日本経済において大規模な金融緩和が必要だと主張した。

る。そこに突如として現れたのが、日本の「バブル崩壊」であった。

1930年代の「大恐慌」は経済学を変えたと言ったが、多くの経済学者がインスパイアされ、研究の対象にも据えた「大恐慌」は、その後半世紀以上にわたって類似した経済事象ですら世界のどこにおいても再発することはなかった。つまり、「研究の成果」を試す場がなかなか訪れなかったのである。本来は「デフレへの対処法」であったはずの「マネタリズム」の理論が1980年代に「インフレへの対処法」として使用された後、その「インフレ」すらも、1990年代を迎える頃には、経済事象としては徐々に過去のものとなりつつあった。そんな頃、突然、欧米から遠く離れた極東の地で、実に60年振りに先進国における本格的な「信用危機」が発生したのである。米国の経済学者たちにとっては、恰好の物言う対象が舞い降りてきた形であった。

＊　＊　＊

1980年代において、欧米諸国の日本に対する経済面における視線は主として、「眩いばかりの製造業の競争力」と「その卓越した生産技術と品質を支える日本的経営」に向けられていた。[2] バーゼル規制（国際基準の銀行規制）が導入された真の理由であった「日本の金融機関のオーバープレゼンス」も、欧米諸国にとっては大きな脅威となっていた。つまり、その当時の欧米の研究者たちの日本への関心は、もっぱら「経営学」的な観点からのものであり、日本に対するマクロ経済の観点からの関心は、決して高いとは言えなかった。

1989年12月をピークに日経平均株価が急落を始めた時も、それを1929年10月の

▼2 あまりにも有名なエズラ・ヴォーゲルの『ジャパン アズ ナンバーワン』が出版されたのが1979年であった。
エズラ・F・ヴォーゲル『ジャパン アズ ナンバーワン アメリカへの教訓』、広中和歌子・大本彰子訳、阪急コミュニケーションズ、1979年

ニューヨーク株式暴落およびその後の「大恐慌」とのアナロジーで解釈するような論調は、欧米の経済学者たちの間ですぐに一般的になったわけではない。彼らは、彼ら自身のことでまだある程度は忙しくもしていた。

しかし、1980年代という時代は、先に述べたように米国において経済学者のプレゼンスが頂点に達しつつあると同時に、経済学者の取り組むべき課題も次第に消滅しつつあった時代であった。そして、主流派経済学の理論自体も行き詰まりを見せつつあった時代であった。そのことが、その後の日本経済に対する欧米経済学者たちの論調を決定付けていくことになるのである。つまり、「我々はすでに研究済みだ。アドバイスしてあげよう」というように。

バブル崩壊直後の1990年の時点ではまだはっきりとはしていなかった日本経済の状況が、1990年代も半ばから後半へと時間を経るにつれて次第に明らかになってくる。欧米の経済学者たちも、1990年代の日本経済を1930年代とのアナロジーで理解することが必然であるかのように次第に思うようになってくるのである。景気の長期低迷と信用恐慌の兆しが現れ始めていたことに加えて、インフレ率が鈍化し始めて「デフレ」の様相を呈し始めてきたことが決定的となった。

1990年代後半に入ってくる頃になると、欧米の経済学者たちが、日本経済についての「アドバイス」を息せき切って始めるようになる。彼らは、いよいよ「ジパングを発見」したのである。

しかし、経済学者たちとその当時の市場参加者たちの感度あるいは感性が、すでにその時点で大きく異なっていたという点は指摘しておく必要があるだろう。市場においては、日経平均の暴落が始まった1990年の時点で（あるいはそれ以前から）、一部の参加者たちは、この先の日本経済に何が起こるかを想定して具体的な行動を起こしつつあった。

日本の経済あるいは市場で起こってくる事態を最も先取りしたのは、いわゆる「投機筋」と言われるタイプの市場参加者であった。このタイプのプレイヤーは、皆が皆必ずしも長期的な先行きの見通しに基づいて行動するわけではなく、むしろ、過剰に上昇した市場がいつ崩壊するのかを正確に予測する能力に長けたプレイヤーたちであった。そういった「崩壊を予測するプレイヤー」は古くからどこのローカル市場にも存在し、第1章以降で述べている「新しい市場」においては必要不可欠な存在でもあった。

その中でも一部の欧米のプレイヤー（＝投機筋）たちは、1980年代以降は自国のマーケットにとどまらずグローバルなマーケットにその舞台を積極的に求めるようになりつつあった。ジョージ・ソロスらがいわゆる「マクロ・ヘッジファンド」という業態を確立しつつあったのが1970年代後半から1980年代にかけての時代であった。

ソロスらによる英国のERM（欧州為替相場メカニズム）からの離脱を巡るポンド売りの投機は、マクロ・ヘッジファンドという存在を一般に知らしめる有名な出来事だったが、それが1992年のことである。勃興しつつあったロンドンやニューヨークの「グローバル・マクロ・プレイヤー」の一部は、日本の株式市場や不動産市場が近い将来に崩壊することを、1989年の時点ですでにある程度予測しつつ動いていた。

ソロスと共に「クウォンタム・ファンド」の運営に関わったジム・ロジャーズは、1990年初めの時点で、日経平均株価が50％下落するという見方を経済雑誌で示していた。▼3 第2章に

▼3 1989年12月29日に日経平均が最高値を付けた直後の90年1月の「バロンズ」誌に掲載された。『Barron's』Jan, 1990

も登場したソロモン・ブラザーズの東京拠点では、日経平均の暴落に賭けるCB（転換社債）を使った巨大なポジションによって、（実際に日経平均が暴落した後に）約1000億円の利益をあげた。▼4

こういったグローバル・プレイヤーの中には、短期的な「崩壊」に賭けることにとどまらず、より長期的な日本経済および日本市場の先行きに目を凝らしていた向きもいた。米国の有力ヘッジファンドのストラテジストだったロバート・ダガーは、1990年代の早い時期からすでに日本の人口動態に着目し、日本経済の長期停滞を予測していた。▼5 これなどは、1990年代も後半になって1930年代との単純なアナロジーだけで日本に対してさまざまな「アドバイス」を行うようになった米国のマクロ経済学者たちより、はるかにソフィスティケイトされた分析であったと言えよう。

こういった事例だけを挙げると、投資先進国である米国だからこそ、そういった市場分析と投資行動が採られたのかと思われがちだが、日本の市場参加者の中にも欧米の最もソフィスティケイトされた市場プレイヤーたちと同様な投資行動を採った人たちは少なからず存在した。

1989年頃から日本株のポーションを積極的に落として日本株暴落による損失を回避した年金運用のファンドマネージャーもいた。ある保険会社は、会社の機関決定として日本株からJGB（=日本国債）の超長期債に運用資産を大規模にシフトし、90年代を通じて他の生保に対して運用パフォーマンスで圧倒的に優位に立った。さらに、90年代も半ばに近付く頃には、国内のファンドマネージャーの中には、「デフレ」ないしは「ディスインフレ」的な経済状況の長期化を正確に予測して、JGBを中心に債券の積極的な積み増しとデュレーションの長期

---

▼4 当時のソロモンの東京拠点は本国と同様、自己資金による裁定取引を業務の中心にしていた。実際にそのチームでトレーダーをしていた人物が書いた本に、1989年当時のポジションなどについて一部記されている。末永徹『メイク・マネー！』、文藝春秋、1999年

▼5 ダガーはバイサイド（証券会社ではない）のエコノミストだったためオフィシャルな刊行物は残していないが、そういった主張を当時の市場参加者に伝えていた。

化に動く人たちもいた。

また、投資家ではないが、1980年代の日本株バブルの総本山とも言うべき野村證券の会長であった田淵節也は、バブル崩壊直前から「今度の（株価）下落は大きい」と予告し、日経平均株価ピークアウト直前の1989年11月には「海の色が変わった」と述べていたとされる。▼6 田淵は、2007年にも、日本のバブル崩壊時に自らが使った言葉を繰り返して「海の色が変わった」と述べた。▼7 田淵はこの言葉の真意を問われて、「世界はかつて経験したことのない難しい局面に向き合うだろう」とも述べている。▼8 田淵は翌2008年6月に死去するが、死去した直後に発生するリーマン危機を的確に予言する発言であった。

洋の東西を問わず、市場参加者の分析と判断は間違いなく経済学者のそれに先行する。そして、全てとは言わないが、一部の市場参加者が持つ経済についての長期的なビューは、経済学者のそれよりもはるかにソフィスティケイトされている。これは、なぜだろうか？

答えは非常にシンプルである。「経済の構造を把握して将来を予測する」ということの巧拙において、市場参加者は常に厳しい市場競争に晒されているからである。「経済予測」という行為をすることにおいて、主流派経済学者たちが金科玉条のごとく信奉する「市場競争メカニズム」に徹底的に鍛え抜かれているのは市場参加者のほうであり、経済学者は予測の正確性によってその地位や報酬を得るような職業ではないのである。経済学者の本分は理論研究であるというのはその通りで、予測という点においては所詮ぬるま湯に浸かっている存在に過ぎない。それゆえ、経済学者の分析と判断は常に遅行するのである。

米国の経済学者たちが1990年代もかなり遅い時期になって「ジパングを発見」する頃に

---

▼6 当時、日経新聞編集委員だった永野健二が田淵から直接その発言を聞いたとしており、翌1990年2月23日の日経新聞1面のコラムに田淵の発言を匿名で引用している。永野健二『バブル』、新潮社、2016年

▼7 2007年11月の日経新聞に連載された「私の履歴書」において田淵は、「再度、海の色が変わった」と述べた上で、「その時（＝1989年末）に感じたのと同じような胸騒ぎを覚える」と語っている。

▼8 2008年8月10日号「日経ヴェリタス」紙での伊藤雅俊セブン&アイ・ホールディングス名誉会長による言。

は、グローバルな金融市場では、「日本経済で起こったこと」、「これから起こってくること」に対する見定めはすでにかなりの部分が出来上がりつつあった。この後、１９９０年代末から２０００年代という時期にかけて積極的に行われるようになっていく米国の経済学者たちによる日本へのさまざまな「アドバイス」は、すでに結果が分かった後に出てきたいわば「後出しジャンケン」のようなものであった。

しかし、経済学者の本分が理論研究であるとはいえ、実際には経済学者の遅行した不正確な分析と予測が現実の経済政策に反映されていくことも少なくないのである。特に、１９８０年代にフリードマンらが米国で「国家の政策顧問」としての地位を獲得して以降、そしてノーベル経済学賞によって世界的な権威付けが進んでいった結果として、有力な経済学者たちの発言は、経済政策面において少なからぬ影響力を持ち続けていた。これが、日本のケースにおいては次第に問題をもたらしていく。

ただ、その前に、ここで90年代に入ってからの日本のバブル崩壊に際して、日本国内から出てきた一つの動きについてまず述べておく必要がある。日本の現在に至るまでの金融政策あるいは経済政策全般にわたって象徴的な動きをもたらした政策提言グループ、「リフレ派」の登場である。

## リフレ派の登場

米国でフリードマンが痛烈なケインズ批判を行い、「マネタリズム」あるいは「新自由主義」

に基づく政策が実際に一部の国でマクロ経済政策として採用され始めたのは１９７０年代のことであった。逆に言えば、米国においても、１９６０年代まではマクロ経済政策といえば「ケインズ政策」であり、経済モデルも基本的にはケインジアン・モデルが中心であった。

ただ、その時代においては、それほど大規模な財政拡大が必要になるような深刻な景気後退も、それに対応した大規模な財政出動も、少なくとも日本を含めた西側先進諸国においては起きていなかった。

実際に、日本を例にとって財政状況を示す数値を見てみると、高度成長が終わった後の１９７５年の時点でＧＤＰ対比の政府債務の比率はわずか10％程度に過ぎなかったが、赤字国債の発行増加が問題視され始めた後の１９８５年においても同比率はせいぜい40％にとどまっていた。現在、日本の公債発行残高がＧＤＰ比で２００％近くにまで達している状況からすると隔世の感がある。

つまり、経済予測モデルにケインジアン・モデルを使用するということと、実際にマクロ経済政策として財政拡大を野放図に行うということとは、ある意味で異なる次元の話だったのである。そのため、常に緊縮財政を唱道し続けることを宿命付けられていた大蔵省（現在の財務省）においてさえ、官僚の経済政策に対する基本的な発想方法はケインズ経済学をベースにしていた。

２００１年の中央省庁再編以前においては、大蔵省と共にマクロ経済政策の策定を主たる業務としていた官庁として、経済企画庁（現在は内閣府に統合されている）があった。大蔵省が実際の予算編成を通じて経済成長をコントロールする「実践部隊」であったのに対し、経済企画庁はＧＤＰの推計を行ったり経済白書の作成を行ったりと、経済政策の理論的根拠作りを行う「シンクタンク」的な役割を担う官庁であった。

実際、大蔵省には「エコノミスト」と外部から呼び習わされるようなポストはなかったが、経済企画庁には、調査局内国調査課という「経済白書」の作成を行うセクションがあり、歴代の内国調査課長は、いわゆる「官庁エコノミスト」と呼ばれる立場にあった。▼9

１９７０年代から90年代にかけての時代は、金森久雄、宮崎勇、赤羽隆夫、吉冨勝、香西泰など経済論壇で活躍を続けた経済企画庁出身の官庁エコノミストは多かった。そして、その多くも比較的オーソドックスなケインジアンであった。

大蔵省や経済企画庁は、政府の財政政策を通じてマクロ経済政策をコントロールする役割を担っていたので、官僚的な発想とすれば、「財政政策」の役割が大きいと主張することにある種の「省益」も存在した。それがあったがために、省（あるいは庁）全体のコンセンサスとしてケインジアン的な経済理論を支持し続けた面もあるだろう。特に大蔵省としては、自らの持つ強大なパワー（＝予算配分権あるいは財政による成長コントロール能力）を誇示しつつ、実際にはそのパワーを政治家に対する牽制材料として用いることによって、財政が過度に拡張的に傾くことを十分に抑制できるという自信もあったものと思われる。

一方、金融政策の所管は日銀であったが、日銀も一つの官僚機構なので、大蔵省や経済企画庁と同じ発想を持つのであれば、自らの金融政策を通じての政策コントロール能力が強大であることを対外的に誇示するという考え方もあっておかしくはなかった。

しかし、大蔵省が「渋々」財政支出に応じることで政治家に「恩を売る」ことができたのに

▼9 現在でも内閣府は経済白書を作成しているが、その作成者が官庁エコノミストとして経済論壇で脚光を浴びるようなことはなくなった。１９９０年代以降は民間金融機関でエコノミストの養成が進んだ影響も大きい。

対し、日銀は、政治家から「金融緩和」をやっても「当然視」され、それを「渋る」と水面下で強力な圧力を受けるような立場に常に置かれていた。

これは、1998年以前の独立性の低い旧日本銀行法の下において、大蔵省が景気浮揚のための政策をできるだけ日銀に押し付けようとする傾向があったことも大きな要因であったと考えられる。特に、1980年代後半の急激な円高進行局面からバブル醸成へと向かう局面においてその傾向は顕著であった。▼10

そのため、日銀には、金融政策による景気浮揚効果を、どちらかと言えば「過小」に見せようというバイアスすらあったのである。日銀のスタッフが、「財政政策よりも金融政策の方がマクロ経済政策としては有効」という「マネタリズム」的な発想を持たなかったのも、そういった歴史的な経緯と、それによって培われたメンタリティの部分が間違いなくあったと思われる。

日本においては、大蔵官僚も経済企画庁の官庁エコノミストも、そして日銀スタッフも、米国で1970年代から80年代にかけて経済学と経済政策を席巻した「マネタリズム」の考え方を積極的に採用することはなかった。そして、現実的な政治権力構造の問題として、日本のマクロ経済政策決定に最も直接的に影響を及ぼしていたのは、政治家でも、経済学者など政府外の人材でもなく、こういった一部の経済官庁に所属する官僚たちであった。

大蔵省、経済企画庁、日銀というマクロ経済政策決定の中枢を担う官僚機構がケインジアンによって占められていた以上、米国とは異なり、日本の経済政策の舞台においては「マネタリスト」であること自体は明らかに「異端」であった。しかし、少数ながらも「異端」は存在し

▼10 当時の大蔵省と日銀との間の水面下のやり取りは、軽部謙介『検証バブル失政』岩波書店 2015年 などに詳しい。
軽部謙介『検証バブル失政』、岩波書店、2015年

ていた。そして、その「異端」の中に「リフレ派」の一つの淵源《えんげん》があった。

＊　＊　＊

1970～80年代に米国でフリードマンの「マネタリズム」が表舞台で脚光を浴びていた頃から、経済企画庁や大蔵省の中に、少数だが「マネタリズム」を信奉する官僚が散見されていた。経済企画庁の中では、新保生二（故人）、原田泰（後の日銀審議委員）といった官僚の名が挙がる。米国から導入される先端的な経済モデルを扱う機会の多い官庁であり、内閣府に統合されてからも含めて、「マネタリズム的」あるいは「リフレ派的」な立場を信奉する官僚は彼ら以外にもいた。ただ、官庁エコノミストとして退任後も大学教授の立場や民間エコノミストに転じて対外発信を行う多くの経済企画庁官僚OBの中では、彼らの主張は特殊な部類に属していた。

一方、大蔵省においては高橋洋一が官僚出身のリフレ派論客としては有名だが、経済企画庁と同様に大蔵省OBの中では異端の扱いであった。ただ、経済企画庁同様、有名な高橋以外にも、「マネタリズム的」、「リフレ派的」な立場を採る官僚も一部にはいた。組織的に言えば国際金融局（98年以降は国際局）には、主計局など他の局と比べて「マネタリズム」に対してシンパシーを持つ官僚が多いとは言われていた。これは、国際金融局の業務の性格上、主計局や主税局の官僚が持つ「財政緊縮を目指しながらも、財政政策の効果を対外的に誇示することで政治的なパワーを維持する」という発想から無縁であったということもあるかもしれない。

あるいは、1980年代以降、「マネタリズム」の発想が浸透した米国と通貨交渉で直接対峙する立場にあったのは大蔵省の中では国際金融局であり、米国のカウンターパートたちと共通の言語を持つ必要に迫られたということもあるのかもしれない。米国だけではなく、80年代以降、通貨を巡る交渉において米国と共にG7内の最重要国であったドイツも、1920年代のハイパー・インフレーションの経験から、かなりシンプルな「貨幣数量説」を支持する傾向が強かった。現日銀総裁である黒田東彦なども、財務省の国際金融部門を管掌する財務官時代にフィナンシャル・タイムズに寄稿をして、インフレ・ターゲット政策と非伝統的金融政策の必要性を主張するなど、「マネタリズム」あるいは「リフレ派」的な考え方を持っていたとされる。▼11

ただし、「リフレ派」を人的ネットワークも含めた一つのグループとしてみた場合、黒田はその範疇には入ってはいなかった。民間における「リフレ派」のリーダー的存在だった岩田規久男が主催していた昭和恐慌研究会に関係していた官僚出身者ということでは、原田、高橋などの名前が挙がる。

「マネタリズム」の考え方に傾斜した少数の「異端官僚」たちには、日本社会における最高のエリートである一流官庁所属の官僚に共通するメンタリティもしくは特性といったものがあったようにも推測される。

一つは、「海外の先進技術を国家のためにいち早く導入する」というある種の使命感、あるいは明治維新以来の「輸入学問」の志向である。そして、もう一つは「米国と直接結びつくことで、国内組織の中に一定の立場を築く」という文字通り官僚的な発想である。特に各省庁の国際担当部局は、組織としてそういう発想を持ちやすい。外務省などは典型であるが、親中、

▼11 フィナンシャル・タイムズ紙コラム 2002年12月2日付

親ロなど、言語別のスクールごとに相手国の立場に寄った発想を持ちやすいと言われる。そういった「異端」の官僚たちは、「少数派ながらその主張が強硬」というのが一つの特徴でもあったが、その背景には、こういった日本の官僚機構特有の要素もあったと考えられる。

実は、過去にもこれと類似した構造を持ち、歴史的にも大きな意味合いをもった事例が戦前の1930年代において見られた。満州事変前後から第二次世界大戦にかけての時代に「革新官僚」と言われた「異端官僚」たちの活躍である。

1930年代に「革新官僚」と言われた一連の中央省庁官僚たちは、1920年代以前は米国とまったく変わらぬ自由主義経済体制にあった日本を、「国家社会主義」的な発想で統制経済国家に変えていこうと考えた官僚グループである。その代表格が商工省の官僚であった岸信介（後の内閣総理大臣）であった。

岸は、ドイツの「産業合理化運動」やソ連の「5ヶ年計画」といった海外の先行的な「統制経済」の試みに強く影響を受けたとされる。[12] 大恐慌後の世界経済を観察する中で岸は、資本主義システムあるいは自由主義経済が歴史的な転換期を迎えつつあるとの認識に立ち、新たなモデルとしてドイツやソ連の事例を研究して日本にも導入しようと考えたのである。実際に政府の中枢に入って「統制経済化」を推進した中心人物は岸をおいて他になかったが、岸以外にも「国家社会主義」的な発想で政策遂行に努める「異端官僚」が官僚機構の中から現れ、現実の政策推進に影響を及ぼしていった。

具体的な経済政策の内容としては、フリードマンの「マネタリズム」と1930年代の「国家社会主義」に基づく「統制経済」の考え方には何の共通項もない。しかし、官僚機構におけ

[12] 原彬久『岸信介』、岩波新書、1995年／佐藤正志『革新官僚・岸信介の思想と行動』、摂南大学「経営情報研究」第21巻第2号、2014年

るコンセンサス的な考え方（すなわち国家の主流派的な思考方法）に対抗して、官僚機構内部の少数グループの中から海外の「先進モデル」と言われる考え方を移植しようというムーブメントが現れてきたという意味で、1990年代の「リフレ派」の登場と戦前の「革新官僚」の登場との間には通底するものがある。

「リフレ派」のケースにおいても、フリードマンの「マネタリズム」という1970~80年代における海外の先進的モデルに対するある種の「熱狂」あるいは「信奉」といったようなものが感じられる。国家の先行きに対する強い問題意識から来るものではあろうが、「海外」、「先進的」といった存在に接してエモーショナルにそれらを「信奉」するメンタリティは、「異端官僚」のみならず日本人全般に見られる一つの傾向とも言えるかもしれない。

1930年代において岸ら「革新官僚」が国家社会主義的な統制経済国家のモデルを提示し始めた当初は、自由主義経済を支持する当時の主流派的な政治家や財界人からは異端視され抵抗も受けた。しかし、「革新官僚」たちには、ドイツとソ連の先進モデルを導入することが日本には絶対に必要だとのエモーショナルな「信奉」があった。そして、幾多の経緯を経て、最終的に異端の経済モデルが国家の正式モデルとして採用されていくことになったのである。しかし、日本が全面的に採用していくその国家モデルは、西欧文明の歴史の中では、結局、中心モデルの地位を獲得することなく潰え去ってしまうことになる。

「統制経済」という経済モデルの採用においてドイツやソ連に対して遅行していた日本だったが、ドイツやソ連に無理をしてキャッチアップしないという選択肢もあったはずだ。1930年代という時代思潮の中ではオールドモデルと見えていたであろう「英米流の自由主義経済モデル」を何らかの形で維持する選択をしていたら、その後の日本の歴史は多少なりとも変わっていただろうか？　それはあくまでも歴史上の「if」ではあるが、実際にその選択肢は存在していた。この問題（＝これから述べていく2000年代以降における「マネタリズムの実験」）は、2010年代末の現時点においてもまだ現在進行形の問題であり、同じ「if」であっても、仮定法の世界ではまだない。

＊　＊　＊

このように、官僚機構の中における「異端」という捉え方は、「リフレ派」という政策集団の歴史的な位置づけを考える上で一つの重要な視点となる。ただし、「リフレ派」の淵源は、必ずしも官僚機構の中の「異端派」のみにあるわけではない。大学や金融機関においても、「リフレ派」を自任する最も初期の人たちは、1980年代後半から1990年代前半の頃にはすでに出現していた。

経済学者として早い時期から「リフレ派」の代表格と目されていたのが、岩田規久男（後の日銀副総裁）である。岩田は、1980年代までは都市経済学を専門とする学者であったが、1990年代の早い段階から、日銀に対して「マネタリーベースを拡大することでインフレ率を引き上げ、景気を回復させられる」という主張をし始めていた。[13] 非常にシンプルな「マネタリズム」に基づく金融政策の採用を日銀に求めたのである。岩田は前述したように「昭和恐慌研究会」という研究会を2002年から立ち上げたが、ここに名を連ねる官学民のメンバーが、「リフレ派」という人的ネットワークのかなりの部分を占める。[14]

---

▼13 「3・5％成長を達成するためには…日銀がハイパワード・マネーを5－6％程度増やすことが前提」日経新聞　1992年8月30日付

▼14 昭和恐慌研究会のメンバーで、『昭和恐慌の研究』という本を2004年に出版している。そこには執筆陣を含めて19人の参加者が記されているが、その中から後に4人が日銀に入っている。岩田規久男編著『昭和恐慌の研究』、東洋経済新報社、2004年

一方、金融業界においては、経済企画庁出身の原田泰が活躍の拠点とすることになる大和総研（大和証券グループ）などは、古くから、「マネタリスト」的なスタンスを前面に出すエコノミストを輩出したシンクタンクであった。ただし、大和総研の競合社でもあり、当時の大手四大証券系経済シンクタンク中の最大手だった野村総合研究所は、所属する有力エコノミストらが金融緩和よりはむしろ積極的な財政拡大を主張していたことで有名である。「リフレ派」の論者の中には金融緩和と積極財政を同時に主張するエコノミストも少なくはないが、90年代の時点では少なくとも積極財政拡大派のエコノミストを一般的に「リフレ派」とは言わなかった。その意味で、少なくとも野村総研は「リフレ派」人材を擁するシンクタンクではなく、市場エコノミストが所属する証券会社やその関連シンクタンクが共通して「リフレ派」人材を輩出していたという訳ではない。大和総研のケースは、あくまでも属人的なつながりの中で「マネタリスト」的な主張を行うエコノミストがたまたま多く所属する組織であったというに過ぎない。一部の大手銀行系のシンクタンクの中からも「リフレ派」に属するエコノミストは現れたが、そこにも何か特殊な背景や構図は認められない。

ただ、戦前の「革新官僚」にも類似する「海外の先進モデルへの信奉」というメンタリティが１９９０年代以降の「リフレ派」の一つの特徴であったという意味では、異端官僚も経済学者も、そして民間のリフレ派エコノミストも、根底の部分では共通したものを持っていたように思われる。ここに「リフレ派」の大きな特徴が認められるのだが、米国の「先進モデル」を移入するというエモーショナルな考え方が強いがゆえに、フリードマン流の素朴な「マネタリズム」のコンセプトを日本のケースにも１００％適用できるということを既定事実であるがごとく議論を進める傾向が強かった。

たとえば、「デフレーション」という概念の当てはめ方も、1930年代の大恐慌における事象と、1990年代以降の日本における事象とがまったく同じものであるとの前提を置いた。そのため、日本経済の全体像の捉え方において、「リフレ派」の議論とそれに対立するサイドの議論とがまったく噛み合わない状況が続いていくことになった。この認識ギャップは、日本の不良債権問題が一巡し、信用恐慌的な状況が完全に終息した2000年代半ば以降に一段と顕著になる。

また、米国の先進モデルを移入するという「リフレ派」のエモーショナルなメンタリティは、「海外の先進モデルを理解している自分たち」が「島国の中で狭い視野しか持てない多数派」に対して断定的な口調で教え諭すというような構図も生んだ。

1992年には「翁−岩田論争」という形で、早くも「リフレ派」と日銀スタッフとの間で先鋭的な論争が始まるわけだが、初期の段階で「リフレ派」が主張したロジックは、フリードマン流の「マネタリズム」に対する素朴な信奉に基づくものであり、論争の内容自体は極めて粗いものであった。対する日銀エコノミスト側の議論はより精緻なもので、1990年代における日本の経済および金融状況と中央銀行によるオペレーションの実態を踏まえたものであった。

しかし、「リフレ派」のサイドが「米国伝来の先進モデルを日銀に対して解説する」という強硬なスタンスで論争に臨んだために、議論はかなり感情的な様相を呈することとなった。この頃から「リフレ派」は、「日銀は世界の常識を知らない意固地で無知な集団」というプロパガンダとレッテル貼りを積極的に行っていくようになる。

その当時、日本の金利市場における実際の市場参加者たちは、岩田の主張するロジックをおよそ理解し難いものと感じていた。というのも、あまりにも金融市場と中央銀行のオペレーションのリアルな世界からかけ離れた単純化された議論を岩田が行っていたためである。

おそらく、その後、欧米経済学者たちからの「援軍」を仰がなければ、初期の「リフレ派」の主張は、却下されたまま完全に忘れ去られていたかもしれない。しかし、非常に粗い議論から始まった「リフレ派」の主張も、欧米からの「援軍」を最大限に活用しつつ、最終的には現実の金融政策として採用されていくことになるのである。

日本の金融政策に関する米国経済学者の「援軍」という意味で代表的な例としては、1990年代後半以降、ポール・クルーグマンのようなかなりリベラルな立場の人物が、日本に対してインフレ・ターゲット政策の採用を強く推奨していた。クルーグマンは、政府による経済への介入を積極的に容認する考え方の経済学者である。

他方で、新自由主義の唱道者であったミルトン・フリードマンの影響を強く受けたとされるベン・バーナンキ元FRB議長も、経済学者の立場で先鋭的な日銀批判を繰り返していたことで有名である。[15] バーナンキは、量的緩和政策とインフレ・ターゲット政策の導入を日銀に対して強く推奨し続けた。[16]

日本の経済政策に対してさまざまな批判と提案を繰り返す米国の経済学者たちの学問的立場も決して同じではなく、経済学の議論としてはやや混乱の様相を呈している印象すらあった。日本の「リフレ派」の論者たちは、米国の経済学者たちのそういった混乱した議論のつまみ食

---

▼15 バーナンキはマネタリスト的な立場としてフリードマンの影響を強く受けている一方で、経済学者としての立場は基本的には「ニュー・ケインジアン」である。財政政策や金融政策による積極的な介入を是とする立場であることにおいてクルーグマンと変わらない。基本的に現代の金融政策に直接、間接に関わっている経済学者たちは、そのスタート時点での立場に違いはあっても、結果として主張している内容に大差はない。

▼16 三木谷良一、アダム・S・ポーゼン編『日本の金融危機』、清水啓典監訳、東洋経済新報社、2001年

いをする傾向も強かった。たとえば、「財政拡張論者」と「マネタリスト」の区別が「リフレ派」の論者の中で不明瞭になっていることなどはその結果であろう。

しかし、クルーグマンやバーナンキの日銀批判が、当時の「リフレ派」にとって強力な「援軍」となったことは疑いない。その日銀批判者の代表格であったクルーグマンとバーナンキが、リーマン危機以降は「反省の弁」を述べ始めていることは興味深い。バーナンキは2017年に日銀主催のコンファレンスに出席するため来日した際に、彼が2000年前後に先鋭的な日銀批判をしていたことにも言及した上で、その後の日銀による大規模な金融緩和にもかかわらず日本のインフレ率が予想した通りには上昇しなかったことを率直に認めている。▼17

米国の経済学者は、事後的に自らの考えの誤りを認めることは意外に躊躇しない。ディベートを重んじる米国流の考え方で、自らの考えを強力に主張し、反論を受けたり新たな事実が出てくれば素直に誤りを認めることを良しとする面もある。しかし、だからと言って、それが実際に政治的なプロセスを経て政策に反映され採り入れられているという現実が軽視されるべきではないだろう。政策を実行した結果に対して、経済学者もまったく責任を負わないということは容認されないのではないだろうか。この点については、第8章においてまとめて論じる。

さて、次に2000年代以降における日本の金融政策の話に入っていく前に、もう一点だけ補足しておくべきポイントがある。それは、「デフレーション」という経済事象の捉え方である。「リフレ派」が積極的に持ち出してきた「デフレーション」という用語は、明らかに、1930年代の大恐慌時において観測された経済事象を想起させる意図をもって使用された。しかし、その後、「デフレ」という用語は、日本経済の長期低迷の一種のメタファーのような

▼17 しかし、バーナンキは、そのコンファレンスでもインフレ・ターゲット政策自体の誤りは認めておらず、日本は高めのインフレ目標を取り下げるべきではないと主張している。インフレ率が高い方が、将来の金融政策による景気コントロールの余地が高まることと、財政の実質的な負担が減じることをその理由に挙げている。（日銀ウェブサイトで公開されている2017年5月24日に行われた講演原稿）

言葉となっていく。そこで、この「デフレ」という用語が、どのように日本社会に広く深く浸透してきたかという経緯についても述べておく必要があるだろう。

## 「デフレ」という都合のよいワード

1930年代の大恐慌期において、米国では卸売物価は最大で約4割下落した。年平均で約13%の物価下落が約3年半にわたって継続したのである。単純に考えても、これだけ急激な物価の下落が生じると、企業の売上、利益ないしキャッシュフローは激減し、名目ベースで固定された債務の返済に支障を来すことになる。債務返済能力を失った企業は、場合によっては倒産にいたり、何とか事業を継続できても、雇用と投資を大幅に削減せざるを得なくなる。こういった個々の企業の生き残りのための行動がマクロ的にはさらなる総需要の減少をもたらし、一段と物価下落を加速させる。

この一連のプロセスを指して、「債務デフレーション」あるいは「デフレ・スパイラル」というような言い方をする。

「デフレ・スパイラル」という経済事象は、物価下落という名目的な事象が経済の実質的な数値を減少させ、それがさらなる物価下落を招くという「名目変数と実質変数の間でのフィードバック」が生じる状態を指す。

第3章、第4章でも述べているが、「名目」というのは何らかの通貨価値で表現された経済変数（=金額ベースの変数）であり、「実質」というのは生産量、雇用者数、投資する機械の数といった数量ベースの変数のことである。

19世紀以前の「古典派経済学」の世界においては、よりシンプルな「貨幣中立説」を採っていたので、貨幣供給が減少して物価が下落しても消費や投資といった「実質変数」には何も影響を及ぼさないと考えていた。しかし、フリードマンの「マネタリズム」は、短期的には貨幣供給の減少による物価の下落が実質変数に影響を及ぼすことを認める。それがゆえに、貨幣の安定供給が重要だと論じたわけである（貨幣とインフレ率がパラレルだという考え方の正否は、ここではとりあえず無視する）。

ここで客観的な議論が必要となるのは、「マネタリズム」的な政策が有効であるかないかという以前の段階として、「名目変数と実質変数との間のフィードバック」がバブル崩壊後の日本においてどの程度生じていたのかという点である。フィードバックが生じているのであれば、物価下落（＝デフレ）が「実質変数」である経済成長の停滞をもたらしている要因だということになり、そうであれば、起こっている経済事象は「デフレ・スパイラル」なのだと定義できる。そして、そこで起こっている経済成長の停滞（すなわち不況）が国民の厚生を損なっているのだとしたら、それは是正されるべきだという議論は成り立つ。しかし、もし、「名目変数と実質変数との間のフィードバック」が起きていないのであれば、そこでの「デフレ」が経済全体あるいは国民厚生にとって「悪」であるかどうかの認定は相当難しい。

この点に関してまず注目すべきは、１９３０年代の大恐慌は、３年半という短期間に卸売物価が年率13％というペースで急激に下落した経済事象であったことである。それに対してバブル崩壊後の日本における企業物価指数（＝旧卸売物価指数）の推移を見てみると、１９９１年

3月をピークに2003年10月まで実に約12年半にわたって下落基調が続いた。しかも、大恐慌の4倍近くかかった下落期間における累計下落幅は、大恐慌時の約3分の1の約14%に過ぎない。[▼18] 年率にすると約1・2%の下落率となり、ペースとしては大恐慌時のわずか10分の1ということになる。この二つの経済事象をそもそも同じものだと認識することに、常識的な感覚を持った人間であれば疑問を持つのが当然であろう。

ただ、これに対する反論もあり得るのは、「1930年代の時の経験があったので、日本のバブル崩壊時に中央銀行である日銀が積極的な金融緩和を行ったことで、物価下落のインパクトが弱められた」というものである。

しかし、仮にそういう側面があったとしても、物価下落期間が4倍にも及んでいるということについては、それだけでは十分な説明がつかないだろう。「リフレ派」の論者は逆に、日銀の金融緩和不足が物価下落を長引かせた理由だと主張するが、それでは、累計で見た物価下落幅が大恐慌時よりも大幅に抑えられていることを説明できていない。「リフレ派」の説明では、日銀の政策に効果があったと言っているのか、なかったと言っているのかがはっきりとしない。少なくとも、期間が4倍で累計の変化幅が3分の1に過ぎない経済事象を指して、大恐慌とまったく同じ「デフレ・スパイラル」であると考えるのは、経済学の議論にありがちな「現実感覚」の欠如した認識もしくは判断だと言えよう。

物価下落が債務負担の増大を通じて雇用や投資の削減をもたらすことを「債務デフレーション」あるいは「デフレ・スパイラル」と言うと述べた。しかし、大恐慌の際には、物価下落だけではなく、工業生産が3年半で半減してしまうという「実物面」でのショックが同時に発生

▼18 今田寛之「1929〜33年世界大恐慌について」、日本銀行金融研究所「金融研究」第7巻第1号、1988年

していた。

企業は、売上が急減しているという目の前の現実に対して、販売価格下落のインパクトもさることながら、そもそも販売数量が急減していることに対応することでパニック的な状況に陥っていたはずである。企業家にとって、価格下落と数量減少のどちらがより大きなインパクトだと感じられるのかは、はっきりと言えないところであろう。「名目（＝物価）」と「実質（＝販売数量）」の間でフィードバックが起きているにしても、この場合、因果関係は双方向であるわけで、どちらの方向の影響がより大きいのかは不明瞭なのである。

その点、フリードマンらが大恐慌の分析において「デフレを容認した金融政策が最大の問題だった」と結論付けていること自体、短期的な名目（＝販売価格）から実質（＝販売数量や雇用者数など）への因果関係を想定する「マネタリズム」の考え方を、結論ありきの発想で持ち込んだことは間違いない。

バブル崩壊後の日本経済においても、程度としては大恐慌時に大きく及ばないが、鉱工業生産もピーク（1991年5月）からボトム（1994年1月）までの2年8ヶ月の間に約14％減少しており、実質ベース（＝販売数量）での企業へのインパクトは当然小さくなかった。大恐慌時と同様、この時期に実質ベースよりも名目ベースのインパクトのほうが明らかに大きかったという結論は簡単には導き出されない。

一方、リーマン危機後の不況期には、日本の鉱工業生産は2008年2月から2009年2月までの1年間で約35％も減少し、国内企業物価も2008年8月から2009年11月までの1年強で約9％下落している。大恐慌時の米国の工業生産の減少率は年率換算で約20％だったので、日本のリーマン危機後における生産減少は、ペースという点では大恐慌時を上回っていたことになる。企業物価の下落率も年率換算で約7％と、大恐慌時には及ばないもののバブル崩壊後の90年代よりもかなり大きかった。単純に、生産、物価といった数字の動きだけを比べれば、リーマン危機後の日本経済の数値は大恐慌の時の数値にかなり類似している。

しかし、リーマン危機後の日本経済においては、同時期の欧米諸国で起きたような「信用収縮」の動きは限定的にしか見られず、金融機関の経営問題も小規模なもの以外は発生しなかった。金融システムはまったくといってよいほど動揺しなかったのである。企業倒産は2008年と2009年にそれぞれ1万5646件、1万5480件と増加はしたが、1980～2016年の平均が1万4432件なので、この2年間の数字は必ずしも突出した数字とは言えない。[19] ちなみに、過去最大の倒産件数は1984年の2万841件であり、バブル崩壊後のピークは2001年の1万9164件である。この点においては、「リーマン危機」が大恐慌時と同様な「債務デフレーション」あるいは「デフレ・スパイラル」という「名目」から「実質」への負のフィードバックを日本経済にもたらしたという説明は根拠が薄弱である。

いずれにせよ、「マネー供給が実体経済に及ぼす影響」、「〝名目〟から〝実質〟へのフィードバックの有無」、「生産減少と物価下落の程度」といったいくつかの点において、大恐慌と日本のバブル崩壊には一部で類似点はあるが、相違点も少なくない。日本のバブル崩壊後の90年代の不況と2008年のリーマン危機後の不況もまた別のタイプの景気後退であり、その特徴、内容は大きく異なる。

それを一括りに「デフレ」あるいは「デフレ・スパイラル」といった言い方でまとめてしま

▼19 東京商工リサーチ「全国企業倒産状況」

うのは、現実からかなり乖離した議論であると言えるだろう。しかし、「日本のデフレ経済は20年近くに及ぶ」あるいは「失われた20年」という言い方が一般に流布していることからも分かるように、バブル崩壊以降の何か大きな「経済政策面での失敗」が「デフレ」という経済現象をもたらし、２０１０年代に暮らす我々日本人の生活にまで延々と負の影響を及ぼしているかのようなイメージが広く深く浸透している。

＊　＊　＊

「デフレ」の解釈を巡る問題は、バブル崩壊後の経済政策に関わる議論において、根本的なところできっちりと整理されないまま続いてきた。最も本質的な点は、物価下落が「悪」なのか景気悪化（＝販売数量減少）が「悪」なのかということが、論者によって曖昧にされたまま、金融政策をはじめとするマクロ経済政策を巡る議論が行われてきたことである。実際、１９９０年代末頃から、「デフレ」という言葉自体の定義を巡っても、さまざまな議論が起きてくる。

ここで、「デフレ」という言葉が、日本においてどのような局面で、どのように使われてきたのかということを振り返ってみよう。そのために、日本における経済世論形成に重要な役割を果たしていると思われる日本経済新聞の中で、「デフレ」という言葉が使用されている記事の数を過去数十年間にわたって見てみよう。ここから「デフレ」を巡る議論についてのさまざまなことが浮かび上がってくる。

「デフレ」という言葉は、日経新聞上では、１９７０年代末頃から散見されるようになった。

この頃は「円高デフレ」という形で主に使用されていたが、当時は80年代前半のドル高局面が始まる直前の時期に当たり、一時的に1ドル300円から180円程度まで大幅な円高が進んだ時代であった。輸出産業へのダメージが懸念されて「デフレ」という言葉が使われたわけだが、第一次石油ショックの記憶もまだ生々しく残る時期であり、物価下落が何か実体経済にダメージをもたらすというよりは、景気そのものへの懸念をこのような言葉で表現していたのである。

その後、1981～82年にも「デフレ」の登場記事数が増加したが、この時は「行革デフレ」という使い方が多くされた。行政改革が政治的な一つのアジェンダとなっていた時代であり、緊縮財政に対する懸念の表明として「デフレ」という言葉が使用されていた。このケースも、基本的には物価というよりは、「景気」そのものへの懸念が主であったと言えよう。

しかし、この頃までは、「デフレ」という言葉が日経新聞紙上に登場する回数は、多い年でも一年間に数十回程度であった。日本において「デフレ」という言葉が本格的に国民の耳に一般的な用語として届くようになるのは、1980年代半ばの円高局面以降である。記事数で言うと、1986年は一気に600件近くまで跳ね上がり、その半分以上で、「円高デフレ」という言い方がされていた。

この年の7月に、経済企画庁出身の官庁エコノミストの代表的論客であった吉冨勝（当時はOECDに所属）が日経新聞のインタビューに答えている内容が興味深い。吉冨は財政拡張の是非について問われ、「デフレの程度による。今回は、原油下落の時に円高が進んだからデフレ効果が相殺される可能性がある」と述べている。[20]

[20] 日本経済新聞1986年7月21日付

「原油下落」も「円高」も、物価への影響ということで言えばどちらも「デフレ」的な事象なので、一見すると矛盾した説明のように聞こえる。しかし、この当時は、「円高」は輸出産業へのダメージから景気悪化要因としてのみ懸念されていた事象である一方、「原油下落」は輸入コストの低減を通じてむしろ景気にプラスとなる交易条件の改善要因として認識されていた。

つまり、「円高」は景気悪化という「数量ベース」あるいは「実質面」での影響にのみ注目が集まり、「原油下落」は交易条件という「価格ベース」あるいは「名目面」での影響に注目するという発想が強かったのである。[▼21] 専門エコノミストの認識がそのように曖昧なものであった以上、実際の経済政策決定に近いところでもかなり曖昧な認識をベースにさまざまな議論と検討が行われていたものと考えられる。

「円高デフレ」という用法は、円高の勢いが弱まってくる1980年代末にはあまり見られなくなり、その後再び「デフレ」という言葉の日経記事への登場回数が増加してくるのは、バブル崩壊後の1992年以降のことである。1995年には約600件まで増加し、1986年のピーク水準にほぼ達した。

この1995年を中心とする時期に頻出していた表現は、「資産デフレ」である。バブル崩壊後の株価下落、不動産市況下落を一まとめにして表現する言葉として、この「資産デフレ」という用語が非常に使いやすかったのであろう。しかし、「デフレ」に対応しているのが「資産」という言葉である以上、この時代にもまだ「物価の下落」それ自体を問題視する議論が多かったわけではない。

日経新聞で「デフレ」という用語が登場する記事の中で、「物価」、「景気」、「円高」という

▼21 日本のような貿易黒字国は、円高による交易条件改善の恩恵は相対的に小さいことは確かである。しかし、80年代半ばの頃には、吉冨のように、円高の価格面におけるプラス面をまったく考慮に入れないような極端な議論も多かった。

三つの用語が併せて使用されている比率をそれぞれ算出してみると、「物価」との併用比率は、１９９０年代までは概ね30％以下にとどまっていた。それに対して「景気」との併用比率は、90年代を通じて概ね60～80％と圧倒的に高かった。

つまり、１９９０年代においても、80年代の「円高」や「行革」の時と同様に、「デフレ」という用語は漠然と「景気が悪化している状況」の意味で使用されていたことが分かる。

なお、「円高」という言葉の「デフレ」との併用比率は、１９８６年が圧倒的なピークで(87％)、１ドル80円割れを付けた１９９５年までの数年間が第2のピーク(50％)。２０００年代末以降にリーマン危機後の円高局面が始まると再び上昇した。もちろん、円高は輸入価格の下落を招くのは確かだが、それによって消費者物価などの最終物価が必ずマイナスに陥るのかというと、輸入品の価格転嫁の状況や、その時点でのサービス価格をはじめ他のさまざまな物価の動向にもよる。その意味では、日本の場合、円高が進行すると非常にシンプルに、経済世論が景気への危機感を表明しようとして、とりあえず「デフレ」という用語を使う傾向が強かったのだといえる。

１９７０年代から現在に至るまで、ほとんどの時期において、「デフレ」という言葉は「景気悪化」をイメージさせるさまざまな事象と結びつけて使用される、ある意味で非常に「都合のよいワード」だったのである。

ちなみに、「デフレ」という言葉が日経新聞上に最も多く登場したのは２００２年で、１９８６年の円高時の5倍近い約２９００件に達した。2番目に多かったのが翌２００３年の約２４００件で、その後は、リーマン危機直前の２００７年に５００件を割るまでいったん減少傾向を辿った。そして、リーマン危機後に再び急増して2013年には約2400件に達し、2000年代初め以来の第2のピークを付けている。

この間の実際の消費者物価指数（CPI）の動きを見てみると、コアCPI（生鮮食品を除く総合指数）の前年比が年間平均で初めてマイナスに陥ったのは2000年のことである（CPIの変動幅は先に見た企業物価指数あるいは卸売物価指数より一般的に小さく安定的）。その後、▲0・9％という最大下落幅を記録した2002年を挟んで6年連続でマイナスとなっているので、2000年代初めに「デフレ」の日経記事登場回数がピークを付けているのは当然かもしれない。

しかし、前述のように、「デフレ」の登場記事において「物価」という用語との併用比率は、2000年代初めの頃はむしろ20％前後と低めであった。その頃はまだ「景気」との併用比率のほうが「物価」との併用比率を上回っていたのである。つまり、CPI伸び率のマイナス化という経済事象に対する関心が強まっていたことは確かだが、世論の最大の関心事はまだあくまでも「景気の低迷」であった。「物価の下落」それ自体に対する問題意識はそれほど高まっていたわけではなかった。

日経新聞上で「物価」という言葉の「デフレ」との併用比率が「景気」との併用比率を上回ってくるのは、リーマン危機後の景気後退を挟み、ようやく2015年になってからのことである。2015年のインフレ率（年平均のCPI前年比）はマイナスでなかったにもかかわらず、「デフレ」という用語の登場記事数は約1900件という高水準に達した。そして、「物価」との併用比率もようやく50％を超え、「景気」との併用比率を初めて上回った。「デフレ」

という言葉を「円高」や「景気悪化」と同義の言葉として使用する時代が40年近くも続いた後、文字通り「デフレ」を「物価下落」という意味で使用するケースが2010年代も半ばになってようやく大勢を占めるようになったわけである。

## 「デフレが諸悪の根源」というナラティブ

「デフレ」という言葉が「景気悪化」を指すのか、「物価下落」を指すのかという点については、政府、日銀を巻き込んだ議論が1990年代末から始まっていた。しかし、日経記事中の「デフレ」という用語の登場回数を元にしたここまでの議論からも分かるように、1970年代末から始まった日本の「デフレ」という用語の使用の歴史においては、1990年代までは少なくとも「デフレ」＝「景気悪化」という使用法が圧倒的に主流であった。

「景気悪化」は、従来からのケインジアン的な発想においては、「有効需要」を減少させるさまざまな経済事象によってもたらされるのであり、それらの事象が有効需要を減少させる「プロセス」を指す言葉として「デフレ」という用語が使いやすかったというのがおそらく実態に近い。

ある時期までは、「物価の下落」（＝名目の世界）が「景気の悪化」（＝実質の世界）に及ぼすフィードバック効果については、一般にはほとんど意識されていなかったと思われる。因果関係としては、あくまでも何らかの要因による「有効需要の減少」（＝実質）が生じ、それが「景気の悪化」（＝実質）をもたらすことで「物価の下落」（＝名目）が生じるというように、

▼22　この報告書においては、クルーグマンの主張する「インフレ・

シンプルに理解されていたのである。

そして、実際、日本のバブル崩壊後の年平均物価下落率が大恐慌時のわずか10分の1にとどまるというデータを踏まえれば、1990年代の日本経済の状況を説明するのには、そのような因果関係でほぼ説明は足りていたと言えよう。

1998年に政府は、経済企画庁の下に「ゼロインフレ下の物価問題検討委員会」を設置し、「デフレ」の定義について初めて公式に検討を行った。そして、翌99年にまとめられた報告書では、バブル崩壊を挟んで1970年代以降ほぼ一貫して使用されていた「デフレ」という言葉の使用方法、すなわち「景気悪化」とほぼ同義の概念として「デフレ」を定義した。正式な表現としては、「物価の下落を伴った景気の低迷」という表現が「デフレ」の定義として採用されたのである。[22]

この表現自体、「物価下落」は「景気低迷」の補助的な言葉として使用されているわけであり、要は「デフレ」＝「景気低迷」であるということになる。この時点では、さまざまな経済事象に起因する「景気悪化」を指す「都合のよいワード」として日本で長らく使用されてきた「デフレ」という言葉の用法が、そのまま「政府認定」のものとなったわけである。

しかし、政府は、いったん確定させた「デフレ」の定義を、そのわずか2年後に変更してしまう。2001年に政府は、デフレを「持続的な物価下落」と定義し直し、現状を「緩やかなデフレにある」というように認定することになる。[23] いわゆる、「デフレ宣言」である。

この政府による「デフレ」の定義の修正は、政府部内で物価についての現状分析が急速に深まった結果として行われたという訳ではなかった。どちらかといえば、2000年前後に回復

---

ターゲット政策」についてもすでに評価を下している。そこでは、マネタリーベースの増加がいつインフレ期待を上昇させるのか誰にも分からない中で、インフレ期待をコントロールすることは不可能だと結論付けている。そして、コントロールが不可能である以上、金融政策だけで「デフレ的状況」から脱することは困難だともしている。2013年のQQE開始から数年経って聞かれるようになった反省点が、ほぼ網羅的に記載されている内容である。

▼22 経済企画庁「ゼロインフレ下の物価問題検討委員会報告書」、1999年6月

▼23 2001年3月「政府月例経済報告」

の兆しを見せていた日本経済が、米国のITバブル崩壊に巻き込まれて、再び景気後退に逆戻りし始めたショックから出てきたもののようであった。実際、月次ベースの消費者物価指数（CPI）前年比は、2000年の後半以降、徐々にマイナス幅を拡大させつつあった。そして、2001年から本格的に始まった景気後退の最中の2002年には、前述したようにコアCPIの前年比が年平均ベースで▲0・9％と史上最低を記録することになる。

日本経済がバブル崩壊の痛手からいよいよ立ち直れるかもしれないという期待が潰え去ったショックが生じる中で、過去最大の物価下落のデータを見せつけられることになったのである。政策当局者、あるいは与党政治家の中から、「デフレ」＝「物価下落」と認定したうえで、「物価下落（＝名目）」→「景気低迷（＝実質）」という因果関係を持ち出すことで、新たな景気刺激策の必要性を主張しやすくなるという考え方が浮上したとしても不思議でない状況にあった。

この時を境に、「デフレ」は「景気低迷」によってもたらされた「症状」を説明する言葉から、徐々に「景気低迷」をもたらす「病巣」というイメージに転換していくことになる。そして、政治的にも、日本経済は「デフレ」という名の病に侵された病人であるとの診断を下していくことになるのである。

しかし、日経新聞上で「デフレ」という言葉と併用される用語として「物価」よりもまだ「景気」の方が上回っていた2000年代初頭に出された「デフレ宣言」は、一般国民の感覚、認識からすると、単に「景気悪化宣言」としか受け取られていなかっただろう。

では、1999年の政府による最初の「デフレ」の定義（「デフレ」＝「景気低迷」）と、わずか2年後に修正された「デフレ」の再定義（「デフレ」＝「物価下落」）とでは、一体この時期においては、どちらが正当だったのだろうか。

そもそも、1990年代末に政府が「デフレ」の定義について検討し始めたのは、消費者物価指数（CPI）伸び率のマイナス化という「ファクト」が生じてきたことに対応せざるを得なくなったためである。しかし、その時点で「物価下落」そのものに一般世論の関心が集まってしまっても、実際のところ、政策による具体的な対処の余地は乏しいと考えられていた。そのため、当初の段階では、「景気低迷」（＝実質）→「物価下落」（＝名目）という従来からのノーマルな因果関係を承認することになったのである。▼24

つまり、最初の「デフレ」の定義は、「景気低迷」に対してまず政策的に実行可能なことを行う、すなわち従来からの経済政策の手法を変えないという政府としての意思表明にもなっていた。このこと自体、おそらく誤った判断とは言えなかった。前述したように、1990年代を通じて生じた物価下落の幅、生産下落の大きさなどのデータからは、「物価下落」（＝名目）→「景気低迷」（＝実質）という因果関係を強調するほどのエビデンスは、実際のところ乏しかったのである。その意味で、この時代に「デフレ」＝「物価下落」と認定した上で、「物価下落」それ自体を政策で対処すべきターゲットとすることが正当であったとはやはり言い難い。

しかし、実はこの時期、もう一つの大きな潮流としての「物価下落圧力」が日本経済には生じつつあった。それは、1990年代から現在に至るまでの非常に長期的なトレンドとなった「中国の勃興に伴うグローバルなディスインフレーション」の影響である。この点をより強調する立場を採るのであれば、1999年の時点で、「デフレ」を「景気低迷」から完全に切り離して「物価下落」と定義することも実は妥当であったかもしれない。実際、このグローバ

▼24 新聞記者の鯨岡仁は著書の中で、「デフレの定義」の検討に関わった関係者の発言内容を匿名で引用している。鯨岡仁『日銀と政治：暗闘の20年史』、朝日新聞出版、2017年

ル・ディスインフレの議論を突き詰めていくと、「物価下落」は「景気」にはむしろポジティブであるとの結論さえ導き出すことも可能であり、「物価下落」と「景気低迷」は別の経済事象だとの説明が成立し得た。日銀は、実際にこの頃、新興国からの低価格製品の輸入に起因する物価下落をポジティブに評価していたのである。[▼25]

初めからこういった見方をベースに、「デフレ」＝「物価下落」という2001年の再定義を行っていたのであれば、後の時代に、政府が「物価下落」（＝名目）→「景気低迷」（＝実質）というマネタリスト的見解に傾斜していくこともなかったかもしれない。つまり、「物価下落」が「景気変動」に対してどのような影響を及ぼすかは、局面ごと、是々非々で判断するという冷静なスタンスをとり得たのである。

グローバル・ディスインフレの波は、日本のみならず、文字通り世界全域を覆う基調であった。これは、第2章でも述べたように、共産主義の崩壊と中国の改革開放の加速によってもたらされた大きなトレンドだったのである。

90年代以降、世界経済の牽引車役として復活した米国においてさえ、ITバブル期の景気ピークの2000年におけるCPI上昇率は2・5%程度であった。その1サイクル前の景気ピークであった1990年頃のCPI上昇率は5%強だったので、米国のインフレ率は90年代の10年間でその平均的な水準を3%近くも切り下げていたのである。

日本と米国のCPI上昇率の長期的な格差を見てみると、1980年代半ばから2010年代に至るまで、概ね1~3%ポイントのスプレッドで安定的に推移をしてきている。つまり、日本のインフレ率が米国のインフレ率よりも低い状況は、バブル崩壊後あるいはリーマン危機

▼25 2000年4月の会見で速水日銀総裁は、「技術革新や流通革命で製造コストが下がり、販売コストが下がっていく……そういうもので物価が下がるというのは、むしろ消費者にとっては、プラスになることだと思う」と述べている。

後に突然発生した事象ではなかった。

１９８０年代半ばの時点で、日本のインフレ率はすでに米国のインフレ率を２％程度下回っていた。それが、１９９０年代に米国のインフレ率が３％程度切り下がるのとほぼパラレルに日本のインフレ率も低下した結果、自然に０％前後にまで切り下がってしまったというのが実際に起こった事象の説明としては正しい。ここには、明らかにグローバル・ディスインフレの共通した影響があったと考えられるのである。

日本のインフレ率だけが世界の基調から乖離して低下してデフレに至ったという見方は、「日本悲観論」が広く浸透していく中で定着してしまったある種の「思い込み」である。前述したように、バブル崩壊後の日本における卸売物価（＝企業物価）ベースでの物価下落は大恐慌時の４倍近い期間に及んだわけだが、これも、実はこのグローバル・ディスインフレの影響が少なからぬ部分を占めていたと見るのがおそらく正しい。

しかし、２００１年の「デフレの再定義」は、グローバル・ディスインフレの要因を十分に踏まえたものではなかった。この２００１年の再定義が後々引き起こす重大な問題は、「デフレ」と「物価下落」をシンプルに一対一の関係に置いてしまうことで、「だから、これ（＝物価下落）を何とかしなくてはならない」と主張する名目を、政策当局者に提供することになったことである。

新聞記事での用法などから見ても、一般の感覚としては、２０１０年代も後半近くの時期までは「デフレ」＝「景気低迷」というオーソドックスな対応関係を受け入れていた。そのため、少なくとも「デフレ」の再定義が行われた２０００年代初頭にはまだ、「何とかしなくてはならない」対象はあくまでも「景気低迷」（＝実質変数）であり、「物価下落」（＝名目変数）そのものではなかった。

しかし、ここでマネタリズム的な論理を議論の中央に曳《ひ》き出してくると、一般世論の認識とは異なった結論が導き出されてくる。政策対応としては、「デフレ」→「物価下落」→「貨幣的現象」→「金融政策での対処」というように、中央銀行にその負荷を全て負わせる構図が徐々にできあがってくるのである。ある意味で、一般世論が「デフレ」＝「景気低迷」という認識をずっと残していることを逆手に取って、「景気低迷」の要因もその対処法も全てが「金融政策」にあるというような極論に、政府が図らずも一般世論を誘導していったとも言える。

その世論誘導を促すことになる一つのスイッチとして、「デフレ」＝「物価下落」という2001年の「デフレ」の再定義があったと言ってもよいだろう。2001年の再定義の時点では、大半の与党政治家もそんな風にこの定義が利用されていくことを想定したわけではなかったかもしれない。しかし、結果的に、一般世論が経済政策に対して求めるものの全てを金融政策に結び付けていくような政治的な誘導が、その後、10年余りをかけて行われていくのである。

2015年以降は、日経新聞における「デフレ」の登場記事において併用される用語として、「物価」が「景気」を上回るようになった。一般世論も、「デフレ」＝「景気低迷」ではなく、2001年の再定義後の「デフレ」＝「物価下落」と認識し始めていることは確かであろう。政府と一般世論との認識ギャップが埋まりつつあるのだとすれば、ある意味で健全な形に向かいつつあるのだと言えないわけではない。

しかし、2013年に日銀が壮大な第二弾の「マネタリズムの実験」を開始した時点では、このギャップはまだ明らかに残存していた。一般世論は、「金融政策」がほぼ一対一の対応関係で「デフレ」に充当されていくのを、ある意味で誤解を残しながら見ていたことになる。「景気低迷」への政策対応ということであるならば、適用される政策は、本来、金融政策だけではないはずであり、より広範な経済政策が適用されるべきであろう。しかし、現実には、『デフレ』＝『物価下落』さえ修正されれば日本経済の課題は全て解決する」とでもいうような壮大なイリュージョンが徐々に醸成されていくことになった。「デフレが諸悪の根源」であるという「ナラティブ」（＝人々がそのように理解する『物語』）が、日本の社会においていよいよ定着してくるようになるのである。

その結果（あるいはそのように誘導された結果）、「物価下落」は金融政策のみが対処すべき事象なのだという素朴な「マネタリズム」を適用する経済政策が推進されていくことになるのである。

## エモーショナルな日銀批判の発生

異端派官僚を一つの起源とする「リフレ派」、あるいは民間から散発的に出てきたリフレ派エコノミストたちは、1990年代に入る頃から、素朴な「マネタリズム」の主張を対外的に発信するようになっていた。彼らが異端の主張を行っていくメンタリティは、異端官僚の場合についてはすでに述べたところだが、基本的には「米国からの輸入学問への憧憬」と「米国への接近による立場強化」という二つの要素に発していた面があった。

民間エコノミストの場合も前者の要素はあったかもしれないが、官僚とは異なり、後者の要素については特に持たない民間エコノミストも少なくはなかっただろう。しかし、民間エコノミストにおいても、「政策提言」を行っていくことで、「国家の政策顧問」としてのポストを引き寄せるという誘因は存在したはずである。フリードマンら経済学者たちが米国においてその地位を獲得することに成功したのと構図は同じである。その意味においては、異端派官僚と、結果的に共通した行動パターンにはなりやすいとも言えた。

それでも、2000年代までの日本の政治シーンにおいては、まだトラディショナルな財政出動を要求する与党政治家が圧倒的に多く、一方では新自由主義的な発想に基づく規制緩和、構造調整に重きを置く考え方の政治家も少なくはなかった。[26] その中で、マネタリスト的な主張（＝すなわち金融政策に経済政策の主眼を置くという主張）を積極的に受け入れようとする政治家は少数派であった。むしろ、1998年には、グローバルなスタンダードと比較してあまりにも古めかしい内容を持っていた旧日銀法が改正され、日銀の独立性が法的な面においては格段に強まることとなった。

形としては、金融政策は政府あるいは政治から切り離され、政治家の要請で景気浮揚のために使用する対象ではないという建前が強力に打ち出されることになったのである。しかし、新日銀法が施行され、日銀が独自の役割を与えられて歩み始めた当初の段階で、日銀自身が痛切なエラーを犯してしまうことになる。

新日銀法の施行から2年が経過していた2000年は、ITブームもあって日本ですらミニ

---

[26] 2000年代のある時期までは、自民党内で「経世会」対「清和会」という派閥対立構造もあった。「経世会」の源流には田中角栄の積極財政と成長重視志向を受け継ぐ田中派、「清和会」の源流には大蔵省出身の福田赳夫の財政再建志向を受け継ぐ福田派があった。小泉純一郎（清和会出身）による財政再建路線もその対立構造で理解できる部分がある。

バブル的なムードも出ていた年であった。当時の速水優日銀総裁は、1999年に0%まで引き下げていた政策金利の引き上げを検討し始めた。いわゆる「ゼロ金利解除」である。

しかし、その時点ではまだ、1997～98年の大手金融機関破綻の嵐からあまり時間も経っておらず、不良債権問題への懸念が引き続き燻っていた。物価動向も、CPIが前年比0%近傍にとどまっている状況であり、金利引き上げは時期尚早ではないかとの慎重論は日銀内部でも少なくなかった。さらに、2000年の3月には、ITバブルの本家である米国で、ハイテク企業が多く上場するNASDAQ市場が急落し、バブルの崩壊が始まっていた。世界的に行き過ぎたITブームが終了する兆しが現れ始めていたのである。

政府、与党の中でも、日銀が早期の利上げを目指していることに対しては、相当な警戒感が持たれる状況であった。しかし、政府、与党も、自らが作成を担い、つい2年前に施行に至ったばかりの新日銀法に反する行為はもちろんのこと、日銀をあからさまに批判するようなことも、この当時は慎重に控えるムードがあった。そういった中で、2000年8月の金融政策決定会合において、速水総裁が主導する形で日銀はゼロ金利を解除してしまうのである。▼27

ゼロ金利政策は市場機能を損ない副作用があるという議論は当時もされていた。そして、実際のところ、その時点でのわずか0・25%の短期金利引き上げが、その後に明確化してくる景気後退や物価下落の直接的な要因になったとはとても言えなかった。2001年から2002年にかけての景気後退は、日本にまだ不良債権問題が残存し、企業のバランスシート調整圧力が経済成長を抑制しやすい構造が残っている中で、ITブームで生じた世界的な過剰投資の大規模な調整が生じたことによって起きたのである。

▼27 ゼロ金利解除決定の前月に大手百貨店の「そごう」が倒産していた。その余波を懸念する政府・与党からは、日銀の行動に対して厳しい目線が向けられていた。実際、政府は8月の金融政策決定会合で議決延期請求を行い、日銀はそれを否決した上でゼロ金利解除を強行した。

しかし、いざ景気後退が始まると、そんな冷静な議論は吹き飛んでしまい、内外の慎重論をおして政策金利を引き上げた日銀に対して、政府、与党からは厳しい目が向けられることになるのである。

＊　＊　＊

「異端派官僚」、「リフレ派エコノミスト」と同様な考え方は、政治家の間でも1990年代以降、少しずつ広まるようになっていた。民間におけるフロントランナーが岩田規久男であったとすれば、政治家の中では、自民党衆院議員の山本幸三がその代表選手であろう。

山本の場合、東京大学経済学部で白川方明前日銀総裁や岩田規久男など金融政策に関わる著名エコノミストを輩出した小宮隆太郎ゼミに所属していたという経歴からしても、後にリフレ派の主張に同調していく他の政治家たちとは異なる出自であるとも言える。一経済学徒が、政治家として公の場で金融政策についての持論を表明しているという面もあったかもしれない。しかし、結果的に、山本の日銀批判は国会の内外で徐々に先鋭化していき、リフレ派グループと政治家たちとの一つの重要な結節点を提供していくことになる。

政治家であれ、官僚であれ、あるいは民間人であれ、主張するところの主義や信条が100％自らの理想だけを述べているというようなことは稀であろう。逆に、100％自己利益に結び付けて主義や信条を主張しているというほど極端に腐敗したケースもまず少ないだろう。通常は、その中間領域のいずれかの地点で政策的な主張を行っているのだと考えられる。その配分の具合は個々人ごとの差も大きいであろうし、そもそも何をもって自己利益と認識するかもやはり個々人で違いがあるだろう。

しかし、経済学あるいは経済政策に関しては、政策を提言するサイド（民間エコノミストあるいは一部の官僚）と、それを取り入れる側（政治家あるいは官僚組織）の双方に、自己利益の介在する余地が大きいことは確かである。現代における政府は、経済によって国民に恩恵をもたらすことを何よりも求められていることは確かであるし、そのための政策提言を行う人間は、「国家の政策顧問」というような高位のポジションを獲得する機会を得る。

その意味で、日銀の犯した大きなエラーの一つと言える2000年のゼロ金利解除を主導した速水などは、およそ自己利益の配分比率が低い人物であったようだ。敬虔なプロテスタントであり、引退後は所属する宗派の教会で講演などもしていたような人物である。[28] もちろん、そもそも日銀総裁は経済政策の当事者であって政策提言を行う立場にはなく、自己利益の介在する余地は小さい。日銀スタッフが官僚的な栄達のために自己利益を追求するということはあるだろうが、高齢になって予想もしていなかったポストに就任した速水にとって、そういった意味での自己利益も存在はしていなかったはずだ。

しかし、新日銀法スタートの当初で、日銀と政府あるいは政治家がまだお互いの間合いを測っているような状況の中では、自己利益を求める指向があろうとなかろうと、政治を中央銀行の近くに留めおくための清濁併せ呑む努力が求められていたことは確かである。経済学が政治に働きかける傾向が強まり、金融政策がそのターゲットとなりつつあったグローバルなトレンドを正確に認識できていたならば、それはなおさらのことであっただろう。速水のようなタイプの人物が新日銀法のスタート直後の日銀を率いたことは、結果的にその後の日銀の立場を

▼28 プロテスタントの日本基督教団の教会で、速水は経済や金融政策とはまったく関係のない講演を行っていた。

弱めていくことになる。

速水の後を継いで日銀総裁に就任した福井俊彦は、速水とは対照的な資質の人物で、どちらかといえば清濁併せ呑むタイプの人物であると市場ではみられていた。[29] 福井は、一度離れかけた政治と日銀との距離を、適度に縮めることには成功したようにみえた。小泉政権という、国民から圧倒的な支持を受け、対米関係も非常に円滑であった政権のもとで、未曾有の世界的好況が日本経済にも大きな恩恵をもたらしていた。そういった幸運な環境下で、政治との軋轢が元々生じ難かったという側面もあった。

しかし、最終的には、福井も速水と同様、政策面では過ちを犯してしまうことになる。リーマン危機にはまだ間があったとはいえ、後から振り返ってみれば世界経済のピークアウト間近というタイミングの2006年から2007年にかけて、量的緩和解除と二度の利上げを実施してしまうのである。

速水のゼロ金利解除と同様で、福井が主導したこの金融引き締め措置が、その後の深刻な日本の景気後退や物価下落を招いたというような因果関係はほとんどなかったと言ってよいだろう。同時期の米国においては、2004年から2006年にかけてFRBが実施した利上げのうち最後の数回については、そういった因果関係（つまり利上げが景気後退のトリガーになったということ）は明らかに存在していたと考えられる。しかし、日銀が2006年途中まで行っていた短期資金供給を中心とした量的緩和の縮小と、その後の2回合計で50bpの利上げが、日本経済を深刻な後退に導くようなインパクトを持っていたとは到底考えられない。景気後退の要因は、ほぼ100％米国のバブル崩壊にあったのである。

---

▼29 村上世彰率いる通称「村上ファンド」への出資問題で、福井は現職総裁の時に国会で追及されたこともある。

とはいえ、日銀が2001~2002年の景気後退と、2007~2009年の景気後退の直前に、金融引き締めの明らかな痕跡を残していたことは、後から厳しい「日銀批判」の噴出を招くことになる。速水や福井の政策選択が誤りだったというのは、それが一つの経済政策として間違っていたということではなく、政策変更後に景気後退が起きた場合の政治的なインパクトを正確に把握できていなかったという意味での判断の誤りなのである。

実際に、速水と福井のエラーを見て、早い段階からリフレ派のエコノミスト・グループ、やがては政治家の一部集団によって、景気後退や物価下落における「日銀主犯説」すら主張されるようになってくる。

もちろん、速水、福井の実施した政策それ自体が経済に深刻なダメージを与えたわけではないという点からすれば、そのことのみをもって中央銀行としての適格性を問うのは明らかに行き過ぎである。しかし、独立性を法的に付与された中央銀行の情勢判断や経済予測が政府より優れていないのであれば、将来において、マクロ経済政策の面で深刻な政策判断の誤りを日銀が犯すリスクがあるということも言えないわけではなかった。

速水、福井両総裁時代の日銀の政策決定が、日銀の「能力」に対する懸念を政府、与党の中に生んでいったことについては、日銀も反省すべき点が大いにあった。この中央銀行の「独立性」については、第6章において詳しく論じることにする。

＊　＊　＊

速水、福井総裁時代から断続的に聞かれるようになった「日銀批判」の論調は、前述した

「デフレ」の再定義（＝「デフレ」は「景気低迷」ではなく「物価下落」だという）が一つの起点となり、「景気悪化」、「所得の低迷」、「格差の拡大」といった一般国民のあらゆるタイプの経済に関する不満の矛先を、全て日銀に向けていくような大きな世論誘導の一助となっていく。

先に述べたように、一般世論においては、まだこの時期（主に2000年代中頃までの時期）は、「デフレ」＝「景気低迷」との認識が中心だったわけであり、その認識に基づく不満を全て日銀に負わせることなど、想像もつかなかったであろう。しかし、速水、福井両総裁による二度の金融引き締めという「日銀の失敗」がある種の呼び水となる形で、政治が徐々に一つの意図をもって、リフレ派の主張を取り込んで行こうとし始める。それと共に、緩やかな形で一般世論を誘導し始めることになるのである。すなわち、『『デフレ』は文字通り『物価下落』のことであり、『物価下落』こそ『景気低迷』の主因である。そして、『物価』は『貨幣的な現象』であり、『貨幣』は中央銀行が100％コントロールできる。ゆえに日銀が景気低迷の主犯なのだ」という壮大なフィクション・ストーリーが、徐々に一般世論形成の中にも姿を現し始めるのである。

2000年代は、「就職氷河期」、「非正規雇用」、「格差拡大」といった言葉が象徴的なキーワードになった時代である。この時代以降、マクロ的に日本経済が停滞しているというだけではなく、「持つ者と持たざる者」の違いに、一般国民の強い関心が向いていくようになる。この流れは、明らかに欧米諸国においてリーマン危機の後に起きてくる潮流を先取りする社会的な流れであった。

単純に「経済への不満」といっても、従来のように、「企業が利益をあげられるかどうか」、「勤労者全体のボーナスが増えるかどうか」というだけにとどまらず、社会が上下に急速に分裂していくような悲惨なイメージが、社会に充満し始めていくのである。

2000年代を通じて日本の社会が他の先進諸国に先駆けて強めていくことになる一つの認識は「政治が新しいタイプの経済への不満に対する十分な対処能力を持っていないのではないか」ということであった。この日本社会が持ちつつあった認識が、政治の世界においても、「リフレ派」という異端のグループに共鳴するムードを次第に強めていく大きな背景を形成していくのである。

そして、そういう政治的、社会的な潮流が強まる中で、日銀にとって最大の不運が訪れることになる。2008年3月の福井総裁退任に伴う後継総裁の任命プロセスが、当時の「ねじれ国会」（衆参で多数派が異なる議席状況）において、エモーショナルな政治ゲームに巻き込まれてしまうのである。

本命と目されていたのは、福井総裁の下で副総裁を務めていた元財務次官の武藤敏郎であったが、武藤の総裁任命が民主党の反対によって断念させられてしまう。福井総裁の任期満了後は、先に任命されていた白川方明副総裁が総裁代行を務めることとなった。そして、財務省出身者を否定的にみる民主党の意向に沿う形で、最終的には副総裁の白川が総裁に昇格する形で決着をみることになる。

白川はそもそも、2006年には日銀を退任して京都大学大学院で教授職に就いていた理論派あるいは学究肌の人物であり、副総裁への就任自体も必ずしも本命視されていたわけではなかった。[30] しかし、そういった政治色が薄く学者肌というキャラクターゆえに野党民主党の同意を得られたという構図であった。

当時は、政治との距離を広げてしまった速水の後を受けた福井が政治との関係を多少は修復していたとはいえ、量的緩和解除と二度の利上げに対する日銀批判の声が与党の中からじわじわと強まりつつあった。そんな状況の中で新たに総裁に就任したのが、白川という歴代日銀総裁の中でもあまり例がないような理論派の人物だったのである。それでも、総裁就任からわずか半年の後にリーマン危機という未曾有の世界的危機が生じる不幸が起きていなければ、白川がその後の日銀批判における象徴的存在に擬せられるようなこともなかったであろう。

白川は、リーマン危機が発生した後、欧米の主要中央銀行に比べて積極的な金融緩和を渋り、その結果として日本経済を深刻な状況に陥し入れた主犯だとして、批判に晒されることになる。特に、量的緩和の拡大とインフレ目標政策の導入に消極的であったことが、その後の歴史的な円高を招きデフレを加速させたとして、政治家や一部のエコノミスト、評論家、はたまたネット世論からも糾弾を受けるようになるのである。

2009年に民主党政権が誕生した後には、白川総裁誕生に主導的役割を果たした民主党の中からも大々的な批判がなされるようになっていく。2010年3月には、民主党内で「デフレから脱却し景気回復を目指す議員連盟」という政治グループが結成され、さらには、同年8月には「デフレ脱却国民会議」なるものが開催され、そこには、民主党議員のみならず、当時野党に転落していた自民党からも山本幸三らが参加し、与野党横断的な日銀批判グループが形成され始める。

---

▼30 白川はシカゴ大学で修士号を取得しているが、日銀キャリア的には必ずしも「調査畑」ではなく、政策を直接担当する企画部門での業務なども含めてむしろジェネラリストであった。学究肌というのはあくまでもパーソナリティに依るものと思われる。

こういった政治的な圧力に押される形で、白川は段階的に金融緩和を強化していくことになるのだが、白川の頭の中には、欧米で生じたリーマン危機による信用恐慌的な状況は日本には及んでおらず、ＦＲＢやＥＣＢ（欧州中央銀行）が対処しなくてはならないような問題も日本の金融システムには存在しないという認識があった。[31] 実際、この認識自体は１００％正しかった。

そもそも、サブプライムローンの普及で住宅バブルを加速させ、その損失をＣＤＯ（債務担保証券）のような形で世界中に拡散させることを容認した中央銀行はＦＲＢに他ならなかった。そのＦＲＢがなりふり構わぬ金融緩和措置で恐慌回避に動いたからといって、危機を引き起こした責任の所在を考えれば、ＦＲＢの政策や危機発生の当事者である議長のベン・バーナンキを賞賛するような当時の日本で一部にあった論調は、筋違いもはなはだしいものであった。

日本の金融システムは、実際にリーマン危機の後も十分に健全性を維持していたし、危機対応でＦＲＢが実施している措置も、元を正せば、日銀が１９９０年代以降実施してきた量的緩和を含むさまざまな金融政策をＦＲＢが研究した結果として導入されたものであった。日銀の先行事例がなければ、ＦＲＢがリーマン危機後に採った一連の措置は、おそらくもっと発動が遅れていただろうし、バーナンキも自信をもって政策を実行に移すことはできなかったであろう。

白川の本音としては、「日本はバブル崩壊後にさまざまな先行事例を経験し、新たな施策にも取り組んできたのに、学者時代のバーナンキは強硬な日銀批判を行っていた」という苦々しい想いもあったものと推測される。そのバーナンキに教えを請うて同じ政策を実行しない日銀

▼31 第４章で言及した『中央銀行』にはそういった白川の認識が体系的に披瀝されている。

は怪しからんと言わんばかりの一部の国内での批判は、白川にとっては心外であったものと推測される。

しかし、白川の考えがいかにフェアなものであったとしても、基軸通貨国である米国が危機からのサバイバルのためになりふり構わぬ金融緩和を行っていたのは事実であり、それが周辺国にとっては通貨高という形で一種の「奉加帳《ほうがちょう》を回す」意味合いを持つことも、過去に経験のあったことである。1980年代後半のプラザ合意後の大幅な円高は、白川をはじめとする日銀幹部たちにとっても、若かりし頃の強烈なインパクトをもった経験として記憶されていたはずである。同時に、白川ら日銀幹部たちは、1980年代の米国による一方的なドル安誘導政策に日本が適切な対応を採れなかったことがバブルを発生させた根本的な要因の一つだとも強く認識していたと考えられる。

日本は、安全保障の主要な部分（言うまでもなく「核の傘」の部分が大きい）を米国に依存しているという構造的な問題を抱えている。1980年代にバブル発生を回避できなかった要因の全てとは言わないが、かなりの部分を占めていたのがこの問題であったことも事実であろう。2000年代に入り、米国にとって1980年代における日本と似た形でアジアにおける経済的なライバルとして急浮上したのが中国である。その中国は、米国の度重なる要求にもかかわらず、80年代の日本とは異なり、実質的な通貨管理体制を維持し、リーマン危機後も緩やかで秩序立った通貨高しか受け入れなかった。ここには、日本との安全保障上の立場の違いが明確に表れたと言わざるを得ない。

ただ、さまざまな外部環境の問題はあるにせよ、白川のキャラクターが自身の立場を悪化させた面があったことも否定できない。理論派、学者肌の白川は、金融緩和の決定時においてさえ、記者会見では「こんな不要な政策をやる必要はない」というような本音が表情に滲み出ていたのである。少なくとも、そういった本音を覆い隠すようなあからさまな演技をすることを潔しとはしなかったように見えた。白川が、毎回のように不機嫌そうな表情で金融緩和を発表するので、金融市場の反応はもとより、政治家の心証、ネット空間での一般世論も、「日銀が政策を出し渋っているから経済が悪くなっているのではないか」という見方に徐々に傾いていった面があったことも確かである。

ある意味で、白川は金融緩和の決定の度に速水と同じ過ちを繰り返していたと言ってもよいのかもしれない。2000年に速水が主導したわずか0・25％の利上げが、その後に訪れる景気後退やインフレ率の低下をもたらした主因であるなどということはまったくあり得なかった。しかし、2000年のゼロ金利解除は、その後、「日銀主犯説」のようなエモーショナルな議論を一部で引き起こすことになった。

2008～09年の景気後退や白川の総裁任期中を通じて続く消費者物価の下落についても、白川による通算16回に及ぶ金融緩和措置が誤っていたか不足していたから生じたという日銀批判派の主張は、客観的に見れば極論である。基軸通貨国である米国がリーマン危機の後に行った政策の実態を踏まえれば、誰がその時期に日銀総裁を務めていたとしても、抜本的な結果の違いがそれほどあったとまでは思えない。

しかし、速水と同様で、白川がもう少し別のプレゼンテーションのやり方、あるいは政治との間合いの取り方を工夫していれば、日銀批判が先鋭化する程度をある程度緩和することは可能であっただろう。

結局、政策それ自体の誤りというよりは、政策がもたらすインパクトについての認識が誤っていたと言わざるを得ないだろう。この点において、少なくとも、新日銀法施行以降の3人の日銀出身総裁は、新日銀法の持つ意味合いを100％正確には理解できていなかったのではないかということは言える。[▼32]

## マネタリズムの実験

90年代前半に、素朴なマネタリズムの考え方を持ち出して岩田規久男が日銀の翁邦雄との論争に及んだのが、いわゆる「翁－岩田論争」であった。そこで議論された主要な論点は、「マネーサプライ管理」と「日銀の金融緩和不足」の二つであった。そして、この二つの論点をベースに、日銀は21世紀に入ると二段階に分けて実際に「マネタリズムの実験」に取り組んでいくことになる。

日銀による第一弾の「マネタリズムの実験」は、2001年から2006年まで行われたQE（量的緩和）である。この実験は、「翁－岩田論争」の第一の論点、すなわち「中央銀行は自由にマネーサプライをコントロールできるか」という点に関して否定的な結論を与えることとなった。

そして、2010年代における第二弾の「マネタリズムの実験」では、「翁－岩田論争」における第二の論点、すなわち「日銀が十分な金融緩和を行えば必ずインフレ率は上昇する」と

---

▼32　1990年代後半の接待汚職問題が大蔵省と日銀を襲い、1998年、総裁昇格が有力視されていた福井副総裁の辞任と共に大蔵省出身の松下康雄日銀総裁も任期途中で辞任した。日銀プロパーながら本命視されていなかった速水が後継総裁となり、その後、接待汚職問題から5年の冷却期間をおいて福井が総裁に就任した。さらに、ねじれ国会で総裁に就任する白川へと続いた。日銀総裁を日銀プロパーと大蔵省出身者で交互に務めるという慣例が崩れて、3代続けての日銀プロパーからの総裁就任となった。この3代15年の間に、日銀は非常に難しい立場に追い込まれていくことになる。

いう岩田側の仮説も基本的には否定される結果となった。

この二つの論点のうち、より本質的な点はやはり後者のほうであった。後者の論点は、その後、2000年代に入ってから燎原《りょうげん》の火のごとく広がっていく政治や一般世論の日銀に対する厳しい批判を先取りした主張であったとも言える。ただし、この時点（＝90年代前半）での岩田の議論は、前述した「デフレ」の定義に即していえば、どちらかというと2001年の再定義より前のもの、すなわち「デフレ」＝「景気低迷」に対する日銀の緩和不足を指摘したものであったと言える。[33] この段階での岩田は、厳密な意味での「貨幣数量説」に基づいて日銀がベースマネーを増加させれば自動的にインフレ率が上昇するというほど単純化した議論をしていたわけでもない。

しかし、第一弾の実験において第一の論点すなわち「マネーサプライ管理」について否定的な結果が出たことを逆手に取るような形で、リフレ派の論者たちは、より巨大な実験の実施を求めていくことになる。すなわち、「第一弾の実験は緩和が不十分だったので失敗した」という論法で、2010年代における第二弾の「マネタリズムの実験」をより巨大化することの根拠としていくのである。

その間の経緯については次章以降で述べていくが、まず、この「翁－岩田論争」以降浮上した金融政策を巡る二つの論点について簡単に整理をした上で、次章に進んでいこう。

＊　＊　＊

まず第一の論点の「マネーサプライ管理」のほうから見てみよう。ここで言う「マネーサプ

▼33 岩田は1992年8月24日の日経新聞のインタビューで、「今はケインズ的不況です…ケインズ的な政策が一番有効な状況にきたのです」「マネーサプライを増やし、実質金利を下げれば、民間設備投資が起きます」と述べている。

ライ管理」の可否とは、M2、M3といった広義のマネーサプライ（銀行預金を中心に構成される）まで含めて中央銀行が「貨幣の量」を自由にコントロールできるのかというものである。[34]

岩田が1990年代に日銀に対して行っていた主張は、中央銀行は最も狭義の貨幣量であるハイパワードマネー（＝ベースマネーorマネタリーベース　196〜197頁参照）をコントロールできないわけがなく、最終的にはマネーサプライも自由に増加させることができるというものであった。しかし、日銀の実務家は、日銀券は少なくとも家計や企業が保有したいと思う額以上に供給することはできず、銀行の準備預金も同様であると主張した。ましてや銀行預金などを含むM2、M3などの広義のマネーサプライの増減は、銀行などの信用創造活動に大きく依存するので、金融政策以外の要因で増減する部分が大きいとも主張した。

2001〜06年に日銀が行ったQEにおいて銀行の準備預金を必要額（＝法定準備預金）以上に増加させられたことをもって、ハイパワードマネーを自由にコントロールできることが検証されたと主張する向きもあった。しかし、この時のQEは、短期の市場金利をほぼゼロまで低下させる中で、資金取引を仲介する短資会社が日銀当座預金（銀行以外の一部金融機関も含めて日銀が提供している預金口座）を過剰に保有するなど、かなり歪んだ市場構造の中で実現されたものであった。

また、2013年以降のQQE（量的・質的金融緩和）による銀行準備預金の急増は、日銀が市場金利よりも高い付利を準備預金に対して支払うことで達成されている。この場合は、実質的に日銀が金利の付く短期国債を政府の代わりに銀行に提供しているのと同じであった（日銀準備の信用度は国債と同等）。

▼34　2019年5月時点でM2が1000兆円強、M3が1400兆円弱。有価証券保有なども含む広義流動性という指標もあるが、これは1800兆円強に達する。最も狭義の貨幣である日銀残高は100兆円強に過ぎないので、貨幣の概念がそもそも非常にワイドレンジなものであることが分かるだろう。

その後、２０１６年に付利をマイナス金利にまで引き下げたことで、一応、岩田の言うような「金利の付かないハイパワードマネーを自由に増減させる」ことに日銀が成功したかにも見えたが、その年には、一時30年物の国債金利までがほぼ０％まで低下するという異常事態が生じている。日銀はその後、長期金利にターゲットを設定して国債買い入れを減少させ、長期金利の押し上げを図る政策に転じている。[35] ハイパワードマネーを自由に増減させるということが本当に実現できたのかというと、そうとは言えないだろう。

そもそも、マネーを「供給（＝サプライ）」するという言い方が一般的にされていることが、経済学者らの非現実的な主張につながっている部分もあるように思える。「供給」というのは能動的な行為を指す言葉であり、この場合、行為者である中央銀行が自由に民間主体（家計や銀行）に「マネー」を提供するということをイメージさせる。

しかし、中央銀行の具体的な政策手段は、銀行券であれ準備預金であれ、貨幣を民間主体に一方的に与える（＝"Give"）わけではない。あくまでも、貨幣を「供給」する際には、民間主体が保有している何らかの資産と交換するのである。短期間の資金供給であれば、民間銀行が中央銀行に元々預けている資産を担保に取っての融資であり、長期の資金供給であれば、銀行から長期国債を買い取ってその見合いに資金を供給するわけである。中央銀行の資金供給の全てのプロセスは「交換」の連続によって成り立っているわけであり、どこにも「無償での提供」という行為は含まれない。「交換」に応じるかどうかはそれぞれの経済主体の意思によるのであり、「供給」という言葉がイメージさせるような一方的な"Give"の行為などではない。

さらにこれがM２やM３といった銀行預金などを含む広義の貨幣概念になると、そもそも資

---

▼35 ２０１６年９月に決定したこの政策を日銀はイールドカーブコントロール政策（ＹＣＣ）と称したが、実質的には量的拡大ペースを鈍化させる「テーパリング」である。当初、マネタリーベースを年間80兆円拡大させることを目標としていたが、２０１９年には前年比20兆円程度しか拡大させていない。

金を供給するのは中央銀行ではなく民間銀行になるので、そこにはなおさらのこと“Give”の行為など介在しようがない。銀行預金の増減は企業や家計への貸出であれ、政府への貸出（＝すなわち国債購入）であれ、民間銀行の信用創造活動が最大の決定要因である。ここに金融政策ももちろん関与はするわけだが、それ以外に銀行規制や企業の財務状況、政府の財政赤字動向など多様な要因が影響を及ぼす。

実際、日銀が政策金利を限界まで引き下げ、ハイパワードマネーも大きく増加した2001～06年の時期と2013年以降の時期に、M2、M3といったマネーサプライのデータが目に見えて伸び率を高めたかというと、まったくそういう結果にはなっていない。M3＋CDという指標で見ると、2001年1月時点の前年比伸び率が＋1・0％であったものが2006年1月時点では前年比±0・0％とむしろ低下してしまっている。2013年1月の前年比＋2・3％に対し2019年6月時点では＋2・0％（M3）と、やはり低下してしまっている。

この実績を見る限りは、中央銀行の政策によって自由にマネーサプライを増加させられるという考え方もやはり誤りであったことが確認されていると言えよう。[36]

日銀による2000年代以降のこの2回にわたる「マネー供給」の実験は、岩田にとどまらず、長らく経済学の世界でモデル構築を行う際に既定の事実のように扱われていた前提が、実は誤りであったことを証明するものでもあった。少なくとも日本のような成熟した先進工業国においては、中央銀行が自由にM（＝貨幣供給量）を増減させることは困難だということが確認されたわけであり、「貨幣量の変動」を前提にしたフリードマンのマネタリズムは、現実適用性の観点から成立し難いという結論も同時に導かれることになった。

---

[36] 東京大学教授で金融政策を専門にしていた植田和男（後の日銀審議委員）は、中央銀行がマネーサプライを自由に増減させられるかというこの論争に対して、「短期的には翁の主張が正しいが、長期的には岩田の結論が正しい」という「裁定」を下している。つまり、短期的に日銀はハイパワードマネーもマネーサプライも自由には増減させられないが、長期的には影響を及ぼすことができるとしたのである。しかし、これとても、2000年代の2回にわたる実験の結果を踏まえれば、十分に「正しい裁定」であったとは言い難い。「週刊東洋経済」1992年12月12日号

次に、「翁－岩田論争」以降、大きな論点となっていった「日銀の金融緩和不足」という点について考えてみよう。この問題について考える時、どうしても避けて通れないのが、マネタリズムの根本的なコンセプトと言ってもよい「インフレ、デフレは貨幣的現象である」という考え方である。このテーゼは、現在においても経済学者の間ではかなり一般的に受け入れられているものであり、特に2013年の日銀による第二弾の「マネタリズムの実験」が始まって以降は、日銀の政策を歓迎する立場の者も、そうでない立場の者も、ある意味で「共通語」として使用するようになってきた表現であると言えよう。

「翁－岩田論争」の段階では、先に述べたように、岩田はまだ、「デフレ」＝「景気低迷」という旧来的な理解を前提に、日銀批判の論陣を張っていた。しかし、その後、2001年の「デフレ」の再定義も踏まえて、日銀は「デフレ」に全責任を負うべきだとの主張が出てくるにあたって、この「インフレ、デフレは貨幣的現象である」というテーゼが、「日銀の金融緩和不足」論をあたかも確定的な事実であるかのように主張する一つの前提となっていく。

ここで、経済学者たちが強調するところの「インフレ、デフレは貨幣的現象である」というテーゼの中身について、その意味しているところを整理しておこう。

まず、改めてマネタリズムとそのプロトタイプである古典的な「貨幣数量説」の話に立ち戻ってみると、第3章でも述べたように、「貨幣量」と「インフレ率」を一対一の関係で見る素朴な「貨幣数量説」の原型は、16世紀スペインの事例に対する解釈を起点としている。南米からスペインへの集中的な銀流入という「たった一つの事例」に対する、その時代における一つの見解として登場したのが、古典的な「貨幣数量説」の考え方であった。それは、現実の経済現象から導き出された実証的なコンセプトであったと言える一方で、たった一つの事例から導き出されたインプリケーションを汎用的な理論として扱うようになったという意味では、あくまでも「仮説」に過ぎない考え方であった。

フリードマンのマネタリズムは、そういった「仮説」としての「貨幣数量説」の考え方に修正を加え、「貨幣量」は短期的には「インフレ率」だけではなく「実質変数（＝販売数量や消費、投資、雇用など）」にも影響を及ぼすとして、シンプルな「貨幣数量説」は否定した。[37] その一方でフリードマンは、長期的には「貨幣量」と「インフレ率」は一対一の関係であり「実質変数」には一切影響を及ぼさないとして、古典的な「貨幣数量説」の最も重要な結論部分は共通項として引き継いだのである。

この古典的な「貨幣数量説」とフリードマンが修正を加えたマネタリズムとの共通項の部分を強調した言い方が、当初における「インフレ、デフレは全て貨幣的現象である」というテーゼだったのである。つまり、「物価」は「貨幣量」によって一意的に決定され、「実質変数」とは無関係な「ヴェール」のようなものだということを、この言葉で端的に言い表していたのである。

しかし、フリードマンが古典的な「貨幣数量説」に修正を加えて主張した「短期的には貨幣量が実質変数に影響を及ぼす」というもう一方の部分も、その後、1990年代以降の経済学の議論に大きく影響を及ぼしていくことになる。そもそもこれはケインズ経済学の一つの重要な要素であり、その流れを汲むニュー・ケインジアンの立場の経済学者たちがこの部分を中心

[37] フリードマンは『米国の金融史』（原題："A Monetary History of the United States, 1867-1960"）において、マネタリズムの考え方を明確に示した。ミルトン・フリードマン、アンナ・シュウォーツ『大収縮1929－1933「米国金融史」第7章』久保恵美子訳、日経BP社、2009年

的な概念として採用していくのである。

マネタリズムや古典的な「貨幣数量説」の中心的な概念（あるいは長期的な見方）は、あくまでも「貨幣中立説」あるいは「貨幣ヴェール説」であり、その結論は、言ってみれば「金融論」や「貨幣論」を経済理論の枠外に追いやるものであった。フリードマンは「中央銀行はkパーセント・ルールにしたがうべき」だと主張し、中央銀行の金融政策における裁量性を全面的に否定した（すなわち、中央銀行は一定のペースでマネーサプライが増加することを管理するだけでよいとした）。しかし、フリードマンは短期的にはむしろまったく逆で、貨幣の在り方が実質的な経済変動を決定付けるという意味で、「貨幣こそが重要である」と主張したのである。

1990年代以降、現在に至るまでニュー・ケインジアンの経済学者たちが金融政策理論の中核を担っていくようになるのだが、そこでは「金融政策が成長や雇用に及ぼす影響」についての分析が詳細に行われ、貨幣が実質的な経済変動に及ぼす影響が重要であるとの結論が強調される。

その結果として、フリードマンが主張した「短期的には貨幣が重要である」という考え方を表す言葉としても、「インフレ、デフレは全て貨幣的現象である」という表現が充てられていくことになるのである。ここでの用法は「貨幣量」の変動がもたらすインパクトを過度に強調するものとなっており、「金融政策万能論」とも言えるコンセプトにつながっていく。結局、「インフレ、デフレは全て貨幣的現象である」という言い方は、相反する結論を同時に主張してしまう非常に矛盾した表現となってしまうのである。

「貨幣」と「金融」を巡るフリードマンの理論は、多くの動物の姿を併わせ持つ日本古来の妖怪である「鵺《ぬえ》」のような理論だと言ってもよいかもしれない。「短期」と「長期」でまったく逆の結論を主張しつつ、その間をつなぐ理論と検証は非常に曖昧である。そして、この「鵺」のような理論が、1990年代以降、経済学者や民間エコノミストの間で盛んに援用された結果として、「インフレ、デフレは全て貨幣的現象である」というテーゼも、「短期」、「長期」の区別なく見境なく用いられるようになっていくのである。▼38

フリードマンは、景気の安定化政策を「財政政策」によって行うことには強い拒否反応を示した。それは、国家の経済への介入を「悪」とみなす新自由主義思想の根幹に関わる部分でもあった。

一方で、金融政策は社会各層間の「富の配分」については中立とみなされ、短期的な景気の安定化政策として使用することは新自由主義思想と矛盾しないと考えられた。こういった思想的な志向とも相俟って、マネタリズムの短期的なインプリケーションとしての「金融政策万能論」が時代を経るごとに徐々に膨張していくことになる。

「鵺」の理論とも言うべきマネタリズムの考え方を現代に受け継ぐ「インフレ、デフレは貨幣的現象」という言葉で金融政策のあるべき姿を断定、特定してしまうのは極めて乱暴な話である。「金融緩和が不足しているかどうか」という解明が容易でない問題を、この言葉で一刀両断に片付けてしまうようなところがあった。この言葉はまさにキャッチコピーであり、消費者に強烈な「結論」のみをイメージとして植え付けるテレビ広告のようなものだと言えるだろう。

実際に、一般消費者を一般国民と置き換えてみれば、このコピーの浸透は、政策（＝マネタ

▼38 結局、経済学は200年以上の時間をかけてもまだ、「貨幣」という存在を正確に定義することも、その影響経路を完全に把握することも、どちらも十分に成功していないのである。曖昧で、時に誇大妄想的に捉えられる「貨幣」という存在が持つある種の「神話性」に、現代社会は振り回されていると言えるだろう。

リズムの実験）の実現に向けて一定の効果を持つことになった。すなわち、この「インフレ、デフレは貨幣的現象」というコピーがある程度普及したことにより、「デフレ」＝「物価下落」は中央銀行の政策によって100％コントロールできるのだというイリュージョンを、ある程度以上の知的水準の一般国民層に持たせることにもなったからである。しかし、一方で、コピーは消費者の感性に訴えてこそはじめて効果を発揮するものだという考え方もできる。このコピーが訴えかけた日本人のメンタリティの側に、それを受容する素地があったことも確かだろう。

2010年代の日本において、世界的にも類を見ない経済政策（＝第二弾の「マネタリズムの実験」）が行われるようになった背景として、欧米の主流派経済学者による「ジパングの発見」があったことの影響が小さくはなかった。しかし、それだけではなく、「経済学」が「政策」へと具現化されていくプロセスにおいては、日本社会内部におけるさまざまな要素も影響したことは疑いない。こういった巨大な実験を容認していくに至る一般世論の動向も、このプロセスには大きく関わってくるのである。

フリードマンらの主流派経済学者たちが1970年代から80年代にかけてノーベル経済学賞の隆盛などとも相俟って現実の経済政策に影響を及ぼしていった際にも、彼らの主張が政策として採用されていったのは、その政策が正しいことが自明だったからではない。政策は常に一種の「実験」として採用されていくものであり、成否が分かれる「実験」を行うリスクを政府あるいは国家があえて選択していくのは、その意思決定そのものに大きな政治と社会のダイナミズムが影響しているからに他ならない。

フリードマンをある種の「アイドル（＝偶像）」に擬して１９８０年代に英米を中心に推進された「新自由主義」に基づく経済政策も、政治的あるいは社会的な大きな潮流と一致したところではじめて実行に移されたのである。

日本において２０１０年代以降行われている壮大な第二弾の「マネタリズムの実験」は、１９８０年代以降の米国や英国で行われた「新自由主義の実験」に匹敵する規模での巨大な政策実験であり、その成否を占うためにも、背景となった政治的なダイナミズムを特定する必要があるだろう。それを、一つの言葉に絞り込んで表現するならば、「経済ポピュリズム」ということになる。

続く第6章、第7章では、金融政策と政治の関係がどのように変遷してきたのか、そして、現代における金融政策が「経済ポピュリズム」という事象とどう関連しているのかについて詳しく述べていきたい。

第6章

# 社会の中の中央銀行

## 「ポピュリズム」の問題

ここで第4章において繰り返し述べたキーセンテンスを改めて述べておこう。

「金融政策とはリスクプレミアムを強制的に変動させることである」

「金融緩和は将来からの需要の先食い（＝現在の負担の先送り）である」

中央銀行によるリスクプレミアムの強制的な縮小・拡大は「貯蓄」の優位性を変化させることを通じて、資金を使う側と貯蓄をする側との間にメリット、デメリットを生じさせる。これは、同世代間の資金の借り手と出し手の間の問題にとどまらず、世代を超えたメリット、デメリットを発生させる。このメカニズム自体は、財政政策がもたらす経済へのインパクトと本質的に変わらない。つまり、「財政政策は分配を変化させるが、金融政策は中立」という一般的な通念は誤りだということである。

金融政策は、決して社会の構成員全てに「公平」に恩恵をもたらす「中立的」な経済政策のツールなどではない。より究極的な言い方をするならば、そもそも「完全に中立的な経済政策」など、もとより存在しない。それでも政府が「経済政策」を実行するのは、あえて「中立的」でない資源配分を実現すべき、あるいはしてもよいと考えるからである。実際、「経済政策」とは貧困者への所得の分配や高齢者の生活保障などを通じて社会の安定化を図ること、あるいは市場機能や民間の活動に依存していては目的が果たせない事態への対応が基本であるべきだという考え方もある。

一方では、とにかく経済成長さえ達成できれば、たとえ「中立性」、「公平性」が損なわれたとしても、最終的には多くの人々に恩恵をもたらすのだから善いのだという考え方もある。新自由主義的な立場の論者やリフレ派的な立場の論者は、こういった考え方を強調する。

このように、「中立性」、「公平性」を経済政策あるいは経済学がどう扱うべきか、という問いに正しく答えることは極めて難しい。もし、何らかの「経済成長を達成するための政策」が考案され、それを「中立性」や「公平性」を犠牲にしてでも遂行すべしという「社会的合意」が形成された上で実行に移すのであれば、それは一つの政治的かつ正当なプロセスだと言えるだろう。

しかし、本来、「中立的」たり得ない経済政策を、あたかも「中立的」であるかのように主張して推進していく場合はどうだろうか？ その政策の実施によってデメリットを蒙る人やグループが、いずれかの時点で政府や社会全体に対して不満を強めることになる結果、最終的に社会の安定性を損なうリスクもある。

この章では、「社会の中における金融政策」、「政治と金融政策」といったことについて考える。

ここでの議論は、おそらく金融政策についてこれまでなされてきた多くの議論とは異なった性質のものである。少なくとも、経済学的な文脈からすれば異質なものと言ってよいだろう。しかし、本来、経済政策は人間の社会生活に直結するものであり、社会的、政治的な文脈の中でこそ議論されるべき分野であるはずである。にもかかわらず、経済学の世界においては、これまであまりにもその認識が不足していた。金融政策について経済学の内部でのみ議論されてきたことを、政治学、社会学などの知見も加えて相対化してみたいというのがこの章の目的である。

この章で述べようとすることは、過去20〜30年にわたって金融政策が極端なまでに経済学者の独占物になってしまったことに対する冷静かつ客観的な批判にもなっているはずである。経済学者の独占物となってしまったがゆえに、金融政策は社会的、政治的、道徳的、あるいは哲学的な批判と検証が一切なされない状況に陥ってしまった。その結果、現在ではむしろある種の逆行現象が生じ、世界中で、金融政策はいつのまにか再び政治の影響を非常に受けやすい存在となりつつある。金融政策を巡る最近の状況は、中央銀行の独立性が議論されるようになる以前の世界に回帰しつつあるかのようにさえ見える。

日本の過去20〜30年間にわたる金融政策の歴史は、そういった逆行現象がなぜ生じ始めているのかを理解する恰好の材料を提供している。そこには、「ポピュリズム」という概念が当てはまりやすいような状況が存在している。しかも、日本の場合、より範囲を特定した概念として「経済ポピュリズム」という名称を充てる必要があるかもしれない。

「ポピュリズム」とは、日本語では「大衆迎合主義」などとも訳され、この用語の発する一般的なイメージは、「ある種の大衆運動的なものによって、政治的な決定に何らかの歪みを生じさせる」といったものであろう。

欧米諸国では、「経済ポピュリズム」という言葉に該当するような状況がまだ日本ほど鮮明にはなっていない。欧米においては、「経済」を付けないシンプルな「ポピュリズム」についての議論が、2008年のリーマン危機後の政治学、社会学、そしてメディアの世界において活発に行われてきた。欧米諸国の「ポピュリズム」についての議論は、その多くが「移民」や「排外主義」を巡って行われており、欧州においては、そこに「反EU」という強力なベクトルが加わる。

なぜ金融政策がポピュリズムに結びつくのかということを述べていく前に、まずは、こういった事例に関連付けて「ポピュリズム」についての一般的な整理を行っておきたいと思う。

＊　＊　＊

「ポピュリズム」という用語は、現代においては、ややネガティブなトーンで政治状況を表現したり、政治家を揶揄したりする際に使われることが多い。しかし、「ファシズム」とか「スターリニズム」といった言葉のように、問答無用で否定されるような人間社会に害を及ぼす政治システムという位置付けの概念ではない。そもそも、「ポピュリズム」という用語が「政治システム」を指すのか、「政治潮流」を指すのか、あるいはもっと曖昧な「社会の風潮」のようなものを指すのかもはっきりとはしていない。実際のところ、「ポピュリズム」という言葉は、政治学、社会学の中での扱いとしても、その定義が必ずしも厳密には確立されていない用語であり、学問的な議論の対象になるようになったのも、比較的最近のことである。

政治学者のマーガレット・カノヴァンは、「ポピュリズム」という政治現象は多様な形態を取り得るとした上で、19世紀の農民運動のような古典的な事例を除くより現代的なものとして代表的な四つのパターンを挙げている。①ポピュリスト独裁、②ポピュリスト・デモクラシー、ェリズム、③反動的ポピュリズム、④政治家のポピュリズム、の四つである。[1]

簡単に言うと、①の「ポピュリスト独裁」は、人民の人気取りの政策を掲げて権力を掌握し、自分の政治的野心を満たそうとする「ポピュリスト政治家」の最も典型的なパターンである。現代においてはあまりシンプルなパターンは見出しにくいが、映画『オール・ザ・キングスメン』（1949年、2006年）に描かれたヒューイ・ロングという1920～30年代の米国の政治家などが分かりやすいケースとしてよく例示される。ロングは、貧民層に対して公共投資の実施と大企業への課税を訴えてルイジアナ州知事に就任し、貧民層への分配政策を行いながら自らは汚職にまみれ、最後は暗殺されるに至った実在の政治家である。

②の「ポピュリスト・デモクラシー」は、独裁者によるトップダウンではなく、住民投票やリコールなどによって代議制民主主義を否定しようとするような動きを指して言う。EU離脱を決定した英国の国民投票をはじめ、"Occupy Wall Street"や"Tea Party"といった草の根的なポピュリズム運動なども広い意味でそれに当たる。一部の集団による「分配要求」というよりは、「反エリート主義」に基づく大衆運動という意味でのポピュリズムの一類型である。

③の「反動的ポピュリズム」も、②と同様に「反エリート主義」を根底に持つ大衆運動だが、リベラルなエリートを主にその攻撃対象とする運動である。権威主義的な思想を掲げ、レイシズム、排外主義の指向を持つポピュリズムの一類型で、大陸欧州で近年勢力を伸ばしているポピュリスト政党の多くがこのカテゴリーに入るだろう。

④の「政治家のポピュリズム」は、権力に近い立場にある政治家が、自分の支持基盤を超えて広く人気を獲得して、権力基盤をより強化しようとするパターンのポピュリズムである。自

---

▼1 ポピュリズム研究の端緒はアーネスト・ゲルナーとギータ・イオネスクが1969年に著した『ポピュリズム』とされる。ゲルナーは後に言及するようにナショナリズム研究の第一人者であり、マーガレット・カノヴァンはハンナ・アーレント研究で有名な他、ナショナリズムについての著作もある。ポピュリズム研究とナショナリズム研究はかなりの部分でオーバーラップしている。
Margaret Canovan "Populism" 1981／吉田徹『ポピュリズムを考える』、NHKブックス、2011年

民党内での権力基盤の弱さを一般世論の支持で補い、長期間にわたって強大な権力を維持した中曽根首相や小泉首相などがこのパターンに該当すると考えられる。

近年の「ポピュリズム」あるいは「ポピュリスト的」と指摘される先進諸国の政治事象としては、「米国のトランプ政権誕生」、「英国のEU離脱」、「イタリア、フランス、オランダなど大陸欧州諸国におけるポピュリスト政党の躍進」などが挙げられるだろう。日本でも、「小泉内閣の政権運営」や「橋下徹元大阪市長による大阪都構想」などがしばしば「ポピュリスト的」であると指摘されてきた。

これら「ポピュリスト的」と指摘される最近の政治事象は、カノヴァンの類型にそれぞれ概ね当てはめることができる。しかし、それぞれの政治状況の中身を見ると、さまざまな点で独自の要素を持っており、カノヴァンの定義した二つ以上のパターンにまたがっていたりもする。それらをさらに細かく類型化していくと、「ポピュリズム」と言われる政治事象が本当に多様であることに気づくと同時に、民主主義的とされるオーソドックスな意思決定プロセスとそれ（ポピュリズム）がどう違うのかを説明することが実は難しいことにも気づく。

2016年の米大統領選挙においては、事前のメディア報道やSNSなどを通じてあれだけ強烈なトランプ批判があったにもかかわらず、多くの世論調査結果をも裏切る形でトランプ大統領が誕生した。その背景には、「ラスト・ベルト（＝錆びついた地域）」と言われる米国中西部のかつての重工業地帯において失業増加や賃金低下によって不満を募らせた白人中低所得者層による反グローバリズムの主張が強まっていたことがあったと指摘される。

「ポピュリスト」躍進の背景として「虐げられた人々」の存在を見るというメディア報道の傾

向も、多くの場合共通している。英国の「ＥＵ離脱」の国民投票に際しても、低学歴の中高年白人男性が移民の流入やグローバリズムの進展によって安定的な職を失い、不満を強めていた結果、「ＥＵ離脱」に投票したというような解説がなされている。そして、大陸欧州のいわゆる「ポピュリスト政党」とみなされる政党は、移民に職を奪われた低所得者層の人々が「反移民」のスローガンを支持した結果、急激に伸長したのだとされる。

つまり、「ポピュリズム」は、社会の弱者（＝虐げられた人々）のある種のプロテストを背景に成立しているというのが一般的な通念となっている。

大陸欧州のポピュリスト政党の議席増加というところまでならば、そういった説明もある程度は当てはまるだろう。しかし、英国では実際に国民の多数が「ＥＵ離脱」を支持したわけであり、米国では現実にトランプ大統領が誕生したのである。そして、２０１８年にはイタリアでもポピュリスト政党が、連立の形ではあるが政権を獲得した。つまり、「社会的弱者」という少数のプロテストではなく、あくまでも多数の支持による政治決定のことを我々は「ポピュリズム」と呼んでしまっていることの矛盾に直面せざるを得ない。

いずれの選挙も、もちろん民主主義のプロセスとして何の瑕疵《かし》があったわけでもない。これら三つの事例は、「ポピュリズム」という概念があくまでも民主主義の一形態であることを如実に示すものとなっているのである。そうであるならば、「ポピュリズム」あるいは「ポピュリスト的」な政治潮流の一体何が問題となるのだろうか？　あるいは問題だと考えられているのだろうか？

時代を遡り、最も古い時代のポピュリズム事例としてしばしば取り上げられる19世紀末の米

国の「人民党」のケースを見てみよう。▼2

この運動は、一部の大企業や富裕層の権益が保護されていることに不満を持った農民層を中心として起きたプロテスト運動だと言われる。カノヴァンによる四つの類型のうち②の「ポピュリスト・デモクラシー」に最も該当するパターンと言える。インフレ政策の採用や鉄道会社の公有化、累進課税の強化などを訴えた政治運動であり、一言でいうと、社会主義的政策とインフレ政策を同時に主張する草の根の政治運動であった。このケースにおける主体は、まさに「虐げられた人々」の像にかなり近いものである。カノヴァンによれば、前記①~④以外の「農民のポピュリズム」という古典的なケースに分類されているが、②の最も古い形態と言ってもよいだろう。

「人民党」の運動は、結局、政権獲得にまでは至らなかったという意味で、「トランプ政権」や「英国のEU離脱」のケースとは異なるが、彼らの主張のうち、後の時代に実際に政策として実現したものも少なからずある。つまり、「少数意見の反映」という、これもまた民主主義の適切なプロセスを実現させる事例だったのである。

その意味で、現代のポピュリズム事例とされる「トランプ政権」や「EU離脱」にしても、古い時代のポピュリズム事例とされる「人民党」の例にしても、民主主義の一形態であるということにおいてまったく変わりはない。そして、これらのポピュリズム事例にもし何か問題があるのだとすれば、それは、民主主義という近代的な政治システムが抱える本質的な問題の反映であると言わざるを得ないのである。

ただ、そういった政治システムの問題として見てしまうと容易に捉えることの難しい「ポ

▼2 歴史的なポピュリズム事例として必ずと言ってよいほど挙げられるのが、この「人民党」と第二次世界大戦後のアルゼンチンで起こった「ペロニズム」である。この他、先にも挙げた米国ルイジアナ州知事のヒューイ・ロングの例などもよく採り上げられる。ペロニズムについてもファン・ペロン大統領夫人をモデルにしたミュージカル『エビータ』が作られ、後にマドンナ主役で映画化されたこともあって、古い事例ながらも一般によく知られている。

ピュリズム」の概念ではあるが、経験的に全てのポピュリズム事例において共通しているのは、その背景に何らかの「経済的不満」が存在しているということであろう。「人民党」の運動が起こったのは米国における重工業の急激な発展期であり、米国経済において資本蓄積が著しいペースで進展していた時期に当たっていた。そういった産業構造の激変期において一部の社会層が経済的な不満を抱えるようになったことが、この草の根運動の背景にはあった。そして言うまでもなく、「トランプ政権誕生」や「英国のEU離脱」も、因果関係や構造的な背景がまったく同じではないにせよ、「リーマン危機」とその後の「大不況」が背景としてあったことは疑いないところだろう。

しかし、ここで注意すべき点は、社会における何らかの「経済的不満」の発生がポピュリズム事例と関連しているからといって、社会の下層あるいは弱者という少数者によるプロテストの動きだけを「ポピュリズム」と結びつけて見るべきではないということである。「トランプ政権誕生」や「英国のEU離脱」のケースが示唆していることは、何よりもその点である。

では、「経済的不満」は一体どのようなプロセスを経て、「ポピュリズム」的な事例（ここでは社会の多数を形成するような）を生むに至るのだろうか。それを観察することによって、「ポピュリズム」が、まったく瑕疵のない民主主義の運用であるとは言い切れないということについても、逆にある程度明らかになってくるだろう。すなわち、それは、「経済ポピュリズム」という形態において、ある意味で最もクリアな形で説明がなされることになる。

この点を考えるに当たって、我が国の最近における典型的なポピュリズム事例と言われる「橋下元大阪市長の大阪都構想」が一つの参考となるので、その事例を見てみたいと思う。ここでキーになるのは、「サイレント・マジョリティ」という存在である。

## サイレント・マジョリティ

現代の欧米におけるポピュリズム事例は、リーマン危機後の未曾有の景気後退が一つの背景になったと述べた。しかし、橋下徹が大阪府知事に当選した2008年1月は、まだリーマン危機発生の8ヶ月前のことであり、深刻な世界同時不況はまだその兆しが生じている段階に過ぎなかった。むしろ、日本経済は、それ以前の十数年間に比べれば（すなわちバブル崩壊後の十数年間と比べれば）、かなり良好な状況まで回復していた時期に当たっていた。

その意味では、橋下大阪府知事の誕生を、その後のグローバルな同時現象としてのポピュリズム事例と同列に論じることは必ずしもできない[3]。

ただ、橋下大阪府政が東京ではなく大阪で生じた事例であるという点は、考慮に入れるべきポイントである。というのも、バブル崩壊後の1990年代から2000年代にかけて日本経済全体の経済成長の低迷が続いた中にあっても、関西経済圏の相対的な地盤沈下は特に目立っていたからである。

失業率で比較すると、バブル崩壊直後の1992年には首都圏を含む南関東地域が2・5%に対し近畿地域は2・6%とほぼ同水準であったが、金融危機が起きた後の2002年には、南関東の5・3%に対して近畿地域は6・8%とその差は1・5%ポイントにまで広がっていた。

元々、1970年代から80年代にかけて企業の東京への本社移転の動きが進み始め、大阪は

▼3 橋下府政、市政に関しては、前述のカノヴァンによるポピュリズムの4類型のうち複数が当てはまる事例である。少なくとも①の個人的な人気で権力を掌握するパターン、②の住民投票を利用して代議制民主主義を否定する手法、③の右寄り、保守の政治姿勢、という三つは該当する。

東京一極集中による負の影響を最も強く受けていた。加えて、1990年代以降に中国の低価格工業製品の本格的な日本市場への流入が始まると、中小製造業の集積地帯である関西経済圏は大きなダメージを受けた。つまり、大阪は1990年代から2000年代前半頃にかけて、「日本で最も景気の悪い地域」の一つだったのである。

橋下大阪府知事が誕生した2008年初めの時点では、そんな大阪でさえ景気回復の動きが見られてはいたものの、住民の間に過去から累積した経済的な不満が根強く残存していたことは間違いないところだろう。

関西経済圏の地盤沈下に対する不満がまだ鬱積している中で登場してきたのが橋下府知事だったわけだが、その府知事選の段階から橋下が一貫して掲げた政策は、経済的弱者を保護する「分配政策」などではなく、むしろその対極にある「新自由主義的政策」であった。

その時代の大阪の経済的状況を考えた場合、生活への不満を募らせた低所得者層の支持にのみ訴えかけるのであれば、公共投資による景気刺激や低所得者向け福祉政策を掲げるべきだったかもしれない。しかし、橋下はあえてそうはせず、行政改革、歳出削減などを掲げて選挙戦を戦い、予想以上に多くの支持を集めて府知事に当選した。その後、「大阪都構想」を掲げて人気を博し、自らの率いる政党が国政進出まで果たしていく。

実は、欧米における過去のポピュリスト的と言われる事例も、経済政策面においては「分配政策」ではなく、「新自由主義」の政治主張をその中に取り込んでいるケースが少なくない。1980年代のサッチャリズム、レーガノミクスと言われる経済政策が、フリードマン流の「新自由主義」の政策実験を行った代表事例であることは第2章でも述べたところである。この点からすると、ポピュリズム事例の誕生を支える支持層が必ずしも社会的弱者だけではなく、むしろそうでない層の支持があるからこそ成立したということは明らかであろう。この層の重要な部分を占めるのが、「サイレント・マジョリティ」と称されるべき層である。

「サイレント・マジョリティ」すなわち「静かなる大衆（多数派）」ということだが、これは元々、ベトナム戦争時にニクソン米大統領が使ったことで有名になった言葉である。この時はポピュリズム的な政治行動を支持する人々のことを指して使用したわけではなく、むしろ「声なき戦争支持」があるということをニクソン大統領が述べたのである。しかし、現代においては、「表立って党派的な政治行動は行わない社会の多数派」という、よりシンプルな意味でこの言葉は使用されるようになってきている。

現代における「サイレント・マジョリティ」とは、一括りの「層」や「集団」とは言えない人々である。少なくとも、可視化されている「弱者」でも、外見に明白な違いのある「少数民族」などではない。言ってみればごく「普通の人々」であり、重要な点は、労働組合や宗教団体などに所属する人々のように社会的な帰属が明確ではない人々ということである。

トランプ政権の誕生に際しては、「ラスト・ベルト」で生活水準の低落に長らく直面してきたにもかかわらず、大声を出してプロテストすることもなく静かな不満を溜め込んできた「サイレント・マジョリティ」が強力にトランプを支持をしたのだという解説がメディアではなされた。しかし、この場合、「サイレント・マジョリティ」の支持によるポピュリスト政権の誕生というメディアの説明には、大きな矛盾があったことになる。

確かに米国の「ラスト・ベルト」の住民は「サイレント」かもしれないが、人口の規模からいえば、彼らは少なくとも現在の米国民の多数という意味での「マジョリティ」かというと、そうではないだろう。しかし、大統領は、「マジョリティ」の支持がなければ誕生しないのである。

ここで橋下による「大阪都構想」に話を戻すと、2011年に大阪市長に転身した橋下は、2015年に典型的なポピュリズム的手法と言われる「住民投票」を実施して、「大阪都構想」の是非を問うた。結果は僅差で否決される訳だが、ここで注目されるのは、過半近くを占めた「都構想」を支持した層である。

開票結果を地域的にみると、大阪市内北部地域で、近年開発が進み超高層タワーマンションが数多く立っているような区で賛成が過半数を占めた。相対的に中間所得者層の多い地域と考えられる。そして、南部や湾岸部の下町的な地域ではむしろ反対票が過半数を占めた。[▼4] この住民投票で「都構想」の賛成に回った市内北部地域の層こそが、現代日本における「サイレント・マジョリティ」であり、まさに欧米の1980年代のポピュリズム的事例（レーガノミクスやサッチャリズム）において支持した層とも共通項が多い層だと考えられるのである。

この層は、長引く景気低迷に対する経済的不満も少なからず持っているはずではあるが、それは生死のかかるようなレベルでの貧困に対する不満などではない。ただ、「以前よりは豊かでなくなった」、「将来もこれ以上豊かになる期待が持てない」といったように、表に出しては言えない程度の潜在的な不満を持っている層である。彼らは、表立って政府に利益の分配を求めるのは憚られると思っている層でもある。というのも、彼らよりも経済的に恵まれない層が社会の中に多く存在していることも十分に認識しているからである。

▼4 関西学院大学法学部教授冨田宏治が作成した資料「豊かな大阪をつくる～『大阪市存続』の住民決断を踏まえて～」による。

こういった層は、明らかに社会の中のマジョリティである。そして、日本においてこの層は、1970年代頃を境に大幅に増加してきた層である。

高度成長期までの中間所得者層の多くは、さまざまな企業および団体の支持する政党や労働組合の支持する政党など、直接、間接に一定の政治グループに所属していた。しかし、中間所得者数の母数の増加と共に、1970年代から80年代を通じて、特定の政治的組織に属さない人の比率が急速に上昇した。高度成長期まで30%台半ばだった労働組合の推定組織率は、1970年代後半以降は長期低落傾向が続き、直近の2010年代では10%台半ばとほぼ半減している。[▼5]

一方、保守政党の基盤が急速に流動化するのは1990年代に入ってからのことだが、自民党の党員数は1990年前後に500万人を超えたのを最後に減少を続け、2000年代後半にはついに100万人を割り込んでいる。[▼6]

このように特定の政治グループや団体に所属しない人々が増加していく流れには、「都市化」も大きく作用していた。「都市化」は地域の農業、商業を基盤とした固定的なコミュニティを流動化させることになったが、そこで流動化したコミュニティの構成員の多くは、かつては各種の政治グループと密接に結びついていた人々だったのである。

これは決して日本だけの特殊事情ではなく、かつて労働組合の力が現在よりはるかに大きかったのは、他の欧米先進国でも同じである。また、リベラルあるいは社会民主主義などへの共感が現在より強かったのも、特に欧州と日本では共通するところであろう。その背景には、日本も欧州も第二次世界大戦で甚大な被害を受け、社会が崩壊の危機に瀕した経験から、ナ

▼5 厚生労働省「労働組合基礎調査」労働政策研究・研修機構サイトより。

▼6 毎日新聞調べのデータによれば、1991年に547万人でピークを付け、2009年には100万人を割った。

ショナリスティックなもの、あるいは強権主義的なものに対する本能的な拒絶の感覚が社会に浸透していたということが大きいと思われる。日本も欧州も、あらゆる政治決定は、そういった社会全体が持つ左派的傾向を反映していたのである。

その一方で、1980年代まではソ連が国家として存続しており、東西冷戦構造が政府としての対外的あるいは安全保障上の政策決定を強烈に規定していた。この政治的決定を支持したのが、日本であれば自民党の固定的な支持層としての保守層であった。日本においても欧州においても、この左右両サイドの強力な政治的磁力の中で、社会の各層が、漠然とではあったが一定の政治グループに帰属する意識を持っていたのが、1980年代以前の時代であったと言ってよいだろう。

しかし、この第二次世界大戦の終了から1980年代までの40数年間という時代は、19世紀以降の近代化された工業国の歴史にあっては（もちろん日本を含む）、むしろかなり特殊な時代だったのだと言える。政治学者のハンナ・アーレントは、第一次世界大戦後のドイツで経済的混乱を経験して静かな不満を溜め込んでいた「大衆」が政治的に糾合されていったプロセスこそが、ナチスによる全体主義国家の形成過程に他ならないと看破している。▼7

これは、第二次世界大戦で焦土と化した欧州の現実を目のあたりにしたアーレントが、この人類史上最悪の大惨事の発生を強烈に反省する問題意識から導き出した重要な結論である。アーレントが考察した戦間期におけるドイツは、ナチスの独裁政権成立までは、ワイマール憲法下における完全な民主主義国家である。そして、そこでの「大衆」とは、科学技術の面においても、文化芸術などの面においても、当時、すでに世界の最先進国の一つであったドイツの

---

▼7 ハンナ・アーレントの代表作である『全体主義の起原』は、ナチスやヒトラーなど個人や政党に対する批判ではなく、ドイツが社会として全体主義を生んで行った歴史的な経緯を強調するものであった。
ハンナ・アーレント『【新版】全体主義の起原』、久保和郎・大島かおり訳、みすず書房、2017年

▼8 「大衆」という言葉の用法には注意が必要である。アーレントが措定した「大衆」は現代のサイレント・マ

国民である。かつまた、封建主義や王政から解き放たれ、都市化が進み、農村的で宗教的な因習のくびきからも解放されつつあった現代的な意味における大衆像が明確に現れつつあった時代でもあったのである。

ここでアーレントが想定した「大衆」が、より現代的な形態をとって現れてきたのが、「サイレント・マジョリティ」であると言えるだろう。▼8 いかなる政治グループにも所属しない、あるいはいかなる「代表」も戴かない人々が社会の最大勢力を形成し、産業化が十分に進んだ民主主義社会。そういった社会が陥った最悪の結果が、欧州における全体主義の勃興であったとアーレントは考えたのである。この問題提起は現在からすでに70年近くも前のことである。第二次世界大戦後のある時期までは、社会全体が無意識のうちにアーレントのこの強烈な反省を共有しつつ、「サイレント・マジョリティ」の比率を極力増大させないよう封じ込める努力が続けられていたと考えることができる。

このように考えると、今世紀に入って、「ポピュリズム」あるいは「ポピュリスト的」と言われる政治事象が先進国の各国で噴出してきた長期的な背景は明確である。「サイレント・マジョリティ」は決して社会の「弱者」などではない。それがゆえに、表立って政府や政治家に対して「分配」を要求することもない。しかし、その一方で、社会あるいは政治が「弱者」を過剰に保護することは、自分たちの富を奪うことにつながるという意識を持つ層でもある。そのため、経済政策の志向としては「新自由主義的」な路線へのシンパシーを持つことになる。

同時に、「官僚機構」による意図的な、あるいは意図せざるサボタージュが自分たちの利益

ジョリティと完全に一致する概念ではない。かといって、オルテガ的な概念としての「非エリートとしての大衆」と同じ概念でもない。エマニュエル・トッドは、高等教育を受けた人口が社会全体の数10%を超えるようになると、真のエリートでもなく旧来的な意味での大衆でもない新たな中間層、すなわち「大衆化したエリート」になるという。現代のサイレント・マジョリティの母体となっているのはまさにこの「大衆化したエリート」である。

E・トッド『デモクラシー以後』、石崎晴己訳、藤原書店、2009年／オルテガ『大衆の反逆』、寺田和夫訳、中公クラシックス、2002年

を喪失させることを実態以上に過大視する傾向も強い。それゆえ、「官僚機構」に対しては、民主主義国家における正当な権利として、自らの利益の確保あるいは奪回を要望していくことになる（大阪都構想がターゲットにしたのもまさに「官僚機構」である）。

さらには、社会内での分配を要求しないことと裏腹に、経済的な不満が国あるいは共同体の外に向けられやすい。それは、時として社会内の異邦人としての「移民」にも向けられる。そういったナショナリスティックな社会思潮は、経済的に停滞感が生じてくると、直接的ではないが間接的な形をとって結果的に「分配」の要求を生んでもくるのである。

日本では1990年代後半以降、欧米においては2000年代後半以降、すなわちそれぞれの金融危機を経験した後に経済成長が停滞してきたことを契機として、そういった傾向が顕在化してきた。これが、現在強まりつつある「ポピュリズム」的な思潮の最も重要な背景である。しかし、そうだとした場合、ここで改めて問うべきことがある。それは、現在強まりつつあると考えられる「ポピュリズム」的な思潮の一体何が問題だと言えるのか、ということである。

ヤン＝ヴェルナー・ミュラーは、「ポピュリズム」の最大の問題点は「反多元主義」にあると主張する[9]。すなわち、「ポピュリズム」は、「右派 vs 左派」、「保守 vs リベラル」、「成長重視 vs 環境重視」といった多元的な価値観に対する社会の許容度を失わせてしまうから問題なのだと言うのである。

しかし、「多元主義」こそが何よりも維持されるべき最重要の社会的価値なのだと言ってしまうと、その考え自体がすでにかなり「規範的」（＝価値観が元から固定されていること）であるとも言えるだろう。すなわち、そういった考え方は、「反多元主義」を批判しながらも、

▼9 ヤン＝ヴェルナー・ミュラー『ポピュリズムとは何か』、板橋拓己訳、岩波書店、2017年

実は、一つの価値観に基づいて社会における選択の優先順位を断定していることにはならないだろうか？

「多元主義」に何らかの絶対的な「価値」を見出さない限り、「反多元主義」がポピュリズムの最大の問題であるとの結論は導き出されない。社会には、「多元主義」それ自体に反感、反発を覚える人たちも少なくない数で存在するのであり、「多元主義」に普遍的な価値があるという主張を前提にして政治の方向性の是非を問うことには危うさも伴う。

そういった特殊な価値観に依らずに「ポピュリズム」の問題点を定義するとすれば、現時点においては、とりあえず「奪われた物を取り返すという名目のもとに、実質的な何らかの『分配』を要求していること」ということになるのではないか？

社会の多数を占める「サイレント・マジョリティ」は、社会内での「分配」を直接的に要求することをためらう存在である。しかし、潜在的に経済的な不満を蓄積していくと、「サイレント・マジョリティ」は社会内にある種の「仮想敵」を設定した上で、その「仮想敵」に対して何らかの「分配要求」を行っていく。「仮想敵」の向こう側には何も実体が存在しない場合もあるだろうし、場合によっては「マイノリティ」あるいは「弱者」が存在しているケースもある。その場合には、結局のところ、間接的な形での「マイノリティ」や「弱者」に対する「分配要求」に転じてしまう場合もある。

社会全体でその間接的な「分配要求」に応えることが難しいことは自明であろう。なぜなら、ほとんどの場合、「マイノリティ」や「弱者」は、「マジョリティ」による「分配」の要求に応えるだけのキャパシティを持っていないからである。それが、「移民」という歴史的にその共同体の内部者ではない人々の排除に向かう場合も、そこで生じる社会的な軋轢は非常に大きなものとならざるを得ないだろう。

そういった「サイレント・マジョリティ」の、直接的ではないが間接的、実質的な「分配要求」に対して、「ポピュリズム」はあたかも応えることができるかのように回答する。そして、その不可能な要求に対して具体的に応えることを社会あるいは政治が迫られた場合の一つの回答方法が、実は「将来世代からの所得移転」なのである。「将来世代」からの所得移転を行う方法の一つが財政政策であり、もう一つの重要な方法が金融政策である。これは、第4章において詳しく述べた点である。

ただし、「将来世代」からの所得移転それ自体が明確に問題であるかどうかという問いに対しても、「規範的」な解答を与えることには慎重であるべきである。もし、「現在世代」が何らかの理由で生存の危機に瀕しているのであれば、「将来世代」から所得移転をしてでも生存を図ることが、まだ存在しない「将来世代」の生存にもつながるという意味では正しい選択であろう。「将来世代」からの所得移転は、国家として、あるいは人類としての生存本能の発現だという考え方もあり得るのである。

しかし、「現在世代」が「将来世代」に「分配要求」を行っているという自覚が社会内で持たれないような形で事態が進行する場合はどうだろうか？　その場合、「現在世代」と、搾取対象としての「将来世代」がオーバーラップして生きる時間帯が生じた場合には、両世代の間で深刻な対立が起きてくる懸念がある。

「サイレント・マジョリティ」の「分配要求」は「官僚機構」を「仮想敵」に擬する形での間

▼10 インフレは債務者の負担を軽減するので、債務負担に苦しむ低所得者や農業者らに対する「徳政措置」として期待された。しかし、

接的なものになりやすいと述べたが、金融政策を司る中央銀行は国家機構の一部であり、「仮想敵」に擬せられる資格を有している。そして、金融政策は財政政策と共に「将来世代」から「現在世代」への所得の移転を通じて、「現在世代」の間接的な「分配要求」を充足し得る機構の一つでもある。

実際、金融政策を通じた「分配要求」の事例として過去において代表的なケースだったのが、先に挙げた19世紀末の米国の「人民党」のケースである。「人民党」は、その主要な政治目標として、金融緩和によるインフレ政策の実施を掲げていたのである。[10] その後も、金融政策を政治に従属させ、分配の手段にしようとする事例は、先進国にとどまらず幅広く見られた。第二次世界大戦中の日本もある意味ではそうであったし、1920年代のドイツやオーストリアの事例もあった。しかし、中央銀行に対する間接的な分配要求の事例は、第二次世界大戦後の先進国においてはっきりした形では見られなくなっていた。

それが少しずつ変り始めたのが、1990年代以降の日本のケースだと言える。

## 非多数派機関としての中央銀行

橋下元大阪市長による「大阪都構想」なるものが、実際に抜本的な行政コストの削減につながり、大阪市民、府民に明白な規模で「実利」をもたらし得るのかどうかについては、この議論が提起された当初からさまざまな方面より疑問を呈されていた。[11] なぜ大阪市民、府民のかなりの部分が、そういった冷静な指摘に目を向けずに、この政策を支持したのだろうか？

ハイパー・インフレーションとなると、低所得者層はむしろ実質賃金の下落に苦しむことになる。1920年代のドイツでハイパー・インフレが起きた時には、富裕層は外貨建て資産を保有することでむしろインフレをヘッジできた。

[11] たとえば、高寄昇三『大阪都構想と橋下政治の検証』など。その後、2015年の「大阪都構想」に関する住民投票実施に向けては、多くの本が出版されている。たとえば、藤井聡『大阪都構想が日本を破壊する』など。高寄昇三『大阪都構想と橋下政治の検証』、公人の友社、2010年／藤井聡『大阪都構想が日本を破壊する』、文春新書、2015年

大きな理由として考えられるのは、「大阪市と大阪府」は政治的に誘導された「仮想敵」であり、大阪市民、府民のかなりの部分を占める「サイレント・マジョリティ」は、その実態に薄々気づきながらも支持したということである。大阪市と大阪府の二重行政における非効率性がある程度存在することは事実だろうが、それを解消したとしても、「サイレント・マジョリティ」の不満に全て応えられるほどの成果は期待すべくもない。

しかし、結果として十分な成果を示せないのであれば、それに代替する何らかの分配を政治は提供しなくてはならなくなる。これは、「サイレント・マジョリティ」にしてみれば、実質的、間接的な分配要求の表明を行ったのと結果として同じことであると言える。

そもそも、「官僚機構」が「サイレント・マジョリティ」にとって批判の対象になるのは、「官僚機構」が民主主義制度の中にあって、時として「有権者の意思を反映しない」、あるいは「意思に反した」決定をする「独裁的な存在」であるように認識されているからであろう。本来、官僚機構は、国民の意思を反映した選挙によって選ばれた政治家あるいは議会を通じて、国民の意思通りに行政を行うための組織であるはずである。しかし、官僚機構の中で行われるさまざまな行政的な意思決定においては、明文化された法制度の範囲内でという制約はもちろんあるものの、実質的には官僚あるいは官僚機構に大きな裁量権が与えられている。それは、そのような裁量権がなければ、巨大で複雑化した近代国家の行政機能をスムーズに働かせることができないからである。

しかし、この官僚機構が持つ「裁量権」に対して、一般国民は「自分たちはこの裁量権の行使によって何か不利益を被っているのではないか」という意識を持ちやすい。法制度の面では国民の意思を反映している建前であったとしても、実質的に存在する裁量権は一般国民にとってブラックボックスであり、それがゆえにある種の「仮想敵」として措定されやすい存在なのである。そして、そういった「仮想敵」として、日本においては中央省庁のみならず、中央銀行がその大きなターゲットとなってくるのである。

官僚機構は、通常の状況であれば、政治家や議会の行おうとする方向性に大枠では沿った形で機能しようとするはずである。官僚は政治家や議会をコントロールしようというインセンティブをある程度は持つが、官僚機構が政治の意志と完全に逆行した政策を長期的に行っていくことは、民主主義国家においてはかなり困難なことである。

むしろ、20世紀後半以降の先進諸国においては、国家の機能が一段と複雑化していく中で、通常の官僚機構の外に、あえて政治家や議会から独立した権限を付与した組織を設立することで、より効率的な国家運営が行えるとする考え方が出てきた。たとえば、議会の審議に委ねてしまうと利害調整が複雑になり過ぎてしまう場合や、専門家でなければ適切な判断や評価が困難な事柄について議会が適切に決定できない場合などに、そういった組織の設立が考えられるようになった。

こういった考え方に基づいて設立された機関を、政治学の用語で「非多数派機関（=Non-majoritarian institutions）」と言う。具体的にどういうものがあるかと言うと、内閣や首相に直属する諮問委員会のようなものであったり、独立性を付与された中央銀行などがその代表的なケースとみなされる。[12]

中央銀行の独立性を法制度的に担保する流れは過去数十年の間に先進諸国では一般的なもの

▼12 Claudia Landwehr『Deliberative Democracy and Non-Majoritarian Decision-Making』, ARENA Working Paper3, 2014

となってきたわけだが、それは、経済学的な観点からすれば、「インフレ抑制のために効率的な方法だから」ということになるだろう。しかし、政治学的、社会学的な観点からすると、国家の行政機構がより複雑で専門的な事項に対処することを迫られるようになり、「民主主義制度の特例」を作る必要性が出てきた結果として生み出された政治あるいは行政手法の一つなのである。中央銀行の場合は、「複雑性」と「専門性」ということで言えば、特に後者の問題に対処する必要性から、「非多数派機関」の形をとるようになってきた側面が強い。つまり、短期的にインフレと経済成長がトレードオフの関係にあるような場合に、政治家や議会はどうしても短期的な観点から金融緩和を要請しがちであるが、長期的な経済見通しや政策の波及効果を正確に計測、試算する作業は、政治家や議会が適切にこなすことのできない極めて専門的な領域なのである。

先進諸国の中でも米国や日本には存在せず、欧州にのみ存在する「非多数派機関」として、「欧州委員会」（＝ＥＵの政策執行機関であり膨大な職員を抱える行政機構）がある。独立した国家の正規の民主主義プロセスに基づく決定を超越したさまざまな意思決定が、この「欧州委員会」においては行われている。もちろん、有権者による正当な意思反映のプロセスとして各国毎に選挙が行われており、そこで成立した各国行政府の同意の下に、ＥＵ全体にまたがるさまざまな共通の立法面、行政面での決定が行われる建前にはなっている（ＥＵ議会も一応存在する）。しかし、実際には、多国間にまたがる複雑な調整を要するさまざまな事項に関する意思決定を、「欧州委員会」が実質的にその内部で行っていることも事実なのである。「欧州委員会」は、「複雑性」に対処する要請から成立してきた「非多数派機関」であると言ってよい。

「英国のＥＵ離脱」という決定は、この「非多数派機関」に実質的な「行政権限の委託」が行われていることに対する英国の有権者による拒否権の発動であったという点を正確に認識する必要がある。「英国のＥＵ離脱」という政治的決定を、「移民流入の是非」という「ワン・イシュー」の選択を英国民が行った結果だと見てしまうのは誤りである。その問題ももちろん重要な争点であったわけだが、「非多数派機関」としての「欧州委員会」が民主主義の正規のプロセス外にあるということ自体に英国民の「不満」が向かったという根本的な事実を認識する必要があるだろう。

ＥＵ加盟国において近年伸張しているポピュリスト政党と言われるほとんど全ての政党は、「反ＥＵ」を政策の中核においている。これら大陸欧州のポピュリスト政党が各国の一般国民に訴えかけているのは、「欧州委員会は自分たちの意思を十分に反映しない形で行政を独占しており、その結果、自分たちは不利益を蒙っている」という主張である。ただでさえ、官僚機構が持つ裁量権に対しては、それがブラックボックスであるがゆえに一般国民の不満の矛先が向きやすい。それに加えて、「欧州委員会」は、正規の民主主義的プロセスを逸脱しているとさえみなされている存在である。「欧州委員会」という「非多数派機関」は、「ポピュリスト政党」のカリスマ指導者にとって、これ以上ない「仮想敵」の要件を備えた恰好の存在なのである。

「非多数派機関」が必要になってきた主な理由である「複雑性」と「専門性」に対処することへの要請ということを考えると、中央銀行と欧州委員会に共通する深刻な構造問題の存在に気づく。

中央銀行が取り扱う金融政策について言えば、インフレや成長の短期的な予測は、相対的には長期的な予測より容易である。たとえば、大幅な金利引き上げを行えば、数ヶ月後には景気に悪い影響が生じて倒産や失業が発生することくらいは誰にでも予想ができるだろう。逆に極端な金融緩和を実施すれば、銀行行動の変化や資産価格の上昇などを通じて一定の景気刺激効果が生じる結果として倒産や失業が減ることも、比較的簡単に予測ができる。このような予測は、専門家でなくとも一般の有権者や政治家でも十分に可能なわけである。予測ができるからこそ、有権者は金融緩和を期待しがちであり、政治家も同様な要求を中央銀行に対して行いがちである。

しかし、大幅な金利引き上げによる景気悪化、あるいは劇的な金融緩和による景気改善が、数年先あるいは10年先のスパンでどのような影響をもたらすのかははるかに難しい予測である。そもそも、先に述べたように、金融政策が本質的には財政政策と同じように何らかの形での将来から現在への「富の移転」あるいは現在から将来への「負担の先送り」の性質をもつという客観的な事実ですら、一部の専門家にしか正確には理解されていないのである。逆に言えば、専門家にしか理解できない事象であれば、負担を先送りすることで一般国民が収奪者の立場に回っていたとしても、それを自覚すること自体が困難でもある。▼13「官僚機構のサボタージュ」というところから一歩進んで、経済政策における「打ち出の小槌」のようなものが存在しているというイリュージョンを、一般国民あるいは有権者は財政政策以上に金融政策に対しては抱きやすい。そこに専門家が異論を持って立ちはだかった場合、その専門家の存在を排除することも、ポピュリズム的な社会思潮が強まる中では、十分に政治

▼13 財政政策に関しては、経済学においても、将来世代の利益をまったく考慮しない完全に「利己的な人間」を仮定すべきか、将来世代の利益にも配慮する「利他的な人間」を仮定すべきかという理論的な考察はなされてきた（明確な結論は出されていないが）。金融政策に関しては、将来世代に対する「利己的」「利他的」の仮定を明示的に行うことも簡単な作業ではない。

的なインセンティブになり得る。

こういった点は、欧州委員会においてもまったく同じ構図である。EUの共通ルールがもたらす短期的な結果は誰にでも容易に予測ができる。債務危機の際に緊縮財政を迫られた国の国民は、当面、自分たちが景気の悪化に苦しむことを当然のごとく予測する。しかし、それが長期的には別の結果をもたらす可能性については予測が困難なのである。これは、移民政策についても同様な面があるだろう。

「専門性」が要請される領域（＝ここでは長期的な予測の能力）において「非多数派機関」の必要性が生じる一方で、そういった領域においては、予測が困難であるがゆえに、逆にさまざまな形でのイリュージョンの発生も招きやすい。そして、本来、イリュージョンの発生を抑止すべく設立される「非多数派機関」が、ある局面においては、イリュージョンを求める一般国民あるいは有権者にとっては、自分たちの利益を損なう「排除されるべき存在」に擬せられていく可能性があるのである。

ここで、中央銀行とポピュリズムの関係が、かなりはっきりとその姿を現してくることになる。本来は、「専門性」が必要とされるがゆえに、あえて民主主義の正規のプロセスから逸脱した機関（＝非多数派機関）が求められてくる領域があり、金融政策がまさにその代表的ケースである。しかし、そのような位置づけになればなるほど、通常の官僚機構以上に、「サイレント・マジョリティ」にとっての要求のターゲットに擬せられるポピュリズム的な構図が、金融政策を巡っては潜在的に存在しているということなのである。

その構図は、2000年代から2010年代にかけて徐々に強まっていった。1990年代末に起きた金融危機がその一つの契機となったことは疑いないところだろう。欧米先進国においては、２０００年代後半に起きたリーマン危機が契機となって「反ＥＵ」に代表されるようなポピュリズムの思潮が強まっていった訳だが、その基本的な構図が現れてきた時期は、明らかに日本が10年あるいはそれ以上先行していた。その構図の中に金融政策が組み込まれることになったという意味で、日本の事例は世界の政治史的、社会史的にみても画期的なものであったといえるだろう。

ただ、日本の国民自身、その画期性を十分には理解できていないかもしれない。その理由の一つとして、日本の政治学者が、非多数派機関としての中央銀行が担う金融政策の実質的な意味合いなどまったく理解していないどころか認知すらしていないということがある。一方で経済学者は、金融政策が政治のアジェンダとして採り上げられていく時代の潮流と社会の大きな構造的変化についてまったく理解しようとせず、近視眼的な金融政策の計量的インパクトのみに関心を向けている。そういった金融政策を巡る現状を包括的に理解するという観点からも、１９９０年年代から２０１０年代に至るまでの日本の政治潮流と社会潮流を改めて整理してみる必要があるだろう。

## 欧米に先行した日本の政治構造の変化

まず、大きな前提として確認しておく必要があるのは、１９５５年の保守合同以来日本においてほぼ一貫して与党の立場にあった自民党が、１９９０年代以降は、小泉政権下での2回の総選挙を除くと大きな退勢の流れに入っていたということである。先に述べたように、自民党の党員数は1990年前後に500万人超でピークを付けた後に減少を始めた訳だが、総選挙における獲得票数も1990年7月の選挙で3000万超に達したのがピークで、その後は急速に票数を減らしていった。

1996年に小選挙区制が導入されて以降の自民党の比例獲得票数は、2000年代前半の小泉政権下での2回の選挙を除くと、直近2017年の選挙に至るまでピーク水準の半分から3分の2の1600～1900万票のレンジにとどまっている。自民党の退勢をもたらした固定的な保守政党支持層の流動化は、1980年代頃を起点とする「サイレント・マジョリティ」の増加と明らかに表裏一体をなす現象であった。

2003年と2005年の小泉政権下での総選挙結果は、ある意味で、30年にわたる保守政党自民党の長期低落トレンドにおける特殊なリバウンド現象だったと言える。2003年の総選挙における自民党の獲得票数は2000万票強。2005年のいわゆる「郵政選挙」では2600万票弱を獲得した。小泉政権は、自民党を含めた左右両派の固定的支持層から流出して漂流し始めていた巨大な「サイレント・マジョリティ」の票を、一時的に自民党に引き寄せることに成功した政権だったのである。

1996年から現在に至るまでの自民党による獲得票数レンジを700万から1000万も上回る票を獲得した小泉政権が2005年選挙で争点としたのは、「郵政民営化」であった。これは「官僚機構批判」をメインアジェンダに掲げて行ったという意味で典型的な「ポピュリズム」型の選挙であり、しかもほぼワンイシュー選挙であったことに特徴がある。議会選挙をある種の「国民投票」に類似したものとして闘った構図でもあり、その意味でこの「小泉郵政選挙」は、２００８年の金融危機後の欧州で「国民投票」が大きな政治テーマとなっていった流れを先取りしたものだったと言えるだろう。▼14

しかし、小泉政権下における2０００年代前半の2回の衆議院選挙は、あくまでも短期リバウンドに過ぎなかったのである。その直後に、自民党にとっては最大の危機が訪れることとなる。２００9年の総選挙で民主党政権が誕生することになるのである。

自民党の趨勢的な獲得票数の減少は、平成バブル崩壊後の不況の影響によるところもあるが、それ以上に、左右両軸の磁力に引き寄せられて戦後40年間固定化されていた「サイレント・マジョリティ」が流動化するという、より長い時間軸での潮流を反映するものであったといえよう。むしろ、この長期的な潮流がすでに始まっていたところに経済停滞が追い打ちをかけた結果、巨大な政治的漂流民の発生と自民党の長期低落が生じたという言い方が最も正確な説明であろう。

この潮流の中においては、自民党の長期低落と共に社会党をはじめとする左派勢力の衰退が同時並行で進んだということも必然だったのである。また、長期的な潮流の中で金融危機による経済停滞がトリガーとして作用したという意味において、日本の政治状況は、リーマン危機後の欧米の政治構造の地殻変動を、やはり10〜15年程度のスパンで先取りしていたのだと言えるだろう。

この左右両派から流動化した膨大な数の「サイレント・マジョリティ」が、２００9年の総選挙では民主党支持へと雪崩を打つ形で回ったのである。この総選挙での民主党の獲得票数は

▼14 小泉政権を前述のカノヴァンの4類型に当てはめると、自民党内での少数派ながら個人的人気をバックに権力を確立したという意味で④の「政治家のポピュリズム」であると同時に、議会選挙をワンイシューの国民投票に擬して成功したという意味で②の「ポピュリスト・デモクラシー」であると言える。

3000万票弱に達し、前回2005年の総選挙から約900万票も増加した。2005年の「郵政選挙」において、自民党が1600～1900万票という定着レンジに対して一時的に積み上げた票数が700～1000万票であった。そのことを考え併せても、総選挙に実際に投票をしに行く有権者の中に最低1000万票程度のスイング票が存在し、それがまさに「サイレント・マジョリティ」の存在を反映している票であるとみることができる。

ただし、自民党やそれ以外の党に投票している有権者の中にも、実際の考え方や政治的スタンスにおいては「サイレント・マジョリティ」に含まれるような人たちも少なくないはずである。また、自らが何者にも代表されていないと感じている「サイレント・マジョリティ」の中には、そもそも国政選挙ですら投票所には行かないという人たちも多いと考えられる。

衆議院選挙での投票者総数が6000万人前後であり、そのうちの最低でも2割程度が、かなり明確な「サイレント・マジョリティ」の層である。とすると、国民全体に占める比率で見れば3割、いやもっと多い層がそこにカテゴライズされる層ということになるのではないか？そして、2012年の総選挙において、この膨大なスイング票（＝サイレント・マジョリティ票）が、今度は自民党の政権復帰をもたらすことになるのである。

では、2012年の衆議院選挙で、この「サイレント・マジョリティ」の膨大な層が民主党支持から転じて全て自民党へ投票したのかというと、実はそうではなかった。先に述べたように、小泉政権下の2回の総選挙以外では、自民党の獲得票数は一貫して1600～1900万票のレンジにとどまっており、それは2012年の総選挙においても変わらなかった。実際、

2012年における自民党の獲得票数は1662万票であり、2009年の総選挙からさらに約200万票も獲得票数を減少させていた。1990年代に始まる長期的な潮流は大きくは変わっていなかった。

2012年の総選挙においては、二つの要因が働いたことによって自民党は政権に復帰することが可能になった。一つは、民主党の獲得票数の減少があまりにも大きかったということである。そして、もう一つは、自民党、民主党以外の第三極政党が躍進したことであった。この二つの要因が揃ったことで、小選挙区制の構造上、2012年の総選挙では自民党が議席数において圧倒的な多数を獲得することになったのである。

2012年の総選挙において、1000万票を超えると考えられるスイング票あるいは「サイレント・マジョリティ」の中核票は、民主党から第三極と言われる新興政党、特にその中でも二つの政党に集中的にシフトした。その一つが、橋下徹率いる「日本維新の会」であり、もう一つの政党が「みんなの党」であった。獲得票数はそれぞれ1200万票強、500万票強で、合計すると1700万票を超えていた。民主党のこの選挙における獲得票数の減少は約2000万票に達したが、この二つの第三極政党が少なくともその7割強を吸収する形となったのである。

また、この結果からも、スイングする「サイレント・マジョリティ」の票は実質的に1000万票よりもかなり多い規模であることが分かる。その一部は、2009年の総選挙以前から民主党が一部吸収していたものと推測され、その部分も含めて2012年の総選挙で一気に吐き出されて第三極政党にシフトしたのである。

といっても、民主党の母体となった旧社会党や旧民社党といった左派リベラル政党の支持者が、外交・安保政策において明らかに右派に属する「日本維新の会」と「みんなの党」にシフトしたとは考えにくい。とすれば、元々は左派リベラルではなくむしろ中立から保守（場合によってはかなり右寄り）の人々が2009年以前には民主党に投票をしていて、そういう人々も含めて2012年の総選挙で、第三極政党の支持に一気にシフトしたと考えられるのである。▼15

民主党から「日本維新の会」と「みんなの党」への大スイングが、2012年総選挙における自民党の政権復帰の原動力となったわけだが、この両党の大量得票が自民党を利したのは、両党と自民党との政策に共通項が多かったため、お互いが選挙区における対立状況をある程度回避する戦略を採っていたからである。その意味では、「日本維新の会」と「みんなの党」が自民党の別動隊の形となり、自民党（あるいは1980年代以前の左右両派）から流動化していった「サイレント・マジョリティ」の票をフルに掬《すく》い上げる形になったのが2012年の総選挙の基本構図だったと言える。

2012年の総選挙で躍進した「みんなの党」は、橋下の大阪府知事当選から1年半ほど遅れて発足した新興政党であるが、橋下や彼が作った「維新」よりも、さらにもう一段先鋭的な「官僚批判」を政策の中心に据えた政党であった。そして、この「みんなの党」こそが、国会の場で、政党として初めて強硬な日銀批判を行った政党であった。▼16

2012年の総選挙で民主党から第三極政党に大きくスイングした1000万票を優に超える巨大な層が「第三極政党」に期待した経済政策は、「サイレント・マジョリティ」層が最もシンパシーを寄せる「官僚機構批判」あるいは「新自由主義政策」であったと考えられる。

▼15 民主党は元々、新生党、新党さきがけといった自民党分派組と社会党右派が中核メンバーとなっていたため、支持層の中にも従来の自民党支持の保守的な層を含んでいた。

▼16 「みんなの党」は2010年7月の参議院選挙に向けて「政府と日銀が一体となっての強力な財政金融一体政策」や「日銀法改正」を訴え、10議席獲得と大きく躍進する。その後、同年11月には参議院に実際に「日銀法改正案」を提出した。

「みんなの党」は、そういった有権者の政策指向を吸収する受け皿として、ある時期に非常によく機能した政党だったのである。

一方で「日本維新の会」は、安全保障、外交政策の面では自民党の最右派に近い主張であり、「みんなの党」に比べると、経済政策一辺倒ではないイメージを持つ政党であった。ただし、「みんなの党」も、意識的に「官僚機構批判」を前面に出していながらも、安全保障政策においては自民党の中道からむしろ右派に近い主張の政治家を多く抱えており、どちらかと言えば右派寄りの政党であった。2012年選挙で第三極にシフトした人々は、経済政策面においては、「サイレント・マジョリティ」の典型的な主張としての「官僚機構批判」、「新自由主義」といった「ポピュリズム色」の強い政策指向を共有していると同時に、対外政策的には、やや右派的な政策を支持する人々であったということになる。

実際には、経済政策面で「官僚機構批判」、「新自由主義」といった政策を支持する人々の全てが、外交・安保政策面では「右派的政策」を「強く」支持しているともいえないだろう。経済政策において「ポピュリズム的指向」が強まる中で、そういった政策を掲げて票の吸収に成功した政党が、たまたま「右派的」な政策指向を持っていただけとの解釈もできないわけではない。

しかし、「日本維新の会」や「みんなの党」を支持した層は、明らかに現代における「サイレント・マジョリティ」の層であり、それが欧米におけるポピュリズム的な政治潮流を支持している層と本質的に同じ層なのだとすれば、欧米で「官僚機構批判（＝たとえば「反EU」）と同時に「対外強硬」あるいは「排外主義」の指向が強まっている状況との類似性を考えないわけにはいかない。

ここでもう一度確認しておくと、「サイレント・マジョリティ」という文字通り社会内の「多数層」は、社会内あるいは共同体内において直接的に「分配」を要求していくことは躊躇する層である。「サイレント・マジョリティ」は、時に直接的な「分配要求」を行うことのある「弱者層」とは異なるのである。しかし、「サイレント・マジョリティ」は、経済的不満が蓄積してきた場合に、「仮想敵」を設定して攻撃するような形で間接的、実質的に「分配」を要求するような方向に流れていく傾向を持つ。

その一つの方向が「官僚機構批判」であり、もう一つは「対外強硬」、「排外主義」の指向である。日本は欧米と異なり「移民」の数が極端に少ない国であるため、「反移民」は「サイレント・マジョリティ」に訴えかける政策アジェンダとはなりにくいが、ある程度「対外強硬」、「排外主義」の傾向を強めてきたとしてもまったく不思議ではない。結果的に、「マジョリティ」の右傾化は、すなわち「社会全体の右傾化」という捉えられ方にもつながっていく。「経済」の観点から完全に乖離した領域に入っていくことは本書の意図するところではないが、ここで、1990年代以降の「サイレント・マジョリティ」が一つの傾向として持ってきているとも考えられる「右傾化」の経緯についても一応述べておいたほうがよいだろう。ここに、「サイレント・マジョリティ」が持つ「ポピュリズム的」な政治指向の一つの特色が滲み出ているとも言えるからである。

## 日本における「右傾化」の意味

日本社会の「右傾化」は、バブル崩壊後の景気低迷が長期化し、金融危機の発生によって鬱積する経済的不満が尋常ならざる水準に達しつつあった1990年代末頃から指摘され始めた現象である。

具体的には、漫画家小林よしのりが執筆した『新ゴーマニズム宣言SPECIAL　戦争論』がベストセラーとなった1998年が一つの分水嶺であったとされ、2002年の日韓サッカーワールドカップが、特に幅広く若年層のナショナリズム意識を喚起したとも指摘される[▼17]。

金融危機のクライマックスともいえる時期に起きたこれら二つのトピックは、日本の「右傾化」の象徴事例とみなされることになる。ちなみに、日本における「金融危機の局面」は、1997年の「北海道拓殖銀行、山一證券破綻」に始まり、2003年の「りそな銀行公的資金注入」をもって大きな峠を越えている。

2000年前後を境に指摘されるようになる「右傾化」に加えて、社会の特徴的な変化としてもう一つの重要ファクターも同時に指摘されるようになっていく。それが「若年層の格差問題」である。1990年代末から2000年代初めにかけての時期は、いわゆる「就職氷河期」の最も厳しい時期に当たっており、数々の若者の不幸な事例がメディアでも取り上げられるようになっていた。

---

▼17　香山リカが2002年の日韓ワールドカップでの若者の熱狂を著書『ぷちナショナリズム症候群』で指摘して以降、若者の右傾化現象の一つの起点として言及されるようになった。右派の評論家である古谷経衡も著書『ネット右翼の終わり』で、「ネット右翼の直接の開始は、2002年にその誕生の嚆矢を見ることができる」と書いており、日韓ワールドカップが大きなイベントとなったことを指摘している。
香山リカ『ぷちナショナリズム症候群』、中公新書クラレ、2002年／古谷経衡『ネット右翼の終わり』、晶文社、2015年

一方でこの時代は、日本における「ネット文化」の興隆期に当たっており、ダイアルアップ接続のパソコン通信による初期のサークル的なネット交流の時代から、常時ネット接続サービス開始に伴う「掲示板」を中心とするネット空間が急拡大する時代への移行期に当たっていた。インターネット普及期において、「ネット＝若者＝オタク」というカテゴライズで括られる集団と、「格差＝右傾化」という新しい社会潮流とを結びつける解釈が登場し、いわゆる「ネトウヨ」（＝ネット右翼）という用語が生まれてくるのがこの頃である。この用語は、2000年代半ば以降になってくると、新聞などの大手メディアにも登場してくることになる。

ただし、この「ネトウヨ」という用語によって代表されるようなグループが本当に固定的に存在しているのかという点については疑問も呈されている。2013年から2014年にかけてのある推計によれば、「ネトウヨ」にカテゴライズし得る集団の数は200万人程度ではないかとされている。[18] また、「ネトウヨ」のアイドルとされた元航空自衛官の田母神俊雄が立候補した「次世代の党」が、2014年の衆議院選挙で獲得した票数が約140万票であった。小林よしのりの『戦争論』第1巻の出版部数約90万部といった数値を合わせて考えると、「ネトウヨ」の総数は100～200万人程度であると考えてそれほど問題はないだろう。

それに対して、小泉政権下での2回の総選挙と民主党政権が誕生した2009年の総選挙、そして自民党が復権した2012年の総選挙の間で大きく投票行動をスイングさせた層の規模は1000万を優に超えていたわけである。と考えると、「ネトウヨ」の推計100～200万人という規模は、政治的に無視できない数値ではあるものの、そのインパクトを過大

▼18 古谷経衡は、自身のブログ読者を対象に行った調査をベースにこういった推計を行っている。古谷経衡『ネット右翼の逆襲』総和社、2013年／同『ネット右翼の終わり』晶文社、2015年

評価すべきでない数値ということにはなるだろう。

日本の場合、欧州のポピュリズム政党の多くが主張するような「移民排斥」の議論は、そもそも現状では移民の数が圧倒的に少ないので生じようがない。2010年前後から反韓、嫌韓を街頭で堂々と主張して社会問題化した「ヘイトスピーチ」は、大陸欧州で見られる右傾化したポピュリズム政党の「排外主義的」な主張と明らかにオーバーラップするが、その数はおそらく「ネトウヨ」にカテゴライズされる100〜200万人の集団よりもはるかに小規模な集団であろう。▼19

こういったマイナーな集団が欧州のように国家的な政治決定に影響を及ぼすことは、現在の日本においては考えられない。そういった社会における特殊な少数グループや、明確に右派的傾向を自覚しているがマジョリティとまでは言えないグループ（＝ネトウヨ）の存在に限定されるのであれば、それをもって「社会の右傾化」というのは、かなり偏った見方と言える。

しかし、逆の見方をすれば、2002年の日韓ワールドカップに熱狂してナショナリズム感情や反韓感情を持った人たちの数は、ネトウヨやヘイトスピーチを行う人々の数を大きく上回るだろうということもまた疑いないところであろう。また、1980年代以降、旧来の自民党支持層の中から徐々に流動化していった層のうち、かなりの部分は従来の自民党支持者が持っていた右派的な傾向をある程度引き継いでいるとも考えられる。

そもそも、1970年代までの左派的な磁力がまだ強力だった頃の政治的思潮の影響をまったく受けていない世代に属する人々が、2002年の日韓ワールドカップに熱狂した中心世代でもあった。ワールドカップという国民的大イベントに伴って自然に沸き起こったナショナリ

▼19 大陸欧州の一部の国では、ナチスの信奉者を多く抱えるような政治団体（あるいは直接流れを汲む団体）が地方議会のみならず国政選挙でも議席を獲得する例が出てきている（ドイツやオーストリアなど）。その点、日本では、ヘイトスピートを行うような極右団体が地方議会レベルでさえ議席を獲得するような状況は今のところない。

ズム感情は、ある意味で「右派的」というよりは「保守的」という表現に近いものなのかもしれない。

「保守的」というのは、国家や地域といった共同体への帰属意識を自然に持ち、その共同体に対して愛情と誇りを持つことを隠そうとしない態度、と言ったらよいだろうか。これは、この十数年ほどの間に広がりを見せていると指摘される「内向きで、日本を礼賛する社会的風潮」とも共通の根を持つ部分であるように思われる。

たとえば、この十数年ほどの間に、テレビ業界では、「日本礼賛番組」というカテゴリーが創出されてきた。現在も放映されている代表的なものとしては、『二代目 和風総本家』（テレビ大阪・テレビ東京）、『世界が驚いたニッポン！スゴ〜イデスネ!!視察団』（テレビ朝日）、『世界！ニッポン行きたい人応援団』（テレビ東京）といった人気番組がある。具体的な内容は番組によってもちろん異なるが、「日本の素晴らしさ」、「日本人の能力の高さ」を自画自賛し、それを他国と比較して強調するような手法はどの番組にもある程度共通している。

こういった「日本礼賛番組」の嚆矢と言ってもよい番組が、NHKが制作して人気を博した『プロジェクトX　挑戦者たち』である。その放送内容は多岐にわたるが、代表的なテーマは、高度成長期前後における日本の製造業の成功譚であった。ホンダの自動車エンジン開発や新幹線の開発などを題材として採り上げ、第二次世界大戦後から高度成長期にかけての日本人がいかに苦労して世界に冠たる経済大国を築いていったのかを描き、毎回10〜20%という高視聴率を獲得した。この番組の放送が開始されたのが2000年のことであり、まさに日本の「右傾化」が始まったと考えられる1997〜2003年の金融危機のクライマックス期に当たっている。

バブル崩壊と長期にわたる経済停滞の後に金融危機を迎えた1990年代末から2000年代初頭の時期。日本人の本来の得意分野である「製造業」に改めてスポットライトを当てることによって打ちひしがれた日本人を元気づけようという発想から、おそらくこの『プロジェクトX』は始まっている。「日本人は粘り強い」、「日本人は共同作業が得意」、「日本人は器用」、だから日本人は「ものづくり」に長けており、「日本の製造業は世界一なのだ」というようなストーリーで、「日本礼賛番組」は日本人の自尊心を呼び覚ます役割を果たした。▼[20]

ちなみに、日経新聞紙上で、「ものづくり」というワードが登場する回数を調べてみると、1994年に前年から一気に6割近く増加して150件弱に達した後、90年代中はまだ100～150件程度の推移にとどまっていたが、『プロジェクトX』が始まる2000年に一気に200件に跳ね上がる。その後も着実に増加を続け、ピークの2014年には500件弱に達している。製造業を中心に世界に冠たる経済大国を築き上げたという自国の歴史を、日本人は少なくとも1990年代以前よりも、2000年代以降の時代にはるかに「誇り」に思うようになってきているのである。

「日本礼賛番組」を好んで視聴する人に「あなたは右傾化していますか?」と質問しても、おそらくほとんどの人は何を問われているのかピンとこないだろう。しかし、「ネトウヨ」や「ヘイトスピーチ」を行う人々の傾向を「ハードな右傾化」とするならば、「日本礼賛番組」を好んで視聴する人々の心性は、ある意味で「ソフトな右傾化」と言ってもよいものではないだろうか。

▼20『プロジェクトX』の主題歌として作られオリコン1位の大ヒットとなった中島みゆきの『地上の星』は、まさに市井の名もなき人々を讃える歌詞であった。バブル崩壊後の長期不況で自信を喪失した日本人は、自らのアイデンティティを確認するために、英雄譚ではなく集団の成功譚を振り返ったのである。

過去の自国の成功譚を振り返る行為は、共同体への帰属意識を確認することを通じて、自信を喪失して不安を募らせている自己を安定化させようという行為に他ならない。振り返る成功譚はもちろん自己の過去ではなく、自己の所属する共同体における過去の誰かによる成功譚であり、そこでの振り返りは必然的に共同体への帰属の認識を対自己、対他者の双方において表明することを求めることになる（そのプロセスにおいて帰属意識を回復させる対象としての共同体が果たして国家であるのかどうかは、実はそう簡単に特定できるものではないが）。

「日本社会の右傾化」というと、左派的な志向を持つ人は強烈な拒否反応を示す。しかし、「共同体への帰属意識の確認」であると言えば、それは「保守化」という表現がより適切に当てはまる事象なのである。

「ナショナリズム」というイデオロギーを、産業革命以降の「産業化と工業化」が生み出した特殊的、過渡的な概念であると定義したのはアーネスト・ゲルナーであった。また、国家も含めたさまざまなサイズの共同体は、人間の「イマジネーション」によって生み出されたものである（＝想像の共同体）と主張したのはベネディクト・アンダーソンであった。

ゲルナーは、そういった人工的なイデオロギーである「ナショナリズム」という概念は、グローバル化が一段と進展していく過程でいずれ消滅していくべきものだと予測した。ゲルナーとアンダーソンが彼らのナショナリズムについての主著を著したのは、いずれも1980年代のことであったが、1970～80年代は社会科学のある種の黄金時代であり、科学的、合理的な思考の進展とその現実社会への適用によって、社会に存在する多くの問題をいずれ完全に解消させていくことが可能だという一種の夢想がなされた時代でもあった。[21] 究極的な「進歩主義」、

▼21 アーネスト・ゲルナーの『民族とナショナリズム』とベネディクト・アンダーソンの『想像の共同体』は共に1983年に出版されている。
アーネスト・ゲルナー『民族とナショナリズム』、加藤節監訳、岩波書店、2000年／ベネディクト・アンダーソン『定本 想像の共同体』、白川隆・白川さや訳、書籍工房早川、2007年

「成長主義」の時代であったと言えるのだが、ゲルナーらのナショナリズム研究もこの時代の思潮を明確に反映していた。

ゲルナーらの「ナショナリズム」研究は、同じ時期に学問体系としての一つの最終段階へと向かいつつあった「新しい古典派」の経済学が到達した地点とも、ある意味で非常にオーバーラップしていた。社会を全て数理モデルによって描写することによって経済政策を無謬化することが可能であるという夢想を、その時代の経済学も持ちつつあったのである。

政治哲学の分野では、ジョン・ロールズの『正義論』が絶対的な正義と公正の存在を説いた時代でもあった（時代はもう少し遡るが）。そして、自然科学分野ではあるが、遺伝生物学において、「適応主義（＝ダーウィニズム）」がいくつかの議論の変遷を経た後、絶対的な立場を確立していた時代でもあった。[22]

こういった「合理主義を絶対視」する時代が、やや広く時間軸を取れば1960年代から1980年代、もう少し狭く取れば1980年前後の十数年間の時期に、多くの社会科学あるいは一部の自然科学分野との境界領域において同時に成立していたのである。

しかし、ゲルナーの予測、すなわち20世紀前半にあの人類史上最悪の大惨事を引き起こした「ナショナリズム」という概念がいずれ消滅に向かうだろうという予測は、明確にはずれつつある。それどころか、21世紀を迎える頃から、先進諸国においてはむしろ剥き出しの「ナショナリズム」が封印を解かれて徐々に勢いを増していくことになるのである。

先進国においてその先鞭を付けたのが日本なのだということを、当の日本人が実はほとんど認識をしていない。1997〜2003年という金融危機の時代にその重要な分岐点があった

▼22 進化のメカニズムについては、自然淘汰の原理を強調する立場と、より偶発的な経路を強調する立場とで、攻守入れ替わりながら議論を深めてきた。千葉聡『歌うカタツムリ』、岩波書店、2017年

のである。左右両軸によって固定化されていた社会の巨大な層が流動化しつつある中で、経済の長期停滞と金融危機が起こり、いかなる政治グループにも所属しない巨大な「サイレント・マジョリティ」が緩やかに保守化を始めた時代。そして、この頃を境にした「ナショナリズム」の緩やかな復活は、ゲルナーが想定した「人工的なナショナリズムの発生プロセス」ではなく、個々人のアイデンティティ回復と自信回復の必要性の中から自然発生的に生じてきたものだったのである。

1980年代を一つのピークとする「合理主義を絶対視」する時代が終焉に向かう中で、社会思潮は緩やかではあるが着実に変化し、日本において欧米先進国より十数年間先行して始まった大きな流れが、リーマン危機を経た2010年代の欧米先進国においてもいよいよ顕在化してきたのだと言える。欧米先進国では「移民問題」があまりにも先鋭的な社会分断問題を引き起こしたがゆえに、そういった自然発生的な「右傾化」の問題が、先行した日本以上にはっきりと可視化された形でリーマン危機以降に立ち現れてきたのである。

「ポピュリズム」の問題は、先行した日本においては、可視化されるようなテーマが限定されていた結果、「官僚機構批判」というアジェンダが相対的に欧米よりも大きくなる傾向が生じてきたように思われる。テーマが「移民問題」に絞り込まれない日本の特質があるがゆえに、2000年前後を境に生じてきた「ソフトな右傾化」あるいは「保守化」の社会思潮は、その後、まったく逆の帰結として左派政権（民主党政権）の誕生を促すことにもなるのである。

こういった非常に分かりにくい政治的な帰結から、日本の「ポピュリズム」の思潮は、経済政策の面においても極めて無定見なものであるように見えている。しかし、左右両軸から解放された「サイレント・マジョリティ」が、何者によっても自分たちは代表されていないと自己認識しつつ、蓄積された経済的不満の表明手段を常に探しているという構図を考えれば、それを無定見と安易に断じることはできないだろう。

そもそも「左右」というような便宜的な軸によっては分類し得ない層こそが、「サイレント・マジョリティ」なのである。直接的な「分配要求」を行わない層が民主主義制度の中で政治的な影響力を持つ時、間接的かつ実質的な「分配要求」が外に向けば「右傾化」し、内に向く時には「官僚機構」のような「仮想敵」の存在を必要とする。しかし、「仮想敵」はあくまでも「仮想敵」であり、ある時期を境に、「仮想敵」への批判でありながらも、より現実的な「分配の成果」を求め始めるようになっていく可能性を秘めている。

その変化は1990年代末頃から緩やかに始まり、時に「新自由主義的」な政策を求める志向となってあらわれ、時にそれ以外の経済政策を求める志向となってあらわれてくる。その中で、「サイレント・マジョリティ」の「仮想敵」としての「官僚機構」に対する批判と、現実に何らかの「分配の成果」を生み得る経済政策の実施という、本来、同時には行い得ないと考えられていた二つの行為を同時に実現し得る「スイートスポット」が探され始める。民主党政権時代には、財務省批判とセットでの「埋蔵金」を巡る議論などもあった。そして、もう一つの重要な「スイートスポット」として、日本銀行およびその政策としての金融政策に、さまざまな曲折を経ながら徐々に焦点が当たっていくのである。

第7章

# 経済ポピュリズム

## ネットとリフレ論

「官僚機構批判」と「何らかの分配を伴う経済政策」のリンクするスイートスポットとしての中央銀行。前章でも述べたように、日本において、そこに「サイレント・マジョリティ」の目が向いていったのは、ある意味で必然であったと言えるだろう。その必然性を正確に認識していたかどうかは分からないが、そういった政治潮流に棹をさし、自らの主張を「サイレント・マジョリティ」に対して訴えかけていった人たちがいた。それが、リフレ派と言われる経済学者や市場エコノミスト、あるいは一部の官僚や官僚OBたちである。

第6章において、「ネトウヨ」発生の時代背景として、1990年代末から2000年代初めにかけてのネット文化の興隆について言及した。実は、このネット文化の興隆期において、いわゆる「リフレ派」の論客の一部が自説を積極的にネットの掲示板などで発信するようになっていた。第5章で述べたように、すでに1990年代前半、後に日銀副総裁となる岩田規久男と日銀スタッフであった翁邦雄との間での論争を通じて、「リフレ派」の初期の主張は公的なメディア空間において開陳されていた。しかし、この段階では、議論の緻密さという意味では明らかに翁邦雄ら金融政策実務家のほうに分があった。

「リフレ派」が、初期の段階から輸入学問的な傾向を強く持っていたことは第5章でも述べた通りである。翁－岩田論争の後、「リフレ派」の一部の論者は、ナイーブなフリードマン流のマネタリズムだけでなく、「新しい古典派」と「ニュー・ケインジアン」が融合していく時代における「主流派経済学」の新しいメソドロジーを随所にちりばめつつ、かつ米国の有力な経済学者の助けも借りつつ、1990年代後半から2000年代前半にかけて、日銀や市場の実務家を論破すべく理論武装の態勢を強めていった。その一つの舞台としてネット空間も利用されるようになっていく。

民間金融機関には珍しくリフレ派の論者を多く輩出している大和総研に在籍していた故岡田靖などが、その代表例である。岡田が匿名ネット掲示板「いちごBBS」で主催していたスレッドは2000年に開設されている。▼1 この当時のネット空間におけるリフレ派の主張は、まさに輸入学問の手法そのものであり、ある意味で上品なアカデミズムのフレイバーを漂わせるものであった。

実際、この時代にネット空間でリフレ派の主張に同調していく人たちは、所得水準としては少なくとも中間層以上、知的水準という意味では、主要大学の経済学部卒のエリート企業人あるいは大学院まで経済学を学んだ学生もしくはポスドクというようなところであったと推測される。つまり、同時期に増加しつつあった「ネトウヨ」を構成するとされる層よりはもう少し知的水準の高い層であったと推測される（もしかしたらかなりオーバーラップしていたかもしれないが）。

しかし、1990年代末から2000年代初頭といえば、第5章でも述べたように、一般世論や政治の世界においては「デフレの定義」を巡って大きな議論が持ち上がりつつあった初期段階であった。そして、まだ一般には「デフレ＝物価下落」ではなく「デフレ＝景気悪化」というように認識されていた時代でもあった。

▼1 「2ちゃんねる」の開設が1999年で、「いちごBBS」は翌2000年の開設。

そこでは、「サイレント・マジョリティ」が各年代層で着実に経済的な不満を蓄積しつつあり、その「原因探し」や「犯人探し」が行われ始める時代に当たっていた。「上品でアカデミックなフレイバー」の装いであるとはいえ、ネット空間でのリフレ派の「啓蒙活動」は、「犯人探し」という意味では、後の「官僚批判」や「非多数派機関」の攻撃につながっていくポピュリズム思潮を十分過ぎるくらいに内包していた。

それでも2000年代前半までの時代においては、こういったネット空間における「リフレ派」の存在は、まだ社会の表の世界で認知される存在とはなっていなかった。しかし、インターネットの影響力が社会において加速度的に増大していくにつれて、「リフレ派」の主張は、ネット空間における「右派的言論」の広がりと重なり合うように、急速に拡散していくことになる。

いわゆる有名ブログと言われるウェブサイトの中には、先鋭的な「日銀批判」を売り物にする有象無象のサイトが現れてくる。その多くは、岡田靖や岩田規久男ら専門エコノミスト系の論者たちと比べればかなり低レベルの経済政策論議を振りかざすものであった。こういったブログの運営者たちは、岡田らが表面的には纏《まと》っていたアカデミズムのフレイバーを意識的に排除するようにさえなっていった。そして、ブログサイトへの書き込みの中には、相当下劣な日銀幹部批判まで見られるようになっていくのである。しかし、こういったブログでの主張を通じて、リフレ派の主張がかなり幅広い層に浸透していったことも確かであった。

「いちごBBS」などのケースにあるように、「リフレ派」の主張は、新聞や経済雑誌のような大手メディアを通じるよりも、むしろネット空間における拡散が比較的早い時期から進んでいた。大手メディアのほうでは、一部を除けば、2000年代を通じて基本的に「リフレ派」の主張に積極的に同調する動きは示していなかった。こと金融政策に関しては、大手メディアにとって最大の情報取得源は何と言っても日銀であり、日銀の考え方や日銀自体を徹底的に批判、否定する「リフレ派」の主張を全面的に採り上げることはできないという事情もあったと思われる。財政政策に関して、財務省の財政再建至上主義を「正論」として支持していかなければ大手メディアとしては立ち行かないような構造が長らくあったのと同じである。

ところが、「金融危機のクライマックス」、「インターネットの本格普及」、「社会の右傾化開始」といったこれまで述べてきたような大きな社会の変化が生じてきた局面で、実は大手メディア自身も十分な自覚もないままその流れの中に巻き込まれつつあった。

すなわち、「サイレント・マジョリティ」の間接的な経済状況への不満表明が「官僚機構批判」に形を変えやすい構造がある中で、大手メディア自身が「官僚機構のインナーサークル」に属する存在として、ネット空間での批判対象となっていくのである。[2]「社会の右傾化」を促した日韓ワールドカップにおいて韓国への批判感情が高まる中、韓国を援護する立場にあるとみなされた大手メディア自身がネット空間で強烈な批判の俎上に載せられていくことになるのである。

岡田靖が活動した「いちごBBS」などは電子掲示板としてはかなりましなケースであったが、2ちゃんねる（現5ちゃんねる）などを舞台に、極端な右派的主張の拡散を目的とするネット参加者が急増していった。ネット空間の最大の特徴はその匿名性にある訳だが、従来からのオフィシャル・メディアは、その記名性ゆえに（執筆者の個人名ではないにせよ、メディ

▼2 大手メディア批判で必ず出てくるのが、「記者クラブ」の閉鎖性。主要新聞社や放送局、すなわち大手メディアを中心に構成される記者クラブが、日銀も含む各省庁ごとに設置されている。日本の記者クラブは戦時中の翼賛組織にその淵源があるとされる。

ア企業に報道内容に対する明確な責任が帰属するという意味での）、外部からの批判に晒されないように配慮した情報しか伝えない傾向を必然的に伴っていた。

そういう構造自体が、大手メディアをネット空間における先鋭的な批判の対象にしていった大きな要素の一つでもあった。特に経済政策や官僚機構に関する報道内容に関しては、「大手メディアは官僚に情報操作されており、結果的に官僚機構が我々から奪っている利益を擁護するために誤った情報を伝えている」というような批判がネット上では展開されていくことになる。

そういったメディア批判は、2000年前後から経済政策における議論としてリフレ派が拡散させ始めていた「財務省が主張する財政再建は実はまったく必要がない」、「日銀が金融緩和を出し惜しんだためにデフレになった（そしてまだ出し惜しんでいる）」といった主張がネット空間で徐々に浸透していくのと同時並行で強まっていくのである。ネット空間での情報取得者は、既存メディアへの不信感の裏返しという部分も含めて、リフレ派の拡散している情報を積極的に受け入れていくことになったのだと推測される。

インターネットの最大の特徴は「情報の直接伝達」であり、究極的に言えば「メディアを排すること」であるとされる。しかし、現実には、ネット参加者が得ることのできる情報は、情報の発信源が提供しようと意図して提供している情報であって、その段階ですでに情報の選別が行われている。ネット参加者にとって、ネット空間には「メディアを介さないで情報を得る自由」が存在しているように見えても、実際には既存メディアとは異なった形での情報加工がネット空間では行われている。リベラルなネット参加者たちはネット空間の「自由」を熱狂的に称賛するが、これはあまりにもナイーブな称賛である。

かつて左右の両軸が強力な磁力をもって有権者をある程度固定化させていた時代には、右派グループは自民党傘下の各種業界団体、左派グループの場合は労働組合といった情報の結節点を通じて、個々の有権者は政治家や官僚機構などインナーサークルの情報にむしろ直接的に接触する機会があった。そこでの情報発信源は、ある意味で政治や行政のプロやセミプロであり、伝達される情報は最近の常識からすればインサイダーか機密情報かという違法と合法のグレーゾーンのものも多く含まれていたのだが、少なくとも情報の出所は明らかであった。

しかし、インターネットという不特定多数の接する空間においては、情報発信源は、グレーゾーンの情報であればあるほど匿名でなければ情報の提供は行われない。その結果として、ネット空間の情報は、より意図的な選別を受けたものになる可能性を潜在的に持っている。

左右両派が磁力を失った結果として流動化した「サイレント・マジョリティ」の多くは、政治や行政の直接情報に触れる機会に乏しい存在という意味では、アマチュア化した集団であるとも言える。このことは、特にこの数十年間に都市への人口集中が加速度的に進んだこととも密接に関連する。▼3 個人が一段と個として分断される社会構造の中で、ネットの普及は個々人の持つ情報量を激増させた一方で、情報の大半を、既存メディアが介在するもの以上に操作の加えられたものにしてしまった面がある。

経済政策に関する分野での情報歪曲の極端な例が、「政治家や官僚機構が国民を陰で搾取しており、その搾取さえ排除すれば国民の負担は大幅に減る」といった類のものである。先に述べたような、「財政再建をしなければ日本は破たんするという主張は財務省の陰謀」、あるいは

▼3 WHOのデータによると、日本の都市人口比率は1950年の53％から2010年には91％へと上昇している。2000年代の市町村合併（による都市圏の増加）で多少嵩上げされているものの、主要国中トップの比率であり、過去60年間での上昇幅も圧倒的に大きい。

「金融緩和は国民に何の負担も強いないにもかかわらず日銀は金融緩和を出し惜しんでいる」といった主張がまさにそれに当たる。

もちろん、こういったネット空間での論調が2ちゃんねるなどの掲示板で盛んに発信され、有名ブログと言われるようなサイトで日々発信されるようになったからと言って、それが数千万人に達するであろう「サイレント・マジョリティ」の全てに影響を及ぼしているとまでは言えない。しかし、財務省や日銀の経済政策を、「居酒屋談義」のような形でごく日常の空間で批判することを当たり前のことにした面は否定できないだろう。

そういった主張を、「みんなの党」のような国会に議席を有する公党が堂々と行うようになっていったのも、それが彼らの主要な支持層であると期待される「サイレント・マジョリティ」に対する一定の訴求力を持つと考えたからである。その根本にあるのは「官僚機構批判」であり、さらにはそのより強化されたバージョンである「非多数派機関批判」が選挙における「票」の獲得につながるだろうという想定があったはずである。

それは、欧州においては「反EU」の主張に集中していった政治的な指向とも重なるものである。日本では欧州における「EU」ほど分かりやすい対象ではないものの、同じ「非多数派機関」としての「日銀」がその対象になり得るということに、一部の政治グループが気づいたのである。

しかし、そういった方向でのある種の情報操作が、果たしてどの程度意図的に行われ得るものであるかは疑問でもある。むしろ、ネット空間において意図的になされる情報の選別は、情報を受け取る側が求めている情報を提供するという、ある意味で純粋に市場原理に基づいた行為の集積であると言えないわけではない。

結局のところ、既存メディアであれネット空間における情報供給者であれ、情報を受け取る側の需要するもの、すなわちここではサイレント・マジョリティの欲する情報を提供する存在なのである。情報をある種の生産物であると考えるならば、需要に応じた製品を作ることは一つの必然でもあろう。

ただ、既存メディアとネット空間の情報供給者との違いは、既存メディアは、ある程度の寡占化を政府が法的に、あるいは暗黙の了解のもとに担保することを前提として、メディアのほうで一定の意思とルールに基づいて情報の取捨選択を行っているということである。

メディアの意思とルールを政府が担保するというやり方は、実は、「サイレント・マジョリティ」が民主主義制度のもとで社会を不安定化させる存在とならないよう抑止すべきだということを、社会のリーダー層あるいは政治エリートが暗黙に了解していた結果でもあると考えられる。

メディア報道の「自由」が確保されるべきだとの考え方が西欧社会で定着したのは18世紀とされるが、「中立性」や「正確性」に対する意識が強まったのは20世紀になってからのことである。その頃から、メディアは、社会の中にあって政治権力を監視する機関であると同時に、公的役割の一端を担う機関でもあるという位置づけを与えられていくのである。

その意味で、19世紀末から20世紀初頭の時期に米国で問題となった「イエロージャーナリズム」の問題が、100年近くの時を経た21世紀初頭になって、インターネット空間の拡大によって再び大きく頭をもたげているのだとも言える。▼4

▼4 20世紀初頭の米国で、読者の欲する情報を伝える新聞の過熱した報道姿勢が問題になり、「イエロージャーナリズム」と称された。マイケル・エメリー、エドウィン・エメリー、ナンシー・L・ロバーツ『アメリカ報道史』、大井眞二他訳、松柏社、2016年

## 経済ポピュリズム

インターネット空間の情報伝達は、特に政治あるいは経済政策といった分野においては、極めてポピュリズム的な指向とシンクロナイズしやすい。経済政策の面では、インターネット空間の特質にリフレ派の主張は非常に合致した。「非多数派機関としての日銀の誤った政策によって我々は犠牲になっている」という主張は、その結論のみを需要したいネット空間の情報の受け手にとっては、そのロジックの正確性の是非を問うことがかなり困難な内容であるがゆえに、逆に非常に受け入れやすい情報であると言えた。ネット空間における情報供給者たちは、そこにある意味で「市場」を発見したのである。

日銀批判それ自体は、「官僚機構批判」という点においては必ずしも過去の「ポピュリズム」的な政治事例とかけ離れたものではなく、ある意味で典型的な事例であるとさえ言えた。しかし、日銀の「非多数派機関」としての歴史の浅さは、情報面でのアマチュアとしての「サイレント・マジョリティ」にとってはむしろ非常に新鮮な存在として日銀を登場させた面があったと考えられる。だからこそより需要されやすかったと同時に、情報も製造、供給がされやすかったのである。

逆説的ではあるが、もし1998年の日銀法改正によって日銀の独立性が強化されておらず、「非多数派機関」としての性質が現在よりも鮮明でなかったならば、2000年代以降、日銀の存在がこれほどまでに「サイレント・マジョリティ」の批判のターゲットに擬せられていくこともおそらくなかっただろう。

そういった意味で、２０００年代以降、一般世論における日銀批判が徐々に強まっていく流れには、いくつかの偶然が重なり合って影響した結果という面があったことは確かである。しかし、その流れは時間を追うごとに着実に強まっていった。第5章でも述べたように、民主党政権時代には、与党民主党と当時の最大野党であった自民党も一緒になった政党横断的な政治グループが公然と日銀批判を行っていた。そして、２０１０年の参議院選挙、２０１２年の総選挙では日銀批判を経済政策の主要アジェンダに掲げる「みんなの党」の躍進というような具体的な政治的な結果を生んでいくことになる。

そういった大きな政治潮流の中で自民党が政権にカムバックした２０１２年の総選挙後には、積極的な金融緩和論者である黒田東彦元財務官が、それまでネット空間などで厳しい批判を浴び続けた白川前総裁の後任として日銀総裁に就任し、日銀は第二弾の「マネタリズムの実験」に取り組んでいくことになるのである。

黒田総裁体制下での日銀は、１９９８年に新日銀法が成立して以降で最も安定的で親密な政治との関係を構築していくことになる。すでに２０１２年の総選挙前から自民党は、「みんなの党」による「政府と日銀が一体となっての強力な政策遂行」といった主張を自らの政策の方向性として取り込みつつあった。これは結果的に、「サイレント・マジョリティ」による間接的だが実質的な「分配要求」に応えていく政治の決断といってもよいものであった。

１９９０年代末を起点とする「経済ポピュリズム」の大きな潮流は、２０００年代における日銀による第一弾の「マネタリズムの実験」に続き、黒田総裁体制下の第二弾の「マネタリズムの実験」が開始されたことによって、より鮮明になったと言ってよいだろう。「多数による社会あるいは共同体への分配要求」という矛盾を解消する方法は、それを社会内あるいは共同体内に限定する限りにおいては、何らかの形で実質的な分配対象を「将来世代」に求めることになり得る。これが20世紀前半の時代であったならば、対外的な膨張政策になっていた可能性もあっただろう。それはハンナ・アーレントの分析した時代に他ならない訳だが、「サイレント・マジョリティ」の分配要求が「将来世代」に向けられている現状は、ある意味で非常に平和的な選択であると言えるかもしれない。

政治の選択として「サイレント・マジョリティ」の分配要求に対してそのような方向性を与えていくことは、結果として「非多数派機関」(＝ここでは日銀)という民主主義制度における一つの特殊形態の存在が曖昧化することを意味する。しかし、それが法に基づく正規の政治プロセスを通じて生じてきている状況なのだとすれば、むしろ、それは現代政治における正当な潮流であるのかもしれない。金融政策の在り方を巡ってそこで政治に要請されることは、「非多数派機関」である現在の中央銀行に代替し得る、より洗練された政治・行政システムを再構築することなのだと言えなくもない。恐らく政治学者的な発想に立てば、より高次の民主主義の理念を維持、実現するためには、現状で付与されているような中央銀行の独立性を維持することにさほどの重要性はないということにもなるだろう。

しかし、間接的な「分配要求」、特にその対象が「将来世代」となるような要求を政治が積極的に受容していくことが果たして正しいのかどうかは、政治学にとっても極めて重い課題なのではないだろうか。というのも、民主主義制度が十分に定着しているかに見える現代の先進国社会においても、「将来世代」の意思を政治決定に反映する手段は未だ存在しないからである。[▼5]金融政策の本質は「現在と将来との間の富の移転にある」ということを踏まえれば、中央銀行を「非多数派機関」とすることは、実は「将来世代」の意思を現在の政治決定に反映させる一つの手段でもあるのである。

経済学者は、金融政策を議論する際に、政治学の議論において欠落しがちなこういったテーマにおいてこそより分野横断的な議論に踏み込んでいくべきなのではないだろうか。経済学者にとっては、他の多様な社会科学分野（政治学、社会学、哲学などあらゆる分野が含まれる）の専門家と、こういったテーマにおいて積極的に協働していくことこそが重要なのではないか。現在、金融政策を専門としている経済学者の視野は、その意味では非常に狭窄であると言わざるを得ない。

マクロ経済学は、1980年代までに実質的に大きな限界に当たった後、自らの活動の場を求めて金融政策に深く関わっていく道を選んだわけだが、その結果として、金融政策に過大とも言える役割を与えてしまった。ただ、それだけであったならば、一部の経済学者が唱えただけの「金融政策万能論」のような考え方を社会が実際に受け入れていくことまではなかったのかもしれない。

しかし、1990年代以降、日本で欧米より十数年間先行して始まった「経済ポピュリズム」の潮流に金融政策が呑み込まれていく過程において、経済学者は他の社会科学分野と協働して、そのことのより大きな意味合いを解明していく責務を果たそうとはしなかった。何か明確な意図があったかどうかは別にしても、その社会的な影響力を考えた時、経済学と経済学者

▼5 人口学者のポール・ドメインが1980年代に提案した「ドメイン投票」という考え方がある。未成年者の選挙権を親が代行することで若年層（あるいは将来世代）の利益を政治決定に反映させようというもの。ドイツやハンガリーで採用が検討されたが、さまざまな異論もあり実現していない。ポール・ドメイン、青木玲子、牧原出、牛尾治朗、柳川範之『「ドメイン投票法」の衝撃』、NIRA、2011年

の「不作為の罪」は決して軽くないだろう。

その一方では、経済学、特に現代の主流派経済学の価値を擁護する立場も根強く存在する。経済学は有益で、現代の日本にとっても大きな貢献をしてきたと考える人も当然少なくはない。人間社会において、絶対的にこれが正しいもしくは誤っている、あるいは有益か害悪かというような評価を下せる対象はかえって珍しいものであるかもしれない。

ここまで詳しく述べてきたように、経済学あるいは主流派経済学というものの本質がたとえどんなものであったとしても、その考え方を現実の政策に反映させる際に最終的な意思決定を行っているのは、現代の民主主義国家においては国民であり有権者である。

経済学が日本にとって有益と考えるか害悪と考えるかも、社会の中に位置づけられた経済学という学問の姿を正確に理解することなく判断を下すことは困難なのである。経済学という、18世紀に始まり20世紀後半において社会科学に君臨し、現代の政府の行動に各国で非常に大きな影響を及ぼしている学問も、結局のところは社会の在り様や理念、もっと究極的な言い方をすれば「モラル」といったものの映し鏡なのだと言ってよいだろう。

＊　＊　＊

社会における「モラル」というものがなぜ生まれてきたのかということを考える時に、カントやロールズが考えたような「絶対的な正義」といったものが存在するのであれば、それはある意味でシンプルである。しかし、あらゆる価値判断は、現代社会においてはもっと「相対主義的」な感覚によってなされている。「相対主義」とは、善や悪といったものの価値判断が元から定まったものではないと考えることである。

実際、現代に生きる我々日本人の多くは、「過去には存在していた安定的な価値観の崩壊に直面している」と感じているのではないだろうか。そして、メディアによって伝えられる現代日本の自画像も、ほとんどの場合はそのように描かれているように思う。

たとえば1990年代以降、日本の大手メディア、特にやや左寄りのメディアで頻繁に使われるようになった表現として、「この国」という言い方がある。[6]「この国の未来はどうなってしまうのか?」、「この国の政治家は一体何を考えているのか?」といった言い方が、新聞のコラムやテレビの報道番組などでもしばしば使われる。

「わが国」でも「日本」でもなく、「この国」という言い方をあえてすることで、安定した価値観を失って漂流する自国社会を一段上から見下ろして、自分だけは正しい「モラル」を維持していると言っているかのようにも聞こえる表現である。左派メディアがこういった表現で一歩距離を置いて上から眺め下ろしている現代日本社会の姿は、「理想や正義を失い、劣化した社会」というものであろう。ここで喪失が嘆かれている価値観は、要するに「社会主義的かつ平等主義的な理想」である。[7]

一方では、戦後の自民党を中心とした安定的な政治体制の基盤となってきた保守的な価値観も、それを信奉してきた人々にとっては、過去数十年間で大きく変化してきたと感じられているところだろう。戦後の保守的な価値観とは、要するに「米国を中心とする自由主義社会に属していることがもたらす安定」を重視する価値観ということになるだろう。

これは、左派的な「社会主義的あるいは平等主義的」な感覚とは大きく異なる価値観かもし

---

▼6 司馬遼太郎の「この国のかたち」というエッセイから広まった言い方だと思われる。1989から96年にかけて「文藝春秋」に連載された。

▼7 左寄りメディアとされる朝日新聞の出身で、同じく左寄りとされるTBSの「NEWS23」で長くキャスターを務めた筑紫哲也が同番組で持っていた有名な対談コーナーの名前が「このくにのゆくえ」。筑紫は「このくに」という表現をタイトルに掲げた著作を複数著している。筑紫哲也『このくにの行方』、集英社、2003年/同『このくにの姿』、集英社、2007年

れないが、人々に何らかの帰属意識をもたせ、社会を安定化させる作用を持っていたという意味においては、このような保守的な価値観と左派イデオロギーとは実は同じ役割を果たしてきたのである。

19世紀以降、日本を含めた西欧先進国において民主主義体制が確立されてくる過程で、「サイレント・マジョリティ」というそれまでに存在しなかったマス社会集団の誕生を見た。それ以降、政治的に何者をもその代表者として戴かない多数派が社会の中に存在するようになり、その集団が民主主義的な選挙制度の下で、極めて「相対主義的」な投票行動によって政治的な決定に関与していくことになる。

日本においても、第二次世界大戦に向かっていく前段階にあったのは大正デモクラシーの時代であり、政治システムとしては普通選挙が導入された時代であった。ドイツでは、帝政終了後のワイマール憲法下で完全な議会制民主主義の時代があり、その正規の政治的手続きを経てナチス政権を誕生させることになった。

第二次世界大戦後は、その時代への大いなる反省がある中で、左右対立構造の政治体制が成立していくことになった。その経緯に、どの程度明確な形で社会全体としての意思と言えるべきものが働いたのかは判然としない。しかし、結果的に、日本人を含む全ての西側先進諸国の国民の多くが擬似的に左右どちらかの政治集団に所属するような社会構造が成立し、「相対主義的」な政治行動、投票行動はある程度抑制されていたのである。

1990年代以降、我々日本人が喪失しつつあると感じている「絶対的な価値観」は、必ずしも、明治時代や江戸時代あるいはそれ以前の時代にまで遡る単純に「古き良きもの」という意味での「モラル」ではない。欧米先進諸国において人々が喪失しつつあると感じているものもやはり同様であろう。20世紀後半という非常に限定された期間にのみ存在していた特殊な左右イデオロギーというものこそが、我々が喪失したと感じている「絶対的な価値観」の中心なのである。

第二次世界大戦という人類にとって最大の惨禍を経験した後、半世紀近くの期間にわたって半ば強制的に社会を固定化させる装置として機能していた左右両派のイデオロギーは、1980年代を境に消失していきつつある。それを我々は「モラル」とは称していなかったが、社会の安定化装置としての「疑似的なモラル」の役割を左右両派のイデオロギーが代替していたのである。その「疑似的なモラル」が消失していく結果として、縮小し抑制されていた「サイレント・マジョリティ」が、社会の大きな核として再浮上してきているのが現代社会であると言える。

ミルトン・フリードマンら米国のユダヤ系知識人を中心に唱道された新自由主義的な経済思想は、社会主義あるいは共産主義思想に対する強力なアンチテーゼとして生まれ、保守大国としての米国およびその社会をより強化、固定化することを目指した（実際に米国は、1980年代にソ連陣営の共産主義の打倒に成功した）。

しかし、その結果として、1990年代以降は、左右両派の対立構造によって固定化されていた先進諸国の社会自体が、大きく流動化し始めることになったわけである。米国においてすら、労働組合を基盤とする民主党は、その基盤を非白人という新たな社会階層に移していかざるを得ず、白人社会の流動化が進んだ。

トランプ政権の誕生を促した白人の中間所得者層は、従来のキリスト教原理主義的な保守層、労働組合支持のリベラル層のどちらでもない、まさに「サイレント・マジョリティ」であると言ってよいだろう。2011年に“Occupy Wall Street”に参加した人々も、従来の左派的な立場の人に加えて、そういった「サイレント・マジョリティ」を多く含んでいた。

極論をすれば、“Occupy Wall Street”に参加した人々と、トランプ政権誕生を促した人々は、本質的な部分ではかなりオーバーラップしているのである。そういった「サイレント・マジョリティ」の要請に応じていく経済学あるいは経済思想として、古色蒼然とした新自由主義的な発想に根差した主流派経済学が適していたのかどうかということが、2010年代の現在において問われているのだとも言える。

「社会におけるモラル」ということで言えば、元々人間社会は「保守的」なのだという研究がある。社会学者のジョナサン・ハイトによれば、人間は本来、共同体を効率的に形成すべく利他的な行動を採る「モラル」を脳の基本機能として持っており、人間のそういった能力あるいは特質が社会の形成においても重要な役割を果たしているのだという[▼8]（＝道徳基盤理論：Moral Foundations Theory）。

ハイトは、人間の脳は、「ケア（＝思いやり）」、「公正」、「忠誠」、「権威」、「神聖」、「自由」という六つの「道徳基盤」を備えており、保守的な傾向の強い人は、このうち「忠誠」、「権威」、「神聖」という三つの基盤が特に強い人なのだという調査結果が得られるという。しかし、本来、人間はこれらの特質全てを備えており、極端に左派、リベラル的な感覚を持った人でさえ、「忠誠」、「権威」、「神聖」の特質が弱いだけであってゼロではない。すなわち、社会のナ

▼8 ジョナサン・ハイト『社会はなぜ左と右にわかれるのか』、高橋洋訳、紀伊國屋書店、2014年

チュラルな在り方として「保守的」な性質を持ち、共同体の形成を求めようとする傾向があるのは、ある意味で当然のことなのだという。

このハイトの考え方を適用するなら、前述したような2000年前後を境に進み始めた日本社会における「右傾化」は、必ずしも「右へのシフト」なのではなく、「右への回帰」なのだという解釈も可能である。ハイトの主たる関心である米国の社会的変容についても、1990年代以降のリベラルの退潮あるいは保守回帰の動きは、社会の本来の姿への回帰であると述べている。

しかし、問題は、第二次世界大戦後にいったん、「左派リベラル」という大きな社会的理念の柱が形成されていた時代の後、すなわち1980年代以降に始まった「右傾化、保守回帰」の思潮が、人間の脳機能の「古層」に眠る「共同体を形成する感覚」への単純な回帰となる保障はまったくないことである。

日本においては、明治や江戸期の単純に「古き良きもの」という意味での「モラル」への回帰にはならないのではないかというのは、まさにそういう意味である。19世紀頃から形成され始めた「サイレント・マジョリティ」は、そもそもそういった共同体から遊離した新しい都市生活者を中心に形成されてきた存在であることを思い起こす必要がある。「右傾化、保守回帰」は、ある意味で、本来の「モラル」とは微妙に、あるいは大きく異なったところに戻っていこうとしているかもしれないのである。

このことが、先に強調した「将来世代からの搾取」、「非多数派機関の排撃」といった形を生みつつある大きな背景の一つと言ってもよいのかもしれない。

## 歴史の中のQQE

さて、以上のような社会考察、思潮考察を踏まえた上で改めて、日銀が2013年以降実施しているQQE（量的・質的金融緩和）の帰結についてイメージできることを述べておきたい。[9]「経済ポピュリズム」の先進国であると考えられる日本における壮大な「経済実験」であるこの政策の帰結は、日本の社会そのものの行く末を示唆すると同時に、続く他の先進諸国の10年後あるいは15年後についての大きなインプリケーションをも持つことになるだろう。

2013年から開始された日銀によるQQEは、世界にも類を見ない規模で国債を中央銀行が購入する政策である。その他にも、これもまた世界にほとんど例がない中央銀行による株式投資信託（ETF）や不動産投資信託（REIT）の買い支え政策が含まれている。

この政策については、導入当初から賛否両論があったわけだが、賛成派の主な意見としては、「円高の修正に成功し、景気と株価の回復をもたらした」、「雇用が改善し、デフレではなくなった」という2点に尽きるだろう。一方、反対派の意見としては、「財政ファイナンス（＝中央銀行による政府の資金調達支援）以外の何物でもなく、ハイパー・インフレーションが起こるリスクがある」、「将来、出口政策を行う際に長期金利が急騰して金融市場が混乱する」、「国債市場の流動性が枯渇し、市場の価格発見機能を損なう」という3点が主なものであろう。[10]

このように列挙してみると、賛成派、反対派の双方の主張は、実は、明確な対立構造にはなっていないことが分かるだろう。つまり、賛成派の意見は、基本的にQQE実施直後の状況

---

[9] 日銀はその後、2016年1月にマイナス金利を導入した際に、政策全体の名称を「マイナス金利付き量的・質的緩和」（＝QQEN）へと修正した。更に、2016年9月には長期金利固定政策に転換し、政策の名称を「長短金利操作付き量的・質的緩和」（イールドカーブコントロール政策＝YCC）と改めている。

[10] 「ハイパーインフレ」への懸念を喧伝していた人物としては、元モルガン銀行東京支

あるいは実績について述べているのであり、一方、反対派の意見のほとんどは将来への懸念を述べている。反対派の意見のうち「国債市場の流動性」は将来のことではなく現状について述べているようにも見えるが、その際に問われている「市場の価格発見機能」とは、あくまでも将来に対する市場の予測機能を政策にフィードバックさせて活用することの重要性を含意している。

賛成派としては、「今がよければいいではないか」と言ってしまうのはあまりにも身も蓋もないので、「将来にわたって問題も懸念もない」ということを強調せざるを得ない面がある。しかし、その根拠を問われるとなかなか厳しい。それゆえ、「インフレ率を引き上げることができれば素晴らしく良いことがあるし、日本経済は抜本的に改善することが望ましい」というように、ある意味で政策効果の誇大宣伝に近いような主張を行わざるを得なくなる。

一方、反対派のほうは、「将来の懸念」がその主張の中心になるのだが、賛成派のように根拠に乏しいということでは必ずしもない。繰り返し述べてきたように、金融緩和政策の本質は財政政策と同様、「将来の需要の前倒し」であり、QQEのような政策を行なえば、将来のいずれかの時点で何らかの問題を引き起こす可能性は高いと言わざるを得ない。しかし、反対派は「将来」のことにフォーカスするがゆえに、そこに至るパスあるいは問題とする「将来」の具体的な時期についての議論が生煮えで曖昧な部分が多いことも確かである。

結局、QQEに賛成か反対かという理念的な主張がまともに噛み合った議論になることは今後もないだろうし、そもそもこの議論は今後に何を選択すべきかの議論ではなく、すでに行われている政策についての議論であるという点は十分に認識する必要がある。現在行うべきこと

店長で参議院議員になった藤巻健史などが有名。しかし、藤巻は以前から同様な主張をしており、QQEに関わる論旨は不明瞭。「国債金利急騰リスク」と「国債市場の流動性枯渇」については、少なからぬ債券市場の参加者から懸念が表明されている。

藤巻健史『日本大沈没』、幻冬舎、2012年／同『国家は破綻する』、幻冬舎、2016年

は、民主主義国家の正規の意思決定プロセスを経て推進されたこの政策の問題点を現時点で客観的にレビューすることであり、それを踏まえた上で、この政策がもたらすことになるさまざまな問題に対してあらゆる時間スパンで、可能な「メンテナンス」をしていく他に道はないのである。

これだけ巨大な「将来の需要の前倒し」を行ってしまった後では、そのことによる「負の側面」が将来にわたって何もないという結論はおそらくないわけである。その影響がどういうタイミングで、どういう程度で表れてくるのかを注意深く観察し、何らかの事前の対応を図っていくだけの能力を政策当局が持っているかどうかという点が最大のポイントになってくる。その意味で、すでに遂行されている政策への「賛成派」の主張が正しいかどうかというような議論の段階は、すでに完全に過ぎているのである。

しかし、ここではあえて「反対派」の議論に含まれる問題点も指摘しておきたいと思う。最も問題なのは、「QQEは実質的な財政ファイナンスであり、将来、ハイパーインフレを引き起こすリスクがある」といった批判である。未来永劫においてそういう事態が起こらないのかと問われれば、確かに、論理的にそれを明確に否定することは難しい。しかし、それは50年後、100年後にはどうかというような時間スパンでの話であり、現状において「財政ファイナンス」⇒「政府信用の毀損」⇒「将来のハイパーインフレ」といった単線的な議論は、経済政策を巡る議論としてはあまりにも正確性を欠く。

この議論における重要なポイントは、「国」としての信用と「政府」としての信用がどういう関係にあるのかということである。日本の「政府」の債務は確かにGDP比で235％に達しており（資産を控除したネットで見ると151％まで縮小するが[11]）、通常の企業財務の考え方に照らせば破綻状態であると言っても間違いではないだろう。利益ではなく売上の2倍超の有利子負債を抱えている企業と考えれば、その債務の規模感が分かるだろう。

その一方で、「国」としての財政状況はといえば、対外支払い能力を表す代表的な指標である対外純資産は3・1兆ドルに達しており、GDP比で約64％の資産超過を維持している。[12]この規模は実額で見ても比率で見ても依然としてドイツ、中国を上回って圧倒的な世界第1位の数値であり、日本が世界最大の債権国であるということは厳然たる事実である。

「日本政府」を法人企業になぞらえてみれば確かに破綻状態ということになるが、「政府」を「国民」のある種の代替的な指標あるいはネームプレートのようなものに過ぎないと考えるのであれば、「日本国民」が対外的に保有するこの巨大な債権がある限り、GDP比200％超という政府債務の規模も特別に問題視するようなものではないという結論になる。

現在、海外投資家が保有している日本国債は全体の約13％、140兆円程度である。究極的に言えば、この分の国債償還に充てるだけの資金を政府が徴税権を行使して準備すればよいのである。[13]政府が十分な徴税能力を保持していて、潤沢な対外純資産を保有している国においてはそれが可能である。さらにいえば、徴税能力に対する信任が維持されている対外純資産国においては、海外投資家が保有している国債を現金化したいと思えば、国内投資家に売却することも可能であろう。

結局、かつての中南米やギリシャといった国々では、最後は「政府」というよりは「国」（または「国民」）としての資金繰りが問われることになったのであり、そこに投機筋がつけ

▼11 IMF「World Economic Database」2019年4月版より。2017年末の数値を使用。

▼12 IMF「International Financial Statistics」より。2018年末の数値を使用。

▼13 しかも、海外投資家の保有する日本国債の約半分は短期国債であり、それ以外も年限の短い国債が多い。これは、海外投資家は通貨スワップで為替をヘッジして日本の短期国債で運用することで、ほぼ無リスクで利回りが得られるため。将来、仮に年限の短い国債が大量に売却されたとしても、長期金利を大きく上昇させる可能性は低い。

入って通貨の暴落と国債の暴落が起きたのである。その観点からすると、日本という「国」あるいは「国民」に対する対外的な信用はまだ極めて高く、結果的に「政府」の信用も簡単に失墜するようなことはない。

財政破綻というと、かつての中南米やギリシャなどでの事例に照らして「通貨の暴落」、「預金封鎖」、「社会保障のカット」といったことがイメージされやすいが、こういった事象は今後も日本においてはまず起きないし、国家信用の失墜とほぼ同義であるところのハイパーインフレという経済現象が発生することも考えられない。この点に関して、有象無象の「日本破綻本」の類が主張するような結論は明確に誤りである。

では、「財政ファイナンス」あるいは「マネタイゼーション」を行っていること自体の問題はないのかという点についてはどうだろうか？　こちらについても、現状においては問題がないというのが結論である。

仮に今後、中央銀行である日銀が政府債務の全額を保有するような事態に至ったとしても、その結論は変わらない（2018年の時点で、日銀は政府債務全体の50％近くを保有している）。中央銀行による「財政ファイナンス」に問題があるとしても、その程度は中央銀行による政府債務の保有シェアによって定量的に測られ得るものではない。

かつてベン・バーナンキ元FRB議長は、「十分に巨額な貨幣をヘリコプターからばらまけば、物価は必ず上昇する。もし、そうしても物価が上昇しなかったならば、国民の実質ベースの資産（インフレを控除した）が際限なく増加することになってしまうからだ」と述べた。▼14

ただし、これを「中央銀行が政府債務を100％保有して完全なマネタイゼーションを行え

---

▼14 三木谷良一、アダム・S・ポーゼン編『日本の金融危機』第6章「自ら機能麻痺に陥った日本の金融政策」において、日銀の金融政策について論評する中でバーナンキはそう述べている。
三木谷良一、アダム・S・ポーゼン編『日本の金融危機』、清水啓典監訳、東洋経済新報社、2001年

ば必ずインフレが起こる」と解釈してしまうのは誤りである。バーナンキの発言も、貨幣をばらまく主体は「政府」だとしているからである。つまり、ここでの貨幣とはいわゆる「統合政府（政府と中央銀行を一体と考えたもの）」が発行するものであり、「政府が無限に減税を行い、それを全て中央銀行がファイナンスして貨幣化すれば」という意味なのである。中央銀行が既存の政府債務を100％購入するという仮定だけでは、インフレは起こるケースもあるが起こらないケースもあるというのが正しい答えである。

もちろん政府が無限に減税を行うというようなことは通常はないわけだが、政府債務の増大と中央銀行による「財政ファイナンス」の帰結がハイパーインフレをもたらした事例としては、1920年代の一部の欧州諸国のケースがある。第一次世界大戦終了直後の混乱状況の中で中央銀行による大規模な「財政ファイナンス」が行われた結果、ドイツ、オーストリア、ハンガリーなどでハイパーインフレが発生した。

しかし、現在の日本は、当時の欧州敗戦国のように経済的に大きな供給制約があるわけでもなく、毎年GDP比3％程度の財政赤字の発生があるとはいえ、対外的には経常収支黒字がほぼ同額発生し続けている。[15] すなわち、国内経済においてハイパーインフレの導火線になり得るような過剰需要の発生はまだその兆しすら見られていない。このままのペースで政府債務の累増が進んだだけでは、それを日銀がファイナンスしてもしなくても、ハイパーインフレの発生が必然的に起きるというような結論には至らない。

「財政ファイナンス」が大きな問題を引き起こす際には、いくつかの前提があるということを正確に認識しておく必要があるだろう。

▼15 日本への国際的な信認がまだ高い根拠としてGDP比60％超の対外純資産の存在が大きいと述べたが、これは、将来、経常収支がGDP比3％の赤字に転落しても20年間は対外純資産を維持できることを意味する。ましてや経常収支がGDP比でまだ3％以上の黒字ということを考えると、日本の対外的な支払い能力が揺らぐことは予想される将来においてはない。

まず第一に、経済全体に「超過需要」をもたらす何らかの構造が存在していることである。第一次世界大戦後の欧州では、職を持たない帰還軍人の生活保障を政府が行うことなどで過剰な需要の発生につながった。当然のことながら、戦争中には軍事支出が過剰需要を生んでいた。

第二に、何らかの理由による「供給制約」が存在していることである。日本のような先進工業国においては、戦争や自然災害がそういった前提の一つになり得る。しかし、仮に戦争や自然災害が深刻な供給制約をもたらしたとしても、一定の時間が経てばその制約を解消できる見通しがある場合には、その帰結は大きく異なってくるだろう。たとえば、毀損した供給能力を回復させるための技術力や人材が維持されているかどうかも大きな要素となるはずである。

究極的に言えば、ある国が需要サイドと供給サイドのそれぞれにおいて「過剰」や「制約」の深刻な問題に直面した時に、それを解消する能力をその国の政府が持っていると信じられているかどうかが最大のポイントなのである。そういった状況に直面して、政府が中央銀行に問題を丸投げして自らの力による解決を放棄するようなことがあれば、最終的には政府の信用は完全に毀損してハイパーインフレに近いような事態が起こらないとも限らない。

現在の主要先進国の中にも、政府が明らかに無責任な行動を採っているように見える国が少なからずある。しかし、非常にくだけたたとえ話をすれば、普段はカネや女性にルーズなどうしようもない父親であっても、家族が危機に直面した時に集中力を発揮して家族を守り切れる父親ならばよいのである。

では、現在の日本において財政政策や金融政策による大規模な「将来の需要の前倒し」が行われ、現在世代と将来世代の分配が極端な形で歪められている状況は、実際に何も問題を引き起こすことはないのだろうか？　日本では構造的にハイパーインフレのような破滅的な事態に至らないと言うのであれば、このまま何年も何十年もただ時間が経過していくだけなのだろうか？

結論としては、そうとは言えない。財政政策や金融政策による「将来の需要の前倒し」が累積していったとしても、その結果としてある程度の経済成長が促されている間はよい。しかし、たとえば海外経済の減速や金融バブルの崩壊といった突発的な要因によって景気後退のトリガーが引かれた場合に一体どういうことが起こるのかを考えてみればよい。しかも、それが数年に一度起こるような循環的な景気減速ではなく、非常に規模の大きなものである可能性を想定してみるべきである。

その際には、景気後退それ自体がもたらす「需要の減少」はもちろんのこと、長きにわたって需要が前倒しされてしまっている結果、前倒しし得る「残余」がすでに相当乏しくなっているはずであり、経済全体にわたる想定を上回る急激な需要縮小が引き起こされる可能性がある。すなわち、ハイパーインフレなどではなく、むしろまったく逆の「再デフレ化」が起きるのである。

ここで安易に「デフレかインフレか」というような論を採りたいわけではないが、要するに、いずれかのタイミングで一段と経済成長の鈍化が進むと同時に、将来世代が現在想像されているよりもさらに多くの実質的な所得を失う時代が訪れるということである。ＱＱＥの歴史的帰結として何よりも注視しなくてはならないのは、将来世代から現在世代にあまりにも大規模な需要の前倒しを行っているという現実を、将来のある段階において社会全体で強制的に認識させられることになるのではないかということなのである。

その時になれば、「残余」が乏しいとはいえ、経済政策としてさらなる「将来からの需要の前倒し」が企図されることになるのかもしれない。しかし、すでにあまりにも大規模な「前倒し」が行われているということは、財政政策によって道路や橋や空港といったものを造るにも、いよいよそれがあまりにも過剰で不必要な投資であることも社会的に認識されてくることになるだろう。

仮にそれでもなお「前倒し政策」の実行が政策として選択されたとして、それから5年後、10年後に訪れる次の景気後退局面ではどうするのか？　その時になれば再び同じような政策が選択されるのかもしれないが、さらにその次の景気後退局面ではどうするのか？　経済学の問題としてではなく、人間個々人が80年、90年という一生の時間をどのような社会で暮らして終えたいと思うかという観点から、財政政策による「前倒しすることの可能な需要」の限界はいずれ訪れることになるだろう。[16]

金融政策においては、これ以上リスクプレミアムを縮小させ続けても、それに対する消費や設備投資の感応度がいずれ低下していってしまうことが予想される。「前倒しすることの可能な需要」の「残余」が少なくなればなるほど、リスクプレミアムを縮小させて金利の低下を促しても、企業や家計はコスト低下のもたらす便益が相対的に小さく感じられてくるはずだからである。あるいは、リスクプレミアムを縮小させる結果として金融資産価格の過度な押し上げにつながれば、バブルの発生と崩壊を繰り返すことにもなり、金融システムに大きな負荷がか

▼16　この点は、最近流行りの「MMT（現代貨幣理論）」の主張への反論ともなる。自国通貨のみでファイナンスをしている政府がいくら政府債務を増加させても、それは国民の資産（保有貨幣）になるので財政破綻は起きないというのがMMTの主張である。しかし、そこで無制限に政府が支出を拡大させて一体何に使用するのかが問題なのである。国民が自分の資産だと認識している政府の資産が、自分たちにはまったく何の便益ももたらさないものであった場合、それを本当に自分たちの資産だと認識できるだろうか？

かることも考えられる。

想像し得る将来における「QQEの帰結」は概ねこういったものであろう。その先に財政破綻やハイパーインフレのようなものを予想することもできないわけではないが、それは、経済学的なある種概念上の「知的遊戯」に過ぎない。そういった予想を強調する議論もまた、現実的な感覚を欠くものだと言えるだろう。「知的遊戯」のような世界より、もっと現実的でシリアスな問題がいずれはっきりと立ち現れてくるはずである。

## マクロ経済政策を経済以外の観点から議論する時代

「知的遊戯」としてのハイパーインフレの想定か、あるいはより現実的な時間スパンで想定される「再デフレ化」なのか、どちらの想定であったとしても、経済学がこれまで推奨してきたさまざまな政策メニューの中から複合的に選択されてきた政策を遂行してきた結果として見えてくる未来図である。

「将来から需要を前倒しする政策」が将来においてハイパーインフレや再デフレ化など何らかの問題を引き起こすことが必然であるならば、社会全体がなぜそういう「非合理的」な組み合わせの政策を選択しているのかという問いに対して、経済学のロジックはまったく答えることができていない。経済学的思考によって辿りつく個々の「解」がロジックとして正しいかどうかは横に置くとして、少なくとも経済学が社会全体での複合的な選択として正しい「解」を示すことにはなっていない可能性が極めて高いのである。

そういう観点からすると、ＱＱＥのような金融政策が将来的に引き起こし得る問題についても、これまで述べてきたような議論とは異なった方向性での議論が必要となってくるだろう。たとえば、金融政策がリスクプレミアムを過剰に縮小させ続けている結果、消費や設備投資の感応度が低下してくると述べたが、リスクプレミアムを過剰に縮小させるということは、企業にとって資本コストが過剰に低い状況を生み出しているということである。そういった環境が提供されていても、将来の需要拡大への期待が強まらない限り、企業は供給能力を引き上げるための設備投資を積極的に行おうとは考えない。それが設備投資の金利（＝リスクプレミアム）への感応度が低下していくということの意味合いである。

それどころか、企業にとって資本コストが過剰に低い状況があまりにも長期化してくると、企業行動あるいは企業の投資におけるディシジョンの方向性に何がしか変化が生じてくる可能性も出てくるだろう。たとえば、労働者に支払うコストよりも設備に対して支払うコストが相対的に割安となり、しかもそれが長期化すると予想されてくる結果として、生産性拡大や効率性向上のための投資に過剰な資金を振り向けるというような可能性などもあるだろう。

現在、ＡＩ技術の急速な進歩は、第二次産業（製造業）に続いて第三次産業（サービス産業）における人間労働のコンピューターへの置き換えを加速させつつあるとされる。職種としても、ホワイトカラーの労働がいよいよ本格的にコンピューターに代替され始めようとしている。リスクプレミアムの行き過ぎた縮小政策は、資本コストの低減を通じてこういった流れを必要以上に加速させることにもなり得るだろう。

現在加速しつつある生産性向上のためのソフトウェア投資あるいはロボット投資は「ＡＩ革

命」とも称すべきものであることは確かだが、これが金融緩和政策によって過剰に促進されている可能性もあるのである。

長い目で見ればAI技術の急速な進歩によって人間労働がコンピューターに代替されていく流れは避けられないにせよ、人間が新たな労働（＝仕事）に適切に再配置されていくための時間経過というものは必要になってくるはずである。むしろ、今後は「AI化」あるいはあらゆる種類の「コンピューターによる労働代替」に関わる設備投資に対して、政策的に一定のコストを賦課する必要すら出てくる可能性がある。「AI化」の進展と労働市場の変化スピードとの間にギャップを生まないようにするためである。

「ロボット税」という政策については、すでに欧米の政策の現場では実際に議論され始めている。[17] 2017年にマイクロソフトの創業者ビル・ゲイツが意見を表明して以降、さらに幅広く議論されるようになってきている。[18]

「AI化」が、人類の歴史と共にこれまでも綿々と続いてきた「技術革新による生産性向上」と質的に異なるものなのかどうかという議論は、まだ充分に整理されていない段階である。「ロボット税」に関しては、技術進歩を抑制するという負の側面や課税の技術的な制約もあって否定的な見解も多いが、より本質的な問題は、「AI化」をどう歴史的に位置づけるかである。

「AI化」が、「これまでと変わらない生産性向上のための技術革新の一つ」なのだとすれば、課税であれ規制であれ、その技術進歩を遅らせる政策的調整は人類社会全体の厚生を害するとの結論になるだろう。しかし、「AI化」が「これまでとは異質の技術革新」なのだとした場

▼17 EU議会では2017年2月にAIや自動化技術についての倫理面、安全面での規制導入を決議したが、ロボット税の導入については否決している

▼18 『QUARTZ ~ The robot that takes your job should pay taxes, says Bill Gates』Feb 18, 2017

合、この議論は今後もっと深く掘り下げられていくべきテーマであろう。

その議論がまだ十分に整理されていない現状においては、金融政策によって資本コストを長期間にわたって過度に低下させることの社会的な影響について、従来のマクロ経済学的な観点にとどまらない慎重な議論も必要になっているのではないだろうか。長期的な労働政策ひいては社会の安定化政策の観点から見た過度な金融緩和の弊害についての議論も、そろそろ始めるべき時代に入っていると思われる。

そういった意味において、財政政策や金融政策も、これまでのように単純に実質GDP成長率やインフレ率といった指標のみをターゲットに運営されていく時代が終わりに近づいているのかもしれない。コンピューター技術による人間労働の置き換えを社会の混乱を発生させずに進捗させるための最適解が求められていくような時代にあって、財政政策や金融政策も、そういった社会全体の（＝マクロ経済的なもの以外の）要請と整合的なものになっていく必要がある。

そのためには、実質GDPやインフレ率など以外に社会全体で共有できる何か別の新しい指標が必要となってくるということだろうが、現状においてはまだそういった視点すらマクロ経済学者あるいは経済政策の現場においては持たれてもいない段階である。少なくとも、「金融政策は物価安定のために行う」という20世紀的なあまりにも単純化されたアジェンダは、大きく修正を迫られる時代に入っているのではないだろうか。少なくとも経済政策に関係し、その将来像に強く関心を持つ人間であるならば、そういった認識も持ち始めるべきであろう。

「将来から需要を前倒しする政策」の「負の側面」が顕在化する形が「再デフレ化」となるのか、はたまた「AI化」の過剰進展による労働市場の混乱となるのか、あるいはもっと別の形のものになるのか、現段階ではまだ正確な答えを用意することはできない。しかし、QQEという金融政策が「サイレント・マジョリティ」の要請を背景に実施された政策であるということを考えた時、将来的にその「負の側面」が富裕層や弱者層ではなく、「サイレント・マジョリティ」そのものを直撃することになる蓋然性は低くないと考えておくべきであろう。そうなった段階で、「サイレント・マジョリティ」が抱える不満は一体どの程度まで高まっていくことになるのだろうか。

もしそういった事態が生じてきた場合に、アカデミズムの知見を集めるというようなことだけではなく、政治エリートが相当な覚悟と気概をもってその事態に対応していくことが重要になってくるだろう。

最悪のケースは、政治エリートが「サイレント・マジョリティ」の適切なコントロール方法を見出せないまま、政治が完全に機能不全に陥ってしまう事態である。それは、まったく別の時代背景があったとはいえ、1930年代の先進工業国の一部で実際に起こったことであり、何としても避けなければならない事態であろう。明治維新以降のアジアにおける最大の成功国家であった日本は、昭和前期のわずか十数年間という短い期間に転落の道を歩むことになった。同じように19世紀末から20世紀初頭にかけての欧州における経済的、政治的な最大の成功国であったドイツが破局に向けて転落し始めたのも、やはり1930年代であった。

1930年代から1940年代にかけてのような時代を再び目にすることは、日本人にとって大いなる悲劇である。もし日本が本当にそういう危機的な状況に直面していった場合、それを克服していく手立ては果たしてあるのだろうか？

この問いに対しては、残念ながら、「手立てはないともあるとも言える」といった曖昧な回答しか用意することができないのが現状である。

「克服する手立てはない」という厳しい回答も有り得るのは、「サイレント・マジョリティ」をコントロールすることに失敗したあまりにも明確な事例が過去に存在しているからである。それが1930年代の西欧諸国においてかつて一度起きた事態であったわけだが、その際にコントロール手法として採用されたのが、国家主導による「全体主義」という政治形態であったわけである。ドイツにおいて採られたその手法が、人類史上最大の惨禍を引き起すに至ったことは言うまでもないだろう。

それから60〜70年という時間が経過し、その時代と類似した社会状況が復活する兆しを世界で最初に目にし始めたのが日本だったわけである。1990年代以降の日本は、「サイレント・マジョリティの拡大」、「ポピュリスト的な政治思潮の強まり」、「緩やかな右傾化」という三つの点に集約化される大きな社会構造の変化を、他の欧米先進国に10〜15年程度先行して経験することとなった。その意味で、少なくともこの先に見られてくるかもしれない日本社会における変化の多くの部分を、他の先進国社会もいずれ追体験していくことになる可能性は高いと見ておくべきである。

もし最終的に1930年代と同様に政治エリートが「サイレント・マジョリティ」のコントロールに失敗し、過去から繰り越されてきた債務の返済（金融政策による「将来需要の前倒し」も含めて）の分担をその時代の日本社会が安定的に引き受けることができなくなってしまった場合、そこで起こり得る社会的な事象について、現時点では想像することもできない。

それは、現在のトランプ政権下の米国においてメディアが盛んに煽っているような「社会の分裂」といったレベルにはとてもとどまらない事態になる可能性が高いだろう。皮肉をこめて言えば、もしそこまでの状況も含めて米国の主流派経済学者たちが1990年代後半以降の日本をある種の「実験場」として位置付けたのだとすれば、恐るべき先見性と言うべきである。

なぜ日本がこの課題に最も早く直面することになったのかと言えば、第1章でも述べたように17世紀から18世紀にかけてユーラシア大陸の東西の両端で一部の西欧諸国と日本が世界で最も早く「新しい市場」の創設に辿りついたという事例からも説明がつくところであろう。

その後の急速な人口増加と経済成長を達成した日本と西欧諸国は、遠く離れた地で暮らす双子の兄弟のように、約300年にわたって非常に類似した歴史の推移を辿ってきたのである。そして、工業化の経緯、社会構造の変化、人口動態といった点において、現在に至るまで日本と西欧諸国（もちろん米国も含む）は相似形のような構造を持って発展を続けてきた。

この共通構造の多くの部分は、中国やイスラム社会、その他の多くの新興国にはおそらく共有されていない。そういった日本と西欧諸国という極めて近似した性格を持つ地域の中で、たまたま「少子高齢化」と「成長の限界」という変曲点に最も早く到達したのが日本であり、西欧諸国（および米国）がそれにわずかに遅れて追随する形となっているのが現在の状況なのである。

期せずしてこのグループの先頭を走ることとなった日本において大々的に行われてきたのが、「将来から需要を前倒しする」という政策であった訳である。見方によっては、これは、「サイレント・マジョリティ」のコントロールのために1930年代の西欧諸国において採られた手法（すなわち全体主義）を回避するための、社会としてあるいは国家としての潜在的本能に根差した政策選択であったのかもしれない。2008年にリーマン危機が発生した際に米国の金融、財政当局が超法規的と言ってもよいような空前の需要刺激策を講じるに至ったのは、「大恐慌の再来だけは何としても回避する」という政治エリートたちの強力かつ潜在的な意思によるものであったのと同じように。

とはいえ、仮にそうであったとしても、「先送り」の政策が行われ続けている現実は否定しようがないだろう。そして、「将来からの需要の前倒し」の規模は時間と共に着実に積み上がってくる。この問題の何らかの「克服の手立て」を発見して対処するという方向性とは明らかに逆の方向に現在は向かいつつあることも確かなのである。

「将来からの需要の前倒し」を行う政策が仮に「全体主義」的な志向の発生を防ぐためのあくまでも次善の策なのであるとしても、その正確な認識は現在の日本社会全体において大きく欠如しているか、少なくとも忘却されてしまっているようにみえる。次善の策である以上は、いつか別の最善の手法を見出していくための不断の努力が必要なはずである。その努力が行われなければ、いずれ次善の策としての脆弱さを露呈していくかもしれず、次善の策がとんでもない「悪手」に転じてしまうこともあり得るだろう。こういった現状を認識すれば、「この問題の根本的な部分を克服する手立ては現在のところはない」という悲観的な結論にも至るわけである。

しかし、極めて細い道筋かもしれないが、この問題を「克服する手立てがある」という楽観的なビューについても一応述べておくことだけはできる。おそらくそれは、先ほど述べたジョナサン・ハイトが言うところの「道徳基盤」を社会全体として回復させていくという方途に他ならない。

「ケア（＝思いやり）」、「公正」、「忠誠」、「権威」、「神聖」、「自由」という人間の脳機能が備えている本来的な道徳基盤を活性化させ、社会あるいは共同体の安定を取り戻すような志向、すなわち「再共同体化」を社会全体で推し進めていくというような方向性である。

20世紀後半には、対立する左右イデオロギーが擬似的に社会の安定化装置として働き、共同体の代替機能を左右それぞれのサイドが提供した。この機能を20世紀後半的な方法とは異なる何らかのやり方で復活させていくということが、「克服の唯一の手立て」であると予想される。それは言い方を変えれば、マクロ経済的な事象や問題を、経済学的な方法論以外の手法によって解決していくということに他ならない。

「何にも帰属しないマス集団」としての「サイレント・マジョリティ」が限界を超えた経済的不満を持ち始めた時に、純粋に経済的なソリューションをもって充当しようとする典型的な発想が、たとえば「ベーシック・インカム」のような政策である。しかし、マス集団による経済的な「分配要求」に社会全体が応えていく政策というのは、根本的な論理矛盾を孕んでいる。

そうではなく、「サイレント・マジョリティ」が共同体への帰属意識を取り戻していくことによって、分配要求自体を緩和していくという「非経済学的」な手法を組み合わせていくことが求められてくるのではないだろうか。これが可能になるかどうかが、危機的な状況の中にあって最後のぎりぎりのところで日本という国が踏みとどまることができるかどうかの別れ道ともなってくるはずである。ひいては、日本以外の欧米先進国とも共有できる問題解決への道になってくるものと考えられる。

日本と西欧先進諸国においては、人口の面においても経済規模の面においても、「成長」への強烈な信奉の時代が現在に至るまで200年以上にわたって続いた。この歴史は不可逆的な共同体破壊のプロセスであったと言ってよいだろう。それは工業化や都市化と表裏一体の関係で進行してきたプロセスであり、「成長」の時代がいよいよ終焉に近づく中で、その事実を社会全体が突きつけられつつあるのだと言える。今や「成長」と「再共同体化」という二つのベクトルをいかにバランスさせ得るのか、あるいは「成長」にのみ依存しない「社会の安定化」をどう実現するのかということが求められていると言えよう。

しかし、人間の脳機能が本来持っている「道徳基盤」を活性化させることによって「サイレント・マジョリティ」の「再共同体化」を図ることが最も重要な目的だと言っても、それに向けた具体策が見出されているわけではない。あえて言えば、「20世紀後半」を生きた人間ではなく、もっと新しい時代の人々が自ら「再共同体化」の方途を探っていくことが望まれるし、実際にそうなることでしかその道筋は見えてこないだろう。

ここで「シェアリング・エコノミー」というような言葉を使うと、いかにも時代に阿《おもね》っているように思われるかもしれない。実際、少なくとも「エコノミー」という言葉はこの場合不要であるとは考える。しかし、「シェア」という概念にはすでに「再共同体化」の萌芽が含まれていることも間違いないところであろう。この萌芽を正しい方向で成長させていくことが、新世代の人々に託された大きな課題であるようには思う。

一方で、「再共同体化」の目的は明確であったとしても、最終的に採られていく方向が実質的に「全体主義」のような社会体制になっていってしまう悲劇も、やはり想像しない訳にはいかない。それは、人間が本来的に持つ「道徳基盤」に基づく自律的な共同体の再形成ではなく、人間の「道徳基盤」にターゲットを合わせた中央コントロール型の共同体形成が目指されてしまうようなシナリオである。

そのように考えると、「克服の手立て」があるというのは、現時点においてはまだ極めて理想論的かつ楽観的な見解であることは確かである。「克服するための長期的な方向性だけは見えている」という程度にとどめておくのが現時点では正しいスタンスだろう。

第8章

# 経済学の未来

## 経済学は将来を予測できるようになるのか？

第6、7章では、金融政策と社会や政治との関わりについて考察した。これは、ある意味で経済学者が最も苦手とする分野なのではないか。そもそも経済学あるいは経済学者が責任を負うべき分野ではないとの主張もあるかもしれない。しかし、経済学と経済学者には、このこと、すなわちポピュリズムと経済政策が結び付いていくことに関して「不作為の罪」があったのではないかというのが前章で指摘したことである。主流派経済学が現実の経済政策、特に金融政策に及ぼしてきた影響力（しばしば誤った方向で）を考えると、その反省の上に立たずして経済学の未来はないとさえ言える。

ここまで、「経済学」という学問を軸に市場、経済政策、経済と政治、といったことについて考察してきたわけだが、この最後の章においては、経済学が今後どういう方向に向かっていくのかについて考えることで、世界経済の先行き、中でも日本経済の具体的な将来について考えるヒントも併せて探りたいと思う。

* * *

第3章で、「新古典派経済学」が「新しい古典派」へと展開していく中で、ケインズ経済学から主流派経済学の座を奪回し、1980年代には早くもその一つの限界に当たっていく状況について述べた。その頃から、マクロ経済学は理論的にはすでにその限界を露呈しつつあったが、金融政策へのより現実的なアプローチを通じて、その延命を図ろうとしていくことになる。その過程で、日本の金融政策も格好の実験材料となっていったわけである。

しかし、現在の主流派経済学のワールドにおいては、別の捉え方もされている。1980年代にキドランド&プレスコットの論文によって確立されたリアル・ビジネス・サイクル理論（＝RBC理論）は、経済学の理論的な系譜の中においては、ある意味で行き着くところまで行き着いた姿ではないかと第3章では述べたが、そこから現在に至るまで、その改良と修正のプロセスが連綿と続くことになるのである。

過去30年余りの間、主流派経済学に属するマクロ経済学者たちは、ある意味でこの膨大な改良型の開発を主たる業務としてきたとさえ言える。この膨大な改良と修正の作業の結果、「新古典派経済学を起点とする主流派経済学は、ついに現実の経済を余すことなく描写することに成功した」という陶酔感に満ちた表明が経済学者たちの間からなされたのは、リーマン危機発生の5年前、2000年代半ばの頃であった。▼1

RBC理論は、合理的経済人の仮定と合理的期待形成の想定を起点とするミクロ経済学の諸概念から純粋に演繹的な手法で理論構築を行っていくことによって、現実の経済成長や景気循環のメカニズムを説明しようという「極度に空想的な試み」であった。しかし、RBC理論はその当初の段階から、その極度に空想的な試みを、何とか現実経済を説明できるような形に調整すること（あるいは「見せる」こと）を目指していた。

一つの方向性としては、理論の起点となるミクロ経済学上のさまざまな想定に微修正を加えていく作業を行った。家計の消費行動、労働者の行動、企業の価格設定行動や賃金設定行動と

---

▼1 2003年にロバート・ルーカスが過去50年間の米国経済のパフォーマンスを評して、「（新古典派経済学の中心的な主張である）長期的な供給重視の経済政策が、（ケインズ経済学の主張である）短期需要政策よりはるかに優れていることがはっきりした」と述べたことは有名。2003年1月4日に行われた米国経済学会（AEA）会長としての講演での一節。

いった事柄について、あくまでも「合理的経済人の合理的期待形成」という強力な仮定の範囲内で、若干の例外を設定していくことで現実経済とのフィッティングを図っていったのである。「賃金の粘着性」といったケインズ経済学の基礎概念を付加したモデルが、ＲＢＣ理論の派生モデルという位置付けにもなるニュー・ケインジアン・モデルである。

もう一つの方向性としては、強力な仮定から演繹的に導き出していった理論モデルと現実経済のデータとのギャップをある種のパラメータとしてモデル内に取り込んで、「結果的」に現実経済のデータをモデルによって説明できるように工夫していった。批判の多いこの「キャリブレーション」という手法を用いたモデル構築は、初期のＲＢＣ理論の後、ニュー・ケインジアン・モデルを経て、２０００年代以降はＤＳＧＥ（動学的確率的一般均衡）モデルというマクロ経済学における一大流派を形成するに至る。

ＤＳＧＥモデルは、「合理的経済人による合理的期待形成」という強力なミクロ経済学上の仮定を起点とした動学モデルであるという意味でＲＢＣ理論の拡張モデルとなるわけだが、金融部門あるいは金融政策をモデルに積極的に追加して分析する手法でもあることから、現在、中央銀行による経済分析モデルの中心を占めるようになってきている。

ＲＢＣ理論からＤＳＧＥモデルに至るマクロ経済学で行われてきた飽くなきモデル改良の努力は、極端に単純化していえば、「演繹的理論の帰納法的彫琢」ということになるだろう。大きな前提として「合理的経済人による合理的期待形成」という強力かつ非現実的な仮定からスタートして、「経済のメカニズムはこのようなものであるはずだ」という演繹的な理論構築を行っていくものであるため、その前提と仮定さえ疑わなければ、理論的な帰結に対しては疑問を差し挟む余地は乏しい。しかし、現実経済の説明力が弱いことを克服するために、現実データとのギャップから帰納法的な推計を行うことにより、少しでもフィッティングのよいモデルに見えるような修正を行っているわけである。

自然科学においては一般的とは言えないこういった手法を用いてモデル構築を行うことで、確かに過去の経済データに対する説明力は格段に上がった。2000年代において、経済学が現実の経済を余すことなく描写することができるようになったと陶酔感に満ちた表明が行われるようになったことも、まったく理解できないことではない。しかし、RBC型のモデルの飽くなき改良によっても、論理的に絶対に可能にならないことが一つあった。それが、「将来予測」である。

そもそもRBC理論に基づくモデル自体は、合理的経済人が完全な合理的期待を形成し、金融政策の介在余地もないような完全競争の世界を描いている。そこに何らかの外的なショックが加わり、それが均衡に向かっていく姿を空想的に描こうとしたのがこのモデルであり、前提となっている非現実的で極めて強力な仮定に反する事象は、「予測のできないショック」だと解釈される。

その意味では、「予測できることは100%予測できるが、予測できないことは100%予測できない」という論理が根底にはあり、このモデルによって導き出される全ての説明は、いわば「経済の実験室」の中でのみ起こり得ることなのである。これは、新古典派経済学の基本概念である「均衡」という世界を想定する限りにおいては、辿り着くべくして辿り着いた一つの境地であると言えるが、この延長線上にあるDSGEモデルがリーマン危機を予測できなかったことは、ある意味で必然だったとも言えるだろう。

主流派経済学は、実際、リーマン危機をまったく予測できなかったことによって、各方面からの強烈な批判に晒されることになる。英国のエリザベス女王までが「経済学者はなぜこんな事態を予測できなかったの？」と述べたのは、典型的なケースであった。[▼2] ただし、こういった批判は、リーマン危機に至る数年間における傲慢とも言える主流派経済学の勝ち誇った態度への反発を含めての批判であった面もある。

ここで、あえて主流派経済学や現代のDSGEモデルを擁護しておくならば、この時に出てきた批判は、実験室用のモデルを、いきなり激しい風雨に晒されている台風下の外界で実験をして同じ結果が出なかったと攻撃しているのにも等しい。実際、RBC理論から改良に改良を重ねた現代のDSGEモデルは、経済政策の実務を執行する中央銀行や国際機関においてもすでに日常的に使用されているものであり、政策の波及効果をシミュレートする際に必須のツールとなっている。

1980年代のRBC理論やそれに続く初期の改良型モデルに比べれば、30年余りの彫琢の期間を経て、現在の主流派のマクロ経済モデルは、あるエリアにおいては実用に耐え得るレベルに近づいてきていることも確かなのである。ただ、百歩譲ってRBC理論以降、30年余りにわたるマクロ経済学者たちの飽くなき努力が一定の成果を生みつつあることは認めるにしても、そこで、マクロ経済モデルが「これまで不可能だった〝将来予測〟を正しくできるようになった」という幻想を振りまくことは、厳に慎む必要があった。実際、経済モデルは、一歩実験室の外に出たら、その「将来予測」の部分に関してはほとんど使いものにならない類のものであ

---

▼2 リーマン破綻直後の2008年11月5日にエリザベス女王がロンドン・スクール・オブ・エコノミクスの新校舎落成式に出席した際に、経済学者に対してこのような質問を発したとされる。これは単なる質問に過ぎなかったのだが、当時の社会全般における金融業界及びその背後にいた経済学者たちに対する冷ややかな見方を代弁するものとしてしばしば引用されることとなった。
「Bloomberg コラム～女王陛下の素朴な質問『なぜ』に経済学の正解はまだ」、2009年8月26日付

ることは、リーマン危機のような未曾有の大イベントを経験するまでもなく明らかだったのである。

ここで、経済モデルが現実の経済を正しく予測できない理由をはっきりさせておこう。

それは、マクロ経済分析が取り扱うデータは全て限定された過去のものであり、本質的には「歴史学研究」と同質のものであるということである。つまり、「時間」の問題が決定的に重要な要素なのである。歴史学（あるいは考古学、古生物学などでも）の場合、新しいデータや資料が発見されれば、それまでの定説は常に修正され得るものである。そういった性質の学問が本質的に目的としていることは、人類が自らのアイデンティティを追求する際の議論や思考の助けとなることであって、「将来予測」を行うことはそもそも目的とはしないし、可能でもないと認識されている。

経済学が「将来予測」を行える手段だと自己認識するようになってきたのは、過去に起きた経済的な事象が繰り返される（＝シクリカルである）ケースがあるということを発見する事例が多くあったためである。経済学は、ある時期からこれを「ケプラーの法則」と同様に捉えるようになった。▼3

しかし、ここで観測された事象は、自然科学におけるように再現実験を行うことは基本的に不可能な事象である。モデルによって過去の事象を近似することまではある程度可能であり、非常に安定的な環境が継続している状況であれば、数回程度は過去の事象の繰り返しを将来に当てはめて予測することはできる。しかし、数回程度予測できた後にはまったく別の事象が発生するということも、現実の経済においてはしばしば起こるのである。というよりは、

▼3　これは要するに、社会というものを、何らかの変数をインプットすれば決まったアウトプット（＝社会の変化）が得られるような存在として捉えることと同じである。社会のメカニズムをある種の「工学」として理解し、自由に操作可能であると考えることである。

人間社会に起きることは、ほとんどがそのような「永遠に繰り返すことはない事象」である。

ただし、「予測できることは100％予測できるが、予測できないことは100％予測できない」という現代の主流派経済学の特徴が、この世界で起きている事象を数学的に記述することは不可能だということを必ずしも意味しているわけではない。

これは第1章でも述べたところだが、138億年前にビッグバンによって宇宙が始まってから、何千億年先か分からない宇宙の終焉までの間に起こる物理的現象を全て数学的に記述することは、理論的には可能かもしれない。

しかし、我々人類が経済的現象だとして分析対象としているのは、その長大な時間的経過の中のたかだか過去数百年間に起きた話であり、この時間スケールにおいて起きている経済的事象なるもののほとんどは、偶然性と特殊性に満ちた歴史的な事象なのである。つまり、理論としての新古典派経済学や現代の主流派経済学が完全に誤っているとは言い難いが、分析対象としている事象は、あまりにも「近すぎる過去」なのであるということを正確に認識する必要がある。

かつてケインズとほぼ同時代にあって、「不確実性」について深く考察したフランク・ナイトは、保険業の対象になるような経済事象（火災や事故）を「リスク」と呼び、そういった大数の法則が当てはまらない予測し難い経済事象を指して「不確実性」と表現した。[4] この違いも、突き詰めて言えば確率頻度の問題には帰せられるのかもしれない。しかし、これが頻度の違いであって本質的な違いではないと言ってしまうことは、138億年間の時間スパンで物事を見ても100年間のスパンで見ても、あるいは1週間のスパンで見ても結論は何も変わらないと

▼4 この議論が展開されている「Risk, Uncertainty and Profit」は、1921年にフランク・ナイトが博士論文として書いたものであり、ナイトの業績の中でも最も初期のものに当たる。英訳は入手が容易だが、邦訳は一応存在するもののあまりにも古くて読むのは困難な内容。
F・H・ナイト『危険・不確実性および利潤』（現代経済学名著選集6）、奥隅栄喜訳、文雅堂銀行研究社、1959年

言っているのに等しい。

日本の例でいえば、第二次世界大戦後の70年余りの間に、景気循環（景気の谷から次の谷までのサイクル）は、全部でわずか15回しか観測されない。米国では同期間に11回である。それぞれの期間もまちまちである。

それらわずか十数個しかないパターンを分析して、完全な法則性を特定できるわけがないことは自明であるように思われるが、実際、「歴史学」の観点あるいは手法からすれば、これらの事象はあくまでも過去の歴史的事実として捉えられる。しかし、経済学は、これをもって将来予測の十分な材料であると主張してきたわけである。

アラン・グリーンスパン元ＦＲＢ議長は、（リーマン危機のような）１００年に一度起こるような大きなイベントを予測することは困難だと言ったが、その3年後には、１０００年に一度の頻度で起きると言われる巨大地震と津波が日本を襲った。地球的な規模で言えば、東日本大震災でさえ、循環的に繰り返し発生し、予測可能な事象であると専門家は指摘する。

にもかかわらず、１００年に一度の「リーマン危機」は、グリーンスパンいわく「歴史的事象」なのである。我々が経済学の材料として観測している経済的事象の蓄積は、実際その程度の浅さでしかないのである。

だとすれば、主流派経済学が彫琢してきた経済モデルも、数十年間のうちに二度と繰り返されないかもしれない歴史的な事象を扱っているのだと謙虚に捉えるべきなのであり、地震や火山の噴火のような自然現象と同様な分析対象として現実経済を説明できると主張すべきではない。

現実には、主流派経済学のモデルの中には無限期間の将来を予測可能と考える方程式がふんだんに盛り込まれ、その解が計算される。経済モデルによって現実経済のある程度正確な将来予測が可能になるのは、1000年分、いや1万年分といった期間での正確なマクロ経済データが蓄積された後の話であると認識しておくのが正しいだろう。地震や火山の噴火ですら、現在の科学の成果からは完全に正確な予測は難しいわけであり、経済学のモデルがその精度を上回るなどと考えること自体、そもそも馬鹿げた話だとも言える。

経済学は数学的な手法で理論武装するようになったことで、その本質が「歴史学」と類似のものであることを見失ってしまっているのである。このように考えると、その裏表の関係として、そもそも分析対象としてのデータ数が少なすぎるという問題を無視できないということも分かるだろう。

＊　＊　＊

しかし、単純にデータの量ということだけで経済モデルの意味合いなり存在意義を測ることもまたできない。実際、ある種の経済データに関しては、すでにこの20～30年の間にそれ以前とは比較にならないほど膨大な量のデータが蓄積され、分析の対象となってきているのである。最も典型的な例は、第2章で述べた「新しい市場」に関わる各種のデータである。

株式市場のように膨大な時系列データが存在し、蓄積もされている市場では、一定の統計処理を行うことによって、環境の激変がない状況下で比較的短期間の将来を予測し、その結果に基づく売買をコンピューター・モデルの指示通りに行うようなことは、過去20年ほどの間にごく日常的に行われるようになっている。

そこでは、かなり短期間の予測は（場合によっては0・1秒あるいはそれ以下の時間スパン）、相当な精度で可能になってきているのである。ただ、そういった統計処理技術の面における進歩と、それを支えるコンピューター処理速度の劇的な向上があっても、やはりそこでの予測は物理や化学の実験室における実験結果と同じ精度のものを実現できるわけではない。

それには主に二つの要因があるが、一つは、どれだけ膨大なデータを取得できたとしても、市場は実験室と異なりクローズドな世界ではないということである。もう一つは、そのデータを生み出している起点に人間行動があり、それは合理的経済人の仮定からはずれているためである。これらの点についてはまた後で言及する。

少なくとも、はっきりと言えることは、現代の主流派経済学は、その提供する「将来予測」に対して十分な責任を果たし得るレベルには程遠い存在であるということである。しかし、その「予測でない予測」を、大きな政治的決定あるいは社会的決定が行われる際に「理論的根拠」として利用しようと考える社会内のグループが間違いなく存在する。

たとえてみると、ある新型の火薬の製法が発見されて、まだその性能も危険性も検証されていない段階で、軍事行動に使用してしまうかのようなものである。それが、そもそも有効であればまだよいが、仮に殺傷能力の面では有効であっても、暴発して自軍に深刻な被害を及ぼすような事態が起こるかもしれない。また、その使用によって、環境面などで副次的な悪影響が敵国だけでなく自国にまでも及んでくる事態があるかもしれない。経済学の提示しているモデルは、それがどれほど労力をかけて作り上げられたものであるとしても、そういったレベルのものなのである。

別の例でいえば、現在、ＡＩの技術を利用した自動運転技術の開発が各国で行われているが、それがすでに人間の運転技術をはるかに上回る水準に達しているとされるにもかかわらず、実用段階にはまだ相当なプロセスを要すると言われている。この技術を、もし20年前の旧式のＡＩで実用化しようなどと考える自動車メーカーがあったとしたら、狂気の沙汰と非難されていたはずである。最新の経済モデルの予測なり考え方を現実の経済政策にそのまま反映させていく試みは、20年前のＡＩ技術による自動運転車をいきなり公道で走らせるのと同じようなことだとも言える。

そういった意味で、経済学者は、主流派経済学であるかどうかにかかわらず、自然科学者が多かれ少なかれ要請されている「実用化に際しての検証」といったことについても、今後もっと真剣に検討していく必要があるだろう。特に金融政策に関しては、１９９０年代から始まった経済学あるいは経済理論なるものを根拠とするさまざまな試みが累積的にもたらしてきた影響について、十分な検証が必要になってきている段階だと考えられる。その最たるものが日本の金融政策であり、この検証作業については相当な緊急性を要するだろう。

## 「新しい市場」を巡るモラル

主流派経済学が扱うようなマクロ経済学は、基本的に歴史学と同様な態度を要請されていると述べた。その一方で、より自然科学に近い分野として、膨大なデータの取得が可能な「新しい市場」（＝株式市場など）における短期予測のモデルがあり、これは過去20年程度の間に劇的な進展を見せている分野だとも述べた。

ただ、こういった分野の分析においても、先に述べたように、データ量が多いというだけで自然科学の手法とまったく同じ方法で「予測」が可能になるわけではない。その理由の一つは、「新しい市場」がどれほど自然科学の実験室と類似した環境を提供しているからといって、完全に同じである訳ではないからである。

第1章において述べたように、株式市場は「集中」、「透明性」、「システム化」という三つの「新しい市場」としての特徴を備えていることから、出現当初から自然科学的な分析手法との間に親和性があった。というよりは、親和性が高い市場であると推測がされていた。

そして、その「新しい市場」の成立からどの程度まで直接的に影響を受けたのかは別にしても、「新しい市場」と親和性の高かった自然科学の分析手法をマクロ経済の分析にも適用することが経済学の大きな流れとなっていった。実際には、現実のマクロ経済は「新しい市場」とのアナロジーで分析することがそれほど容易な対象ではないのだが、そもそも、「新しい市場」それ自体も、自然科学における実験室とは類似はしていてもまったく同じものではなかった。むしろ、本質的には似て非なるものであると言うべきかもしれない。

その最大の違いは、株式市場は自然科学における実験室のように完全にクローズドな世界ではないということである。

一見すると、株式取引所は、外界から遮断されたクリーンルームのような空間で均質な売買が繰り返され、そのアウトプットとして価格が形成されているかのようにも見える。しかし、実際には、取引を行っている主体は取引所の外にいる多様な投資家であり、そのほとんどは人間である。取引の形態だけを見ると、あたかも実験室で一定のルールに基づいて物質の変化が生じている姿に類似しているが、それはあくまでもアウトプットのプロセスがそのように見えているだけなのである。

実際には、株式市場などの「新しい市場」は、実験室のようなクローズドな空間というよりは、オープンな空間での物質の振る舞いをクローズドな空間内に投影したある種のバーチャル・リアリティであると言ってもよいかもしれない。投影されるその主体および行動は外界に在るものであるため、社会、国、環境などによるありとあらゆる外的ショックに晒されている。

そういった「新しい市場」の実体部分（＝すなわち外界）を意図的に無視して、バーチャル・リアリティとしての市場空間そのものを分析する手法としていくつかのアプローチが開発されてきたが、日本の本間宗久が最初に開発した酒田五法をはじめとするテクニカル分析などもその一つであった。テクニカル分析は、さまざまな情報が外界からインプットされてくる中で、情報そのものの構造を分析するのではなく、情報によって引き起こされる価格変動が人間の非合理的な行動を促し、需給の歪みを生むことに着目した分析手法の一つであった。

こういった分析の中には、市場の一方向への傾斜が行き過ぎた場合にはいずれ中心点に回帰し、その反転ポイントに到達するまでの間に時として価格変動が加速度を持つようなメカニズムを捉えた分析手法が多い。

これは、要するに株式の価格が「定常状態」にあることを前提とした分析であり、市場が常に何らかの均衡状態に向かっていくことを想定した分析である。こういったタイプの分析手法は、実体（＝外界）から加わるショックによって市場の動きが非定常になる際には十分に対応できない分析である。そのため、モデル化できない外的ショックが発生した場合には即座に予測能力が失われ、場合によっては、それまでに獲得していたリターンを瞬時に失ってしまう可能性すらある。つまり、フランク・ナイトの「不確実性」に十分に対応できる分析手法ではないのである。

金融市場が直面するこういった「不確実性」を、リーマン危機発生の直前に出版した著書において「ブラック・スワン」と称したのはナシーム・ニコラス・タレブであった。[5] しかし、元を辿ると、この議論は、18世紀にアダム・スミスと共に経験主義哲学の発展に寄与し、カントの認識論に大きな影響を与えたあのデイヴィッド・ヒュームがすでに指摘していたものに他ならない。

ヒュームは、経験主義哲学を究極まで突き詰めていった一つの結論として、帰納法的な推論は絶対的に正しい推論には至らないと主張した。つまり、白鳥の色を100羽まで数えて全て白だったとしても、101羽目の色が白である保証はないので、白鳥の色が白であるという事実をいくらたくさん集めたとしても、そこから絶対的な真理を帰納することはできないのではないかという問いを発したのである。[6] ロバート・ルーカスがケインズ経済学に基づくマクロ経済モデルを批判した「ルーカス批判」も、本質的にはこの「ヒュームの問い」に関連している。

逆説的に言えば、通常であれば存在しないものが存在するあるいは発生するという意味でのブラック・スワンは必ず存在する。これは正規分布を想定した上でのテールリスクと言い換えられるが、金融市場において投資家は、絶対に予測できない「不確実性」に「必然的」に直面

▼5 ナシーム・ニコラス・タレブ『ブラック・スワン』、望月衛訳、ダイヤモンド社、2009年

▼6 デイヴィッド・ヒューム『人間知性研究』斎藤繁雄、一ノ瀬正樹訳、法政大学出版局、2011年

しているということになる。ブラック・スワンという言葉は、タレブの本がサブプライムローンの問題が顕在化する直前に出版されたものであるため、何か予言めいたものであるかのようにも聞こえるが、その基本的な考え方はシンプルであり、「ヒュームの問い」そのものである。

しかし、「ヒュームの問い」が真実であったとしても、現実社会においては、人間は常に帰納法的な推論を繰り返している。100羽の白鳥の色が全て白だと確認できた場合、白鳥は白い鳥だと結論付けることは日常生活においてはごく当たり前のことである。そういう推論を全て疑っていては、人間としての普通の生活もままならなくなってしまうだろう。ヒュームは普遍的な真理は演繹的な方法によってしか推論できないと考えたが、もし、人間が真理のみをただひたすら追究する存在であったとしたら、人間は現実世界とは無縁のものとしてしか存在し得ないことになってしまうだろう。

市場におけるトレーディングの原則として、「ロスカット・ルール」というものがある。どんなに優秀なトレーダーであっても、損失が一定額まで膨らめば、取っているポジションを強制的に解消させるルールのことである。

トレーダーの予測対象が仮に白鳥の色であった場合、100羽の白鳥の色が全て白だと確認できた場合、101羽目の白鳥の色も白だと考えて何らかのトレーディング・ポジションを取ることが普通だろう。しかし、101羽目の白鳥が遠くから近づいてくる途中で、「あの白鳥は黒かどうかまでは分からないが、どうも白ではないようだ」と気づいた場合、最終的に白鳥の色を確認できるのを待つ前に、強制的にトレーディング・ポジションを解消するというようにルールを決めておくのである。

そういう実務的な方法を取ることで、「不確実性」をある程度マネージしつつ利益をあげようという努力が市場では常に行われている。「不確実性」は必ず存在するというヒュームの命題に真剣に向き合いつつも、現実社会に生きる人間（ここでは市場でのプレイヤー）は、常に「帰納法的」な思考に基づいて活動しているということである。

ただし、この10〜20年の間に急速に発展したアルゴリズム・トレードと言われるタイプのコンピューターによる機械的なトレーディング手法の中には、その不確実性を100％排除することを目指すようなものも出てきた。結論から言えば、どんな優れたトレーディング技術を開発したとしても、「不確実性」を100％排除することは理論的に不可能である。もしそれを本当に排除できているとするのであれば、それは何らかの不当利益を獲得していることと同義である。

2000年代になってから主要な株式市場において大きな売買シェアを得るようになった「超高速取引（ハイ・フリークエンシー・トレード＝HFT）」と言われるようなアルゴリズム・トレードの一種にも、全てではないがそういう性質のものが含まれている。最も問題視されるのは、たとえば、大口の株式注文が証券会社に入った時に、その注文が取引所で執行される前に別の同様な注文を成立させ、大口注文成立後に利益を得るというような手法である。

注文が電話のやり取りで行われているような場合に、トレーダーが注文を取り継ぐ前に自分の注文を出してしまうような行為はフロント・ランニングと言って、今では明白な違法行為として取り締まられる。しかし、たとえば、注文のスピードを極限まで速くするような手法によって、自動化されたアルゴリズム・トレードの中で類似のことを行うことができないわけではない。単純に言えば、顧客の注文が取引所で執行されるまでの時間より短い時間で、自己の注文が取引所に伝達されればよいのである。

マイケル・ルイスがそのノンフィクション・ストーリーの中で生々しく描き出したHFTの現状は、そういった手法のうちのほんの一部を採り上げたものである。▼7 HFTの全てがこのような実態であるということではないにせよ、一部にそういった取引が含まれていたことが、ある時期に大きな問題となった。こういった形態の取引は、言ってみれば他人の取引から利益を掠め取る取引であり、だからこそ「不確実性」を100%排除できるのである。

このような露骨な利益搾取型のトレードではないにせよ、たとえば、株式など不特定多数による取引が取引所で集中的に売買されているような場合、通常、買い注文や売り注文が価格水準ごと、注文金額ごとに表示された「板」というデータが公開されている。そこに新規の大口注文が追加された時に、価格決定にどのようなインパクトがあるかということを瞬時に計算して、それに応じたトレードを自動発注するようなアルゴリズム・トレードも活発に行われている。

このようなトレードに明確な違法性はないが、他人の投資決定に便乗して利益を得ようということにおいて本質は同じであり、「不確実性」を極限まで小さくしようという試みの一つではある。「不確実性」を100%排除するのは一種の不正行為に近いが、「不確実性」を極限まで小さくするという方向性は、むしろ「リスク管理」の手法と言った方がより正確かもしれない。両者の境界線は時として非常に曖昧になる。他人の投資判断を利用した売買は常にそのグレーゾーンを含んでいるとも言える。

▼7 マイケル・ルイス『フラッシュ・ボーイズ』、渡会圭子・東江一紀訳、文藝春秋、2014年

こういった取引が最も活発に行われているのは株式市場である。債券市場は株式市場と違って、基本的に取引所での集中取引ではなく投資家が証券会社と売買を行う相対取引が中心であり、その分、「板情報」を利用して他人の投資決定に便乗するアルゴリズム・トレードは行いにくい。

ただ、債券市場においても先物取引は取引所で集中取引が行われており、「板情報」が広く共有されている。また、現物債売買においても、証券会社間の取引を仲介するブローカーが各証券会社からの注文状況である「板情報」を取引参加会社に公開している。こういった取引情報を利用したアルゴリズム・トレードは可能である。

為替市場も債券市場と同様に取引所取引の比率自体は低いが、債券市場に比べると輸出入に関わる取引もあれば機関投資家の証券投資に関わる売買もあり、さらには「FX取引」などと称される個人の電子取引が活発に行われていて、その取引性質が多様であるという特徴がある。その分、構造的に顧客の売買情報がもたらす価値は高い。その上、取引対象がドル円、ユーロ円など一部の市場に集中しており、ある意味で株式市場以上にアルゴリズム・トレードが機能しやすい面もある。

実際、「FX取引」の電子トレード専門会社が取り次ぐ売買注文をさらに仲介するプラットフォーマーとしての機能を一部の欧米投資銀行が提供しているが、ここでは、膨大な売買執行は人間の判断を介さず完全に自動処理がされている。株式市場における「板情報」などの投資情報を利用した取引とは内容、目的はやや異なるが、アルゴリズム取引手法が一部の投資銀行に大きな利益をもたらしていると言われる。

こういったアルゴリズム・トレードの基本的な分析手法は、酒田五法などのテクニカル分析とは大きく異なっているだけでなく、その収益の源泉のかなりの部分がコンピューターの処理能力に拠っているという点が大きな特徴である。このタイプの投資手法が数学的な手法による「新しい市場」へのアプローチの一つであることは確かなのだが、その中味は、「板情報」の解析であったり、瞬間的な価格変動の波及パターンの分析であったりと、要するに「スピード」を競う技術なのである。人間が直感的に行う判断をコンピューターの処理速度によって代替することで利益を得るというのが、こういったトレード手法における基本的な発想である。

株式市場などの「新しい市場」を観察することを通じて、経済学は少なからぬ発想を得てきた。しかし、その成否はともかく、経済学が一貫して目指してきたのは、何らかの「将来予測」を行うということであった。本間宗久の酒田五法に端を発するテクニカル分析も、市場需給の偏りのようなものを発見することによって何らかの「将来予測」を目指すものであったという点では同じである。

しかし、ここで例に挙げているようなアルゴリズム・トレードの多くは、本質的にそういったものとは異なっている。つまり、人間の知覚能力あるいは運動能力をコンピューターで代替するという、極めて「非人間的」な分析手法あるいは取引手法なのである。もちろん、これもごく短期間における「将来予測」と言えないことはないが、ここに至っては、もはや経済学とは遠い縁戚とも言い難いほど大きく乖離した分析手法になっていると言えよう。

ただ、最近の一つの流れとして、アルゴリズム・トレードのような投資手法の延長線上で、「新しい市場」という実験室からあえて「外界」に出て、実際の経済事象に分析対象を拡げるような動きが出てきている。

最も原初的なものとしては、重要な経済指標が発表される際に、事前に集計されているエコノミストのコンセンサス予測と発表された数値がどの程度乖離したかという情報を利用してコンピューターが自動的に売買注文を出すようなアルゴリズム・トレードが行われている。

最近では、こういった手法がAIトレードのカテゴリーに含まれて、テキストマイニングの手法で経済関連のニュースを自動的にデータ処理して何らかの取引執行の指令をコンピューターが出すようなアルゴリズム・トレードも活発に行われていると言われる。▼8 たとえば、各国中央銀行はそれぞれの金融政策の内容を説明、周知することを目的に膨大な量の文書を公表しているが、これらにテキストマイニングの手法で情報処理を施し、機械学習の手法により将来の政策変更を予測させるというような研究ないし技術開発が行われている。

経済学者あるいはエコノミストと言われる人々が関わってきたテーマあるいは領域に、「新しい市場」のインサイドのみで活動していた人々が進出してくる動きが見られているわけである。これに対して政策当局のほうも、こういった分析に基づいた売買が市場で実際に行われていることを踏まえて、アルゴリズム・トレードが反応して売買を執行するパターンを事前に推測し、あえてそういった取引を誘発するような用語の使用を回避するようなことまで行っていると言われる。▼9

しかし、こういった分析手法が、従来から経済学者あるいは市場のエコノミストが取り組んできた分析や予測を完全に代替し得るものなのかといえば、おそらくそうはならないだろう。中央銀行の政策決定も人間によってなされているということにおいては、行動経済学が扱う

---

▼8 しかし、実際に「AIトレード」なるものが、本当に人間の操作を一切加えずにAIの判断だけで売買を行うことによって十分なリターンをあげるに至っているのかどうかは分からない。そういったトレードを行っているとされるヘッジファンドなどは、そのコア技術に関してはブラックボックス化して、外部に対しては極めて秘密主義的であるケースが多い。

▼9 2018年10月10日付日本経済新聞記事「AIと闘う日銀」

ようなさまざまなバイアスを伴っている。そういった人間行動の特質を捉えて、機械学習の手法で「不確実性」を限界まで低下させるような分析あるいは投資を行うことは可能かもしれない。しかし、それは結局のところ、社会において発生する経済的事象そのものを予測しているというよりは、人間が経済的事象の発生にどう対処するかということを分析しているという意味において、「板情報」を利用したアルゴリズム・トレードと本質においては変わらない。そこに技術的な彫琢の余地はあるだろうが、それは結局のところ、「新しい市場」というバーチャル・リアリティの中における「実験室」的な空間の領域を、ほんの少し「現実領域」に拡大したに過ぎない。

*　*　*

アルゴリズム・トレードに代表される「新しい市場」を直接的に対象とする分析分野は、最近でこそ経済あるいは経済学的な分野との接点が若干生じているとはいえ、経済学との関わりということで言えば、元々極めて遠い関係にある分野である。それに対して、主流派経済学から分派した金融工学は、「新しい市場」を舞台に別の経路を辿って大きな発展を遂げてきた分野である。

金融工学の世界は、「不確実性」は存在しないことを仮定するある種の「仮想空間」における分析手法であり、市場の価格変動は全て一定の確率分布に基づいて発生するという、あのバシュリエが考案したモデルをベースにしている（第2章参照）。

金融工学が、その源流である主流派経済学と本質的に異なるポイントの一つは、金融工学は

「予測」をその目的とはしていないことである。この点において金融工学は、テクニカル分析やアルゴリズム・トレード、そして主流派経済学とは対照的な分析分野であると言ってもよいだろう。ミルトン・フリードマンが1950年代にハリー・マーコヴィッツのポートフォリオ理論に対して、「これは経済学ではない」と述べたのは、非常に正確な評価であったと言えるのである。

当初は経済学の教育を受けたアカデミズムの研究者が切り拓いた金融工学の世界を、1980年代頃からは、米国の投資銀行などに勤務する数学や物理学の専門教育を受けたロケット博士と呼ばれる人々が引き継いでいくことになる。投資銀行内部では、時代を経るにつれて、経済学の専門教育を受けた人材は主に調査部門に勤務し、数学や物理学の専門教育を受けた人材はトレーディング部門に勤務するという形ではっきりとコースが分かれていく。▼10

そして、2000年代以降の投資銀行は、金融工学の研究者やそれに類する膨大な数の専門教育を受けた人材が、流れ作業のような業務環境の中でデリバティブ商品の開発やリスク管理モデルの開発に従事するある種の巨大工場と化していく。金融工学は、「基礎研究→応用研究→実用開発」という学問の進展プロセスにおける最終段階の「実用開発」の領域に入っていった。そして、その開発が巨額の利益を生むことが明らかになってくると、その分野にはさらに膨大な人材と資金が投じられ、アカデミズムの領域においては考えられないようなスピードでさまざまな実用手法の開発が進められていったのである。

金融工学は、市場における価格形成はある確率分布に従うという強力な前提を置くことによってあらゆる金融資産の価値を一つの尺度で画一的に測ることができるという空想世界を構

▼10 欧米の主要投資銀行においては、エコノミストの業務に従事するためには経済学のPh.D.（博士号）取得が必須となってきており、IMFや中央銀行出身者の重要な天下り先ともなっている。デリバティブのトレーディング部門やリスク管理部門などでは、自然科学系のPh.D.取得者が大半を占める。

築する。金融工学は１９９０年代以降、そのモデル構築の能力を極限まで高めてゆく中で、デリバティブ市場を拠点にしてあらゆるタイプの人工的な金融商品の開発に邁進していくことになる。

リーマン危機を引き起こした直接的な要因はサブプライムローンを原資産とするＣＤＯ（債務担保保証券）への過剰投資であったが、これなども金融工学の生み出したバーチャル・リアリティの中における金融商品の代表例と言える。強力すぎる仮定あるいは前提からスタートする演繹的なモデル構築がいずれ現実経済からの大きな乖離を生じていく事態は、実は主流派経済学から受け継いだＤＮＡのなせるわざと言えなくもない。もしそうなのだとすれば、この点についてはリーマン危機後の現在においても、金融工学の抱える問題点として変わらず残っていると言えるだろう。

## 「ＡＩ」と「脳科学」への挑戦

主流派経済学は、金融政策、財政政策の現場における実用の道具として一定の存在意義を見出しつつあると述べた。主流派経済学の経済モデルを「将来予測」に利用する際には、多くの「制約条件付き」でのみ使用するということさえ明確化できるのであれば、少なくともリーマン危機の直後のように、主流派経済学それ自体が害悪視されるような事態は回避されるかもしれない。しかし、主流派経済学を実用に供するための飽くなき技術開発の努力とは裏腹に、主流派経済学の原点を問い糺《ただ》す動きも、１９８０年代以降、現在に至るまで絶え間なく続いている。

その一つの流れが、第3章でも述べたように行動経済学から主流派経済学に向けて発せられた批判であった。しかし、行動経済学自体は、その創始者の一人であるダニエル・カーネマンが2002年にノーベル経済学賞を受賞していることからも分かるように、すでに経済学の一分野としての確固たる地位を確立している。米国の経済学コミュニティにおいては、行動経済学者はむしろ主流派の仲間入りを果たしつつあるとさえ言える。[▼11]

行動経済学の立場から、主流派経済学の前提となっている多くの仮定に対して継続的な批判はなされているものの、たとえば実験経済学といった分野では、主流派経済学の立場から行動経済学の手法を積極的に取り入れていく動きも見られている。行動経済学が発見した人間行動の非合理的な行動を前提として認識しつつ、主流派経済学のモデルを修正していこうという考え方である。その意味では、すでに行動経済学は主流派経済学とある程度融合しつつあると言ってもよいだろう。

一方では、行動経済学自体が根本的に持っている理論体系の脆弱性も指摘されている。それは、行動経済学が指摘する「人間の非合理性」がなぜ存在するのかという理由を明確にできないという問題である。人間が根本的に非合理的な存在であるとするならば、社会科学としての行動経済学は、最終的にいかなる普遍的なモデル構築にも到達し得ない不毛な社会科学なのではないかという批判がある。それゆえ、主流派経済学が行動経済学を取り込むアプローチ方法としては、人間行動はあくまでも合理的であることを前提としつつ、行動経済学の成果として発見された人間行動の非合理性を、あくまでもその「例外的」な要素として認識していくとい

▼11 有力な経済学会の会長に行動経済学者が就くケースも増えている。米国の最も権威ある経済学会である米国経済学会（AEA）の会長に、2006年はジョージ・アカロフ、2015年はリチャード・セイラーが就任している。

う形態を取るわけである。

しかし、行動経済学のコンセプトと成果を踏まえつつ、まったく別の手法で人間行動を理解していこうという新たな動きも見られている。一つは、行動経済学が示した人間行動の非合理性を、進化論の観点から解釈しようという考え方である。これについては、第3章でその概略についてはすでに述べている。

この考え方自体は、主に「進化心理学」という学問分野が採り上げているアプローチであり、必ずしも経済学という名が冠されている分野ではないが、行動経済学などとの関連性は深い[12]。

こういった分野では、人間が進化の過程で獲得した形質のうち現在でも活用されているものは合理的行動をもたらすが、使用されなくなった形質が非合理的行動をもたらしているといった考え方が採られる。

行動経済学が発見した「人間はギャンブルにおいて利益よりも損失が発生する確率をより高く判断しがちである」という非合理的な特質があるが、これなどは進化心理学の解釈によれば、我々の祖先が狩猟採集を生業として生活していた頃に、食糧確保の不安定さへの対応として獲得した遺伝的形質であるとされる。その後の農耕開始、工業化といった時代の変遷とともに不要になった能力が現在でも受け継がれている結果として、人間はそういう非合理的な判断をしてしまうというように解釈される。

つまり、進化論の中心的概念である「自然選択」の理論を導入することによって、人間行動の持つ合理性、非合理性ともに合理的に説明できると考えるわけである。こういった考え方を採ることにより、単に人間行動の非合理性を説明することが可能になるだけにとどまらず、人

▼12 進化経済学という経済学の一分野があるが、ここでは、経済システムや企業組織が進化論的な発展経路を辿ることを中心的な分析テーマとしている。

間の社会的な行動に関する新たな知見を得ることができるというのが、進化論的なアプローチを社会科学に持ち込む意味とされる。

実際、経済学に限らず現代の社会科学全般において、進化論的なアプローチは一つの大きな流れとなっている。新古典派経済学が提示し、現在の主流派経済学にも受け継がれている合理的経済人のモデルは、人間が完全に合理的な存在であるという仮定の不自然さだけでなく、進化論的な発想からすると、そういった人間行動が過去から未来にわたって一切不変であるという仮定自体が不自然だという批判も可能である。

さらには、経済のメカニズム自体が進化論的な「自然選択」の仕組みを内包しているという研究もあり（これは進化経済学の範疇となる）、そういった立場を採ると、経済はさまざまな偶発的事象（突然変異）を起点とする歴史的流列なのだという理解につながる。その数学的な解釈としては「複雑系」の理論が援用される。

こういった考え方を推し進めていくと、経済のメカニズムは何らかの固定的、普遍的な原理なりモデルによって説明が可能なものではなく、全ての事象が一定の均衡点に向かうとする主流派経済学の立場を根本的に否定することにもつながっていく。

ただ、自然科学としての進化論それ自体の研究においては、20世紀半ば以降の分子生物学の発展に伴い、古典的な自然選択の原理のみに基づく進化プロセスの考え方はすでに否定されつつある。代表的な考え方としては、日本人の木村資生が唱えた中立進化説があり、これは、自然選択のような競争原理のプロセスによるのではなく、遺伝子浮動という中立的なプロセスによって進化が起こるという考え方である。

ある時期までの生物学においては、進化の根本は競争原理（＝自然選択）にあると考えるのか、それとも別の要因によると考えるのかという二つの主張の間には、ややイデオロギー的な対立も含まれていたようである。経済学において、競争至上主義と自由意思とが結びついた新古典派的な考え方と社会民主主義的な発想を根底に持つケインズ経済学が、理論における正否とは別にイデオロギー的対立を秘めていた構図ともやや類似する。

しかし、現代の進化論においては、純粋に競争原理に基づく自然選択プロセスのみによって進化を説明できるとする見方はなくなっており、遺伝子浮動などの考え方と自然選択とを組み合わせた総合的な学説が主流となっている。そして、「進化論」の深化過程では、分子生物学の発展を筆頭にさまざまな周辺の科学技術の発展が最大限に活用されており、その結果として進化という「歴史」の解明が急速に進んでいる。

そういった本家の進化論が進んでいる方向からすると、進化心理学や進化経済学などが議論している内容は、進化論の中の「自然淘汰」という原初的なアイディアのみを援用し、さまざまな社会的、経済的な事象を単純化して解釈しすぎている面があることも確かである。

数年前に大きな話題をよんだユヴァル・ノア・ハラリの『サピエンス全史』で主張されている「認知革命」のような概念も、進化心理学の見解の中に含まれるものである。[13] ハラリの言う「認知革命」とは、人類が獲得した宗教や精神といった「虚構世界」について思考することのできる「抽象化能力」こそが現生人類が唯一のホモ属として生き残った理由であり、その能力が突然変異の結果として約7万年前に獲得されたという考え方である。これは「ギャンブルにおける確率計算の誤り」のような人間の非合理的な性質を表す事例とは異なるが、人間の精神

▼13 ユヴァル・ノア・ハラリ『サピエンス全史』、柴田裕之訳、河出書房新社、2016年

世界の形成を進化心理学的な観点から説明するという意味で、まったく同じカテゴリーに入る。

本家の進化論は、分子生物学におけるＤＮＡ解析の技術が劇的に進展したことで大きく変貌を遂げた。ＤＮＡ解析技術は、近年、人類学などの分野にも大きな影響を及ぼしている。人類がどこでどうやって誕生し、我々の祖先がどのようにして世界で唯一のホモ族として地球全域に拡散していったのかといったことについての知見は、ＤＮＡ解析技術の応用によって抜本的に塗り替えられつつある。ＤＮＡ解析技術を活用して、現生人類の進化プロセスや物理的な拡散経路の解明と同じように、人間の「精神世界の発展過程」まで明らかにできるようになれば、行動経済学が対象としている「人間の非合理性」の存在理由も正確に解明されてくるかもしれない。

しかし、今のところ、そういった精神世界に関連する人間あるいは人間の脳の特質を進化論的に説明しようとしても、それを科学的な方法で厳密に検証することはまだ不可能である。そして、将来においてそれが可能になる見通しすら、現時点では立っていない。

そういった科学的な検証を理論的に可能にするためには、ギャンブルの例でいえば、脳機能における「利益より損失の確率を高く判断する構造」を１００％解明し、その遺伝的な詳細についても１００％解明することが必要になる。分子生物学やＤＮＡ解析技術の発展が著しいとは言っても、人間の感情や判断能力を生む脳の構造を遺伝的な構造まで含めて完全に解明することはかなり困難なことであろう。

もし、それが可能になったとして、本当に「利益より損失の確率を高く判断する」能力が狩猟採集時代の人間に必要とされていて、そこで自然選択のメカニズムが働いたのかどうかを厳密に検証するためには、相当な幸運が必要である。つまり、ＤＮＡの採集技術が劇的に進歩したと仮定した上で、実際に、数万年前に食糧が安定的に確保されている環境下で生きていたホモ・サピエンス（ネアンデルタール人なども含めて）のＤＮＡと、そうでない環境下で生きていたホモ・サピエンスのＤＮＡが採集できて、「利益より損失の確率を高く判断する」ような遺伝子的構造について正確な比較対照が行える必要がある。しかし、数万年前の人類の生活環境を何らかの形で再現する人類版のジュラシック・パークのようなものを作りでもしなければ、そこまで厳密な検証は困難であろう。

そう考えると、人間行動あるいはその結果としての経済事象の解明に進化論的アプローチを用いることは、正しい理解の方法ではあるかもしれないが、主流派経済学の体系を代替し得るような成果を生むことは難しいだろう。あくまでも、我々人類が自らのアイデンティティを追究する際の一つの「考える材料」として用いるにとどめるべきものであり、実際、そうせざるを得ないだろう。そこから演繹される「将来予測」をまともに信じてしまうことは、主流派経済学と同じ過ちを生むことにもなりかねない。[14]

＊　＊　＊

一方、人間の選好や選択についての行動経済学の知見などを踏まえた、もう一つの新しい経済学の流れがある。それは、進化心理学のように人間行動が合理的か非合理的かというような根本的な問いを発することをせずに、人間の意思決定につながる脳内現象を最先端の計測機器を使用して直接観測しようという試みである。神経経済学は、脳の機能を測定する技術が急速

▼14　ＤＮＡ解析技術の発展に伴う過去20年間ほどの人類学の進展は目覚ましく、そこでの成果は、現代に生きる我々の「人間観」あるいは「世界観」を揺るがしつつある。しかし、これは、経済学が目指した「社会や経済の将来を正確に予測して自由に操作する」というようなこととはまったく目的を別にする学問の成果と言える。

に進歩し始めた２０００年前後から興こってきた新しい分野である。

心理学を源流とする行動経済学は、元々「実験」をその主要な分析手法としていた。その影響もあって、脳波の計測技術が急速に進展してきた１９９０年代以降、経済学的分析に脳波計測を使用するアイディアが起こってきた。主に用いられることとなった脳波計測技術は、ｆＭＲＩ（機能的磁気共鳴画像装置）である。この技術によって、本家の脳科学自体が近年大きな進展を見せており、脳機能に関する知見は、この20年ほどの間に劇的な広がりを見せている。

現時点では、神経経済学の主な成果は、行動経済学などが実験によって導き出してきた人間の非合理的な判断や行動などを脳機能の面から裏付けるという内容が多い。しかし、そもそも経済学にとどまらず社会科学全般の目指すものは、人間行動を解明することによって、その集合体としての社会の動きを明らかにすることであろう。

神経経済学は、現在においては、あくまでも人間個体の脳機能の解明に取り組んでいる段階である。もし将来、本家の脳科学の方が脳の機能を１００％解明することに成功した場合、神経経済学が人間個体の行動のみに焦点を当てた研究を続けていったとしたら、その時点で脳科学の成果に追加できる新たな知見は基本的にあまりないようにも思われる。個体としての人間行動について脳科学が導き出した知見を踏まえて、人間の社会的、集合的な相互作用を明らかにすることこそが、社会科学あるいは経済学の取り組むべき領域であろう。

神経経済学に対しては、主流派経済学のサイドからすでにそういった観点からの厳しい批判も寄せられている。ファルーク・グルとウォルフガング・ピーセンドルファーによる神経経済学批判は、最先端の科学技術を経済学分野に導入するという神経経済学の試みに対する強烈な批判となっている。[15] つまり、合理的であるか非合理的であるかを問わず、人間行動を物理現象としての脳機能に還元して分析する必要はそもそもなく、アウトプットとしての目に見える人間行動が社会、経済にどのように影響を及ぼしていくかを分析すればよいのではないかという疑問の呈示である。

人間行動を「脳機能」という物理現象あるいは自然現象に還元して分析することの是非は、おそらく、経済学というよりは社会科学全般において今後抱えることになってくる最大の問題であることは間違いないだろう。これは、「経済学あるいは社会科学の自然化」と言われる問題である。

経済学は新古典派経済学以降、物理学を模倣したモデル化をその中心的な分析手法に据えてきた。そして、そのモデル化の基本的な前提および仮定として、人間存在を一つの固定的、画一的な像として捉える方法を採っており（＝合理的経済人の仮定）、その極めて演繹的な方法論に対してさまざまな批判が加えられてきたわけである。そういった主流派経済学が前提に置く人間存在の像それ自体に対して、1980年代以降、まず行動経済学が体系的な批判を加えるようになった。しかし、批判する立場であった行動経済学も、その分析の単位は人間存在のレベルであり、人間の行動（＝アウトプット）を実験などによって観測することによって、人間存在の実像を推し測ろうとするものであった。主流派経済学にせよ行動経済学にせよ、人間存在を最小単位と認識して、それを社会的な文脈の中で捉えようとする試みであることにおいては共通している。

それに対して、神経経済学のように人間存在を分子レベルあるいは電子信号の連鎖と捉えて、

▼15 Faruk Gul and Wolfgang Pesendorfer『The Case for Mindless Economics』2005 Princeton University

▼16 前出のジョナサン・ハイトの研究もその一分野であるほか、哲学者であるポール・チャーチランド、パト

そのアウトプットである人間の行動や意思決定を自然現象あるいは物理現象として認識するというのは、これまでの一切の社会科学において試みられてこなかった取り組みである。人間存在を自然現象に還元して捉える見方自体は、デカルトの機械論にまで遡るコンセプトである。しかし、そういった見方を実際の科学的な実験によって検証していこうという動きは、実際にこの2～30年間、脳を対象とした実験が可能になってきたことによって初めて具体的になってきたものである。

この問題（＝自然化の問題）は、経済学あるいは社会科学全般にとって、極めて本質的で重要な問題を突きつけていることは間違いないだろう。そのため、経済学だけでなく哲学などの分野も、すでに神経科学あるいは脳科学の分野とクロスオーバーした学際的な研究分野を生み出しつつある。▼16 人間の脳機能を解明する研究は、明らかに、社会科学の在り方を揺さぶり始めているのである。

そして、脳科学あるいは神経科学の発展が決定的に重要な影響を及ぼしているのが、AI技術の研究である。AIの究極の目的が人間の脳に匹敵する人造物を作成することである以上、AIの研究がその究極の目的を達成した時に初めて、神経経済学のような学問分野の存在意義も見出されてくると言えるのかもしれない。なぜなら、AIが本当に人間の脳機能あるいは精神世界を再現できるようになった時、経済学のような社会科学分野の学問においては、AIという疑似ホモ・サピエンスを使うことによって初めて本格的な自然科学の実験を行うことが可能になるからである。

この10年間ほどで劇的な進展を見せているAI技術のブレークスルーは、2010年代に

---

リシア・S・チャーチランド夫妻の研究なども有名。また、脳神経学者の方からも、専門分野によっては哲学的な研究領域に踏み込む研究者が出てきている。「ソマティック・マーカー仮説」で有名なアントニオ・R・ダマシオなどが挙げられる。パトリシア・S・チャーチランド『脳がつくる倫理』、信原幸弘他訳、化学同人、2013年／ポール・チャーチランド『物質と意識』、信原幸弘・西堤優訳、森北出版、2016年／アントニオ・R・ダマシオ『感じる脳』、田中三彦訳、ダイヤモンド社、2005年／アントニオ・R・ダマシオ『進化の意外な順序』、高橋洋訳、白揚社、2019年

入ってから本格化したディープラーニング（深層学習）技術の実用化によると言われる。ディープラーニングは、人間の脳機能をモデルにして考案されたアルゴリズムであるが、ＡＩ研究者の中には、数十年後にはＡＩが人間の知能を超える「シンギュラリティ（＝技術的特異点）」に到達すると予測する者さえいる。[17] その前提としては、今後、人間の脳機能の解明が格段に進み、それを電子的に模倣あるいは完全にコピーすることで人間の脳とまったく同じ機能を持った高度なＡＩの開発に至るという壮大な予想がある。

人間は太古の昔より、自然現象を解析して近似的に描写し（＝モデル化）、必要な物質の加工を行うことによって、モデル化した自然現象を再現するということを繰り返し行ってきた。その過程でいくつかの重要な技術的なブレークスルーが起こり、科学技術は加速度的に進歩を遂げてきたわけだが、いよいよ人間は人間自身のモデル化と再現に取り組む段階にまで達しつつあるという訳である。

科学技術が本当にその領域にまで達することが可能なのであれば、いずれ、ＡＩによって再現された人間存在を社会に参加させると同時に、その判断や意思決定のプロセスに修正を加えることによって社会や経済構造に変化を促すような実験すら可能になってくるのである。現時点では完全にＳＦの世界であるが、神経経済学はそこまでの段階に至った時、初めてその存在意義が生じてくるのである。逆に言えば、現在の段階においては、グル＆ピーセンドルファーの神経経済学に対する批判は正鵠《せいこく》を得ている部分がある。つまり、人間の脳単体の研究を経済学的な観点から行っていくことに本質的な意味合いがそれほどあるとは思えないのである。

では、実際に、神経経済学がＳＦのような世界でその意義を発揮するような時代が訪れるの

▼17 ＡＩ研究者でもあるレイ・カーツワイルが２００５年に初めて唱えた。ディープラーニングがＡＩ開発のブレークスルーとなった２０１２年以前のことであり、この時点では一種の未来論のようなものであった。「２０４５年にＡＩが人類の知能を超える」という予測は、現時点においても一種のＳＦの領域であることには変わりがないが、彼が言うように技術的なブレークスルーが必然的に起こるものなのだとすれば、そういった未来予測を完全に否定することもできない。
レイ・カーツワイル『ポスト・ヒューマン誕生』、井上建監訳、ＮＨＫ出版、２００７年

だろうか？
「シンギュラリティ」が実現するかどうかについては、ＡＩ研究者の中でもさまざまな議論がある。そういった中であまり断定的なことも言えはしないのだが、おそらく30年や50年といったスパンでそういった状況に近づくことはまだないのではないだろうか。少なくとも、コンピューター技術が進展していく単純な延長線上で、人間の脳機能の完全な再現が可能になるというようなことは、まず考えられない。

コンピューターはすでに計算能力に関しては人間の水準をはるかに凌駕しているが、そこでは人間の思考方法とは多くの点において異なるプロセスが採られている。脳科学の進展によって人間の脳の構造がディテールに至るまで完全に解明され、それを人工的な技術によって再現するという方法以外には、完全な意味での「シンギュラリティ」が実現する可能性はないだろう。しかし、いくら人間の脳機能の解明がｆＭＲＩの開発などによってこの20年間ほどで格段の進歩を見せたとはいえ、現在はまだ、その全貌を解明するというような段階にはおよそ程遠い地点にいる。

欧州では「ヒューマン・ブレイン・プロジェクト」、米国では「ブレイン・イニシアティブ」という国家プロジェクトが現在スタートしており、人間の全ニューロンの接続と機能の解明を目指している。しかし、人間の脳が持つニューロンの数は約１０００億個あり、その接続は1兆か所と言われる。現在、体長１㎜ほどのセンチュウという生物の全神経細胞の接続がようやく分かっているという段階だが、この生物のニューロンはわずか３００個ほどである。人間の脳機能の完全解明を１００とすれば、おそらく現在の段階はまだほんの1か2かという地点にいると言ってもよいだろう。

しかも、人間の全ニューロンの接続と機能を解明する際の最大のネックは、活動中の脳の電気信号を直接計測することができないということである。最先端のｆＭＲＩの技術をもってしても、人間の脳内における電気信号を捕捉する精度は、中味が詰まっているスイカ大のボールの外からその中心部にあるピンポン玉程度の大きさの物体の状況を観測しているようなものだと言われる。頭蓋骨の妨害が強力なために、脳の外部から脳内のニューロン発火の状況を正確に計測することは、そのくらい困難なことなのである。しかし、もちろん脳に直接電極を差すような生体実験を行うわけにはいかないし、仮に病人の脳の一部分に直接電極を差すことがあったとしても、それによって１０００億個のニューロンと1兆個の接続箇所の働きを完全に捕捉することはやはり困難であろう。[18]

このように考えると、脳内観測技術に関するよほど大きなブレークスルーが起きない限り、人間の脳の構造を１００％解明することは半永久的に不可能であると言ってもおかしくないのではないだろうか。だとすれば、人間の脳の完全なコピーの作成もやはり困難なはずであり、結果的にシンギュラリティの到来も、30年であろうが１００年であろうが訪れないという結論が有力であるように思われる。とすると、現在、神経経済学の取り組んでいる課題は、まだしばらくの間は（あるいは半永久的に）、脳科学それ自体に任せておいてもあまり問題のない領域であると言ってもよいと思われるのである。

[18] 人権保護の概念が確立されていない国家で、人体実験が行われる可能性をまったく否定することはできないが。

## 「データサイエンス」と経済学

主流派経済学の理論体系に根底から疑問を呈する形となった行動経済学の影響の下で、まったく新しい分野として発生してきた神経経済学、進化経済学、あるいは経済学という名称を含んでいないが進化心理学といった分野は、その名称の通り、かなり学際的な分野である。

一方、主にマクロ経済学の分野では、純粋理論というよりは統計学的な分析に傾斜した計量経済学の分野が元々あり、そのうち一つの流れは、理論経済学の実用化バージョンとも言えるDSGEモデルの構築に向かっていった。

しかし、もう一つ、家計や企業といったミクロの分野でのより実証的な分析に傾斜していった流れがある。この分野は、主流派経済学で扱うマクロ経済理論のように分析対象が一国経済、金融政策、財政政策といった固定的な分野に絞られているわけではなく、むしろ分析手法の開発と研究に主な労力が注がれてきたことに特徴がある。そのため、ミクロ分野といっても、分析対象は、オーソドックスなミクロ経済学理論が最も関心を寄せる家計の消費行動であるとか企業の支出行動といったものにも限定されていない。

「ランダム化比較試験（RCT）」という分析手法が代表的なものとしてあるが、これは、たとえば電力の価格変動と電力消費量の関係を調べる際に、実際にある地域でランダムに家計を抽出して何らかの「実験」を行って分析結果を導くといった研究である。具体的には、電力消費量の多い時間帯の電気料金をあるグループに対しては引き上げ、あるグループは据え置くといった「実験」を行い、そこで得られたデータから電力の価格変動に対する需要弾性値[19]などを算出するのである。

もちろん、この分析手法は「実験」とはいえ、同じ地域の中で電力価格体系を別のものにするといった不平等を一時的にせよ一般消費者に強いることになるので、可能な「実験」とそうでない「実験」とがある。そのため、自然災害などによって、ある地域だけは電力や水道などのインフラ利用状況が周辺と異なってしまっているような場合に、そこで計測されるデータを使用して分析を行なう「自然実験」と言われるような方法も採られる。いずれにせよ、こういった分析を行うことを通じて、これまでに考案されてきた経済理論を実証的に裏付けていくという「自然科学」により近い手法の経済学なのである。

こういった実証的な経済分析は、インフラ分野をはじめとして、医療や社会保障、教育などの分野ですでに現実の政策への反映が試みられるようになってきている。実際に政府や自治体が何かの政策を実行するに当たって、経済学者が委託を受けて分析を行うようなケースも出てきている。経済学の実用化という観点からすれば、主流派経済学の流れがDSGEモデルの精度を高めることで具体的に金融政策当局などの政策決定に少なからぬ影響を及ぼしているのと、ある意味で一つの対を為しつつある分野とも言えるだろう。

この分野が極めて実証的な側面を持っているがゆえに、そのうちの一部の学者は、DSGEモデルをはじめとする純粋理論経済学の系譜に連なるマクロ経済学モデルに対して、現実を説明することのできない空想的なモデルであると批判するような動きも出てきている。[20]

RBC理論からニュー・ケインジアン、DSGEモデルへと展開してきた主流派経済学のマ

▼19 価格が一単位変動することによる消費支出の変化幅のこと。この場合は、電力消費量の変化。

▼20 Joshua Angrist, Jörn-Steffen Pischke『The Credibility Revolution in Empirical Economics』, Journal of Economic Perspectives Vol.24, No2, Spring 2010/ NBER WORKING PAPER SERIES, March 2010

クロ経済モデルの欠陥についてはここまで度々指摘してきたところであり、実証的な経済学者たちの批判はある意味で真実を突いている。[21]

しかし、主流派経済学の方からも、こういった実証分析重視の経済学から向けられた批判に対しては反論がなされている。重要な反論の一つは、こういった実証分析重視の経済学が社会実験的な手法を用いている限りにおいては、結局、自然科学の実験のように完全な比較対照は行えていないのではないかという点である。

つまり、いくらランダムに標本を抽出しているといっても、事前に何らかの想定をもったモデルに基づいて分析をしていることには変わりがなく、そのモデルに組み込まれていない別の想定外の要素が知らないうちに混入してしまう可能性が排除できないのではないかということである。そういった要素が入ってしまえば、データの比較分析の際に影響を及ぼし、結果を歪めてしまう可能性が常に存在することになる。

もちろん、これは自然科学の実験においてさえ常に存在している問題であり、ましてや主流派経済学において回避できている問題なのかといえば、まったくそんなことはない。その批判は主流派経済学にもブーメランのように跳ね返ってくる類のものではあるだろう。しかし、実証的な経済学のほうでも、その限界についてはよく認識をした上で得られた結論を扱っていかないと、主流派経済学と同じ過ちを犯してしまう懸念があることも確かである。

主流派経済学から実証的な経済学に対して提起されているもう一つの重要な批判は、実証分析を行うためには分析に適したデータを入手できることが重要になるため、分析に適したデータが得られやすい分野に研究が集中してしまう傾向があることである。その集中的に向かう先

▼21 この分野が行動経済学の系譜に一部連なっていることも、そういった批判の底流にはあるかもしれない。

が、本当に社会的な要請に即した分野であるのかと主流派経済学は問うているわけである。確かに、電力価格変動に対する消費の弾性値を正確に計測することは重要なことかもしれないが、経済学が解明しなくてはならない問題はそういった分野に限定されるべきではないという主張である。[22]

この批判に対しても実証的な経済学はまだ十分に反論することができていない。もちろん、主流派経済学の方も、意味合いはやや異なるが、1990年代以降、金融政策や金融部門の分析に過度にウェイトをかけて注いだ労力が適切なものであったかどうかという同様な批判は受ける必要があるだろう。特に金融政策はデータ、情報の面で加速度的に多くの分析材料を提供するようになった分野であり、分析がしやすい分野に主流派経済学も傾斜していったという面は間違いなくあるだろう。それが本当に社会的要請に応えるものであったのかという疑問については、ここまで繰り返し述べてきたところでもある。しかし、実証的な経済学はその特質からして、「使いやすいデータ」の分析に傾斜してしまう傾向を主流派経済学よりはるかに強く持っていることは確かであろう。

＊　＊　＊

実はこの問題は、経済学の分野にとどまらず、ある意味でもっと広範かつ現代的な問題にも関連している。それは「データサイエンス」としての経済学あるいは社会科学という問題である。

そもそも、どのような内容の研究であれ、何らかの社会的な課題を解決なり解明することを

▼22 開発援助分野でのRCT導入に対して、William Easterlyが総括的な批判を行っている。そこでは、技術的な問題に加えて、「理論なき実証分析に意味があるのか?」「研究が個別具体的な分野のみに限定され、大きな課題設定が行い得ないのではないか?」といったことが指摘されている。William Easterly『Development Experiments: Ethical? Feasible? Useful?』, Aid Watch blog, 2009

最終的な目的として行われるものだというのが学問、特に社会科学における大きな前提である。しかし、それは半ば建前の部分であることも確かであり、実際には研究者が功名心から何か面白い成果の出る素材はないかと探索する中で、結果として大きな成果が生まれてくるということが多いのも研究の現場における実態であろう。

研究といった非営利的な分野ではなく現実のビジネスの世界においても、ビジネス活動の中で日々収集されているデータの中から何か意味のある結果を見出すためにさまざまな統計的な分析手法が使用されている。その場合も、ビジネス上の何らかの目的を達成するために統計的な手法を用いて分析を行うのが一般的ではあろうが、そうではなくまず先にデータがあって、そこから何か意味のある結論を見出すという手法も実際には採られているはずである。

データの分析においては、広い意味での帰納的推論の中でも、仮説を立てた上で事実に照らして何らかの結論を推測していく「仮説演繹法」と、まずデータありきで、その中から何か意味のある関係性や結論を見出していく「枚挙的帰納法」の二つのパターンがある。

現代においては、後者の「枚挙的帰納法」のウェイトが急速に上昇しつつある状況がある。その背景には、インターネットの普及によって、収集されるデータの量が過去10~20年の間だけでも加速度的に増加しているということがある。特に、Google、Facebook、Amazon といったグローバルな有力プラットフォーマーの収集している一般消費者や企業の日々の経済活動あるいは生活全般に関するデータの量は、10年前、20年前の経済学あるいは社会科学全般の常識からは想像もつかなかったような規模に達している。

そこでは、仮説演繹法による理論構築を行って社会的な課題を解明し解決するという「目的的」な行為とは異なる手法で社会の姿なり実態が解析されるようになってきている。つまり、まず「データ」が収集され（＝ビッグデータ）、それを枚挙的帰納法の手法を用いて解析することによってさまざまな法則性が導き出されるようになってきているのである。

金融データの分析でも頻繁に用いられる主成分分析などはビッグデータ分析においても利用されるが、これは、収集されたデータに関連する要因を事前に推定するのではなく、関連が推測される要素をデータから検出してきて、後からその要素を特定する分析である。つまり、まず「データの山」から何かの関係性を抽出してくるという分析手法である。

「データサイエンス」と言われる分野の急速な発展は、経済学が多用してきた仮説演繹法あるいは純粋な演繹的推論による理論構築を、枚挙的帰納法による分析が駆逐していくプロセスであると言えるかもしれない。RBC理論からDSGEモデルに至る過去30年以上にわたる主流派のマクロ経済学は、非現実的かつ強力な仮定からスタートした純粋に演繹的な理論を、さまざまな統計分析的手法を使用した仮説演繹法のような帰納法的推論によって現実データに対する説明力を強引に持たせるようにした理論であると言える。

その手法の是非はともかくとして、ある分野に限定すれば、主流派経済学は現実経済の説明力を高めることに一定程度成功してきたことも確かである。しかし、こういった中途半端な「ハイブリッド型」の分析手法は、将来的には、「ビッグデータ」を活用した「データサイエンス」に呑み込まれていく可能性が高いようにも思われるのである。

プラットフォーマーによるデータ蓄積が現在と同じような形であと10年間続けば、ほぼ30年間程度に及ぶ極めて均質かつ広範にわたる膨大な消費や投資に関するデータが時系列データとして世界中で蓄積されていくことになる。5G通信方式の普及は、その領域をさらに広範かつ網羅的なものにしていくだろう。

その膨大なクロスセクション・データから、人間による演繹的な推論や分析の過程を加えることなく、AI的な機能を利用することによって無数の方程式として人間の消費や投資の行動が整理、抽出されてくるようになるだろう。そこで導き出された無数の方程式に、これまで主流派経済学やケインズ経済学などが考案してきたさまざまな経済理論体系や概念を逐一当てはめて事後的に解説を加えていくようなことに果たして意味があるのだろうか？

主流派経済学はかつてケインズ経済学の「帰納法的手法」（事実から理論を説き起こすという）を厳しく批判したが、ビッグデータの解析においては、「理論？ What？」というような考え方が強まってくるのではないだろうか？

AI技術の発展は、やがて独自のAI言語によるさまざまな社会現象の解釈を一般的なものにしていくことにもなるはずである。極端な言い方をすれば、人間にとっては「理論のブラックボックス化」が起こってくるのである。そこまで一足飛びにいかないまでも、現実の経済現象におけるさまざまな法則的なものがビッグデータの中から無数に抽出されてきた場合に、「実用化」を目指してきた経済学理論の存在意義は確実に低下していくことになるだろう。

RCT（ランダム化比較試験）のような実証的な経済学の手法も、より一般的な「データサイエンス」の分野と競合してくることは確実である。主流派経済学が実証分析的な経済学を指して「解明すべき目的を持たない分析」だと批判しているのは、所詮、今だけの過渡的な話であるように思える。いずれは「解明すべき目的」どころか、経済学的な実証分析の手法それ自

て、経済学あるいは経済分析というもの自体、広範な「データサイエンス」の分野に吸収されていくかもしれない。最終的には、「データそのもの」が経済についての分析のほぼ全てを占めるに至る可能性すらあるだろう。

ここ数年間、すでにグローバルな有力プラットフォーマーをはじめとするIT企業では、ミクロ経済学分野のPh.D.(博士号)保持者を相当数採用していると言われる。代表的な例では、Amazonがすでに全世界で100名以上の経済学Ph.D.の採用を行っていると言われている。[23] 企業の実際のビジネスに経済学のスキルを活用するという意味においては、1990年代以降、金融工学分野の経済学者あるいはPh.D.保持者が続々とウォールストリートの金融機関に吸収されていった流れとも似ている。

そういったスキルの保持者を育成、輩出するための高等教育におけるミクロ経済学の重要性は今後高まるのかもしれないが、この流れの延長線上ではむしろ従来的な意味合いでの経済学への需要は相対的に後退していくのではないだろうか。プラットフォーマーあるいはIT企業がそういったスキルの保持者を必要とするのは、ビジネスに活用することが目的であり、そこで行われる分析内容が従来的な意味での「経済理論」に紐付けられている必要性はまったくないからである。実際のところ、分析対象になっているものが「経済事象」のカテゴリーに含まれている必然性すらないのである。むしろ、必要とされる主要なスキルはAIあるいは機械学習の専門知識であり、そういった知識を持った専門家がミクロ経済学の知識を一定程度習得していることが求められているに過ぎない。これは、金融工学が本流の経済学からはあまりにも遠い縁戚となってしまった構図と似ている。

▼23 2018年10月9日のアマゾンジャパン・シニアエコノミスト渡辺安虎のTwitterより。

されていってしまう結果として、いずれ完全に消滅してしまう運命にあるのだろうか？　その答えは、現時点では半分イエスであり半分はノーである。

経済学がその草創期の頃から直面していた「データの制約」については、今後は間違いなく経済学者以外の研究者や実務家によって解消されていき、最終的には経済学や経済分析と言われている分野のある部分は、その存在意義を失っていくはずである。「全ては事実（＝データ）によって吸収されていく」という方向にいずれ向かっていくことになるだろう。

しかし、プラットフォーマーがどれだけ膨大な量のデータを蓄積していったとしても、理論的に絶対に獲得できないデータの領域が二つある。その一つは、「ネットに接続されていない人間行動についてのデータ」であり、もう一つが「過去のデータ」である。

ネット空間で捕捉されている人間の活動は、人間の全活動の一部分に過ぎない。「誰かとメールやチャットをする」、「ネットで何かを購入する」、「スマホを持って移動する」。こういった人間活動は、現在は逐一データとしてプラットフォーマーらによって収集されている。

しかし、情報機器に接続している時以外の人間行動は、当然、データとして収集はできない。消費行動については支出、購入した時点でその情報はデータとして収集できるが、消費している過程の情報は収集しにくい。生産サイドについても同様であり、完全にオートメーション化された工場であれば生産のプロセスは逐一データとして収集可能だが、人間の手作業や思考が介在する部分での生産プロセスはデータ化されにくい。さらに言えば、人間がアクティブにネットに接続して情報を発信する場合において、意図的に実際とは異なった情報を発信するケースもある（フェイクニュースなどもそれに含まれる）。

とはいうものの、これらのデータ収集上の制約は、これまで人間がマニュアルでデータを収集してきた際の制約に比べればはるかに小さなものであることは確かである。経済学がこれまで多大な労力をかけて分析しても結論を得られなかったさまざまな事象のうち、かなりの部分が新たなに収集、蓄積されたデータによって解明されていくことにはなるだろう。

しかし、プラットフォーマーらによっても、理論的に最後まで獲得できないもう一つのデータ領域がある。ネット化が今後どれだけ進み、情報伝達スピード、データ蓄積容量がどれほど改善されたとしても絶対に増加させることのできないデータ領域。それは、「過去のデータ」である。

現在、ネット空間において収集されるデータは常にリアルタイムのものであり、将来的にこれが「過去のデータ」となって膨大な量が蓄積されていくことにはなるだろう。しかし、コンピューターやインターネットが開発される以前のデータは、あくまでも従来の手法、すなわち人間の視覚や聴覚を使い、一度人間の手によって記録されたデータであり、それは、それ以上のものにもそれ以下のものにもなり得ない。ジャワ原人の化石で未発掘のものはまだ少なからず地中に眠っているかもしれないが、地球に現存するジャワ原人の化石はすでに確定している。プラットフォーマーらがどれほど努力したところで、これらの有限な情報量が増加することはない。

ここで、ビッグデータというものの一つの特質を指摘しておく必要がある。ビッグデータは、これまで人類が入手してきた量をはるかに上回る量の膨大なデータベースであるには違いないが、それは横方向（あるいは同時間）におけるデータベースである。

一方、現生人類の誕生は現在から約20万年前のことであり、アフリカを出て地球上に拡散し始めたのが約7万年前である。それに対して農耕開始と共に我々の祖先が現代社会の原型となる定住社会を作り始めたのはようやく1万年前、工業化の開始はわずか300年ほど前の出来事に過ぎない。しかし、我々はこの長大な現生人類の歴史のうち、工業化開始後、すなわち過去300年程度の期間に起こった事象を記録したデータベースですら、極めて限定的で断片的なものしか持ち合わせていないのである。[24]

先に経済学にできないことの一つは「将来予測」であるということを述べた。138億年前に起こったビッグバンから宇宙の終わりまでの全ての事象を数学的に記述することは理論的には可能かもしれないが、現時点から3ヶ月後、1年後の将来に起こることについて完全に予測することは困難である。全ての未来は確率的に分岐しているという「マルチバース（多宇宙）」の理論で説明するという方法もあるのかもしれないが、もっと単純に、「我々は将来を正確に予測するには、あまりにも貧弱な過去のデータベースしか持っていない」というように理解するのがおそらく正しいだろう。

自然科学の実験においても、一定の時間経過と共に将来起こってくる物体や成分の変化について予測するという時系列の観念はあるが、それは、あくまでも物体や成分の変化が始まる起点を定めた上での話である。つまり、過去のデータは完全にある時点において閉じているのであり、クローズドなデータサンプルを作成できるからこそ実験の意味が出てくる。

しかし、これまで経済学が扱ってきたようなデータ、そして現在ビッグデータとして蓄積されつつあるデータにおいてさえも、過去方向へのデータは本来は閉じていない。それをあくま

▼24 日本で月次のマクロ経済データを網羅的に使用しようとすると、多くは1980年前後からのものに限定される。米国でようやくこれに10〜15年分が加わるに過ぎない。しかも、日本では1990年前後のバブル崩壊、米国ではリーマン危機の2000年代末に明らかに大きなデータ上の断絶や屈折があり、データの扱いが難しい。

でも閉じているようにみなして使用することしかできないのである。

毎月同じように繰り返されている事象があったとしても、1年に一度発生する事象によって1年後にはまったく異なる事象が起きるかもしれない。毎年繰り返されている事象があったとしても、10年に一度発生する事象によって10年後には想定外の事象が起きるかもしれない。1000年に一度、1000年に一度の事象によって予想は次々に覆されていく運命にある。なぜそれが予想できないかというと、一つには1000年前、1000年前についての我々の知識、情報が不足しているからであり、究極的には、我々の扱うデータが宇宙の始まりを起点にはしていないからである。

こう言ってしまうと、あまりにも大げさなことのように聞こえるかもしれないが、実際に経済予測が大きく誤るのは、10年間同じことが繰り返された後の11年目に想定外の事象が起きるという場合が大半なのである。リーマン危機は、まさにその代表的なものであろう。要するに、経済学をはじめとするデータ分析の学問は、フランク・ナイトの「不確実性」やヒュームの「白鳥の問い」から離れることはできないのである。

実証分析的な手法としてのRCT（ランダム化比較試験）などにしても、本来、過去方向に閉じていないにもかかわらず、閉じているものとみなしてデータベースを使用していることにおいては、結局のところ従来の経済学の予測モデルと本質的には変わらない。どれほど緻密な比較対照実験を行っているように思えても、構造的に経済学のモデルによる予測は100％的中するようにはならないし、自然科学の実験のように事象の完全な再現を行うこともできない。

このことは、ビッグデータの蓄積がどれほど進んでも「データサイエンス」が生み出す未来予測には限界があるということも意味するわけで、逆に経済学やその他の社会科学にも絶対的なディスアドバンテージはないという結論にもつながる。経済学が将来において完全に「データサイエンス」に吸収されてしまうのかという問いに対して「ノー」と言える余地があるとすれば、まさにこの部分である。

その意味で、経済学が今後闘っていくべき土俵があるとすれば、それは従来のように数学的、統計的な精度を高めていくばかりの方向性ではもはやないだろう。そういった土俵で闘う限りにおいては、これから加速度的に発展していくであろうビッグデータ分野における「AI化」、「データサイエンス化」の流れに確実に劣後していくことになる。少なくとも、経済学の「実用的」な部分における成果の多くは、ビッグデータの中から抽出されてくる「事実」によって吸収されていってしまうだろう。

しかし、「データサイエンス」による「事実」の発掘がいくら進んだとしても可能にはならない分析が存在するわけである。それは、限定的かつ観念的な形でしか存在しない我々人類社会の「過去の情報」を、リアルタイムで積み上がっていく「現在の情報」にどのように有機的に結びつけて解釈していくかという分析に他ならない。限定的かつ観念的な形でしか存在しない過去の情報を分析するためには、経済学はより学際的、横断的な発展を遂げる必要があるだろう。[25] 何よりも経済学は歴史学の視点を取り戻す必要があり、その上で、単純に数値化されにくい社会全体の安定や持続性といったものについて解明を進めていくようなことも、経済学に残された重要な分析分野であろう。

---

▼25 10年に一度、あるいは100年に一度の事象を正確に予測できた「人間」は少数ながらいる。記憶力に限界のある人間が行える予測のレベルなら、本来、経済モデルで再現することは可能なはずである。しかし、恐らく人間は、過去の不正確な記憶を補う何らかの能力を備えているためにそういった予測が可能になるのである。現行の経済モデルはそういった点でまだ人間に劣後している。

## 経済学者の社会的責任

経済学が歴史学の視点を取り戻すべきであるということは、同時に、経済学の研究を自然科学的手法によって行うことの妥当性を根本的なところで問うことにもなる。そもそも社会科学の研究対象は「自然」ではなく「社会」なのであるが、社会科学の中でも経済学は最も社会を「自然」と近似させて研究してきた学問であり、分析に数学を多用するのもそのためである。

しかし、最も現代的な経済学とも言える神経経済学などにおいては、「経済学の自然化」の是非それ自体が大きなテーマとして浮上してきているわけである。よりオーソドックスな経済学においても、「社会」を「自然」に完全に近似し得る対象として見るのではなく、歴史的な経緯の中で「政治」、「哲学」、「文化」など多様な要素を含んだものとして捉えていくことが要請されているのである。それら多様な要素を捨象してしまうことによって得られる経済学の結論は、時として大きく誤っている可能性があるどころか、社会にとって有害ですらある。

経済学は現代社会において、社会や政治への影響力という点において他の社会科学と比べても圧倒的なものを持っている。そうであればこそ、経済学は「疑似自然科学」の領域を脱し、より広範な知識に根差したものに変化していかなくてはならないのではないか。

第7章で詳述したように、先進国社会のあり方が大きく変化しつつある中、経済政策の意味合いが大きく問われている現状を考えれば、それはいよいよ差し迫った問題だと言える。こういった問題意識を真摯に持たないのであれば、経済学者は後の時代になって、社会を誤った方向に変化させたという批判の目を向けられることにもなるだろう。実際、自然科学者に対してはこれまでも度々同様な批判が向けられてきたのである。

自然科学者と社会の関係、あるいは科学技術と「善悪」の価値判断についての本格的な議論は、核兵器の開発と使用を巡るものが始まりであろう。アインシュタインら物理学者たちが、自らが開発に道を拓いた核技術の武器使用反対や核拡散抑制を強く訴えていくことになったのが1950年代のことであった。この議論はさらに、科学者自身の社会的責任についての議論にまで発展していくことになる。[26]

もちろん、科学技術と軍事の関係は古来より密接であり、歴史的に軍事技術開発の要請が科学の発展に寄与した部分も小さくなかった。軍事技術開発に携わる科学者あるいは技術者がその最終的な使用目的をまったく知らないということは、一般的にはあり得なかった。しかし、人間の筋力や視力などによるコントロールをはるかに超える水準の殺傷能力を科学技術がもたらすようになったために、第二次世界大戦後に科学者自身の戦争あるいは社会に対する責任がクローズアップされるようになったのである。

より最近の事例としては、生命科学やAIの問題がこれに近いかもしれない。生命科学に関しては倫理面での問題だけでなく、人間の長寿化をさらに推し進めていくことによってもたらされる人口動態面での問題も大きい。また、AI技術に関しては、いずれ人間の労働が全てAIに取って代わられて人間は不要になるであるとか、映画『Matrix』が描いたようにAIがいずれ人間を支配するようになるといったことが懸念されている。AIの軍事利用に対する懸念ももちろんあるが、それ以上にAIの問題は、人間が自らのコントロール能力を超える科学

▼26 アインシュタインらは核廃絶を訴える「ラッセル・アインシュタイン宣言」を1955年に発したが、これは結果的に核開発に関する科学者たちの自己批判の意思表明でもあった。その後、1957年からはパグウォッシュ会議が開催されるようになり、科学者たちは議論を続けることになる。

技術を開発してしまうことに対するシリアスな懸念であると言えよう。

自然科学の本質は、「自然に変更を加え、自然には存在しない人工物を作成し、人工的に自然を再現する」ということに他ならない。自然科学を通じて人間が自然あるいは環境に働き掛ける程度が加速度的に強まり、その結果として、いよいよ科学技術が人間社会に及ぼす影響をコントロールできなくなってきたことに人間は気づき始めたのである。なお、ここでの「環境」とは環境保護主義者の言うところの「環境」と同義ではなく、人間あるいは人間社会まで含めての環境ということを言っている。

社会科学、なかんずく経済学が社会を自然になぞらえ、その疑似自然としての社会に積極的に働き掛けて変化を促していく学問であるとするならば、自然科学と同様、その社会に及ぼす影響に対する責任の一端を経済学者自身が担っていかなくてはならないはずだ。もちろん、その責任の第一義的な帰属は自然科学の場合と同様、利用者である政府や企業であるはずであり、さらに言えば民主主義国家においては一般国民である。しかし、経済学者がその責任を完全に免れるということにはならないだろう。

このような議論を展開していくと、逆に「専門家を政策決定から排除すべし」というような結論にもつながっていきかねないことは、その対極における懸念である。ここで強調しておきたいのは、経済学の培ってきた知識は、政治学、社会学、歴史、哲学など社会に関わるありとあらゆる広範な知識、見識と併せて利用されてはじめて意味のあるものになるということである。それは何よりも、ここまで繰り返し述べているように、主流派経済学が考えてきたほど社会は自然現象に単純に近似できるようなものではないからである。

より多様な要素を組み込んで考察していかなくては社会を意図したように変化させることはできないし、それ以前にまず社会をどのように変化させることが正しいのかということを議論の根本に据えることが検討されるべきであろう。アダム・スミスが経済学者である以前に哲学者であったということを、現代の経済学者は改めて思い起こすべきである。経済的な事象だけを取り出してそこに何かの変数をインプットすれば、社会のあらゆる事象から独立して計算通りのアウトプットが出てくるというようなことは、現実の社会においては有り得ないのである。

その意味では、経済学が一つの頂点に達すると同時に限界も露呈しつつあった1980年代に、先進国社会の在り方が大きな転換点に差し掛かっていたということは、偶然ではあったかもしれないが同時に極めて象徴的なことであった。1980年代を中心とした時期に、経済学をはじめとする多くの社会科学、あるいは一部の学際的な自然科学分野は、合理主義的思考の極限に達しつつあった。全ての社会現象は合理的思考あるいは科学的思考によって解明が可能だというある種の「神話」が生まれたのが1980年代の頃であった。しかし、その時代に予言されたことの多くは、2000年代以降、少なからず現実によって裏切られつつある。

「近代が産み落としたナショナリズムという概念はいずれ消滅するだろう」というアーネスト・ゲルナーの予言は、2010年代以降の世界ではまったく正反対の方向で実現しつつある。「経済学の知識の蓄積によって人間社会が経済的な困難に陥ることは永遠になくなるだろう」という予想あるいは期待は、2008年の金融危機によって完全に裏切られることになった。

むしろ、そういった合理主義の勝利宣言ともいえる予言が徹底的に裏切られるような方向での大きな社会潮流の変化が、皮肉にもその1980年代を境に起こり始めていたということとなのである。２０１０年代も終わりに近づきつつあるこの時代にあって、いよいよそのことを歴史的な文脈の中で正確に認識する必要が出てきているのだと言える。

「サイレント・マジョリティ」という存在の増大が社会の構造を大きく変えつつあり、官僚機構に対する強力な批判、さらには中央銀行をも仮想敵に擬するような潮流が起こってきた。これこそが、１９９０年代以降徐々に姿を現し始め、先進国では２０００年前後の日本で最初に顕在化し、２０１０年前後の欧米先進国において一段と鮮明な形で社会の中に可視化されてきた大きな構造変化の根本にあるものである。

それを、「ポピュリズム」というような曖昧かつ単純な用語で安易に説明してしまうことは誤りである。すでにこの問題は20世紀前半の先進諸国において最初の大きな問題を引き起こしていたわけだが、それが現代において当時とまったく同じ形で復活しているわけではない。コンピューター技術の進展とネットワーク化の進展、それに伴う社会内における情報伝達経路の変化等々、過去との相違部分についての正確な認識も必要である。その分、議論ははるかに複雑なものとなってきている。

こういった視点に立てば、「専門家」という存在が、一体どのような「専門性」を備えていれば政治、政策の決定に参加する資格を有するのかという点にも自然と考えが及ぶはずである。それは、社会科学という学問分野全般において言えることであり、むしろ社会を対象にする学問分野であればこそ、なおさらその視点は重要になってくるはずである。

少なくとも現代の経済学がそのような視点を十分に備えているようには思えない。インフレ率さえ引き上げれば現代日本の直面する課題は全て解決するかのようなイリュージョンを流布あるいは支持した主流派経済学のコンセンサスは、こういった視点を完全に欠いていると言わざるを得ないだろう。

# エピローグ

過去20～30年間に起きている社会構造の変化に関わる最も重要な概念であり、経済学も含めて社会科学全般が直視すべきものとして「サイレント・マジョリティ」の存在とその増大について繰り返し言及してきた。しかし、この本の中では、ある意味で意図的に「サイレント・マジョリティ」という存在をできるだけ第三者的に俯瞰しようという立場を採った。それは、「サイレント・マジョリティ」という存在を、「保守」、「リベラル」といった古典的な、あるいは20世紀後半的な左右対立概念のどちらか一方に引き寄せて解釈しようとしていると誤解されることを避けたかったからである。

しかし、私自身も現代の先進国なかんずく日本という国に生きる一市民であり、社会の中で一定の位置付けを与えられて生活している一人の人間である。その点において、自らは「サイレント・マジョリティ」なのかどうかと問われれば、若干答えることを逡巡しつつも、「そうである」と答えざるを得ない。

私はいずれの政治的なグループにも属さず、何らかの代表を戴くような集団には一切属していない。個人的信条としても、20世紀後半的な概念としての保守、リベラルどちらにも傾斜するようなメンタリティは持ち合わせていない。ただ、金融政策や債券市場という、一般にはあまりその内容が理解されにくい専門的な分野を通じて現代日本の社会を眺めるという特殊な機会をたまたまこの数十年間得てきたというだけの人間である。そして、特に中央銀行による金融政策の歴史的経緯を観察してくる中で、マクロ経済政策と政治、社会、歴史との関連性を強く認識するようになった。その結果として、「ポピュリズムと経済政策との関連」、そして「サイレント・マジョリティ」という存在を強く意識するようになった。しかし、自分の職業的な経験のみならず、「サイレント・マジョリティ」ということの「20世紀前半的」な存在が現代社会において再び大きな力を得てきているという現実を、一人の日本人の肌感覚としても強く実感している。

日本は、「サイレント・マジョリティの増大」、「ポピュリズムの台頭」、「右傾化の進展」等々、20世紀後半的な構造から21世紀的な構造への大変化が、先進国ではいち早く顕在化してきた国である。しかし、意外にも日本人自身は、そういった自己認識が欠如しているように見える。リーマン危機後に欧米先進国でクローズアップされてきている事象の多くについて、我々日本人は、実は自身の10～20年前の体験に続いて二度目の追体験をしているのである。そう考えると、今後も先進国における新たな社会的な潮流や大きな前例のないイベントは、おそらく日本において最も先行的に起こってくる可能性が高い。

その日本における2000年前後を境にしたマクロ経済政策の変遷を考える時、忘れてはならないことの一つが、私が長く専門としてきた国債市場の在り方である。日本の国債市場は、日本銀行の未曾有の金融緩和政策によって、現在、半ば公的管理市場と化してしまっている。国債発行総額の約半分を中央銀行が保有し実質的にマネタイズ（＝貨幣化）している状況は、戦争でもない平時であるということを考えれば、極めて異例の政策である。

金融政策は「貨幣のコントロール」がその主たる政策手段であり、政策の中間的目標でもあると教科書的には説明されるが、第4章でも詳述したように、実質的にそれは国債市場やその他の市場への介入（すなわち売買）を通じて実現される。現代の過剰とも言える金融緩和政策の重要な側面は、中央銀行による「市場介入」すなわち「市場の公的管理」に他ならないのである。「貨幣コントロール」という建前を金科玉条のごとく掲げつつ、実際には中央銀行が「権力による市場管理」を実施しているという事実を、ある意味で一般国民向けに隠蔽して説明しているのが現代の金融政策であるとも言えるだろう。

中央銀行は、「非多数派機関」という政治の公式な決定ルートからはずれた公的機関であるがゆえに、日本においては「サイレント・マジョリティ」の間接的な利益要求の対象となり、2000年代から2010年代にかけては「経済ポピュリズム」の大きな渦に巻き込まれていく結果となった。と同時に、独立性を持った「非多数派機関」であるがゆえに、「貨幣コントロール」の名目のもとに、国債市場という最大の「マクロ市場」において、ある意味で「非多数派機関」として求められている「専門性」の領域を大きく踏み超えた政策を実施してしまっている懸念が強い。政治エリートが、「非多数派機関」としての日本銀行に対して強力な批判を向けるべき点があるとすれば、むしろこちらの点にあるのではないかとも思う。

第1章で述べたように、市場は、古来より社会の秩序や階層から自由になることの可能な場として存在してきた。市場、特に西欧と日本における市場の変遷は、国家が市場を管理下に置こうとし、市場が管理から必死に逃れようとしてきた歴史である。17世紀から18世紀にかけて、当時の実質的な日本政府、すなわち江戸幕府は米価格の安定を図る目的で繰り返し大坂の米市

場取引を規制しようと試みたが、最終的に米市場の規制を通じた米価格のコントロールはギブアップしてしまった。▼1

必ずしも新自由主義的な市場礼賛の単純な主張を是とするものではないが、市場（ここでは日本の国債市場）はいずれ間違いなく、現在の国家管理（＝中央銀行による）の軛《くびき》を逃れようとして再び鳴動し始めるだろう。日本銀行は市場への過剰関与の弊害を軽減させるべく現在、さまざまな工夫も行っているが、現代の金融政策がすでに国家による市場管理の枠組みの一環となっているという厳然たる事実は変えられない。形をどのように微修正しようとも、現代の日本において市場と金融政策は本質的に極めて鋭く対立している。この対立はいずれもっと先鋭的な形で顕在化していかざるを得ないだろうし、そうなると同時に中央銀行の役割と在り方についての新たな議論も起こってくるものと思われる。

この問題は、現代的な政策決定システムである「非多数派機関」の在り方について、今後もまださまざまな検討が必要であることを示している。政府や議会の側で、中央銀行のような「非多数派機関」に要請されている「専門性」の中身を正確に理解する適切なカウンターパートを持つことも、今後この現代的な政策決定システムを適切に機能させていくためには必要になってくるだろう。

中央銀行に対しては、「経済ポピュリズム」の影響を遮断してマクロ経済政策を「現在世代」と「将来世代」の間の所得移転に対してできるだけ中立化するための「専門性」を維持することが要請されるべきであろう。そして、本来要請されている「専門性」の分野を安易に超えていかないような規律が求められていくべきである。そのためには、同じ政策分野に関わる複数

▼1 江戸幕府による米市場規制の歴史的経緯については、第1章の注20で採り上げている高槻泰郎の『大坂堂島米市場』に詳しい。

の「非多数派機関」あるいはそれに類する機関同士による相互監視のシステムも必要になってくるのではないか。日本の金融政策に関していうならば、政府内では財務省と内閣府がその機能を一部果たしているが、財務省の中でも特に政府債務管理の専門セクションである理財局の権限をより大きくする改革なども必要であるかもしれない。

さらに言えば、この問題の本質は中央銀行の「非多数派機関」としての在り方といった問題だけにはとどまらない。本書で繰り返し述べてきたように、現代の「マクロ経済政策」における実質的な中味のかなりの部分は「現在世代」と「将来世代」の間の所得移転であり、民主主義の政策決定プロセスの中で行われる財政政策、社会保障政策などのほとんどはこの問題にかかわっている。中央銀行が「非多数派機関」として与えられている重要な使命の一つが、「現在世代」と「将来世代」の間の所得移転をなるべく中立化することであると考えるならば、それは政府による「マクロ経済政策」全般についても同じことが言えるわけである。それは、従来の民主主義の政策決定プロセス自体も大いに疑っていかなくてはいけないということを同時に意味している。

第7章でも述べたように、日本の財政は、予想される将来において破綻することはない。それは、日本政府ではなく日本国あるいは日本国民が十分な債務返済能力を有しているからである。しかし、日本国の中でその債務返済を誰が負担するかということを考える時、明らかにこれは「世代間」の問題となるのである。その意味では、安直に「財政破綻懸念」を根拠に財政再建を主張するような論もまた意味をなさない。財政を巡る議論として最も重要なアジェンダは、「財政再建」ではなく、「世代間の財政負担の公平化」である。

しかし、こういったメッセージを旧態然たる政治エリートたちに向けて発しても、あまり意味のないことかもしれない。なぜなら、現代の民主主義の政策決定プロセスは、高齢化した社会においては必然的に旧世代の利益を擁護する方向で政策を決定する仕組みだからである。さらに問題が複雑であるのは、20年後、30年後には今度は現在の若者世代が旧世代となって、自らの利益を擁護するような政策決定に寄与していくことも予想されるからである。今から20年後、30年後には、現在のような高齢者層が極端に膨らんだ人口構成はある程度緩和されているはずだが、遺伝子工学などの応用が進んで長寿化自体はまだ進行し続けている可能性もある。はるか遠い将来には、いよいよ人類が「永遠の命」を手にすることさえないとは言えないだろう。だとすれば、この問題は、医学の進歩が止まり人類の長寿化が完全に停止するまで続く可能性もあるわけである。

そのように考えると、「世代間の財政負担の公平化」は時間の経過と共に自然に達成されていくというようなものではまったくないということを、現在世代である我々は厳に肝に銘じておかなくてはならない。ここで真剣に検討すべきことは、政策決定のプロセスあるいはメカニズムだといってよいかもしれない。まかり間違っても、現状の政策決定メカニズムの歪みを悪用した旧世代の権益擁護のための政策推進になってはならない。

本書では、経済学あるいは経済学者は今後、社会学、政治学、歴史学、哲学などを広く取り込んだもっと学際的な学問に変貌していかなくてはその存在意義を問われると繰り返し述べてきた。しかし、これはある意味で自戒を込めた主張でもある。私自身、日々市場の変化や材料を追いかけることに神経をすり減らしている身では、どうしても近視眼的になり、10年、20年あるいは50年といった長期での変化あるいは広範な変化を捉える努力を怠りがちになる。経済学者を視野狭窄だと批判する視線を、自分自身にもっと鋭く向けていかなくてはならないとつくづく思う。一市民、一日本国民、そして何よりも「サイレント・マジョリティ」の一人という立場で、自らの思考や行動が現代の社会においてどのような場所に位置しているのかということを、出来る限り客観的に理解できるよう努力していく必要があるのだとも思う。

そういった点からすると、本書はまだ自分の経済観察と社会観察におけるまとまりのない未熟な一形態に過ぎない。もっと多様で鋭利な切り口があるはずであり、そもそも本書には誤った認識や分析も多々含まれていると思う。弁明をさせていただければ、なにせ日々の証券会社での調査業務の片手間で休日のみを使って細々と調べて書き継いできた文章である。批判は甘んじて受けるつもりであるが、その批判に萎えることなく、むしろ次なる思考と分析に取り組む糧とさせていただければと思う。

なお、本書の特に金融市場史や市場動向に関連する部分については、自身の知識、経験に加えて、欧州系投資銀行に勤務していた時の同僚である松村嘉浩氏に資料の提供も含めて多くのアドバイスをいただいた。この場を借りて感謝の意を表したい。

また、休日のかなりの時間をこの本の執筆に費やしたことで妻と3人の娘たちにはさまざまな迷惑を掛けたが、やはりこの場を借りて謝意を表したい。ただ、前著、前々著を執筆した頃に比べれば幸いなことに娘たちも成長し、手が掛からなくなっていたことは有り難かった。そのことも含めて心より感謝をしたい。また、長く化学分野の研究者をしていて今は隠居生活を楽しんでいる父とは、この本を書く前に雑談のレベルで経済学について話をした。若い頃に一般教養として『資本論』などは読んでいたような年代であり、今もテレビや新聞で語られるような経済一般についての関心は持っている父は、「あまりにもはっきりしない事実に基づいて理論を作っている学問だな。自分のやってきた自然科学とはまったく異質な学問だと思う」と感想を述べた。「経済」についての分析を生業にしている私に対して批判めいたことを言っては悪いとも多少思っていたようだが、これが自然科学者の一般的な経済学に対して持つ見方だろう。

父以外にも、金融業界で長く仕事をしてきた中で、公私共々実に多くの人たちと「経済」や「経済学」についての議論をしてきたことが、この本を書くにあたってのさまざまな発想につながっている。それら全ての人たちにもこの場を借りて感謝の意を表することに加え、是非これからも同じように、共に議論を続けていってくれるようお願いしたいと思っている。

ロバーツ,ナンシー・L 327
ロング,ヒューイ 280, 283
ロンドン銀行間取引金利 →LIBOR

▶わ
ワーグナー,リヒャルト 125
渡辺安虎 402
ワルラス,レオン 15

名目経済成長率 174
名目変数 158, 159, 234, 235, 250
メンガー,カール 15

モーガン,E・ビクター 41
モーゲージ証券 77
モディリアーニ,フランコ 180
モディリアーニ・ミラーの定理 180
モラル 332～337, 370
モルガン・スタンレー 70, 76
モンドリアン,ピエト 126


▶や

柳川範之 331
山本幸三 254, 260

有効需要 120, 159, 244
輸出入市場 46
ユダヤ人 48, 50～57, 59～62, 64, 71, 96, 104, 107, 124～127, 160

預金準備率 199
預金封鎖 342
吉田徹 280
吉冨勝 223, 240
予測 43, 44
予備的動機 179


▶ら

ライク,デイヴィッド 30, 55
ライフサイクル仮説 180, 181
ラスト・ベルト 281, 287, 288
ラッセル・アインシュタイン宣言 409
ランダム・ウォーク 74
ランダム化比較試験 →RCT
ランド,アイン 104, 106, 110, 114

リアル・ビジネス・サイクル理論 →RBC理論
リーボヴィッツ,マーチン・L 71, 72
リーマン危機 64, 69, 78, 80, 84, 89, 91, 92, 95, 100, 105～108, 112, 118, 146, 160, 172, 190, 194, 203, 211, 220, 233, 237, 242, 248, 256, 258, 260～263, 279, 284, 302, 304, 317, 354, 361, 363～365, 367, 373, 382, 405, 415
リーマン破綻 92, 364
リカード,デイヴィッド 15
リクスバンク →スウェーデン国立銀行
利己心 19, 31, 58
利己的 23, 29, 144, 300
利子（クーポン） 72, 81, 83
リスク 89～91, 96, 144, 173, 176, 177, 203, 204, 208, 338, 341, 366
リスク管理 94, 376, 381
リスク管理モデル 381
リスクプレミアム 175～178, 185, 187～190, 192, 195, 201～203, 206～208, 210, 276, 346, 348
リスクプレミアムの縮小 190, 192, 208
リスクヘッジ 94
リスク量 202, 204, 205
理性至上主義 25
リゾラッティ,ジャコモ 27
利他心 30, 31
利他的 23, 58, 300, 336
リバタリアニズム（自由至上主義） 62, 104, 106, 110,124
リバタリアン 163
リフレ派 8, 9, 200, 215, 221, 225, 226, 228～233, 236, 251, 254, 257～259, 265, 277, 320～324, 328
リフレ派エコノミスト 254
リフレ論争 7
流動性の罠 161
量的緩和 199, 201, 256, 261, 266
量的緩和解除 256, 260
量的緩和政策 168, 232, 264
量的緩和の拡大 260
量的金融緩和 160
量的・質的金融緩和 →QQE
理論経済学 395
リンダ問題 141

ルイス,マイケル 71, 141, 143, 376
ルーカス批判 121, 373
ルーカス,ロバート 16, 118, 119, 121, 123, 124, 127, 133, 138, 145, 361, 373
ルメートル,ジョルジュ 37

冷戦終了 98, 101, 106, 111, 155, 161, 186, 187
レーガノミクス 109～111, 118, 151, 162, 286, 288
労働価値説 15
ローソク足 43
ロールズ,ジョン 22, 26～29, 316, 332
ロジャーズ,ジム 218
ロスカット・ルール 374
ロスコ,マーク 126
ロック,ジョン 19, 20, 24, 157

米国至上主義　104
米国住宅バブルの崩壊　96
ヘイトスピーチ　312, 314
平和の配当　99, 107, 155, 161
ヘーゲル,G・W・F　32
ベーシック・インカム　355
ベースマネー（マネタリーベース）　7, 198～201, 205, 229, 245, 265～267
ベッカー,ゲーリー　56
ヘッジファンド　101, 155, 219, 379
ペロニズム　283
ペロン,ファン　283
ベンサム,ジェレミ　22, 23
ヘンダーソン,S・K　79
変動金利　79, 87～89

ポーゼン,アダム・S　232, 342
ポートフォリオ理論　70, 381
ホーマー,シドニー　72
保守本流経済学　69, 78, 115, 138, 156, 215
ポパー,カール　133
ポピュリスト　281, 282, 286, 291, 352
ポピュリスト政権　287
ポピュリスト政治家　280
ポピュリスト政党　280～282, 299, 312
ポピュリスト・デモクラシー　279, 280, 283, 304
ポピュリスト独裁　279, 280
ポピュリズム　114, 115, 276, 278～285, 287, 288, 291～294, 300～303, 308, 309, 317, 322, 328, 360, 412, 415
ポメランツ,K　47
ホモ・エコノミクス　→合理的経済人
ホモ・サピエンス・サピエンス　→現生人類
ボラティリティ　→振れ幅
ボルカー,ポール　110, 164, 215
本間宗久　41～44, 372, 378

▶ま
マーコヴィッツ,ハリー　70, 381
マートン,ロバート　77, 155
マーラー,グスタフ　55, 125, 127
枚挙的帰納法　120, 399
マイナス金利　267, 338
マイナス金利付き量的質的緩和　→QQEN
牧原出　331
マクロ経済　2～4, 81, 93, 122, 216, 350, 355, 365, 371, 395, 405
マクロ経済学　14, 16, 124, 131, 134, 147, 156, 219, 331, 350, 360～362, 364, 370, 395, 397, 400
マクロ経済学のミクロ的基礎付け　16, 128
マクロ経済政策　8, 115, 222～224, 239, 257, 347, 415, 417, 418
マクロ経済モデル　119, 128, 364, 373, 397
マクロ計量モデル　121
マクロ・ヘッジファンド　218
マクロ・ポリシー・ミックス　103
マッカラム,ベネット・T　7
マッカラム・ルール　7, 199
松下康雄　264
マネーサプライ(貨幣集計量）　3, 6, 61, 164, 197～200, 264～266, 268, 271
マネーサプライ管理　264, 265
マネタイズ（貨幣化）　415
マネタイゼーション　342
マネタリーベース　→ベースマネー
マネタリスト　224, 230, 232, 233, 248, 252
マネタリズム　61, 109, 110, 158～161, 164, 200, 214～216, 221, 224～231, 235, 237, 250, 251, 264, 268～272, 320
マネタリズムの実験　110, 164, 168, 229, 251, 264, 265, 269, 272～274, 329
マルクス,カール　15
マルクス経済学　1, 15
マルチバース理論　→多元宇宙論
マレーヴィチ,カジミール　126
マンデヴィル,バーナード　58

三木谷良一　232, 342
御厨貴　110
ミクロ経済学　55, 124, 361, 362, 395, 402
宮崎勇　223
ミュラー,ヤン＝ヴェルナー　292
ミラーニューロン　27, 28, 30, 31
ミラー,マートン　138
ミル,ジョン・スチュアート　15, 22
民間エコノミスト　225, 252, 255, 272

無限期間　38, 368
無政府主義　→アナキズム
武藤敏郎　259
村上ファンド　256
村上世彰　256
村山内閣　109

ハイパー・インフレーション（ハイパーインフレ） 173, 226, 295, 338, 340, 342～345, 347
ハイパワードマネー 199, 229, 266～268
パグウォッシュ会議 409
白鳥の問い 406
ハゲタカ・ファンド 113
派遣労働の規制緩和 112
橋下徹 281, 285, 288, 295, 306, 307
橋本内閣 112
バシュリエ,ルイ 74, 75, 380
バブル崩壊 4, 7, 8, 11, 92, 105, 111, 211, 216, 220, 235, 237～239, 241, 245, 248, 256, 261, 285, 304, 310, 314, 405
速水優 248, 253, 255～258, 260, 263, 264
原田泰 225, 226, 230
原彬久 227
ハラリ,ユヴァル・ノア 386
反EU 279, 299, 302, 308, 326
反インフレ 111
反エリート主義 280
バンカース・トラスト 95
反規制 111, 113, 114
反財政赤字 111
反証可能性 133
反多元主義 292, 293
反動的ポピュリズム 280

ピーセンドルファー,ウォルフガング 390, 393
ビジネス志向（プロ・ビジネス） 114
非正規雇用 258
非多数派機関 295, 297～299, 301, 302, 322, 326, 328, 330, 331, 337, 416～418
ビッグバン（金融市場規制の大改革） 88
非伝統的金融政策 226
非伝統的（な）金融緩和政策 172, 195, 201, 206
ヒトラー,アドルフ 53, 60, 160, 290
一人っ子政策 185
ノチェト,アウグスト 63
ピノチェト（軍事）政権 62, 110, 151
ヒューム,デイヴィッド 19～21, 23～25, 28, 30, 157, 373, 374, 375, 406
ヒュームの問い 373, 374
ヒューリスティクス（経験則） 140～142
標準化 80, 83, 86, 89, 91, 92, 94, 97
平山健二郎 157

ファースト・ボストン 70
ファーマ,ユージン 138
ファンダメンタルズ（基礎的条件） 2, 4, 73, 81, 83
フィッシャー方程式 188
フィリップス曲線 121
フォワード金利 85
不確実性 366, 373, 375, 380, 406
福井俊彦 256～260, 264
複雑系 385
福田赳夫 252
不作為の罪 165, 332, 360
藤井聡 295
藤巻健史 339
双子の赤字 93, 162
ブタ積み 6
負担の先送り 300
物価下落 234～236, 238～240, 244～251, 253, 256～258, 273, 321
プライス,J・A・M 79
プライマリー・ビジネス 71
プラザ合意 262
ブラック・ショールズ方程式 75, 78
ブラック・スワン 373, 374
ブラック,フィッシャー 77
ブラック・マンデー 100
フリードマン,デヴィッド 124
フリードマン,パトリ 124
フリードマン,ミルトン 9, 16, 22, 55, 60～64, 70, 103, 104, 106, 107, 110, 111, 118, 119, 123, 124, 127, 133, 135, 136, 147, 151, 153, 159～164, 214, 215, 221, 225, 227, 228, 230～232, 235, 237, 252, 268, 270～274, 286, 320, 335, 381
フリッシュ,ラグナル 153
不良債権処理 113
不良債権問題 4, 231, 253
古谷経衡 310, 311
プレスコット,エドワード 128, 145, 161, 361
振れ幅（ボラティリティ） 173, 175～177
プロスペクト理論 144
フロント・ランニング 375
分業 18, 41, 46
分配 291～293, 296, 309, 318, 320, 330
分配システム 63
分配政策 286
分配要求 293～296, 309, 318, 329, 330, 355

ベアリングズの破綻 105
米国経済学会（AEA） 383

215, 217, 219, 231, 233〜235, 237〜251, 258, 260, 265, 269〜273, 321, 324, 338, 345
デフレ・スパイラル　234〜236, 238
デフレ宣言　245
デフレの再定義　246, 249, 258, 269
デュレーション　72, 219
デリバティブ市場　78, 92, 95, 105, 382
デリバティブ取引　91, 105

トヴェルスキー,エイモス　137, 139〜144, 147
動学的確率的一般均衡モデル　→DSGEモデル
投機筋　218, 341
投機的動機　179
投資　18, 62, 68, 81, 84, 94, 113, 121, 128, 173, 178〜180, 182, 184, 188〜192, 196〜198, 200, 202, 206〜208, 219, 234〜236, 253, 270, 346, 348, 376〜378, 380, 401
投資銀行　54, 71, 76, 82, 85, 94, 106, 108, 381, 420
投資銀行バブル　91, 93
堂島　41〜45, 80
鄧小平　98
道徳概念　21, 27, 28, 30, 31, 58
道徳基盤　336, 355〜357
道徳基盤理論　336
道徳哲学　17, 19, 28, 58
透明性　42, 45, 68, 75, 80, 82, 371
堂目卓生　19
トッド,エマニュエル　291
ドットコム・バブル　101
ドブリュー,ジェラール　57, 145
冨田宏治　288
富の移転　300, 331
ドメイン投票　331
ドメイン,ポール　331
トランプ,ドナルド　281, 287
トランプ政権　108, 281, 283, 287, 335, 353
取引動機　179
トレーディング・ポジション　374

▶な
ナイト,フランク・H　366, 373, 406
中島みゆき　314
中曽根康弘　281
中曽根内閣　109
永野健二　220
ナショナリズム　315〜317, 411
ニクソン,リチャード　287
ニクソン政権　151
日本銀行券（日銀券）　198, 200, 205, 266
日銀主犯説　257, 263
日銀の金融緩和不足　236, 264, 269
日銀批判　232, 233, 254, 257, 258, 260, 263, 269, 307, 322, 328, 329
日銀ビュー　7
日銀法改正　307, 328
日本株式会社　114
日本銀行（日銀）　5, 168, 172, 198, 199, 204, 205, 209, 318, 415〜417
日本版金融ビッグバン　112
日本悲観論　249
ニュー・ケインジアン　16, 119, 134, 143, 148, 162, 170, 232, 270, 320, 397
ニュー・ケインジアン・モデル　134, 362
ニュートン,アイザック　26, 34〜37, 40, 122
ニュートン物理学　31, 40, 48, 68
ニュートン力学　32, 36, 46, 57, 61, 122, 146
ニューマン,バーネット　126
ニューロン　27, 28, 55, 394
人間中心主義　24, 25
人間の非合理性　383, 387
認識論　24
認知科学　24, 28
認知革命　386

根井雅弘　70
ネトウヨ　311, 312, 314, 320, 321

ノーベル,アルフレッド　149
ノーベル経済学賞　138, 139, 149〜157, 221, 273, 383
野口悠紀雄　114

▶は
バークレイズ　95
バーゼル規制　216
バーチャル・リアリティ　127, 129, 135, 137, 145, 148, 372, 380, 382
バーナンキ,ベン・S　106, 160, 186, 194, 209, 232, 233, 261, 342, 343
バイアス（偏り）　102, 140, 142, 380
排外主義　279, 280, 309, 312
ハイト,ジョナサン　336, 337, 355, 390
ハイネ,ハインリヒ　55

ゼロ金利解除 253, 255, 263
ゼロ金利政策 168, 253
セン,アマルティア 155
選好 33, 72, 179, 388

想定貯蓄期間 183, 185
総リスク量 203
ソフトな右傾化 314, 317
ソロス,ジョージ 218
ソロス・チャート 201
ソロモン・ブラザーズ 70〜78, 80, 84, 95, 163, 219


## ▸た

ダーウィニズム →適応主義
大域的オークション 57
対外強硬 309
大恐慌 15, 120, 158〜160, 214〜217, 227, 231, 233〜238, 245, 249, 354
第三極政党 306, 307
大衆 290, 291
大衆迎合主義 278
代表性のヒューリスティクス 141
代表的個人 33, 128, 147
大分岐 47
大陸合理主義 23, 25, 26, 36
ダガー,ロバート 219
高槻泰郎 43, 45, 417
高橋洋一 225, 226
高寄昇三 295
竹中平蔵 110
多元宇宙論（マルチバース理論） 38
多元主義 292, 293
田中角栄 252
田淵節也 220
ダマシオ,アントニオ・R 391
田母神俊雄 311
タレブ,ナシーム・ニコラス 373, 374
短期金利 79, 87, 89, 163, 172, 176, 185, 253
短期金利指標 87, 92
ダンバー,ニコラス 78

小さな政府 103, 109
筑紫哲也 333
千葉聡 316
チャーチランド,パトリシア・S 390
チャーチランド,ポール 390
チャート分析 41〜43
中央銀行 5, 62, 88, 89, 92, 93, 99, 134, 150, 157, 163, 168〜173, 188, 194, 195, 197〜211, 214, 231, 232, 236, 250, 255, 257, 258, 260, 261, 264, 266〜268, 271, 273, 276, 295, 297〜302, 320, 330, 331, 338, 342〜344, 362, 364, 379, 381, 412, 414〜418
中央銀行の独立性 257, 278, 297, 330
中央銀行万能論 208
中央省庁再編 112, 222
抽象化能力 124, 125, 127, 386
中立進化説 385
中立性 277, 327
長期金利 2, 4, 87, 93, 99, 100, 129, 168, 172〜174, 176〜178, 186〜188, 190, 193〜195, 206, 207, 267, 338, 341
長期金利固定政策 338
長期金利の低下 99, 185〜188, 190
長期国債市場 87
超高速取引 →HFT（ハイ・フリークエンシー・トレード）
長寿化 183
長短金利操作付き量的質的緩和 338
貯蓄 62, 178〜186, 192, 196〜200, 206
貯蓄期間 182
貯蓄期間の長期化 184
貯蓄水準 173, 177, 182, 187, 189, 192, 202
貯蓄の構造変化 185
貯蓄の総額 196
貯蓄率 181
賃金の粘着性 362

通貨スワップ 78, 86, 341
通貨の暴落 342

ディープラーニング 392
ディスインフレ（ディスインフレーション） 219, 247
ディスインフレ構造 102
ティンバーゲン,ヤン 153
データサイエンス 395, 399〜401, 403, 407
テーパリング 267
テールリスク 373
デカルト,ルネ 25, 32, 391
適応主義（ダーウィニズム） 316
適応的進化 54
適合的な期待形成 210
テキストマイニング 379
テクニカル分析 372, 378, 381
デフレ（デフレーション） 7, 110, 112, 120, 160, 189,

自由　14, 26, 29, 49, 58～61, 63, 110, 114, 124, 162, 163
シュウォーツ,アンナ　270
自由至上主義　→リバタリアニズム
住宅バブル　101, 261
集中　42, 45, 68, 80～82, 371
集中性　83
重農主義　17
自由放任　109
自由放任思想　62, 104
自由放任主義　107
住民投票　288, 295
需要弾性値　396
主流派経済学　1, 14～16, 19, 22, 23, 25, 29, 32, 33, 56, 58, 61, 64, 65, 70, 74, 85, 118, 119, 121, 128, 131～137, 142, 143, 145, 146, 148, 149, 151, 153, 161, 162, 164, 215, 217, 321, 332, 336, 360, 361, 364, 366～370, 380～383, 385, 288～390, 395～398, 401, 402, 411, 413
主流派経済学者　215, 220, 273, 353
純粋理論経済学　397
準備預金　6, 199, 205, 266, 267
準備預金積み期間　6
証券化　77
証券取引所　41, 61, 80
少子化　181
少子高齢化　185, 186, 353
消費　18, 62, 68, 121, 128～130, 180, 181, 184, 188, 191～193, 196, 198, 200, 207, 235, 270, 346, 348, 361, 395, 398, 401, 403
消費市場　46, 57, 59, 62, 68
消費者の効用　1, 4, 14
消費者物価指数　→CPI
将来(からの)需要の前倒し　339, 344～347, 351～354
将来世代　294, 300, 330, 345, 417, 418
将来世代からの搾取　294, 337
将来への負担の先送り　193, 211
将来予測　173, 378, 382, 388, 405
昭和恐慌研究会　226, 229
昭和金融恐慌　215
ショールズ,マイロン　56, 77, 155
所有の自由　49
ジョンソン,ポール　50
シラー,ロバート　138
白川方明　169, 170, 254, 259～264, 329
進化経済学　384～386, 395
シンギュラリティ　392～394
神経経済学　389～393, 395, 408
新古典派経済学 (Neo Classical)　14～16, 22, 23, 26, 29, 31, 32, 34～37, 40, 46, 47, 55, 57, 61, 119, 122, 128, 135, 136, 146, 360, 361, 363, 366, 385, 390
新古典派総合　16
新自由主義　62, 69, 104, 106, 108～115, 118, 135, 151, 162, 173, 221, 232, 252, 274, 277, 286, 291, 318, 335, 417
新自由主義政策　62, 151, 308
新自由主義の実験　110～113, 274
新日銀法　252, 255, 264, 329
新保生二　225
人民党　283, 295
信用危機　8, 216
信用恐慌　214, 217, 231, 261
信用収縮　238
信用創造　6, 197～200, 266, 268
信用リスク　91
信用力　173～176, 186, 188, 189, 202, 207

スウェーデン国立銀行(リクスバンク)　150, 151, 157, 171
数理的分析手法　15
数理分析　69, 70, 82
数理モデル　46, 47, 146
数理モデル化　55～57, 61, 133, 143, 145
末永徹　219
スタグフレーション　109, 111, 161, 215
スティグラー,ジョージ　138
スナイダー,ティモシー　50, 60
スファラディ　51～53, 60
スミス,アダム　14～23, 25～32, 34, 39, 41, 46, 57, 58, 64, 115, 120, 144, 157, 373, 411
スワップ　85, 94, 105
スワップ金利　83
スワップ市場　76, 78, 80, 84～86, 88～97, 105
スワップ取引　78～80, 82, 86～92, 94

政策金利　100, 101, 253, 245, 268
生産性の向上　41
政治家のポピュリズム　280, 304
西洋啓蒙主義　24
セイラー,リチャード　137, 138, 383
清和会　252
絶対自由　59～61, 63
絶対的、普遍的　24, 25, 29
芹川洋一　110

コブ・ダグラス型生産関数 131
小宮隆太郎 254
米会所 41～43
米現物市場 43
米先物市場 44, 46, 58, 68, 80
米取引市場 42
コンセンサス予測 379
コンピューター技術の進歩 86, 94, 97

▶さ
サージェント,トーマス 16
再共同体化 355～357
債券 2～4, 41, 71～74, 76～78, 81～85, 87, 91, 93, 95, 103, 165, 174, 185, 188, 202～204, 207
債券先物市場 78
債券市場 3～7, 11, 71, 72, 74, 80～82, 97, 169, 170, 339, 377, 414
債券数学 68～70, 72, 74, 76, 78, 82, 84, 95, 97, 108
歳出削減プログラム 112
財政政策 3, 61, 103, 129, 134, 159, 161, 169, 170, 211, 223～225, 232, 272, 276, 294, 300, 323, 339, 344～346, 350, 382, 395, 418
財政破綻 342, 346, 418
財政ファイナンス 338, 340, 342, 343
裁定取引 →アービトラージ
再デフレ化 345, 347, 351
債務担保証券 →CDO
債務デフレーション 234, 236, 238
サイモン,ハーバート・A 34, 136, 138, 140, 143
サイレント・マジョリティ 10, 284, 287, 288, 291, 293～296, 301, 303～309, 317, 318, 320, 322, 323, 325～330, 334～337, 351, 352, 354～356, 412, 414～416, 420
酒田五法 41, 43, 372, 378
先物悪玉論 105
先物市場 3, 45, 76
先物取引 41, 377
サッチャリズム 109～111, 118, 151, 286, 288
佐藤正志 227
サブプライム危機 91, 106
サブプライムローン 95, 261, 374, 382
サミュエルソン,ポール 16, 55, 75, 153
サラリーマン化 183

シェアリング・エコノミー 356
ジェヴォンズ,ウィリアム・スタンレー 15
シェーンベルク,アルノルト 55, 125～127
シカゴ学派 55, 70, 74
時間軸 38, 97, 109, 158, 316
資金調達金利 90
仕組債 84
自己勘定トレーディング 76
資産デフレ 241
市場 3, 8, 11, 14, 18, 23, 31, 33, 39～47, 49, 50, 52, 57, 60, 68, 73, 75, 77, 79～83, 87, 91, 94, 96, 100, 103, 105, 108, 129, 132, 163, 168, 170, 172, 189, 195, 201～204, 206～208, 210, 217～220, 232, 256, 266, 321, 326, 328, 338, 360, 368, 369, 371～375, 377, 379, 380, 382, 416, 417, 420
市場介入 173, 416
市場機能 103, 120, 121, 123, 253, 276
市場競争メカニズム 220
市場至上主義 69, 102, 105～108
市場重視 111, 113
市場（の）形式 47, 57, 59
市場の調整機能 15, 17, 23
市場万能主義 17, 22
静かなる大衆 287
システム化 42, 45, 68, 80, 371
自然選択 384～386, 388
自然利子率 194
持続的な物価下落 245
失業率 121
実験 39, 44, 45, 109, 110, 112, 123, 147, 148, 165, 168, 199, 268, 273, 287, 361, 365, 389, 391～393, 396
実験経済学 146, 383
実験室 39, 46, 47, 62, 363, 364, 369, 371, 372, 378, 380
実験場 62, 353
実質金利 99, 188, 207, 265
実質（経済）成長率 173～179, 186～189, 202, 207
実質変数 158, 159, 162, 234, 235, 250, 270
実証 146, 147
実証的 145～147
実証分析重視の経済学、実証（分析）的な経済学 397, 398, 401, 402
実証分析手法の深化 146
シニガリア,コラド 27
篠田謙一 30
司馬遼太郎 333
ジパングの発見 217, 220, 273
資本蓄積 18, 41
社会保障のカット 342

クレジット・デリバティブ 105
グローバル金融バブル 96
グローバル・ディスインフレ 247〜249
グローバル・トップ 10 95
グローバル・マクロ・プレイヤー 218
黒田東彦 211, 226, 329

景気悪化 239, 241, 244, 258, 300, 321
景気悪化宣言 246
景気後退 4, 5, 108, 99, 238, 243, 246, 253, 256, 263, 285, 345, 346
景気循環 361, 367
景気低迷 245〜251, 258, 265, 269, 288, 310
景気変動 129, 248
経験主義哲学 20, 21, 24, 29, 373
経験則 →ヒューリスティクス
経済企画庁 222〜225, 230, 240, 245
経済実験 338
経済的効用 31
経済的不満 286, 288, 310, 318, 355
経済ポピュリズム 10, 274, 278, 284, 328, 329, 331, 338, 416, 417
経済モデル 121, 123, 129〜132, 134, 163, 222, 228, 364, 367, 370, 382, 407
経常赤字 198
経世会 109, 252
ゲイツ,ビル 349
啓蒙主義 26, 40, 36, 58, 61
計量経済学 134, 395
ケインジアン 6, 14, 55, 223, 244
ケインジアン・モデル 222
ケインズ経済学 14, 16, 55, 56, 60, 111, 119〜124, 127, 128, 133, 134, 143, 147, 151, 158〜162, 222, 270, 360〜362, 373, 386, 401
ケインズ経済学批判 16, 118, 123, 127, 136, 159
ケインズ,ジョン・メイナード 9, 58, 61, 111, 120, 151, 160〜162, 179, 214, 265, 366
ケインズ政策 222
ゲーム理論 148
ケネー,フランソワ 17
ケプラー,ヨハネス 34, 37, 365
ゲルナー,アーネスト 280, 315〜317, 411
限界概念 15, 56
限界革命 15
限界効用 15
現在価値 83
現在世代 294, 345, 417〜419
現生人類（ホモ・サピエンス・サピエンス） 29, 386, 405
限定合理性 136, 140, 142, 147

コア CPI 243, 246
小泉純一郎 252, 281
小泉政権、小泉内閣 112, 281, 302〜305, 310
高インフレ 161, 209, 215
広義の貨幣 200, 267
香西泰 223
構造改革 112, 114
圀府寺司 127
行動経済学 34, 136〜143, 145〜148, 153, 379, 383, 387〜390, 395, 397
公平性 277
公平な観察者 21
功利主義 22, 26, 27
合理主義 25, 32, 35, 40, 123, 316, 411
合理性 35, 145, 385
合理的 29, 64, 79, 121, 128, 136, 140〜145, 384, 388, 390, 411
合理的期待 1, 4, 14, 128, 363
合理的期待形成 16, 132, 361, 362
合理的期待形成理論 118, 145
合理的経済人（ホモ・エコノミクス） 23, 25, 31〜34, 37, 46, 57, 61, 128, 132〜138, 142, 145, 147, 361〜363, 369, 385, 390
高齢化 181, 200
コーヒーハウス 41, 51
ゴールドマン・サックス 76, 95
国債 2, 42, 76, 81, 93, 101, 190, 201〜203, 222, 266〜268, 338, 341, 342, 415
国債市場 10, 338, 415〜417
コスモポリタニズム 96
コスモポリタン 126
国家学問 155
国家管理 124
国家社会主義 227
国家の政策顧問(集団) 151〜153, 164, 215, 221, 252, 255
固定化された所有 49
固定金利 77, 79, 84, 87, 89, 176
古典派経済学 14, 32, 41, 158, 159, 235
古典派の二分法 158
古典物理学 26, 29, 32〜36, 40
古典力学 34〜36
小林よしのり 310

貨幣の安定供給 215
貨幣（の）量 5, 157〜159, 162, 201, 206, 266, 268〜271
貨幣論 157, 159, 271
神の見えざる手 17〜19, 22, 57, 120
香山リカ 310
空売り 73
軽部謙介 224
為替市場 377
為替レート 201
還元主義的 125, 128
官庁エコノミスト 223〜225, 240
カンディンスキー,ワシリー 126
カント,イマニュエル 19, 23〜30, 32, 332, 373
カント的 25, 29
カント哲学 24, 32, 58, 61
官僚機構 223, 227, 229, 291, 294〜297, 299, 301, 318, 324, 412
官僚機構のサボタージュ 300
官僚機構批判 303, 307〜309, 317, 320, 323, 326, 328
官僚バッシング 114

機械論 26, 391
規格化 44
機関投資家 2, 3, 77, 94, 173, 377
岸信介 227
基準金利指標 87
基準短期金利 88
規制緩和 82, 88, 90, 92, 105, 109, 162, 252
期待インフレ率 188
キドランド,フィン 161, 361
帰納的 120〜123, 134
帰納的推論 120, 133, 399
帰納法 120, 123, 125, 129, 133, 147
帰納法的 120, 122, 145, 147, 362, 363, 373〜375, 400, 401
木村資生 385
キャリブレーション 130〜132, 134, 362
行革デフレ 240
共感 14, 21, 26〜29, 31, 58, 144
狭義の貨幣 198, 200, 266
強力な仮定 128, 132, 137, 362, 363, 400
キング,マーヴィン 170
均衡解 38
銀行間取引 89
銀行券 197, 200, 205, 267
銀行の準備預金 198, 201, 205, 266
均衡モデル 57
均衡理論 57
近代経済学 1, 34
金融緩和 100, 190, 193, 195, 203, 206〜208, 215, 224, 230, 233, 236, 260〜264, 272, 276, 295, 298, 300, 324, 326, 329, 339, 349, 350, 415
金融機関の資本充実 86, 90, 97
金融危機 4, 106, 108, 211, 285, 292, 302, 304, 310, 313, 316, 323, 411
金融規制 69, 105, 185, 204
金融工学 68〜70, 74, 77, 80, 84, 95, 97, 108, 118, 132, 146, 156, 215, 380〜382, 402, 403
金融市場 6, 8, 11, 17, 40, 43, 73, 75, 77, 83, 86, 88, 96, 101, 103, 107, 113, 146, 155, 169, 172, 180, 184, 221, 232, 263, 338, 373, 420
金融市場規制の大改革 →ビッグバン
金融システム 92, 214, 238, 261, 346
金融政策 3〜7, 10, 12, 61, 65, 69, 100, 102, 109, 115, 119, 129, 134, 155〜157, 159〜165, 168〜172, 176, 178, 194〜196, 199, 201, 203〜206, 208, 211, 221, 223, 229, 232, 237, 239, 245, 250〜252, 254, 261, 265, 268, 271, 274, 276〜279, 294, 300〜302, 318, 320, 323, 330, 342, 344〜346, 348, 350〜352, 360〜363, 370, 379, 382, 395, 396, 398, 414, 416〜418
金融政策万能論 271, 331
金融バブル 108, 156, 345
金利 2, 5, 73, 78, 83〜85, 87, 89, 92, 100, 164, 169, 170, 172〜178, 180, 185, 188〜194, 200, 202, 207, 253, 266, 300, 346, 348
金利市場 86, 163, 165, 172, 178, 232
金利水準 83, 85, 174, 178, 185, 193, 194, 207, 210
金利スワップ 78, 83, 87
金利スワップ取引 86, 89, 92
金利低下のセキュラー・トレンド（長期的トレンド） 86, 93, 97, 106

クウォンタム・ファンド 218
クーポン →利子
鯨岡仁 247
グラス・スティーガル法 82
グリーンスパン,アラン 97, 100〜107, 163, 194, 367
グリーンスパン・プット 101
グリーンスパン・マジック 101
クリントン,ビル 99, 103
クルーグマン,ポール 209, 232, 244
グル,ファルーク 390, 393

一般均衡理論 15, 57, 145
伊藤清 78
伊藤のレンマ 78
伊藤雅俊 220
伊藤元重 110
今田寛之 236
移民 59, 108, 114, 279, 282, 292, 299, 301, 309, 312, 317
移民排斥 312
岩井克人 129
岩田規久男 4〜9, 226, 229, 232, 254, 264〜269, 320, 322
イングランド銀行（BOE） 87, 157, 170
インフレ 93, 96, 99, 102, 106, 109, 134, 158, 160, 162, 164, 174, 186, 188, 195, 199, 202, 206〜210, 215, 233, 269〜273, 283, 295, 298, 300, 343, 345
インフレ期待 99, 211, 245
インフレ・ターゲット政策 205, 207〜211, 226, 232, 244
インフレ目標政策 260
インフレ予想 206〜210
インフレ率 5, 73, 81, 93, 98〜100, 121, 173〜179, 186〜189, 199, 202, 206〜210, 217, 229, 233, 235, 243, 248, 249, 263〜265, 269, 339, 350, 412
インフレ連動債 189

ウェザーオール,ジェイムズ・オーウェン 74
植田和男 268
ヴォーゲル,エズラ・F 216
ウォールストリート 7, 70, 71, 76, 97, 155, 162, 402
右傾化 108, 309〜315, 317, 323, 337, 352, 415
宇沢弘文 63
牛尾治朗 331
内橋克人 63
ウッドワード,ボブ 103, 163
運用難 93

英国銀行協会 87
英国経験主義哲学 19, 20, 22, 24〜27
エメリー,エドウィン 327
エメリー,マイケル 327
エリザベス女王 364
演繹的 122〜128, 130〜134, 145, 147, 361, 362, 374, 382, 390, 400
円高デフレ 240

オイルマネー 88
欧州委員会 298, 301
欧州為替相場メカニズム →ERM
欧州債務危機 93
大阪都構想 281, 284, 286, 288, 292, 295
オーダーメイド型（の）金融商品 84, 92
大竹文雄 139
オールド・ケインジアン 170
岡田靖 321〜323
翁－岩田論争 4〜9, 231, 264, 269, 320
翁邦雄 4〜8, 264, 268, 320
小沢一郎 109
オズボーン,モーリー 75
オフショアのドル資金取引 88
オプション市場 77, 105
オプション取引 94
オプション理論 56, 75, 77, 84
オルテガ 291

**▶か**

カーツワイル,レイ 392
カーネマン,ダニエル 137, 140〜144, 147, 383
改革開放 98, 101, 185〜187, 248
解析力学 32, 40
科学革命 47
価格調整メカニズム 57
価格の決定理論 15
価格や賃金の硬直性 120, 133
格差是正 107
格差問題 310
革新官僚 227, 230
過剰貯蓄（Saving glut） 186
仮説演繹法 120, 123, 399, 400
仮想空間 380
仮想敵 293〜297, 299, 309, 318, 412
金森久雄 223
カノヴァン,マーガレット 279〜281, 283, 285, 304
株式取引所 44, 46, 51, 58, 82, 371
貨幣 42, 43, 48, 52, 62, 157〜161, 170,198, 200, 203, 214, 235, 250, 258, 266, 269〜273, 342
貨幣ヴェール説 158, 271
貨幣供給量 →M
貨幣経済 41, 47, 50
貨幣コントロール 416
貨幣集計量 →マネーサプライ
貨幣数量説 157, 226, 265, 269〜271
貨幣中立説 158, 235, 271
貨幣投機 42

# 索引


### ▶ABC

AEA →米国経済学会
AI化 349, 351, 407
AI トレード 379
Angrist,Joshua 396
BOE →イングランド銀行
CDO（債務担保証券） 95, 261, 382
Cochran,Gregory 53
CPI（消費者物価指数） 93, 243, 246〜248, 253
DSGE（動学的確率的一般均衡）モデル 119, 134, 148, 362〜364, 395〜397, 400
Easterly,William 398
ECB（欧州中央銀行） 261
ERM（欧州為替相場メカニズム） 218
EU離脱 280〜284, 299
FOMC（連邦公開市場委員会） 103
FRB（連邦準備制度） 99, 100〜102, 105〜107, 110, 160, 163, 186, 194, 203, 214, 232, 256, 261, 342, 367
FX取引 377
Harpending,Henry 53
Hardy,Jason 53
HFT（ハイ・フリークエンシー・トレード＝超高速取引） 375
IMF 341, 381
IS-LM分析 5
IT バブル 101, 246, 248, 253
JP モルガン・チェース 95
Landwehr,Claudia 297
LIBOR（ロンドン銀行間取引金利） 86〜94, 97
LIBOR スキャンダル 92, 108
LTCM 101, 155
M（貨幣供給量） 5, 268
M2 6, 266〜268
M3 6, 266〜268
MMT（現代貨幣理論） 346
NASDAQ バブル 101
Pischke,Jörn-Steffen 396
QE（量的緩和） 168, 264
QQE（量的・質的金融緩和） 7, 168, 169, 174, 209, 245, 266, 338〜340, 345, 348, 351
QQEN（マイナス金利付き量的・質的緩和） 338
RBC（リアル・ビジネス・サイクル）理論 119, 128〜130, 133, 135, 145, 147, 162, 361〜364, 396, 400
RCT（ランダム化比較試験） 395, 398, 401, 406
WASP 53, 70
YCC（イールドカーブコントロール政策） 267, 338

### ▶あ

アービトラージ（裁定取引） 73〜76, 81〜83, 219
アーレント,ハンナ 280, 290, 330
アインシュタイン,アルベルト 35, 37, 55, 74, 146, 409
青木玲子 331
赤羽隆夫 223
アカロフ,ジョージ 383
アクティビスト・ファンド 113
アジア通貨危機 100
アジェンデ,サルバドール 63
アシュケナージ 52〜56, 60, 96, 104, 107, 127
新しい古典派（New Classical） 6, 14, 16, 33, 55, 56, 58, 60, 110, 118, 119, 121, 123, 124, 127〜130, 133〜135, 137, 142, 143, 145, 147, 148, 151, 161, 162, 215, 316, 320, 360
新しい市場 40〜43, 45〜48, 52, 57〜62, 64, 68, 75, 77, 80, 96, 118, 218, 353, 368, 370〜372, 378〜380
アナキズム（無政府主義） 62, 104
網野善彦 48, 61
荒川章義 32
アルゴリズム・トレード 375〜381
アロー,ケネス 55, 57, 145, 153
アングラマネー 88
安全マージン 202
アンダーソン,ベネディクト 315
アンチ共産主義 107

イアコボーニ,マルコ 27
イールドカーブ 3, 4, 72, 73, 83〜85, 124, 187
イールドカーブコントロール政策 →YCC
イールドカーブのフラット化 185〜187
イールドカーブ理論 84
イエロージャーナリズム 327
イオネスク,ギータ 280
意思決定 121, 136, 140, 142, 389, 391
意思決定理論 136
伊勢田哲治 147
板情報 377, 380
異端（派）官僚 226, 230, 251, 254
いちご BBS 321〜323

[著者]
**森田長太郎**（もりた・ちょうたろう）
SMBC日興証券 チーフ金利ストラテジスト。
慶應義塾大学経済学部卒業。日興リサーチセンター、日興ソロモン・スミス・バーニー証券、ドイツ証券、バークレイズ証券を経て2013年8月から現職。日本の国債市場に30年近くにわたり関わる。グローバル経済、財政政策、金融政策の分析などマクロ的アプローチに特色を持つ。日経ヴェリタス債券アナリストランキングは第1位（2017年〜2019年）。著書に『日本のソブリンリスク』（東洋経済新報社・共著）、『国債リスク 金利が上昇するとき』（東洋経済新報社）がある。

**経済学はどのように世界を歪めたのか**
——経済ポピュリズムの時代

2019年 9 月 4 日　第 1 刷発行

著　者——森田長太郎
発行所——ダイヤモンド社
〒150-8409　東京都渋谷区神宮前6-12-17
http://www.diamond.co.jp/
電話／03·5778·7234（編集）　03·5778·7240（販売）
ブックデザイン—コバヤシタケシ
校　正———鷗来堂、加藤義廣（小柳商店）
本文DTP——一企画
製作進行——ダイヤモンド・グラフィック社
印　刷———新藤慶昌堂
製　本———ブックアート
編集担当——横田大樹


ISBN 978-4-478-10398-2